ЖИТИЕ ПРЕПОДОБНОГО ПАИСИЯ СВЯТОГОРЦА

УДК 281.9
ББК 86.372-574.3
Ж74

Рекомендовано к публикации
Издательским Советом
Русской Православной Церкви
№ ИС Р16-627-3428

Перевод на русский язык выполнен братией Свято-Преображенского скита Данилова мужского ставропигиального монастыря г. Москвы с издания:
Ὁ Ἅγιος Παΐσιος ὁ Ἁγιορείτης. Ἱερὸν Ἡσυχαστήριον Μοναζουσῶν "Εὐαγγελιστὴς Ἰωάννης ὁ Θεολόγος", Σουρωτὴ Θεσσαλονίκης, 2015.

Ж74 **Житие преподобного Паисия Святогорца** / перевод с греч. — 3-е издание. — М. : Орфограф, 2021. — 592 с. : ил.
ISBN 978-5-6052622-1-3

Житие преподобного Паисия Святогорца (1924–1994), афонского монаха, известного всему миру и торжественно причисленного к лику святых в 2015 году, переносит читателя в атмосферу духовного подвига, пламенного устремления к Богу и самоотверженной любви к ближнему, которые были характерны для святого Паисия с раннего детства и до самой его преподобнической кончины.

Немало встречается на страницах жития сверхъестественных событий и чудес, но основное внимание в книге уделено именно человеческим усилиям старца Паисия: его непоколебимому упованию на Бога и Матерь Божию, его молитвенным трудам, его смиренному служению ближним, его терпению в скорбях и тяжёлых болезнях. С любовью и тщательностью описанные детали жития преподобного делают его близким и родным читателю, вдохновляя разумно подражать подвигам святого.

Книга предназначена всем интересующимся Православием и монашеством.

УДК 281.9
ББК 86.372-574.3

© Ἱερὸν Ἡσυχαστήριον Μοναζουσῶν "Εὐαγγελιστὴς Ἰωάννης ὁ Θεολόγος", 2015
© Издательство «Орфограф», издание на русском языке, 2021

ISBN 978-5-6052622-1-3

ЖИТИЕ ПРЕПОДОБНОГО ПАИСИЯ СВЯТОГОРЦА

Перевод с греческого
Третье издание

Орфограф
МОСКВА

Тропа́рь
преподо́бному Паи́сию Святого́рцу
Глас 5. Подо́бен: Собезнача́льное Сло́во:

Боже́ственныя любве́ огнь прие́мый, / превосходя́щим по́двигом вда́лся еси́ весь Бо́гови, / и утеше́ние мно́гим лю́дем был еси́, / словесы́ Боже́ственными наказу́яй, / моли́твами чудотворя́й, / Паи́сие Богоно́се, / и ны́не мо́лишися непреста́нно // о всем ми́ре, преподо́бне.

Конда́к
Глас 8. Подо́бен: Взбра́нной:

А́нгельски на земли́ пожи́вый, / любо́вию просия́л еси́, преподо́бне Паи́сие, / мона́хов вели́кое утвержде́ние, / ве́рных к житию́ свято́му вождь, / вселе́нныя же утеше́ние сладча́йшее показа́лся еси́, / сего́ ра́ди зове́м ти: // ра́дуйся, о́тче всеми́рный.

Содержание

**Патриаршее и Синодальное решение
о причислении к лику святых** 16

Пролог 23

Глава I
Из акритских Фарас — в пределы матери-Эллады 31
Наследник крови героев 32
Сорок дней беженства 36

Глава II
Детские и юношеские годы 41
Семейное воспитание 41
Первые аскетические подвиги 46
Обучение благословенному ремеслу. 1937–1940 годы . . 50
Духовные упражнения 51
«Я — Воскресение и Жизнь» 55
«Я не для мира сего» 56
Крестьянские труды. 1940–1944 годы 57
Духовное делание 59
Радость жертвы 61
Страдания и опасности. 1944–1948 годы 62
Во время Коницкого сражения 67

Глава III
Воинская служба — 71
- В Центре подготовки молодого бойца 71
- В Пехотной школе связи 72
- «Буйная рота» 74
- Рация спасает роту 80
- «Пресвятая Матерь Божия, помоги мне стать монахом» 82
- «Ты устроишься лучше всех» 84
- Операции по «зачистке» 86
- В Окружном военном управлении 89
- Болезнь. Коница 91
- Увольнение в запас 93

Глава IV
Подготовка и искушения — 97
- Искания на Святой Афонской Горе 97
- Утешение от отшельника 98
- В скиту святой Анны. Калива Сретения Господня 99
- Коница. Работа плотником. 1950–1953 годы 103
- «Не могу дождаться, когда я уйду из мира» 108
- В скиту святой Анны и на Кавсокаливии 110
- В Новом скиту 112

Глава V
В священной обители Эсфигмен — 117
- Живой патерик 117
- Помощник на послушаниях 122
- Духовные подвиги послушника Арсения 126
- Рясофорный монах Аверкий 131
- Служение с терпением и любовью 134
- Послушание до крови 138

Старший в столярной мастерской 141
Подвижнический путь в общежитии 143
Уход из монастыря 147

Глава VI
В священной обители Филофей — 151
В идиоритмическом монастыре 151
Болезнь. Коница 154
Мантийный монах Паисий 155
Пост, бдение, молитва 157
Брань искушений 159
Пчела цветника духовного 161
Трудолюбивый и милостивый келарь 163
Милостыня духовная и материальная 165
«Ты пойдёшь в монастырь Стомион» 169

Глава VII
В священной обители Стомион — 175
Прибытие в монастырь 175
Престольный праздник Рождества Пресвятой
   Богородицы 178
Обретение мощей святого Арсения 180
Посещение тайных монахинь 182
Забота Пресвятой Богородицы о восстановлении
   обители 183
Подвижничество и служение 185
Восстановление монастырского храма 189
Подвиги и искушения 190
Покров Божий 193
Борьба с сектантами 195
Помощь беднякам 197
«Сила Моя в немощи совершается» 199

«Если Вы считаете, что я неправ, наложите
   на меня епитимью» 202
«Мои родители и братья — это все люди на земле» . . . 203
Духовная помощь детям и взрослым 206
Сила молитвы 211
Дружба с животными 215
Возвращение в монастырь Филофей 217
Завершение строительства обители 218
«Строя ступени добродетелей» 221
«Скажи́ мне, Го́споди, путь, во́ньже пойду́» 225

Глава VIII
На богошественной Синайской горе   231
Из Афин в монастырь святой Екатерины 231
Переселение в пустынную келью святой Епистимии . . 235
Блаженное пустынное житие 238
Духовная помощь монастырю 244
Любовь к бедуинам и забота о них 248
Общение с животными 251
Бесовские искушения 253
Божественное извещение о святых богоотцах
   и утешение от Божией Матери 255
Промысл Божий 258
Отъезд с Синая 259

Глава IX
В Иверском скиту Честного Предтечи   263
В каливе Святых архангелов 263
Аскетическая пища 265
Нападения бесовские 265
Молитва и духовное чтение 266
Участие в жизни скита 269

Помощь новоначальным 270
Постриг в великую схиму. Дикей скита 273
«Контрольный выстрел» 276
Салоники. Больница 277
Операция и «мучилищный аппарат» 281
Забота об основании исихастирия 284

Глава X
На пустынных Катунаках   287
Переселение в Ипатьевскую келью 287
Устав безмолвного жития 288
Отношения с другими отцами 290
В новообразованном исихастирии 292
В Божественном Свете 296

Глава XI
В келье Честного Креста на Капсале   299
Кончина батюшки Тихона 299
«И нощь я́ко день просвети́тся» 301
Жизнь в келье Честного Креста 302
В пустыне и вместе с людьми 309
Общение с подвижниками и с монастырём
   Ставроникита 313
Помощь исихастирию святого Иоанна Богослова . . . 314
Составление жития преподобного Арсения
   Каппадокийского 318
«Буду каждый год тебя навещать» 323
В Афинской Народной больнице 324
«Полетели!» 326
Улыбка «принца в изгнании» 327
Поездка в Константинополь и Фарасы 328
Богоданная пища 330

Паломничество на Тинос и Эгину 332
Житие и икона святого Арсения 334
Посещение святой Евфимии 336
«Угощение» от святого Арсения 341
Помощь усопшей 341
Явление святой Екатерины 343
Восходящие на небо души 343
Издание жития святого Арсения 344
Брани бесовские 345
«Горение сердца обо всей твари» 350
Любовь к животным 350
«Всё это сотворено ради тебя» 354
Поездка в Австралию 356
Явление Христа 362
Пресвятая Богородица заходит в храм 365
Землетрясение в Салониках и пожар в исихастирии . . 367
Свет от иконы Христа 369
«Письма без марок» 370
Духовный радар 372
Научение от Духа Святого 375
Ревнитель отеческих преданий 377
Общение со студентами 383
Монахов опытный наставник 385
Последнее божественное событие в келье
 Честного Креста 389

Глава XII
В келье Панагуда   393

Посещение святых Лукиллиана и Пантелеимона 394
Работы по ремонту кельи 396
В исихастирии. Октябрь 1979 года 398
Людские караваны 400

Угощения и благословения 402
Пребывая молитвой рядом с людьми 408
«Бог Сам знает, к чему я стремился» 412
Явление святого Власия 419
Божественный огонь и Небесный Свет 421
Икона Пресвятой Богородицы Иерусалимская 422
Поездка в Иерусалим и на Синай 423
Боль и молитва о вере и Отечестве 426
Небесное благоухание и ангельское пение 432
Панагия Элефтеротрия 433
Хаджефенди и старец Хаджи-Георгий 434
«Наша душа больше всего нуждается в терпении» . . . 436
Поездка в помакские деревни во Фракии 439
«Знамения времён» 441
Операция по поводу грыжи 443
Вторая поездка на Синай 444
Протест против богохульного кинофильма 446
Вторая поездка в помакские деревни 447
Посещение Навпакта 454
Духовный радар 456
Помощь монахам 461
«Всё равно что дезертировать с передовой» 467
Поучения во дворе Панагуды 468
Общение с детьми 486
Общение с воспитанниками Афониады 490
Помощь молодым 492
Помощь матерям 498
Дар прозорливости 500
«Не горюйте!.. Мы не для мира сего» 510
Исцеление душ и телес 512
«Вырою-ка я ещё одну могилу» 518

Глава XIII
От земли на Небо — 527
Последнее всенощное бдение в честь
 преподобного Арсения Каппадокийского 527
Диагноз, лучевая терапия и операция 529
Мученичество от страданий 542
Золотые монеты утешения 546
Подвижник даже до последнего издыхания 549
Подготовка к желанному исходу 551
«Вчера́ спогребо́хся Тебе, Христе́…» 557

Приложения — 565
Именной указатель 565
Указатель географических названий 573
Указатель ссылок на Священное Писание 582
Указатель иллюстраций 584

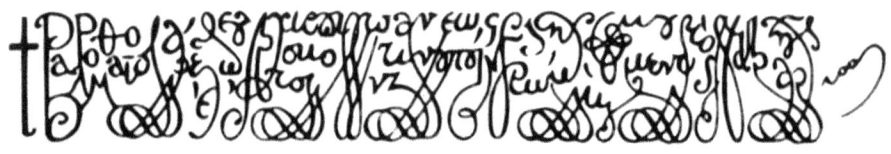

Патриаршее и Синодальное решение о причислении к лику святых Православной Церкви преподобного Паисия Святогорца

И бу́дет муж, его́же а́ще избере́т Госпо́дь, сей свят.
Числ. 16:7

Граничащая с Небом гора Афон есть воистину Гора Божия, Гора Святая и удел Пресвятой Владычицы нашей Богородицы и Приснодевы Марии. Афон есть поприще духовной борьбы, место подвига, покаяния и молитвы, мастерская святости для подвизавшихся там на протяжении веков бесчисленных подвижников, жителей пустынных келий и монастырей, монахов от всякого племени и народа, как известных по имени, так и оставшихся неизвестными. Святая Афонская Гора, находясь под канонической и духовной юрисдикцией, а также под постоянной церковной заботой и попечением Святой Христовой Великой Константинопольской Матери-Церкви, есть её похвала и венец. Афон — это неистощимый источник молений о вселенной, таинственно проистекающий из непрестанных, денных и нощных молитв и молений святогорских монахов, которые молятся «о свы́шнем ми́ре и о спасе́нии душ» находящихся в разных концах земли православных христиан, а также «о ми́ре всего́ ми́ра и о благостоя́нии святы́х Бо́жиих Церкве́й». Огромное множество боголюбиво подвизавшихся и скончавшихся на Афоне аскетов, начиная с первого известного среди них, преподобного Петра Афонского, своим подвижническим по́том и боголюбивыми трудами стали избранными сосудами Свята́го Духа, были украшены многообразными и чудесными Божественными дарованиями, такими как дар прозорливости, дар чудотворения, дар различения духов, дар непрельщённого духовного руководства, дар утешения словом, а также многими другими. Сии духовно украшенные мужи и сами украшают ныне многозвёздное небо нашего православного календаря, непрестанно указывая нам путь в Царство Небесное.

В согласии со словами Самого Бога, Который устами Своего человека дал первосвященнику И́лию и одновременно всем верующим в Божий закон следующее обетование: *Прославля́ющия Мя просла́влю*[1], наша Матерь Святая Христова Великая Церковь с самого начала своего спасительного пути в мире не переставала признавать достойными прославления сии божественные и святые сосуды Духа — скорее ангелов, чем людей, — которые подвигами, словами и многочисленными делами прославили Небесного Отца. Итак, Церковь прославила их и будет прославлять их до скончания века, как и подобает святым.

Святой апостол Павел в Послании к Римлянам сказал: *Иде́же бо умно́жися грех, преизбы́точествова благода́ть*[2]. Святая Церковь непрестанно переживает эту реальность, и наше время не является исключением. Церковь Христова постоянно причисляет к лику святых всё новых и новых всемирно известных и малоизвестных преподобных подвижников, взявших на себя крест и последовавших стопам Крестоносца Иисуса Христа, Который Своею крестною смертью упразднил *имеющего державу смерти*[3], а Своим славным Воскресением даровал вечную жизнь всякому изволяющему. Воспевая это величайшее Божественное благодеяние Начальника нашей веры, мы в изумлении восклицаем вместе со священными песнопевцами: *Кто Бог ве́лий, я́ко Бог наш? Ты еси Бог,*

---

[1] 1 Цар. 2:30.
[2] Рим. 5:20.
[3] Евр. 2:14.

творя́й чудеса́[1] и: «Ве́лий еси́ Го́споди, и чу́дна дела́ Твоя́ и ни еди́но же сло́во дово́льно бу́дет к пе́нию чуде́с Твои́х»[2].

Таковым преславным продолжателем традиции святости и смиренным приношением Святейшей Церкви Константинопольской, её нрава и мудрования, явился в наши последние времена просиявший среди сонма *в гора́х и в верте́пах и в про́пастех земны́х*[3] подвизавшихся и скончавшихся святогорских аскетов богоносный подвижник и многоблагодатный орга́н Всесвятой Троицы, проистекающий земным родом своим из матери многих святых — Каппадокии и проведший свою уединённую жизнь во многих подвигах и слёзах, преподобнейший монах Паисий, в миру Арсений Эзнепи́дис, украшенный от Господа сверхъестественными дарованиями, столп истины, прославивший своим чудесным житием Отца нашего, Иже на Небесех. Сей каппадокийский уроженец, монах Паисий из рода Эзнепидисов, более полувека шедший подвижническою стезёю в нищете и добровольных лишениях, по большей части на Святой Афонской Горе, удостоился, по безошибочному свидетельству совести верующих, евангельского совершенства, сочетания мудрости и добродетелей. Монах Паисий, истощив себя многотрудным служением и трезвенными бдениями в послушании Христовом и в любви к Богу и к ближнему, сохранив непорочную православную веру, засвидетельствовал доброе исповедание, во всём своём житии показал себя чуждым *миродержи́телю тьмы ве́ка сего́*[4], приложил сияние славе Церкви и подтвердил, что *врата́ а́дова не одоле́ют ей*[5]. Сей славный Паисий, пожив преподобием и правдою, стал образцом жительства по Христу, соделался живой иконой добродетели и принял на себя ярем богомудрого наставления и духовного руководства множества православных христиан. Придя в высокую духовную меру,

---

[1] Пс. 76:14-15.
[2] См. чин великого освящения воды. — *Здесь и далее, если специально не оговорено, примечания редакции.*
[3] Евр. 11:38.
[4] Еф. 6:12.
[5] Мф. 16:18.

сей муж явился сосудом Духа Всесвятаго и был почтён от Бога дарованием врачевания больных и утешения страждущих.

Ныне же, когда поток благословений, чудес и исцелений, истекающий от могилы сего блаженного подвижника, становится всё больше и больше, превозмогающая вера огромного количества православных христиан побуждает нас, удостоившихся самолично видеть, осязать монаха Паисия и быть связанными с ним духовными узами, собственным свидетельством подтверждая свидетельство полноты церковной совести о святости сего избранника Божия, по положенном исследовании вопроса и соответствующем докладе Синодальной Канонической Комиссии, в присутствии преосвященных митрополитов и других честнейших лиц нашей Церкви, в Духе Святом возлюбленных наших братьев и сослужителей, соборно утвердить и определить и во Святом Духе повелеть, дабы отныне и вовеки на Святоименной Горе проживший своё подвижническое житие монах Паисий был сопричислен к лику преподобных отцов и святых Единой, Святой, Соборной и Апостольской Церкви. Его ежегодную память определяем почитать и воспевать похвальными гимнами 12 июля[1], в день, когда он мирно предал свой дух Праведному Судии и Господу Жизни.

В доказательство и подтверждение сего решения составлен наш сей патриарший и синодальный акт, положенный и подписанный в сем священном кодексе нашей Святой великой Христовой Церкви. Точная же копия сего акта посылается в Священный Кинот Святой Афонской Горы, для прочтения в церквах и хранения в архивах.

В год спасительный 2015,
месяца января, в день 12, индикта 8.

Константинопольский Патриарх Варфоломей

Преосвященные митрополиты: *Чикагский Иаков*
Швейцарский Иеремия

---

[1] 29 июня по старому стилю.

*Торонтский Сотирий
Критский Ириней
Симийский Хризостом
Бостонский Мефодий
Мексиканский Афинагор
Гортинский и Аркадийский Макарий
Аркалохорский Андрей
Бельгийский Афинагор
Леросский, Калимносский и Астипалейский Паисий
Кидонийский Афинагор*

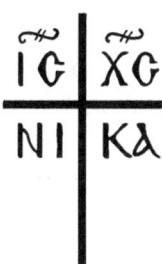

Пролог

С помощью Божией и после многолетних трудов наше сестричество приступает к изданию жития святого Паисия Святогорца. Нас побуждает к этому священный долг перед преподобным отцом, который целых двадцать восемь лет духовно руководил нами и многообразно нас облагодетельствовал.

Подобно другим духовным счастливцам, мы имели великое благословение «в некую меру» познать безмерную любовь преподобного к Богу, его монашескую бескомпромиссность, совершенное самоотречение, силу его огненной молитвы. Мы вблизи и на опыте пережили его святую простоту и глубокое смирение, его богопросвещённое рассуждение, благородную любовь ко всякому человеку, а также старание всячески скрыть свою добродетель от других.

Поэтому мы подумали, что держать под спудом имеющееся у нас богатство сведений о преподобном старце было бы неправильно, и тогда решили: по силам попытаться изложить эти сведения в стройном порядке и составить житие преподобного старца.

Сведения, которые содержатся в этой книге, главным образом получены во время нашего общения с преподобным. Мы записывали его беседы со всем сестричеством и с каждой из нас отдельно. Кроме того, мы бережно храним его письма ко всему сестричеству и к отдельным сёстрам. Много лет мы собирали многочисленные письменные и устные свидетельства, доверенные нам знавшими святого старца священнослужителями, монахами и мирянами, по крупицам собирали сведения в тех местах, где он жил и подвизался. Объём собранного материала исчислялся тысячами страниц, и поместить его в биографию святого полностью не представлялось возможным. К тому же мы не хотели, чтобы книга получилась слишком толстой. Поэтому пришлось строго и тщательно просеивать, перебирать собранную информацию и распределять её по временным периодам жизни преподобного Паисия, связывая с тем или иным географическим местом, куда Бог приводил его стопы. Всё это в конечном итоге привело к тому, что подавляющее большинство свидетельств людей, знавших старца и получивших от него благодеяния, в книгу не вошло. Упаси Боже и подумать, что мы сделали это потому, что посчитали эти свидетельства малозначащими. Конечно, любой опыт общения со святым имеет огромное, неоценимое значение, но если бы все эти свидетельства вошли в житие, книга оказалась бы полна повторов и рассказов об одних и тех же событиях.

Безусловно, несмотря на кажущийся большой объём, сведений о святом Паисии в действительности очень мало, потому что он хранил своё духовное богатство под надёжной охраной, вдали от посторонних глаз, в сокровищнице Божией. Ведь жизнь святых *сокрыта со Христом в Боге*[1]. Потому и внутреннее духовное делание истинного христоносца — преподобного отца нашего Паисия — осталось неведомым людям и известным одному лишь Богу. И коль уж мы не ведаем о том, каким именно было это тонкое и глубокое внутреннее духовное делание, будем особо внимательны, пытаясь извлечь выводы из того или иного действия старца. А особенно внимательными надо быть в стремлении слепо, без рассуждения подражать преподобному Паисию, чтобы нам, не дай Бог, не опечалить его, а наипаче — не навредить себе.

Святой Паисий с самого детства имел перед собой одну-единственную цель — Небо. К этой цели он с необыкновенной бескомпромиссностью стремился всю свою жизнь. Заботясь

---

[1] Кол. 3:3.

только о том, чтобы оказывать послушание заповедям Бога и Его святой воле, он стал «орга́ном Божественным, орга́ном разумным, орга́ном словесным, который настроил и в который ударяет искусный Художник — Дух»[1]. Преподобный подъял подвиги, превосходящие человеческую меру, он проливал пот и слёзы, проводил над собой «духовные эксперименты» как «искусный знаток лекарственных трав». «Вкусив горечь» этих духовных опытов, он оставил нам свои «духовные рецепты», следование которым приводит к духовному здравию. Его духовные заветы, оставленные нам, таковы: покаяние и исповедь, любовь и смирение, молитва и терпение, добрые помыслы и дух жертвенности.

В житие не вошли чудеса, которые во множестве он продолжает творить после своей кончины. Мы не включили их в книгу сознательно, помня слова, которые сам преподобный Паисий написал в житии святого Арсения: «Благодать Божия — это не ёмкость, в которой заканчивается вода и она пересыхает. Благодать — это неистощимый источник. Естественно, что святой сейчас, после кончины, помогает людям сильнее, чем он помогал, живя на земле, потому что сейчас он находится близ Небесного Отца. Как Его дитя, с дерзновением, приобретённым ранее, он может получать неограниченную благодать и без препятствий тут же переносить её страдающим людям, помогая им и давая каждому из них подходящее лекарство»[2]. А кроме этого, мы помним, что когда при жизни святого старца нам время от времени предлагали издать книгу с описанием его чудес, он отвечал, что лучше будет, если об этих чудесах будем рассказывать не мы, а сами люди, получившие чудесную помощь, делая это ради славы Божией.

Преподобный отец наш Паисий, на земле Святогорец, а ныне согражданин ангелов, — общий благодетель всех людей. И Великая Христова Церковь Константинопольская, побуж-

---

[1] *Григорий Богослов, свт.* Слово 12, сказанное отцу, когда сей поручил ему попечение о Назианзской Церкви.
[2] См. *Старец Паисий Святогорец.* Святой Арсений Каппадокийский. М., 2009. С. 115.

даемая главным образом «общим церковным признанием святости сего избранного человека Божия», 13 января 2015 года, через двадцать лет после его блаженной кончины, причла его к лику почитаемых святых Православной Церкви.

Да подаст святой Паисий своё щедрое благословение и всем тем, кто самыми различными способами помогал нам в непростом деле составления жития. Всех этих людей мы сердечно благодарим. Особенно благодарим тех, кто помогал нам в сборе и проверке биографических сведений, терпя при этом нашу въедливость и скрупулёзность, зачастую чрезмерную. Также мы весьма благодарны тем, кто трудился с нами в тех или иных местах, связанных с жизнью старца. Спасибо и всем, кто читал рукопись перед её изданием и своими ценными замечаниями помог ей стать лучше. Вклад всех этих людей в составление книги сложно переоценить.

Молитвенно желаем, чтобы чтение жития преподобного и богоносного отца нашего Паисия Святогорца возгло в каждом из нас ревность к любочестным духовным подвигам, чтобы, как говорил преподобный отец, мы не были похожи на тех, «кто просто смотрит за соревнованиями спортсменов, не желая при этом даже двинуться с места». Да положим и мы начало покаяния и «доброго подвига», имея перед собой пример святого человека. Этот святой был нашим современником и ещё недавно подвизался рядом с нами, совсем рядом с нами. Да он ведь и сейчас от нас недалеко и помогает нам, предстательствуя перед Подвигоположником Богом, Емуже подобает всякая слава, честь и поклонение во веки веков. Аминь.

Игумения обители
святого апостола и евангелиста Иоанна Богослова
монахиня Филофея
с сёстрами во Христе

Неделя Святой Пятидесятницы 2015 года

«Даже если бы человек, вынув из своей груди сердце — огромное, как солнце, и столь же ярко сияющее, — отдал его Христу в благодарность за Его великие благодеяния, этого всё равно оказалось бы недостаточно».

Эти слова преподобного Паисия были преизлиянием его многой любочестной[1] любви ко Христу. Христа преподобный возлюбил больше всех мирских благ. Огонь Божественной любви перекинулся на святого старца, и он «вышел из пределов своего „я", живя вне границ земного притяжения». Он жил, не признавая за собой права ни на что, кроме одного лишь обязательства — непрестанно отдавать Богу и людям всё, включая себя самого: подвигами приносить себя в жертву Богу, а любовию приносить себя в жертву ближнему.

---

[1] *Любоче́стие* (греч. φυλότιμο) — в современном русском языке эквивалента этому слову нет. Небуквально его можно перевести как «великодушие, расположенность к жертвенности, презрение материального ради какого-то духовного или нравственного идеала». Это слово часто встречается в речи старца Паисия, который подчёркивает значение любочестия в духовной жизни.

Фарасы

Из акритских[1] Фарас — в пределы матери-Эллады

ГЛАВА I

Преподобный отец наш Паисий родился в 1924 году в селении Фа́расы — большом акритском селе, расположенном в глубинах малоазиатского полуострова. В начале XX века эти глухие и уединённые места продолжали оставаться островком православной греческой культуры в Турции. Жители Фарас, терпя всякую скудость, были богаты душевным и телесным мужеством. Они зарабатывали на хлеб, возделывая землю, а также трудясь на рудоплавильных печах. Фарасиоты были постоянно готовы пойти на жертву, чтобы защитить свою малую родину от турецких разбойничьих шаек, которые никогда не оставляли в покое греческое население этих мест.

В церковном отношении Фарасы подчинялись Священной митрополии Кесарии Каппадокийской, архипастырем которой в течении сорока лет (с 1832 по 1871 год) был знаменитый своим великим мужеством епископ Паисий II, который, кстати, происходил тоже из Фарас. Этому стойкому архипастырю Вселенская Патриархия часто поручала решение сложных вопросов, связанных со взаимодействием с турецкими властями. Неутомимый и деятельный архиерей всегда окружал особой заботой своё родное село. В последние годы своей жизни (около 1867 года) он назначил в Фарасы на место священноучителя отца Арсения[2], тоже фарасского уроженца, незадолго до того поступившего в братство общежительного монастыря Честного Предтечи в Флавиа́нах, недалеко от Кесарии.

---

[1] *Акри́ты* — особое сословие в Византийской империи, представлявшее собою организованные общины свободных крестьян-воинов, поселения которых располагались в окраинных районах Малой Азии.

[2] См. *Старец Паисий Святогорец*. Святой Арсений Каппадокийский. С. 38.

Обосновавшись в Фарасах, отец Арсений продолжил со строгостью жить по монашескому уставу, пребывая в посте, бдении и молитве. Будучи «монахом без изъяна и упрёка»[1], отец Арсений передавал всем православную бескомпромиссность, подвижнический и аскетический дух, а также благоговение. Кроме этого, он был безмездным врачом и неусыпным стражем всей местности вокруг Фарас. Своей молитвой он исцелял больных, освобождал бесноватых, невидимыми узами сковывал турецких бандитов[2]. Говоря кратко, он помогал людям всем, чем возможно — причём не только христианам, но и мусульманам, просившим его о помощи. Ведь все знали и Хаджефенди́ (так стали называть отца Арсения после того, как он совершил паломничество на Святую Землю)[3], и многие чудеса, которые он сотворил благодатью Божией. Все считали его святым, да он поистине и был таким пред Богом. Полвека спустя, в 1986 году, Православная Церковь причислила его к лику преподобных.

Наследник крови героев

Предки преподобного Паисия из рода в род возглавляли сельскую общину Фарас. Его прадеды носили фамилию Дигени́с, а после того, как кто-то из них совершил паломничество в Святые места, — Хаджидигени́с. Однако турки, не желая, чтобы в акритском селе даже произносилось имя византийского героя Дигени́са Акри́та[4], заставили прадеда преподобного

---

[1] Так характеризовал преподобного Арсения старец Паисий в своей книге о нём. Подражая с детских лет святому Арсению, преподобный Паисий поставил перед собой цель тоже быть «монахом без изъяна и упрёка». — *Прим. греч. изд.*

[2] См. *Старец Паисий Святогорец*. Святой Арсений Каппадокийский. С. 88–89, 94–95, 102–103.

[3] Эфе́нди (тур. «господин, повелитель») — вежливое обращение в Османской империи к знатным особам и духовным авторитетам. Приставку *«хаджи́-»* к своему имени добавляли мусульмане, совершившие паломничество в Мекку.

[4] *Дигени́с Акри́т* — легендарный греческий герой и воин, о котором говорится в одноимённой византийской эпической поэме X–XII веков.

Паисия — Феодосия Хаджидигениса поменять фамилию. Феодосий выбрал себе фамилию Феодосиу́. Но, сменив фамилию, род их не поменял текущей в их жилах героической крови. Как говорил впоследствии сам преподобный, у его предков «была сумасшедшая жилка».

Феодосий Феодосиу умер молодым, когда его сыну Луке исполнилось всего 15 лет. Несмотря на столь юный возраст, Лука сумел в одиночку защитить свою мать, когда после смерти отца один турок хотел забрать молодую вдову в свой гарем. После этого мужественного поступка жители Фарас избрали юного Луку главой сельской общины Фарас, и он двадцать пять лет служил защитником для односельчан. Однако в сорокалетнем возрасте Лука Феодосиу тоже отошёл в мир иной, оставив свою супругу Христину вдовой с двумя детьми — Де́спиной и Продро́мом — будущим отцом преподобного Паисия.

Христина, или Хаджи-Христина, как её стали называть после совершённого ею паломничества в Иерусалим, была очень отважной женщиной. От природы она отличалась не только жизнерадостным и задорным нравом, но и благоговением, изливавшимся из неё, словно из источника. После кончины своего супруга она переселилась в город Адана́[1], где у неё была какая-то недвижимость. Часть этой недвижимости арендовал приезжий предприниматель из Австрии. В Адане у Продрома была возможность получить образование, но сам он этого не хотел. Тогда Хаджи-Христина отправила его учиться различным ремёслам, и впоследствии, когда им пришлось переселиться в Грецию, эти навыки оказались для Продрома драгоценными.

В 1905 году, когда Продрому исполнилось 22 года, он приехал в Фарасы. Там его хотели женить на местной учительнице. С точки зрения достатка и социального статуса это была завидная партия. Однако Продром отказался и выбрал себе в жёны происходившую из обедневшего аристократического рода пятнадцатилетнюю сироту Евлоги́ю Фра́нгу. Умерший к

---

[1] *Адана́* — город в Турции на реке Сейха́н, приблизительно в 100 км от Фарас. — *Прим. греч. изд.*

тому времени отец Евлогии, Хри́стос Франгу, был необыкновенно благородным и добрым человеком. Всю неделю он в поте лица трудился на принадлежавшей ему рудоплавильной печи, а каждое воскресенье угощал богатым обедом своих родственников и работников артели, выплавлявших вместе с ним металл. Хри́стос приходился роднёй матери преподобного Арсения Каппадокийского; таким образом, преподобный Паисий по материнской линии был родственником святого Арсения.

Итак, Продром, посватав Евлогию у её матери-вдовы, получил согласие и благословение. Таинство венчания было совершено в тот же самый день. Когда Продром вместе со своей женой Евлогией посетил Адану, его мать Хаджи-Христина, увидев Евлогию, поняла, что в их дом вошло настоящее благословение[1].

Продром и Евлогия решили жить в Фарасах. Сразу после переселения Продром стал главой фарасской сельской общины. С присущей ему от рождения отвагой и с уверенностью, которую давали ему благословение и молитвы Хаджефенди, он вместе с отрядом фарасских юношей взял село под свою защиту. Однажды во время боя с отрядом че́тов[2] и солдат регулярной турецкой армии Продром оказался один, окружённый врагами. Тогда, желая запутать турок, он высунул из-за камня краешек своей шапки, а сам, укрываясь за камнями и меняя позицию, продолжал их обстреливать. Трюк удался, и Продрому удалось вырваться из окружения. В Фарасах оставаться было нельзя, поскольку турки объявили его в розыск и даже назначили вознаграждение за его голову. Продром бежал в Адану, где его укрыл в арендованном у его матери доме коммерсант-австриец. Этот австриец сделал всё возможное, чтобы спасти Продрома: он поднял над домом австрийский флаг, а потом через посольство Австрии в Турции оформил ему австрийские дипломатические документы, дающие право неприкосновенности. После этого Продром смог вернуться в Фарасы, где все стали называть его «Эзнепи́с», что по-турецки

---

[1] *Евлоги́я* (греч. εὐλογία) — досл. «благословение».
[2] *Че́ты* — турецкие бандиты.

значит «чужеземец». В конце концов это прозвище и стало его фамилией, а когда впоследствии он со своей семьёй переселился в Грецию, его фамилию записали в документах как Эзнепи́дис — на понтийский манер[1].

После устроенной турками страшной Киликийской резни[2] 1909 года Хаджи-Христина не захотела оставаться в городе, где было пролито столько крови. Она вернулась в Фарасы, стала жить в одном доме с Продромом и Евлогией и взяла в свои руки семейный бюджет, поскольку Продром был настолько милостивым человеком, что всё заработанное тратил на нужды своих земляков, часто просивших у него помощи. Кроме того, в Фарасах не было гостиницы, и все странники, проходившие через Фарасы, находили горячее гостеприимство в доме Продрома и Евлогии. В этом маленьком, но богатом благородством доме Хаджи-Христина в благодарность за спасение сына приютила и разорившегося к тому времени австрийского предпринимателя, которому было стыдно возвращаться к себе на родину.

Со своей невесткой Евлогией, от природы простой и смиренной, Хаджи-Христина была связана в первую очередь духовным родством. Обе женщины отличались духовным благородством и приносили себя в жертву ради других. Они разделяли домашние хлопоты и заботы по воспитанию детей. Два первенца Продрома и Евлогии умерли сразу же после своего крещения. Когда родился третий ребёнок, девочка, преподобный Арсений дал ей имя Зоя[3], моля Бога, чтобы она осталась в живых. Девочка выжила, а вслед за ней остались в живых и следующие родившиеся в семье дети.

Преподобный Паисий был восьмым ребёнком Продрома и Евлогии. Он родился 25 июля 1924 года[4], в день, когда Церковь совершает память успения святой праведной Анны, матери Пресвятой Богородицы. В те самые дни, когда

---

[1] Фамилии понтийских греков обычно кончаются на «-и́дис».
[2] *Килики́йская резня́* — массовое убийство турками армян в Адане и соседних деревнях, в результате которого погибло более 20 000 человек.
[3] *Зо́я* (греч. ζωή) — букв. «жизнь».
[4] Здесь и далее, если не указано иного, все даты даются по старому стилю.

преподобный появился на свет, до Фарас дошла горькая весть о предстоящем насильном изгнании греков из Малой Азии и переселении в Элладу. Жители Фарас начали готовиться к переселению. Среди необходимых приготовлений преподобный Арсений крестил новорождённых младенцев, заботясь о том, чтобы во время предстоящего далёкого путешествия никто не умер некрещёным. Новорождённому сыну Продрома и Евлогии было тогда всего тринадцать дней. Родители хотели назвать мальчика Христо́с в честь деда, однако преподобный Арсений ответил: «Да, в честь дедушки — это хорошо… Дедушка имеет право на наследника-внука, носящего его имя. Но разве и я не имею право на наследника-монаха, носящего моё имя?» И, повернувшись к стоявшей возле купели крёстной, преподобный Арсений повелел: «После слов „крещается раб Божий" скажи: „Арсений"»[1].

Сорок дней беженства

Уже через неделю после крещения, 14 августа, фарасиоты отправились в горький путь эмиграции. Перед самой дорогой Хаджефенди принёс Богу молитву о том, чтобы все они перенесли это трудное и долгое путешествие и добрались до Греции живыми. С малолетними детьми, стариками и домашним скарбом фарасиоты пешком преодолели 150 километров до порта Мерси́н[2], где погрузились на корабль, отплывший к берегам матери-Эллады.

На корабле произошёл такой случай. Евлогия положила младенца на палубу и накрыла одеялами. Один матрос, не заметив этого, наступил на ребёнка. Все вокруг испугались, что младенец умер, а Евлогия не могла найти в себе сил приподнять одеяла, ожидая, что её глазам откроется невыносимое зрелище. Однако, когда одеяла раскрыли, увидели, что младенец жив. Его тело превратилось в сплошной синяк, но глазки сияли как два ярких огонька.

---

[1] По греческой традиции, имя крещаемого произносит восприемник.
[2] *Мерси́н* — город и порт на юго-восточном побережье Турции.

Потом преподобный Паисий будет говорить об этом случае так: «О, если бы я умер тогда, с только что полученной благодатью Святого Крещения! Моё тело бросили бы в море, рыбы радовались бы ужину, а я ушёл бы на Небо и стал маленьким ангелом».

Морское путешествие заняло целый месяц. 14 сентября, в день, когда Церковь празднует Воздвижение Честного Креста Господня, корабль с фарасиотами прибыл в греческий порт Пирей[1]. Ступив на греческую землю, фарасиоты присоединились к торжествам в честь праздника Воздвижения, радуясь благополучному окончанию путешествия и надеясь, что их страдания закончились. К несчастью, многие из бед были ещё впереди.

Пока решались вопросы о конечном распределении беженцев, фарасиотов поселили в жутких условиях — в палатках неподалёку от порта. Некоторые из переселенцев приняли решение остаться в афинских пригородах, а остальные, после трёх недель жизни в палатках, получили приказ опять грузиться на корабль и отправляться на Ке́ркиру[2].

Когда беженцы прибыли на Керкиру, их разделили. Кого-то распределили в посёлок Плати́ в Имати́и,[3] кого-то — в сёла недалеко от Дра́мы[4]. Семья Продрома Эзнепидиса вместе с другими пятнадцатью семьями и преподобным Арсением временно разместилась в старинной византийской крепости на Керкире. Хаджефенди ещё раньше готовил переселенцев к тому, что им придётся разлучиться и друг с другом, и с ним: ему предстоит переселиться в жизнь иную. «Когда мы прибудем в Грецию, — говорил он, — жителей нашего села рассеют по разным краям страны. А я проживу в Греции всего сорок дней и умру на одном из островов». Так и случилось, 10 ноября 1924 года по новому стилю святой иеромонах из

---

[1] *Пире́й* — главный порт Греции, недалеко от Афин.

[2] *Ке́ркира* (второе название — Ко́рфу) — самый северный среди Ионических островов.

[3] *Плати́* — префектура (ном) в Греции, в области Центральная Македония.

[4] *Дра́ма* — город в Греции в области Восточная Македония.

Фарас преподобный Арсений Каппадокийский скончался на Керкире.

Оставшись без своего доброго пастыря, фарасиоты ещё несколько месяцев прожили на Керкире. Затем их уведомили, что окончательным местом их поселения будет местность недалеко от города Игуменица[1], где жило много турок. Эти турки по Соглашению об обмене населением должны были отправиться в Турцию, а их дома предназначались для малоазиатских греков.

С болью оставив могилу Хаджефенди, фарасиоты переехали в окрестности Игуменицы и в ожидании распределения домов разбили палаточный лагерь недалеко от селения Платарья́. Однако прошло полтора года, но никаких домов им не дали, потому что турки при помощи взяток смогли избежать переселения. Фарасиоты продолжали жить в нечеловеческих условиях — в палатках и сараях. Наконец Продром Эзнепидис, желая положить конец этим ужасным страданиям, поехал в Афины и добился приёма у премьер-министра Греции. Когда Продром был в Афинах, он встретил там одного фарасиота, который уже устроился в столице, нашёл там дом для Продрома и уговаривал его поселиться в Афинах со всей своей семьёй. Однако Продром ни за что не хотел оставить неустроенными своих земляков и вернулся в Платарью. Через несколько дней фарасиоты получили уведомление, что им предписано переселиться в городок Ко́ница в Эпи́ре[2].

Арсению, «чаду боли», как называла его мама, было тогда два года.

---

[1] *Игумени́ца* — город и порт на северо-западе Греции, напротив острова Керкира.
[2] *Эпи́р* — округ на северо-западе Греции, граничащий с Албанией.

Церковка святой великомученицы Варвары

Детские и юношеские годы

ГЛАВА II

Семейное воспитание

Незадолго до того, как фарасиоты прибыли в Коницу, там уже обосновались переселенцы из каппадокийского города Мисти́[1]. Незанятыми оставались всего несколько домов и самые бесплодные участки земли. Продром, ответственный за справедливое распределение домов и участков, сначала распределил их между своими земляками, взяв для своей семьи последнее из оставшегося.

Конечно, Продром был вынужден работать в поте лица. Только так он мог прокормить свою большую семью, в которой к тому времени родились ещё двое детей: Христина и Лука. С той же решительностью и изобретательностью, которыми Продром отличался, защищая акритские Фарасы, он начал теперь возделывать бесплодные земли акритской Коницы. Раньше местные жители растили в Конице только кукурузу, а Продром стал первым, кто начал сеять в этих местах пшеницу. Вскоре его избрали председателем сельскохозяйственного кооператива. Как представитель переселенцев, он принимал участие и в заседаниях городского общественного совета. Однако, когда после одного государственного праздника члены общественного совета бросились делить между собой деньги, оставшиеся от средств, выделенных на торжества, Продром в знак протеста вышел из совета. «Лучше пусть моя семья останется голодной, чем я принесу в дом такие нечестные деньги», — решил он.

Вдобавок к крестьянским занятиям, Продром иногда уходил в горы и охотился на кабанов, а во дворе своего дома устроил мастерскую, где изготавливал шкафы, плуги, охотничье оружие, обувь и всё, что было необходимо. В этой

---

[1] *Мисти́* (современное название — Конаклы́) — прибрежный город в Турции, в 120 км от Анталии.

мастерской рядом с отцом часто играл и малыш Арсений. «Когда я был маленьким, — вспоминал преподобный, — то очень любил „делать изобретения". Мой отец мастерил какой-нибудь инструмент, а рядом с ним пристраивался и что-то мастерил я. Но уж если я что-нибудь портил, то бежал от отца со всех ног».

Евлогия с терпением занималась домашними делами, постоянно повторяя Иисусову молитву: «Господи Иисусе Христе, помилуй мя». Чтобы успеть всего наготовить, всех обстирать и обшить, она работала без остановки и не могла присесть ни на минуту. А когда ей говорили, что надо бы себя пожалеть, она отвечала: «Это же мой долг. Я обязана всё успевать и не роптать при этом. Потому что я — мама».

Бабушка Хаджи-Христина прожила в Конице всего один год. Она лежала, прикованная к кровати, измученная жизненными перипетиями и старостью. Однако и этого времени ей хватило, чтобы напоить своим благоговением маленького Арсения, который от неё не отходил. Вместо сказок бабушка рассказывала внуку что-то из Евангелия или из житий святых. Показывая ему священные иконы, привезённые из Фарас, она учила его осенять себя крестным знамением и прикладываться к ним. Среди этих икон был один маленький образок, привезённый Хаджи-Христиной из Иерусалима. На нём был изображён Христос как Ребёнок, помогающий праведному Иосифу в столярной мастерской. Запечатлевшись в нежном сердце Арсения, этот образ пробудил в нём любовь к столярному ремеслу, которому он впоследствии захотел научиться.

Повседневная жизнь семьи Эзнепидис дышала ароматами анатолийского благоговения. Со всей строгостью они соблюдали посты и никогда не работали в праздники. Евлогия настолько хорошо помнила дни памяти святых, что соседи даже прозвали её «Ходячим календарём». Каждое воскресенье и по большим праздникам вся семья шла в церковь. Из церкви они всегда брали в дом антидор[1], который вкушали натощак по утрам всю последующую неделю. Утром и вечером вся семья

---

[1] *Антидо́р* (от греч. ἀντί — вместо и δῶρον — дар) — частицы той просфоры, из которой на Литургии был иссечён Агнец; обычно священник раздаёт антидор прихожанам в конце Литургии.

собиралась на молитву перед семейным иконостасом, а после совместной молитвы все клали перед иконой Христа земной поклон. «Помните, — говорил отец, — дважды в день человек должен предстать перед Богом, как солдат на поверку».

Но семья прибегала к молитве не только «два раза в день», а во всех житейских нуждах, и малых и великих. Однажды, когда серьёзно заболел младший ребёнок Лука, отец позвал всех домочадцев: «Пойдёмте, попросим Бога, чтобы Он либо исцелил его, либо забрал к Себе, избавив от страданий». Через несколько дней Лука выздоровел. Так дети с самого малого возраста на собственном опыте пережили силу молитвы. Когда им становилось страшно, они сами вставали на колени перед иконостасом и начинали молиться. Однажды, когда родители работали в поле, разразился сильнейший ливень. В доме были только Арсений и его младшие брат с сестрой, которые начали плакать. Тогда Арсений с непоколебимой верой сказал им: «Пойдёмте!.. Попросим Христа, чтобы Он остановил дождь». Трое детей опустились на колени и начали молиться. Через несколько минут дождь перестал.

Вся окружавшая их среда была пропитана памятью святого Арсения. Каждый раз, когда к ним приходили родственники и знакомые, и в первую очередь — певчий святого Арсения Продро́м Корцино́глу, который был к Хаджефенди ближе других, темой для разговоров были главным образом подвижническая жизнь святого Арсения и его чудеса. Не было дня, чтобы в доме не слышали что-то о преподобном. Из всех повествований самое сильное впечатление на маленького Арсения производил рассказ о том, как святой Арсений его крестил. Так, естественным образом, будущий преподобный старец Паисий сроднился со святым Арсением, который дал ему своё имя и передал в наследство своё монашество. Поэтому уже в возрасте четырёх-пяти лет Арсений стал говорить, что станет монахом. И когда другие дети в своих играх строили домики, Арсений строил маленькие монашеские кельи[1], представляя, что так выглядела келья Хаджефенди. А больше

---

[1] *Ке́лия* — 1) отдельно стоящий дом с церковью, где подвизается один или несколько монахов; 2) комната монаха в монастыре.

других игр Арсений любил делать крестики, соединяя между собой две палочки, и собирать чётки, нанизывая на шпагат крохотные шишки.

И Продром и Евлогия старались воспитать детей *в учении и наставлении Господнем*[1], однако каждый из них помогал детям по-своему. Отец был строгим и часто наказывал детей. Как-то раз один из соседей поднял трёхлетнего Арсения, чтобы тот сорвал ему несколько смокв с дерева, которое росло за забором заброшенного дома. Арсений сорвал пять смокв, и сосед дал ему две. Узнав об этом, Продром отвесил сыну крепкую затрещину.

— Ты зачем бьёшь ребёнка? — заступилась за Арсения мать. — Откуда он знал, что можно, а что нельзя? Он же ещё маленький! Неужели ты можешь слушать, как он плачет?

— Если бы он плакал, когда его поднимали рвать чужие смоквы, — ответил отец, — то не плакал бы сейчас. Но, наверное, когда его поднимали смоквы воровать, ему и самому захотелось полакомиться… Так что пусть плачет!..

А вот Евлогия в воспитании детей была противоположностью Продрома. Когда дети шалили, она относилась к этому с благородным великодушием и старалась помочь детям научиться чувствовать добро необходимостью. Однажды Арсений, увлёкшись поеданием варенья, не заметил, как съел целую банку. Вскоре к ним пришли гости, и Евлогия поспешила на кухню приготовить им угощение. Арсений побежал за мамой и увидел, что она держит в руках пустую банку.

— Ну что, герой, — спросила Евлогия, — рад, что всё варенье слопал?

— Ой… да, это я его съел, — ответил Арсений.

— И чем же нам теперь людей угощать? — спросила мать, посмотрев на него с болью.

После этого случая Арсений больше никогда не ел сладостей, не спросив разрешения у мамы. Потом преподобный старец вспоминал: «Мамин взгляд и слова помогали мне больше, чем затрещины, на которые не скупился отец. Конечно, оба они меня любили, однако благородное, великодушное

---

[1] Еф. 6:4.

поведение мамы исправляло меня больше, чем отцовские строгость и наказания».

Евлогия, видя как дети озорничают, отворачивалась и делала вид, что не замечает их проступков. Она вела себя так потому, что не хотела их опечалить. Однако её благородство и великодушие болью отзывались в чувствительном сердце мальчика. «Смотри-ка, — говорил он себе, — я так сильно наозорничал, а мама не только не бьёт меня, но и делает вид, что она этого не заметила! Больше я не буду так плохо себя вести».

Однако, хотя Евлогия и умела притворяться не замечающей, ничего не ускользало от её взора, и она старалась исправить всё требовавшее исправления. Когда старшая сестра Арсения, Зоя, вышла замуж, её муж каждый день заходил к ним в гости, всегда принося Арсению какой-нибудь подарок или гостинец. Быстро привыкнув к этому, Арсений, увидев мужа сестры, бежал к нему с криком: «А что ты мне сегодня принёс?» — и начинал обшаривать его карманы. Тогда Евлогия, желая отучить сына от дурной привычки, сказала зятю: «Не учи его такому. Насыпь, пожалуйста, вместо гостинца в карманы немного соли. Пожалуйста, сделай так!»

Когда Арсений начал ходить в школу, мать помогала ему преодолевать трудности духовно и при каждом удобном случае учила его смирению. Например, Арсений бегал быстрее других детей, и поэтому те не давали ему бегать с ними наперегонки и прогоняли, обзывая «иммигрантиком». Арсений в слезах бежал к маме и жаловался:

— Ребята не дают мне бегать с ними наперегонки!

— Побегать захотелось? — спрашивала мать. — Вот тебе двор, бегай, пожалуйста. Почему ты хочешь бегать непременно на видном месте? Чтобы все на тебя любовались и говорили: «Ах, какой он молодец!»? В этом есть гордость.

В другой раз Арсений жаловался матери, что одноклассники выталкивали его из шеренги и каждый хотел стоять в ней первым. «Ну и чего ты добьёшься, если встанешь в начале шеренги? — спрашивала в ответ мать. — В этом есть гордость».

Так Арсений уже в детстве начал освобождаться от мелкодушия. Видя, как дети ссорятся и не могут поделить победу в игре или хвалятся тем, что они в чём-то лучше других, он смеялся про себя и говорил: «Какие же это глупости! Ведь мама-то права». Тогда ему было восемь лет, однако уже в столь юном возрасте мать помогла ему понять глубочайший смысл жизни.

Первые аскетические подвиги

Из школьных предметов Арсений больше всего любил Закон Божий и рисование. Ему нравилось рисовать Колокотрониса[1] в его огромном воинском шлеме. Одноклассники просили: «Арсений, а мне можешь тоже нарисовать Колокотрониса?» Арсений не отказывался, вечером садился рисовать, а утром относил рисунок в школу.

В общении с детьми Арсений был любочестен и уступчив. Когда школьники ссорились между собой, они обычно звали его как третейского судью — рассудить их. Учителя любили Арсения, потому что он был старательным, сообразительным и послушным мальчиком. Однажды учитель пообещал их классу, что на следующий день они пойдут в поход. Но наутро погода испортилась, и поход отменили. Тогда раздосадованные дети в знак протеста убежали из школы. Однако Арсений не сбежал с ними, подумав: «Как взрослые поведут нас в поход в такую непогоду? Мы же все простынем и заболеем».

Возвращаясь из школы, Арсений быстро делал уроки, а потом находил какой-нибудь повод и убегал в соседний лес, чтобы «жить как пустынник». Часто он нарочно затевал ссору с младшей сестрой и, как только старшие делали ему замечание, делал вид, что очень обиделся, и убегал. Вначале мать расстраивалась, не понимая, что происходит. Но вскоре, когда посылаемые на поиски Арсения его старшие братья и сёстры стали находить его молящимся то в полуразрушенных домах, то в каких-нибудь кустах, то в лесной церковке святой

---

[1] *Феóдор Колокотрóнис* (1770–1843) — греческий полководец периода борьбы за независимость.

Маленькая пещера за церковкой святой великомученицы Варвары

Варвары[1], мать поняла, что все эти «ссоры» и «обиды» были всего лишь ухищрением, совершаемым со святой целью.

Самым любимым из «духовных убежищ» Арсения была маленькая пещера за церковью святой Варвары. В этой пещере исполнялось желание Арсения, и он «превращался в пустынника». Суровый, аскетический вид пещеры заставлял сердце мальчика трепетать от радости, и он начинал горячо творить молитву Иисусову, которой научился от матери. Ещё он делал в пещере земные поклоны, которым также научился дома. Он любил заходить в церковь возле пещеры, где, стоя перед образами иконостаса, молился во весь голос: «Христе мой, помогай мне! Пресвятая Богородица, помогай мне! Святая Варвара, помогай мне!» Ещё он пел тропари — уже тогда он выучил некоторые песнопения наизусть. Особенно нравился ему тропарь «Покаяния отве́рзи ми две́ри, Жизнода́вче…»[2].

---

[1] *Святая великому́ченица Варва́ра* приняла мученическую кончину от рук своего родного отца, язычника Диоскора, в IV веке. Память 4 (17) декабря.

[2] Триодь Постная. Неделя о мытаре и фарисее, на утрени по 50 псалме. — *Прим. греч. изд.*

Также Арсений любил читать жития святых. В третьем классе начальной школы в его руки попало первое житие — святой мученицы Агафии[1], которое произвело на него неизгладимое впечатление. После этого он старался найти и другие жития святых, которые печатались тогда в виде отдельных брошюрок. Арсений покупал эти книжечки, с благоговением хранил их в отдельной коробке и постоянно читал — даже ночью, при свете лампадки. Заканчивая книгу, он давал её своим одноклассникам. Часто дети вместе шли в лес, чтобы там читать и молиться.

Старший брат Арсения, боясь, что тот забросит школу и уйдёт в монастырь, начал забирать у него жития святых и прятать их. «Вот перейдёшь в шестой класс, — говорил он, — и получишь все эти книжки обратно». Однако Арсений продолжал покупать новые жития и не просто читал их, но и старался применить прочитанное в собственной жизни. Например, как только он прочитал, что монахи не едят мяса, то больше ни разу даже его не попробовал. В их доме был такой обычай: еду совсем не солили, а каждый сам подсаливал себе по вкусу уже в тарелке. Арсений совсем перестал солить себе еду, думая, что надо привыкать есть несолёное, потому что там, где он будет подвизаться, «не найдёшь соли». От поста шея его стала такой тоненькой, что дети дразнили его: «Эй, Арсений, у тебя сейчас голова отвалится!..» У него были признаки малокровия, и часто он чувствовал себя совсем без сил. Однажды, когда Арсений возвращался из школы домой, у него закружилась голова и он упал прямо посреди дороги. Не желая, чтобы кто-то увидел это и рассказал родителям, он отполз в сторону и лежал там, пока не пришёл в себя. Однако при этом он чувствовал огромную радость. Потом преподобный рассказывал: «В детстве пищей моей был кусочек лепёшки и несколько глотков воды. Но ничего больше мне и не надо было, я просто летал от радости!.. Питайся я тогда

---

[1] *Мученица Агáфия Сицилúйская* всего лишь пятнадцатилетней девушкой приняла за Христа жестокие муки. Апостол Пётр в темнице исцелил её раны, а следующую пытку остановило землетрясение, и святая мирно предала душу Богу (в 251 году в Катании). Память 5 (18) февраля.

вкусно и сытно, это не могло бы дать мне такой духовной радости, которую я переживал».

Самое сильное впечатление из всех святых на Арсения производили столпники. Желая быть на них похожим, он залезал на высокие деревья и обрывистые скалы, где читал их жития и молился. Однажды он поднялся на вершину крутой скалы в ущелье реки Аόс, где молился весь день, стоя на ногах и совсем без пищи. Наступили сумерки, и пришлось спускаться на ощупь, потому что не было видно, куда ступить. Кое-как Арсений спустился, но потом в темноте заплутал в ущелье и долго не мог выйти на дорогу. Когда поздним вечером он вернулся домой, то увидел, что родители очень переживают. Однако сам он был переполнен радостью оттого, что ему удалось «побыть столпником». Был и такой случай: Арсений прочитал, что если боишься проходить мимо какого-то места, надо специально пойти туда и остаться на какое-то время, чтобы страх ушёл[1]. Тогда он три вечера подряд ходил на коницкое кладбище, залезал там в пустую могилу[2], где сидел и молился до полуночи.

Итак, что бы ни читал Арсений, ко всему он относился горячо, храня прочитанное в своём сердце. Со тщанием и старанием он засевал плодоносную почву своей души Божественным семенем, которое в своё время *принесло плод сторúцею*[3]. И если, в силу возраста, что-то из прочитанного (особенно из Евангелия) оставалось для него непонятным, то он не пытался докопаться до смысла рассудком. Он складывал прочитанное в сердце, говоря себе с верой: «Там написано что-то хорошее и правильное, но я этого ещё не понимаю. Ничего, пойму позже».

Так с детства Арсений следовал стопам святых отцов и готовился стать монахом. В шестом классе на Рождество он вместе с братьями и сёстрами подошёл к отцу, чтобы поцеловать

---

[1] См. *Иоанн Лествичник, прп.* Лествица. Слово 21, п. 7.
[2] В Греции существует традиция, по которой кости усопшего достают из могилы через несколько лет после погребения, омывают и складывают в костницу. В той же могиле может быть после этого захоронен другой человек.
[3] Ср. Лк. 8:8.

ему руку. При этом по семейной традиции отец давал каждому из детей какое-то благословение или напутствие. Когда к нему подошёл Арсений, отец сказал: «Ну, сынок, дай Бог, чтобы и твою свадьбу сыграли». Услышав это, Арсений тут же отдёрнул руку, не согласившись принять такое благословение. Но когда на улочках Коницы он слышал, как люди от мала до велика шепчутся у него за спиной: «Смотри-смотри, монашек пошёл!..» — это, наоборот, доставляло ему огромную радость.

Обучение благословенному ремеслу. 1937–1940 годы

Когда Арсений закончил начальную школу, вся семья стала просить его продолжить учиться дальше, в гимназии[1] города Я́нина. Но Арсений отвечал: «Не хочу я дальше учиться. Хочу стать плотником». Родные настаивали, думая, что он хочет выучиться ремеслу ради того, чтобы не обременять семью материально. Однако на этот раз Арсений оказался неуступчивым: он на самом деле хотел стать плотником, от сердца желая даже по роду земных занятий подражать Христу.

Поэтому он поступил подмастерьем в одну столярную мастерскую в самом центре Коницы. Там он начал старательно и терпеливо учиться столярному и плотницкому ремеслу.

В начале обучения, когда ему было ещё двенадцать лет, инструменты часто падали у него из рук, и, раздражаясь, он приговаривал что-нибудь вроде «Волк его задери!» или «Будь оно неладно!». Однако он быстро понял, что такие присказки неугодны Богу и решил: «Хватит!.. Если в другой раз что-нибудь у меня не будет получаться, я буду говорить, как мама: „Велико́ И́мя Святы́я Тро́ицы!" и „Слава Тебе, Боже!"» Так, призывая имя Божие, Арсений мирно делал своё дело и быстро к этому привык.

Хозяин мастерской был доволен Арсением, который быстро осваивал ремесло и всегда был готов услужить своему мастеру. «Да, Арсений один такой!» — нахваливал его ма-

---

[1] В Греции курс обучения в начальной школе составляет шесть лет, затем ученик переходит в гимназию, курс обучения в которой составляет три года.

стер. Однако сам Арсений с детства привык не радоваться похвалам. Он старался не давать лишнего повода, чтобы его превозносили. В той же мастерской был ещё один ученик, который ленился работать и повторял: «Нашли дурачка! Я буду работать, а мастер — денежки получать?» — «Если и сам хочешь стать мастером, надо работать!..» — советовал ему Арсений. Однако лентяй не слушал, и тогда Арсений, желая уберечь его от криков мастера, делал не только свою, но и его работу.

Первым столярным изделием, которое Арсений сделал самостоятельно, стал деревянный крест. Когда Арсений уходил молиться в лес, то брал этот крест с собой, и вообще крест этот помогал ему во всех трудных ситуациях. Однажды мать не нашла никого постарше, чтобы отнести обед старшим братьям, которые работали в поле, в двух часах ходьбы от Коницы. Арсений не знал дорогу, но вызвался отнести братьям обед. «Не волнуйся, — сказал он маме. — Спрошу, если что». И, держа в руке крест, подобно святым мученикам, которых он видел на иконах, Арсений вышел прямо к нужному месту.

Потом Арсений сделал для дома новый иконостас. Наверху он укрепил деревянный крест, а в иконостас поместил бумажную иконку Христа-Плотника — ту самую, что его бабушка Хаджи-Христина привезла из Иерусалима.

Духовные упражнения

Столярному ремеслу Арсений учился четыре года. Весь день он очень много работал, но ел при этом крайне мало. «В монашестве, — вспоминал потом преподобный старец, — я не держал таких строгих постов, как в отрочестве. И не одни только посты — я ещё и другие налагал на себя труды и ограничения, а вдобавок ещё и работал на хозяина, не покладая рук. Я был худым как щепка, но при этом — сильным». И действительно, Арсений отличался исключительной выносливостью и в работе, и в посте. От природы он был сильным и способным юношей. Но не это, а божественная ревность была его главной движущей силой. В среду и пятницу он никогда не обедал. В остальные дни, желая скрыть от других работников мастерской то, что он не ест мяса, Арсений не садился за стол вместе с ними, а обедал дома. Не желая терять ни минуты времени, на обед и обратно он бежал со всех ног. Дома его всегда ждал накрытый стол: мать переживала, что если она замешкается, Арсений вообще перестанет приходить есть и будет целый день ходить голодный.

Каждый день, спеша на работу и обратно, Арсений проходил через центр города сосредоточенно и не вступая ни с кем в разговоры. Будучи подростком, он и внешне уже походил на монаха. Его одежда была тёмно-синего цвета, он всегда шёл с опущенной головой и даже не видел, кто идёт ему навстречу. Старшие сёстры, которые к тому времени уже вышли замуж и покинули семейное гнездо, жаловались матери, что, встречая их на улице, Арсений проходит мимо, даже не поздоровавшись.

— Ты что, — спрашивала мать, — проходишь по улице чуть ли не под носом у своих сестёр и не здороваешься с ними?

— Разве я кому-то обещал, — отвечал Арсений, — что буду рассматривать, кто мимо меня идёт: сестра или ещё кто? У нас целая куча родственников. Что мне, больше заняться нечем?..

Арсений был настолько строг к себе, что никогда не целовал своих сестёр. Потом он говорил: «Конечно, такая чрезмерная строгость и „застёгивание себя на все пуговицы" — признак незрелости. Однако это и тормоз, который удерживает юношу в правильных рамках».

Свободное время он посвящал духовному деланию. «С десяти до шестнадцати лет, — вспоминал он потом, — я жил без забот, посвятив себя духовной жизни. Это были мои лучшие годы. Я собирался удалиться от мира и жить в пустынных местах». После работы Арсений шёл в уединённую церковь святой Варвары и совершал там вечерню. Воскресные дни он проводил в лесу, читая житие какого-нибудь святого. Особенно он полюбил житие Фотинии-пустынницы[1] и чтил эту книгу почти как Евангелие. Эта книга ещё сильнее разожгла в нём желание пустынной жизни и очень помогла ему в делании молитвы

---

[1] См. *Архимандрит Иоаким (Специерис).* Пустынница Фотиния в пустыне Иорданской. М.: Даниловский благовестник, 2011.

Иисусовой. Кроме того, житие Фотинии-пустынницы заставило Арсения задуматься о том, насколько важно в духовной жизни целомудрие: ведь преподобная Мария Египетская, проводившая прежде блудную жизнь, потом в пустыне боролась со множеством искушений, тогда как Фотиния-пустынница, бережно соблюдая своё целомудрие, провела жизнь в пустыне радуясь — словно духовная царевна. Эта книга была для Арсения настолько драгоценна, что, не желая с ней расставаться, он на всякий случай купил ещё один экземпляр, чтобы дать кому-то из сверстников, если попросят.

Сначала некоторые друзья Арсения, младше его по возрасту, ходили вместе с ним в лес и там читали книги, которые он им давал. Но, узнав об этом, их матери стали запрещать им дружить с Арсением, боясь, что они тоже начнут поститься и заболеют. Так Арсений остался один. Бывшие приятели кричали ему вслед разные прозвища: «Пророк Исайя!..», «Пророк Иеремия!..», «Святой Онуфрий!..» Это огорчало Арсения, и он стал водиться с компанией ребят постарше. Те любили пострелять из рогатки, и вскоре Арсений стал среди них самым метким стрелком. Однажды он убил из рогатки птичку. Это отрезвило его, он расстроился и подумал: «Я ведь сам раньше ругал своего брата, когда тот убил из рогатки птицу. Я даже взял тогда её тельце и, плача, похоронил. А до чего я докатился сейчас!..» Он выбросил рогатку и ушёл из этой компании, понимая, что такое общение не пойдёт ему на пользу.

После этого случая Арсений два-три воскресенья подряд после Божественной Литургии пешком ходил в Школу земледелия, при которой был небольшой зоосад. Там он с большим интересом и удовольствием проводил время, любуясь животными. Однако это приятное времяпровождение привело его к такой мысли: «Стоит ли отдавать своё сердце какой-то красивой земной картине, довольствуясь этой радостью? Разве земная радость не разлучает нас со Христом? Нет, хватит. Вместо того, чтобы любоваться животными, буду уходить в горы, читать и молиться». Но и уходя в горы, Арсений не оставлял борьбы, не желая, чтобы радость, лишь кажущаяся духовной, окрадывала его сердце. Помысел говорил ему: «А во-о-он с

Ущелье, по которому течёт река Аос

той вершины открывается такой замечательный вид!.. Всё как на ладошке: и ущелье видно, и как вода по камушкам бежит!.. И присесть есть на что, и ёлка растёт — такая тенистая! Садишься — и читаешь себе». — «Нет, — отвечал Арсений помыслу, — пойду-ка я лучше в овраг, откуда ничего из этих красот не видно». И постепенно, отсекая свои пожелания, он научился больше радоваться не на вершине горы, а внизу, на дне глубокого оврага.

Затем юный Арсений, будучи подвижником, непрестанно изобретающим способы подвига, и сопротивляясь тому, что окрадывало его сердце, принял решение не ходить ни в горы, ни в ущелье, а вместо этого оставаться дома «в затворе». Он купил маленький токарный станок и в свободное время закрывался в своей комнате, вытачивая разные деревянные поделки и творя молитву Иисусову. Вначале «затвор» давался ему нелегко. Однако, поняв, что такой образ жизни пойдёт ему на пользу, Арсений почувствовал его необходимость и потихоньку его полюбил.

Всю эту духовную борьбу Арсений совершал не от «нечего делать» и не из эгоистичных побуждений. Он отдавал себе полный отчёт в том, ради чего ведёт эту борьбу. Он боролся за то, «чтобы пойти против своего хотения, чтобы подчинить себе своё „я"», как сам потом об этом рассказывал. Уже в ранней юности он понял, что «наше хотение, будь оно даже и добрым, имеет в себе своеволие. А своеволие препятствует, оно мешает тебе стать свободным, чтобы соединиться со Христом. Да, ты всё равно любишь Христа, однако любишь Его „по-своему", то есть сочетая с этой любовью свои якобы добрые пожелания». Подвизаясь таким образом, Арсений понял, что «когда ты приносишь в жертву Христу то, чего тебе самому хочется иметь, то Христос даёт тебе большее утешение. А когда тебе не хочется уже ничего, жизнь твоя становится праздником, торжеством. Ты радуешься всему, а сердце твоё без остатка отдано Христу». На этом основании, от юности заложенном преподобным, он и построил всю свою последующую жизнь.

«Я — Воскресение и Жизнь»

Когда Арсению было пятнадцать лет, его старший брат переживал, что чрезмерный пост подкосит его здоровье. Тогда один их сосед, по имени Костас, сказал брату: «Не переживай, я ему вправлю мозги! Я с ним так поговорю, что он все свои книжки выкинет, а уж про „молиться-поститься" и думать забудет!..» И вот, встретив однажды Арсения, Костас начал пересказывать ему теорию эволюции Дарвина. О Христе Костас сказал, что «Он был, конечно, очень хорошим человеком». Костас наговорил Арсению столько всего, что совсем заморочил ему голову. В тяжёлом состоянии сразу после разговора с Костасом Арсений побежал в своё «духовное убежище» — церковь святой Варвары.

Там, делая земные поклоны, он со всей силой души и детской простотой начал просить Христа: «Христе мой, если Ты есть, явись мне!» Он делал поклоны очень долго. Был жаркий летний день, пот лился по нему ручьём, одежда была насквозь мокрой. Арсений совершенно выбился из сил, но никакого явления и даже малого знака не было.

Тогда, совсем выдохшись, Арсений сел на пол и стал рассуждать: «Ну хорошо. Что ответил мне Костас, когда я спросил его, какого он мнения о Христе? Он ответил мне, что Христос был самым добрым, самым справедливым Человеком, что Своей проповедью Он задел интересы фарисеев и они распяли Его из зависти. Но раз Христос был таким добрым и справедливым Человеком, что ни до, ни после Него не было никого Ему равного, раз плохие люди из зависти и злобы Его убили, то ради Этого Человека стоит делать ещё больше, чем я сделал для Него до сих пор. Ради Этого Человека стоит даже умереть. А рай мне никакой не нужен, да мне и вообще ничего не нужно, кроме Него Самого!» Как только Арсений принял этот любочестный помысел, ему явился Христос. Он явился, окружённый обильным Светом, залившим всю церковку, и сказал: «Я есмь Воскресение и Жизнь; верующий в Меня, если и умрёт, оживёт»[1]. Христос произносил эти слова, а Арсений одновременно читал их в открытом Евангелии, которое Христос держал в руках. Тут в сердце мальчика, словно необыкновенно сильное пламя, вспыхнула любовь ко Христу, это пламя настолько изменило его духовное состояние, что он не переставая повторял: «Ну что, Костас! Давай теперь поговорим: есть Бог или Его нет!»

«Я не для мира сего»

Прошёл год. Как-то раз, в 1940-м году, в дом Эзнепидисов пришёл один их кум. Он попросил, чтобы кто-то из их семьи стал восприемником его умирающего новорождённого ребёнка. Дома был только Арсений и его мать. Она пойти не могла и попросила Арсения стать восприемником несчастного младенца. Арсений к тому времени принял твёрдое решение стать монахом и потому отказывался принять на себя обязательства восприемника. Наконец, боясь, что пока его будут уговаривать, младенец умрёт, он уступил и пошёл на крестины. Он дал крещаемому имя Павел и так помолился

---

[1] Ин. 11:25.

Богу: «Господи, если он станет хорошим человеком, забери годы моей жизни и отдай ему. Но если он собьётся с доброго пути, забери его к Себе сейчас, пока он маленький ангел». Прошла неделя. Младенец Павел скончался и маленьким ангелом улетел на Небеса.

А в Арсении тем временем всё сильнее и сильнее разгоралось непреодолимое желание ангельского монашеского жития. Он постоянно думал: «Я не для мира сего». Однажды он сел на автобус и поехал в Янину. Там он пришёл в епархиальное управление[1] и спросил, можно ли ему стать монахом в возрасте шестнадцати лет — столько ему тогда было. В епархии Арсению ответили, что сначала ему надо отслужить в армии. Он вернулся домой. Это произошло по Промыслу Божию, потому что в тот самый год началась греко-итальянская война. Старшие братья Арсения ушли на фронт, а он как несовершеннолетний остался дома и стал единственной опорой своих родителей.

Крестьянские труды. 1940–1944 годы

В тяжёлые годы войны и немецкой оккупации[2] Арсений взял на свои плечи труды по возделыванию скромных полей, принадлежавших его отцу. Плотницким и столярным ремеслом он в эти годы занимался редко, только откликаясь на чью-либо просьбу. Однако сейчас он не брал за своё столярство денег, отговариваясь: «Да я ведь просто так работаю, чтобы не забыть, как рубанок в руках держать».

Крестьянские работы не имеют ни конца ни края, особенно если не знаешь всех премудростей — как не знал их Арсений. Несмотря на это, по воскресным дням и церковным

---

[1] В те годы митрополит Янинский был также местоблюстителем епархии Дриинупольской, Погонианской и Коницкой. — *Прим. греч. изд.*

[2] В октябре 1940 года итальянские войска вторглись в Грецию, но были разбиты. В апреле 1941 года Греция была оккупирована войсками Германии и вплоть до 1944 года оставалась под германо-итальянской оккупацией.

праздникам он никогда не выходил в поле. Он предпочитал больше поработать в будний день, но день праздничный оставить Господу Богу. В один год во время жатвы комбайны приехали в Коницу в воскресенье, и Эзнепидисам сказали, что жатву начнут с их участков. «Я в воскресенье работать не буду, — сказал Арсений отцу. — Пусть в понедельник приезжают». Отец стал переживать, что техника уйдёт и им придётся жать вручную и вывозить снопы на мулах. «Ничего, — сказал Арсений. — Буду жать хоть до Рождества». Он пошёл в церковь и даже думать забыл и про жатву, и про комбайны. Тем временем владелец комбайнов пришёл к отцу и сказал: «Прошу прощения, что-то у меня техника забарахлила. Поеду в Янину на ремонт. А в понедельник начнём прямо с вас — как договаривались».

На работу в поле Арсений всегда брал с собой чтение — житие какого-нибудь святого. Он успевал читать даже по дороге, а в поле то и дело останавливался и читал. Некоторые крестьяне, работавшие на соседних участках, подшучивали над ним:

— Эй, Арсений, когда уже работать начнёшь?
— Ничего-ничего, поработаем!.. — отвечал он.
— Когда поработаем-то? Ты два часа уже в книжку уткнулся и бездельничаешь!

Но у Арсения работа горела в руках, и он успевал сделать многое.

Часто вместе с другими юношами он пас лошадей на общих пастбищах. Там Арсений находил удобный момент, собирал ребят и читал им отрывки из Нового Завета или своими словами пересказывал им жития святых. Читал и рассказывал он настолько выразительно, что все слушали затаив дыхание, словно своими глазами наблюдая священные события, о которых шла речь. Однако настоящей живой проповедью были не столько слова, сколько поступки Арсения. Он успевал везде: бежал наперерез лошадям, когда те шли в сторону засеянного поля, вызывался привезти всем воды, делал всё возможное, чтобы помочь другим. Когда ребята, возвращаясь с пастбища, собирали по пути дрова на чьих-то придорожных участках, Арсений не давал им этого делать и говорил: «Если нужны дрова, пойдёмте в лес и нарубим. Конечно, пока их принесём, устанем немножко. Но уж лучше притомиться, чем сделать несправедливость и утащить чужие дрова».

В те годы сельские жители по ночам охраняли свои посевы. Арсений тоже сторожил по ночам отцовскую бахчу с дынями. Он ходил сторожить с радостью, потому что находил благоприятную возможность молиться в ночной тишине и безмолвии. Видя, что кто-то идёт мимо бахчи, Арсений срывал дыню и давал прохожему. Напротив бахчи жил один бедный штукатур, у которого было десять детей. Каждый день Арсений давал им несколько дынь. А утром, перед тем, как уйти домой, он срывал несколько дынь и клал их на обочине — для прохожих. Родные недоумевали, видя, что каждый день дынь на бахче всё меньше и меньше, но Арсений их успокаивал: «Не волнуйтесь вы так… Ну, бывает, что угощу кого-нибудь дынькой-другой». Но однажды на бахчу заявились итальянские солдаты. Они стали по-хозяйски выбирать себе дыни и хотели сорвать самые большие — те, что были оставлены на семена. Арсений не подпустил их к этим дыням и смело сказал: «Эти дыни мы оставили на семена, я вам их не дам. Если хотите — сорвите другие». Один из итальянцев разозлился и замахнулся на Арсения плёткой. Арсений спокойно протянул руку к плётке, пощупал её, якобы с интересом изучая, и сказал итальянцу: «Buona! Отличная плётка, сеньор!» Итальянцы расхохотались и ушли, так ничего и не взяв.

Духовное делание

В 1940 году на фронте был убит муж одной из сестёр Арсения. Она осталась вдовой с двумя маленькими девочками на руках. Два года подряд Арсений каждый вечер приходил к ним в дом, сидел с ними и как мог пытался утешить их боль. Также Арсений дружил с одним ребёнком-инвалидом, родители которого, стыдясь, что он не такой, как все, совсем не выводили его из дома. Арсений часто забирал мальчика и гулял с ним по Конице. Потом он говорил, что этот ребёнок занимал в его сердце самое почётное место.

Также Арсений сдружился с двумя юношами, которые тоже хотели стать монахами[1]. Взаимное общение было на пользу каждому из них. Часто трое друзей вместе совершали вечерню в церковке святой Варвары. Иногда они пешком шли восемь часов до местечка Монодендри[2], в монастырь святого пророка Илии, где тогда подвизался благоговейнейший старец — отец Иаков (Валодимос)[3].

Однажды, когда друзья пришли туда на Божественную Литургию, нестарая ещё женщина, вся в чёрном, встала совсем рядом с Арсением и пристально глядела на него, постоянно осеняя себя крестным знамением. «Что же это за человек такой! — возмущался про себя Арсений. — Ну что она на меня так глазеет?!» Как только Литургия закончилась, эта женщина пригласила друзей в свой дом. Оказалось, что Арсений очень похож на её сына, на которого только что пришла похоронка с фронта. Потом преподобный старец вспоминал, что, когда женщина рассказывала ему о своём горе, ему «стало тошно от самого себя». После этого случая он принял решение больше никогда не принимать помыслы осуждения.

Однако прошло немного времени — и Арсений впал в осуждение вновь. Один из его братьев, воевавший на фронте, прислал в дар бедному храму святых апостолов в Нижней Конице два бочонка оливкового масла, договорившись об этом с кем-то из офицеров. Арсений об этом не знал. И поэтому, когда в дом пришло письменное напоминание из полка, в котором служил брат, с просьбой прислать пустые бочонки обратно, Арсений стал переживать, что брат украл масло с полкового склада, что это стало известно и бочонки назад требуют по этой причине. Арсений написал брату гневное письмо и получил такой ответ: «А вот куда я дел бочонки, спроси в нижней церкви, у пономаря». После этого урока

---

[1] Эти юношами были будущие святогорцы — отец Павел (Зисакис), игумен Великой Лавры святого Афанасия, и отец Кирилл (Мантос) — старец кельи святителя Николая «Буразери». — *Прим. греч. изд.*

[2] Монодендри — одно из сёл в Эпире недалеко от Янины, в местности Загорохория. — *Прим. греч. изд.*

[3] См. *Ἀρχιμ. Χαράλαμπος (Βασιλόπουλος). Πατὴρ Ἰάκωβος Βαλοδῆμος. Ἕνα σύγχρονος Ἅγιος (1870–1960).* — *Прим. греч. изд.*

Арсений принял уже «крепкое и окончательное» решение никого больше не осуждать. «Ну уж на этом — точка, — сказал он себе. — Ты ведь человек с духовным косоглазием, потому всё тебе и представляется криво и вверх тормашками. Гляди лучше за собой и постарайся стать приличным человеком».

Постоянный анализ своих помыслов и поступков был основным духовным деланием Арсения. Испытывать себя он начал очень рано, с самого детства следя за своими помыслами, пожеланиями, словами и делами. Кроме этого, Арсений привыкал каждый вечер анализировать и оценивать прожитый день. Если он понимал, что сегодня был в отношении чего-то недостаточно внимателен, то назавтра обращал на этот недочёт особое внимание. Так он тщательно следил за своим духовным развитием. «Анализ самого себя, — говорил он позже, — это самый полезный из анализов на свете».

Радость жертвы

Война с итальянцами закончилась, и началась немецкая оккупация[1]. Пока организовывалось движение Национального сопротивления, братья Арсения вернулись в Коницу. Все вместе они стали работать в полях. Арсений делал всё от него зависящее, чтобы хоть чем-то облегчить их труд. Однажды вечером они решили, что с рассветом пойдут вместе в поле, потому что работа не терпела отлагательств. Но тут пришёл сосед и позвал братьев в гости, на пирушку. Братья ушли. Пирушка оказалась столь шумной, что Арсений не мог уснуть. Он ушёл спать в подвал, где хранилась солома. При этом у него даже не было помысла, что раз братья пошли на вечеринку к соседу, то и у него есть право пойти «в гости» к святой Варваре и устроить там «духовный пир», а работа может и подождать. При первых лучах солнца он один отправился в поле. «Надо торопиться, — думал он, — кто знает, до которого часа они проспят». В тот день Арсений работал за троих, и это было запредельно тяжело. Однако он работал и за себя, и за братьев от всего сердца и оттого чувствовал необыкновенную радость.

---

[1] См. сноску 2 на стр. 57.

Да и не только силами Арсений готов был пожертвовать ради своих братьев и сестёр, но и самой жизнью. В начале июня 1941 года, в день, когда оккупационные части немецкой армии вошли в Коницу, два брата Арсения спустились в долину — окучивать кукурузу. Тут в город пришла срочная телеграмма, что немцы скоро войдут в город и что в уже занятых городах и сёлах они сжигают дома и убивают людей. Все жители стали срочно собирать вещи, чтобы схорониться от захватчиков в неприступных горных местах, а Арсений решил срочно бежать в долину и предупредить братьев. Мать не пускала его, потому что все вокруг кричали: «Старшим твоим и так уже конец, Евлогия! Не пускай никуда Арсения, пусть хоть он тебе живым останется!» Но Арсений, никого не слушая, со всех ног побежал вниз. В спешке он плохо завязал шнурки, и, когда бежал через заболоченный луг, ботинки остались в глине. Не останавливаясь ни на секунду, Арсений босиком побежал дальше. Целый час он бежал по каменистому руслу пересохшей реки, заросшему колючками и чертополохом. Когда он добежал до поля, где трудились братья, его босые ноги были сбиты и изранены до мяса. Он только успел крикнуть братьям: «Немцы идут!..» — и они тут же увидели появившихся на дороге немецких солдат с автоматами. «Продолжайте окучивать, — прошептал Арсений братьям, — а я буду делать вид, что пропалываю». Немцы молча прошли мимо, даже не поглядев в их сторону. Только когда они скрылись, Арсений посмотрел на свои ноги и увидел, что они окровавлены и на них нет живого места. До этого момента о ногах он даже не думал и боли не чувствовал. Потом он вспоминал: «Знаете, какая меня переполняла радость, когда я бежал? Это была радость жертвы. А если бы я пожалел ноги и не побежал, и моих братьев убили бы или покалечили, то потом меня мучила бы совесть, что я пожалел не родных братьев, а свои пятки».

Страдания и опасности. 1944–1948 годы

В октябре 1944 года немецких оккупантов прогнали за границы Греции. Однако тяжёлые испытания, выпавшие на долю греческого народа, на этом не закончились. Отдельные стычки и столкновения, случавшиеся во время оккупации между разными освободительными движениями, после ухода немцев разгорелись в самую настоящую гражданскую войну. При немецкой оккупации братья Арсения воевали в партизанском отряде Зе́рваса[1]. Там они остались и после октября сорок четвёртого, только воевали теперь против многочисленного ополчения коммунистов[2]. Арсений всё ещё оставался в отеческом доме. Часто его положение было опасным, потому что коммунисты, зная, что его братья воюют против них у Зерваса, всегда имели его заложником и могли его убить.

Сначала коммунисты убеждали Арсения вступить в их ряды, но он бесстрашно отвечал «нет». К своему «нет» он сам относился как к исповеданию веры. Потом коммунисты стали забирать из их дома вьючных животных для перевозки грузов в свои отряды. Уходя в эти опасные экспедиции, так называемые «принудиловки», они всегда заставляли Арсения идти вместе с ними.

Один раз ополченцы-коммунисты решили убить Арсения. Три вооружённых бойца взяли Арсения и ещё двух юношей из Коницы, сказав им, что надо якобы перевезти боеприпасы до Бураза́нского моста (это примерно в двадцати километрах от Коницы). Не доходя до моста, бойцы велели юношам вброд перейти на противоположный берег, а затем открыли по ним огонь из винтовок.

«Ложись!..» — успел крикнуть ребятам Арсений. Сам же он с духовной отвагой выпрямился во весь рост и, отойдя чуть в сторону, стоял живой мишенью, чтобы приковать к

---

[1] *Наполео́н Зе́рвас* (1891–1957) — греческий политический и военный деятель, участник движения Сопротивления. Основал антикоммунистическую Народную республиканскую греческую лигу (ЭДЕС) и руководил её армией, действовавшей в Эпире и некоторых других областях Греции.
[2] Имеются в виду отряды Народно-освободительной армии Греции (ЭЛАС), одной из крупнейших и наиболее боеспособных составляющих движения Сопротивления во Второй мировой войне во всей Европе. ЭЛАС была создана по инициативе коммунистической партии Греции. До конца 1942 года ЭЛАС и ЭДЕС действовали совместно, но потом началось их военное противостояние.

себе всё внимание и отвести пули от других. Бойцы долго стреляли, но ни в Арсения, ни в его товарищей не попала ни одна пуля. Когда стало ясно, что у бойцов кончились патроны, товарищи Арсения вскочили и стали кидать в ополченцев камнями. Однако Арсений сдержал их, перешёл реку обратно и, подойдя к бойцам, мирно спросил:

— За что вы хотите нас убить?

— Телема́ха — за то, что его мать итальянка! — ответили те. — А тебя и Дионисия — за то, что твои братья и его отец воюют у Зерваса.

— Благословенная душа, — ответил Арсений, — мы-то в чём здесь виноваты?

Бойцы не нашли что ответить и потупили головы.

В конце концов они вместе вернулись обратно в Коницу. Там некоторые из коммунистов, которые знали, что Арсения и двух других юношей собирались расстрелять, удивились, увидев их живыми, и спрашивали у бойцов: «Зачем вы их обратно-то привели?» Те снова не знали, что отвечать. Однако спасшиеся от верной смерти Телемах и Дионисий были уверены, что их спас Бог по молитвам Арсения.

Однажды вечером в декабре сорок четвёртого Арсений вернулся домой после очередной «принудиловки». Почти вслед за ним в дом вошли два ополченца, один из которых был их знакомый, житель Коницы. Наставив на Арсения оружие, ополченцы схватили его и потащили из дома. Мать попыталась им помешать, но солдат из Коницы чуть её не убил. Арсения привели в здание Школы земледелия, куда собрали около двухсот местных жителей, которые не поддерживали коммунистическую власть в Эпире. Там их продержали почти целую неделю. Потом Арсения пригласили к начальнику гарнизона на допрос.

— Почему тебя задержали? — спросил начальник гарнизона.

— Потому что я против коммунистов. А два моих старших брата воюют у Зерваса.

— А какого лешего они воюют у Зерваса?

— Кто старше: я или они?

— Ну, они.

— Раз они старше, то и отчёт мне давать не обязаны.

— Поговори мне ещё так дерзко! — вспылил начальник гарнизона. — Скоро мы твоей головой будем в футбол играть!

— Футбол так футбол, — ответил Арсений.

Коммунисты прекрасно знали, что Арсению действительно всё равно, что станет с его головой, но не всё равно — что будет с его душой. Поэтому они решили «наказать его душу» и подвергнуть опасности её. Они закрыли его в комнате и привели туда двух почти раздетых девиц лёгкого поведения. Увидев их, Арсений стал молиться: «Пресвятая Матерь Божия, помоги мне!» Благодать Божия покрыла целомудренного юношу, и он смотрел на этих несчастных девушек бесстрастно. Он начал с болью разговаривать с ними, им стало стыдно, и они попросили у охраны, чтобы их увели.

Потом Арсений с большой любовью вёл себя с человеком, который его арестовал и конвоировал в Школу земледелия. Однажды, когда тот проходил мимо, Арсений очень искренне и тепло с ним поздоровался. Один знакомый, оказавшийся свидетелем этой сцены, засомневался:

— Слушай, Арсений, разве не этот тип тебя арестовал?

— Слушай, а разве мы должны жить по закону Моисееву? — спросил в ответ Арсений. — *Око за око и зуб за зуб*?[1]

А в другой раз тот же самый человек проходил мимо их поля, когда вся семья сидела и обедала.

— Эй, Панайо́тис, садись обедать с нами! — весело позвал его Арсений.

Сидевшая рядом с Арсением мать изумлённо прошептала:

— Неужели ты забыл, что он нам сделал?

— А ты, мама, неужели забыла, что написано в Евангелии? — прошептал Арсений в ответ.

Летом 1946 года, измученный постоянными «принудиловками», Арсений, взяв с собой младшую сестру Христину, на два месяца уехал из Коницы в Янину. Там они сняли жильё и пустили к себе одного земляка из Фарас, который в армии попал под влияние протестантской секты евангелистов. Арсений этого не знал, но увидев, что солдатский вещмешок гостя битком набит сектантскими брошюрками, сжёг их. Ко-

---

[1] Ср. Втор. 19:21.

гда сестра попросила не сжигать всё, а оставить что-то на растопку печи, Арсений ответил: «Как ты думаешь, добрый ли огонь ты ими разведёшь? Посмотри, с них же яд каплет».

Зимой 1946/47 года на одной из «принудиловок» Арсений упал в реку и чуть не утонул. Благой Бог сохранил его от смерти. Но когда Арсений вернулся домой и рассказал об этом отцу, тот решил спрятать его и лошадей в подполе. Доски пола разобрали, всех спустили вниз, а потом снова настелили пол, оставив только хорошо замаскированный люк. Несколько дней спустя дом семьи Эзнепидисов, как и большинство домов в Конице, был отдан под постой подразделению ополченцев. Отец сказал им, что Арсений уехал куда-то по семейным делам, а лошади потерялись. Ополченцы не поверили. «Если найдём твоего сыночка и животных, то всю семью поставим к стенке», — пообещали они. Солдаты перерыли весь дом, но лошади в подвале не издали ни звука, и поиски окончились ничем. В этом подвале в компании животных Арсений просидел сорок дней. Все эти сорок дней ни одна из лошадей ни разу не фыркнула и не заржала. А сам Арсений радовался, что живёт как подвижник *в про́пастех земны́х*[1].

Однажды в их дом пришла знакомая турчанка и сказала матери: «Там, где вы прячете Арсения, он погибнет. Давайте лучше мы спрячем его у себя». На следующий день один турок пришёл за Арсением и отвёл его в сарай за своим домом, где уже были спрятаны трое юношей. Там они скрывались три месяца, зимой, не зажигая огня. Иногда днём они ненадолго заходили погреться в турецкий дом. Трое других юношей стали чувствовать себя более уверенно после того, как к ним присоединился Арсений. Видя, как он постоянно молится, слыша, как он обращается к кому-то из них своим любимым приветствием: «Эй, благословенная душа!..» — они чувствовали, что с ними пребывает благословение и покров Бога. И действительно, однажды, когда в дом турка нагрянули с обыском, юноши чудом спаслись от ареста и гибели — благодаря смелому и находчивому поведению одного маленького турецкого мальчика.

---

[1] Ср. Евр. 11:38.

Во время Коницкого сражения

В декабре 1947 года, незадолго до большого сражения в Конице[1], к городку стали в большом количестве стягиваться отряды ополченцев со всего Эпира. Видя это, Арсений подумал: «Эти люди голодны. Отнесу им немного хлеба». Он замесил тесто, выпек столько хлеба, сколько мог унести, и отнёс его ополченцам. Вначале те встретили Арсения с подозрением, однако потом в их сердцах отозвался его исполненный любви поступок. Арсений же давал им хлеб так, словно отдавал его в руки Самого Христа, и они это почувствовали.

На рассвете святого дня Рождества Христова сводные отряды ополченцев начали штурм Коницы. В следующие несколько дней маленький эпирский городок превратился в страшное поле битвы. Улицы были заполнены телами убитых горожан, и даже родные боялись забирать их для погребения. Арсений вместе со священником и пономарём собирали тела убитых и относили их к кладбищенской церкви. Слыша свист мины, они падали на землю, потом вставали и продолжали своё скорбное дело.

После победы Национальной армии одно из её подразделений получило приказ «зачистить» всех коммунистов в городе. В каком бы месте города ни оказывался Арсений в страшные дни исполнения этого приказа, он с мужеством исполнял заповедь святого апостола Павла, сказавшего: *Никто не ищи своего, но каждый — пользы другого*[2]. Видя, как

---

[1] В конце 1944 года Греция избавилась от фашистской оккупации преимущественно благодаря действиям Народно-освободительной армии (ЭЛАС). Однако страна не получила независимости, а оказалась под контролем Великобритании и США. Началась гражданская война, в которую были вовлечены правительственные войска, разрозненные армии и партизаны. Войска ополчения ЭЛАС были оттеснены в северные районы Греции, на границы с Албанией и Югославией, от которых они получали поддержку. Правительственные войска контролировали Коницу, но ополченцы ЭЛАС хотели этот город сделать столицей своего независимого государства. Ожесточённая, но безуспешная осада этого города началась 25 декабря 1947 года и продолжилась 12 дней — до 6 января 1948 года.

[2] 1 Кор. 10:24.

Коница

солдаты ведут расстреливать целые колонны не сделавших никому ничего плохого людей, виноватых только тем, что они коммунисты, Арсений грудью становился на их защиту и умолял: «Остановитесь! Что плохого сделали эти люди?»

В один из этих страшных дней Арсений увидел, как лейтенант Национальной армии держит список с именами коммунистов и просит одного местного жителя пойти с ним и показать их дома. Тот боялся и говорил, что не знает, где живут эти люди. Тогда Арсений, желая выпутать его из трудной ситуации, сказал лейтенанту: «Я покажу вам их дома. Я работал у них столяром вместе со своим мастером». Лейтенант обрадовался, нагрузил на Арсения гранатомёт и несколько гранат, и они двинулись по Конице — разрушать дома коммунистов. Однако, как только они останавливались напротив какого-то дома, Арсений говорил: «Нет, здесь коммунисты не живут! Здесь, наоборот, живут те, кто против коммунистов!» Наконец, когда они стояли напротив одного дома, лейтенант понял, что Арсений водит его за нос, и стал заряжать гранатомёт. «Он против коммунистов! Он против коммунистов! — повторял Арсений и добавлял: — А ещё у него девять детей». Однако видя, что лейтенант уже готовится выстрелить, Арсений бросился в дом и в последнюю минуту вытащил на улицу всех, кто там находился — кого криками, а кого и за шкирку. Через несколько мгновений гранатомёт выстрелил — и дом рухнул. Так в последний момент были спасены десять человек.

После этого лейтенант стал заряжать гранатомёт, чтобы разрушить другой дом. Арсений умолял Бога ему помешать. И вот, видимо, по невнимательности лейтенанта, произошёл преждевременный разрыв снаряда, и лейтенант упал, обливаясь кровью. Арсений взвалил его на плечи и отнёс в госпиталь. Вся одежда Арсения была в крови, и когда он возвращался домой, патруль задержал его как подозрительное лицо, но, выяснив, в чём дело, отпустил. «Конечно, — вспоминал потом преподобный старец, — всё то, что я тогда делал, было умопомешательством. Но Бог сделал так, чтобы я остался в живых. Если ты не боишься, но радуешься тому, что своей смертью спасёшь от смерти другого человека, Бог устраивает всё так, чтобы ты остался в живых».

Местность между Криаци и Элатовриси

Воинская служба

ГЛАВА III

В Центре подготовки молодого бойца

В апреле 1948 года Арсений был призван в ряды Вооружённых сил Греции и начал проходить срочную службу. Вначале его на два месяца отправили в Центр подготовки молодого бойца в Три́полис[1]. Обучение там было жёстким. Однако эту «жёсткость, высекающую искры отваги» преподобный старец часто вспоминал потом с благодарностью. «Чем жёстче были инструкторы в учебке, — говорил он, — тем отважнее были потом солдаты в бою. И чем больше пота лилось со спин новобранцев во время учений, тем меньше крови проливалось на войне». Этими словами преподобный хотел подчеркнуть, что в духовной жизни тоже необходимы как правильная «подготовка молодого бойца», так и любочестный подвиг.

В учебке Арсения назначили старшим над другими сорока новобранцами. Их группа относилась к Управлению военно-церковной службы и называлась «Команда В-10». Солдаты, входившие в неё, собирались раз в неделю, и Арсений читал им отрывки из Евангелия. Однажды нескольких солдат из этой команды ложно обвинили в краже молока с продовольственного склада части. Командир вызвал к себе Арсения и накричал на него: «В Учебном центре столько солдат, но никто из них не додумался молоко воровать — кроме вас, церковников!.. Даю десять дней, а потом ваша команда будет расформирована!» Арсений собрал команду, передал приказ командира и добавил от себя: «Давайте помолимся. Если Богу угодно, чтобы нас расформировали, пусть расформировывают. А если нет на то воли Божией, ничего они с нами сделать не смогут». Бог не замедлил с ответом. Во-первых, через пять дней выяснили, что никто из членов церковной команды к краже молока не

---

[1] *Три́полис* — город в Греции, центр Пелопоннеса.

причастен. А во-вторых, командир Центра получил срочную телеграмму из Генерального штаба с требованием усилить «Команду В-10». Командир вновь вызвал Арсения, извинился перед ним и приказал: «Сделай всё возможное, чтобы усилить команду, боец! Начальство требует».

В Пехотной школе связи

После курса молодого бойца и сдачи устных экзаменов Арсения распределили в войска связи. Это было чудом святой Варвары, которую он просил перед призывом так: «Святая моя Варвара, пусть на войне будет опасно, только помоги мне, чтобы я никого не убил». И вот, хотя многие из его сослуживцев по учёбе были более образованны, их отправили на передовую простыми пехотинцами. А Арсения, который отучился в одной лишь начальной школе, взяли в радисты. Сослуживцы были уверены, что у него есть какой-то сильный покровитель в Генеральном штабе, и заставляли Арсения в этом признаться. Он отнекивался, но когда те настаивали, отвечал: «У меня действительно есть Покровитель, только не в Генеральном, а в другом Штабе. И зовут этого Покровителя — Христос».

Для освоения воинской специальности радиста Арсения направили в Салоники, в Пехотную школу связи. Обучали там по сокращённой программе, чтобы курсанты как можно быстрее отправились на фронт. Вместо полугода учёба продлилась три месяца — с июня по сентябрь 1948 года. Вначале Арсению с его шестью классами школы пришлось нелегко. Однако он быстро полюбил специальность радиста и потом часто сравнивал службу радиста с молитвенным деланием. «Как радист чувствует себя более уверенно, находясь на постоянной связи с Центром, — говорил преподобный, — так и человек молящийся: чем больше он молится, тем увереннее себя чувствует».

В расположении Школы Арсений вёл себя с духовной тонкостью и чуткостью, которые стяжал к тому времени постоянным наблюдением за собой. Один курсант часто просил у него денег, якобы для того, чтобы отсылать их своей жене.

Арсений давал. Другой курсант, заметив это, стал отговаривать Арсения: «Не давай ему денег! Никакой жене он ничего не посылает — ещё и сам у жены просит, чтобы она ему прислала!» Однако Арсений продолжал давать деньги. Он считал, что если перестанет их давать, его сослуживец станет ещё больше опустошать карман своей жены. Но, давая ему деньги, Арсений старался задеть его любочестие и говорил: «Вот, пошли это твоим детям». Он верил, что эти слова западут в душу его сослуживца и тот будет хоть немного помнить о своих детях.

Каждый день курсанты Школы пели патриотические песни, которые трогали и воодушевляли Арсения. Потом он вспоминал: «В армии мы пели солдатские и патриотические песни: и когда шли на учения, и когда возвращались в казармы. Патриотическая песня укрепляет любовь человека к Родине, воодушевляет его и делает более решительным. Похоже на церковные песнопения — сердце человека, который их поёт, охватывает огонь, он приходит в состояние духовного умиления и божественного радования».

Однажды курсанты их роты, желая подшутить над командирами, договорились, что в следующий раз при команде «Запевай!» они будут лишь открывать и закрывать рты, но при этом не издадут ни звука. Арсению они об этом ничего не сказали, зная, что он всё равно не согласится на эту проделку. Когда офицер приказал запевать песню «На Пинда греческих вершинах»[1], запел только Арсений. Офицер приказал всей роте, кроме Арсения, бегать по периметру плаца. На каждом углу плаца он поставил сержантов и велел бить пробегавших широкими солдатскими ремнями. Арсений побежал вместе с ротой, не желая себе никаких поблажек и предпочитая пострадать вместе со всеми. Стояло ужасное июньское пекло, солдатские гимнастёрки можно было выжимать от пота. Вдобавок Арсений был очень истощён, потому что и в армии он не ел ничего мясного. Ротный выкрикивал его имя, фамилию, потом кричал: «Плотник, немедленно выйти из строя!» — но Арсений продолжал бежать вместе со всеми, пока не упал.

---

[1] Греческий военный марш середины XX века.

«А вот сейчас, курсант, надо тебя вздуть! — сказал ротный. — За то, что ты не подчинился приказу и бегал вместе со всеми!» Однако в другой раз, когда ротный приказал петь какую-то легкомысленную песенку, Арсений отказался и с дерзновением ответил ротному: «У таких песенок с любовью к Родине нет ничего общего».

Когда Арсению на несколько часов давали увольнительную, он шёл в район, где жили беженцы из Фарас. Там он узнал много новых подробностей из чудесного жития Хаджефенди. Некоторые из этих беженцев были «живыми свитками жития преподобного Арсения», с благоговением хранившими в себе сказанное и сделанное святым.

Получив краткосрочный отпуск, Арсений исполнил своё заветное желание и впервые в жизни посетил Святую Афонскую Гору. Он посетил монастырь Филофей, одним из насельников которого был его родственник, бывший житель Фарас, иеромонах Симеон. На корабле по Промыслу Божию Арсений познакомился с добродетельным старцем, иеромонахом Кириллом из Кутлумушского скита[1]. Эта встреча произвела на Арсения особое впечатление. Семь лет спустя старец Кирилл на большой срок примет его под своё духовное руководство.

«Буйная рота»

В октябре 1948 года Арсений закончил обучение воинской специальности и в качестве радиста был зачислен в разведроту, располагавшуюся в городе Агри́нион[2]. Эта рота была освобождена от строевой подготовки, изучения устава и тому подобного. Её задачей был поиск и уничтожение отрядов ополченцев в горах Центральной и Западной Греции. О том, как героически рота-невидимка выполняла боевую задачу, преподобный старец вспоминал позже, когда, будучи монахом, он стал невидимым для посторонних глаз героем

---

[1] См. *Старец Паисий Святогорец.* Отцы-святогорцы и святогорские истории. С. 126–129.

[2] *Агри́нион* — город в Западной Греции, крупнейший населённый пункт области Это́лия и Акарна́ния.

Христовым. Через сорок лет преподобный Паисий напишет: «Помпезность и трезвон не помогают добиться даже мирской цели. На войне я служил в отдельной разведроте, и мы всё время скрывались: то за горками, то под горками. На параде строевым шагом за всю войну я не прошёл ни разу».

Разведроту, где служил старец, прозвали «буйной», поскольку её офицеры, а также многие из солдат были смельчаками «с сумасшедшей жилкой». Они воевали мужественно, не беря в расчёт опасности и злоключения. Такая же «сумасшедшая жилка» была и у Арсения, который всегда был готов совершить жертву ради Бога и ближнего.

В начале суровой зимы 1948/49 года рота разбила лагерь недалеко от вершины горы Ома́лия, на высоте около 1 800 метров от уровня моря. Эта гора была естественным наблюдательным пунктом, откуда можно было контролировать почти всю горную область вокруг Навпа́кта[1]. Там в ночь на 21 ноября лагерь накрыла страшная снежная буря. За несколько часов завалило много палаток, и большинство солдат оказались заживо погребёнными под снежными завалами.

Поняв, что рота находится в опасности и может остаться под снегом и льдом навсегда, Арсений побежал к командиру. Тут же забили тревогу, и немногие солдаты, оказавшиеся не под снегом, побежали раскапывать остальных. Но снег валил не переставая. С каждым часом обмороженных становилось больше и больше, и ротный врач как мог пытался их спасти. Арсений, несмотря на то что снег залеплял ему лицо и почти не давал дышать, не останавливаясь, работал мотыгой — насколько позволяли обледеневшие руки. В ту ночь он выкопал из-под снега двадцать шесть обмороженных. Одновременно изо всех душевных сил он горячо просил Бога прислать им помощь. И помощь не замедлила: в утренних сумерках солдаты увидели, как к ним поднимаются три крестьянина из близлежащей горной деревни Элату́. За плечами у них были огромные бутыли с домашней водкой. С помощью этой водки ротный врач смог привести в чувство и вернуть к жизни об-

---

[1] *Навпа́кт* — город в Греции, второй по величине в Этолии и Акарнании.

Село Элату под горой Омалия

мороженных солдат. В сопровождении крестьян рота пошла вниз, в деревню, где жители разобрали солдат по своим домам и их отогрели. Потом преподобный старец часто вспоминал ту тяжёлую ночь и говорил: «В тех снегах я чувствовал огромную, ни на что не похожую радость. Это была радость жертвы».

Отогревшись, рота спустилась ниже, чтобы до конца зимы встать лагерем на высоте Макривáлто, иначе называемой «Святой Иоанн» — по находившейся там церковке Честного Иоанна Предтечи. Эта высота тоже имела выгодное тактическое положение. Ротный приказал солдатам рыть в земле глубокие ямы, застилать их брёвнами, сверху покрывать досками и листами жести. В углу крыши было отверстие для выхода дыма — солдаты могли разводить в этих блиндажах огонь и греться.

Досок для блиндажей не хватало, и ротный послал за ними Арсения в одну из расположенных неподалёку деревень, жители которой почти все ушли, боясь ополченцев. Председатель сельской общины предложил разобрать заборы и сараи, но у Арсения не поднялась на такое дело рука, и он отказался.

Он считал варварством рушить хозяйство людей, которые столько лет страдали от войны, а сейчас были вынуждены даже оставить свои дома. Арсений вернулся в лагерь с пустыми руками и предложил ротному отправить в центр радиограмму с просьбой привезти им доски. «Тебе даже такое простое дело нельзя поручить!» — рассердился офицер и послал за досками других солдат.

Однако когда блиндаж, в котором находилась радиоточка, заливало водой и Арсений, укрывая и налаживая технику, промокал до нитки, ротный говорил ему:

— Я спокоен, когда ты делаешь эту работу. Но мне жалко глядеть, как ты мучаешься. Пусть второй радист тоже помогает!

— Господин командир, мне всё это только в радость! — любочестно и решительно отвечал Арсений, заставляя командира гордиться, что в его роте служит такой солдат.

Запасов продуктов не хватало, и Арсений, желая, чтобы сослуживцам досталось больше, брал себе как можно меньше. Мяса он никогда не ел. Когда раздавали молоко, он отдавал свою порцию тем из сослуживцев, кто выглядел слабее других. Единственное, что расстраивало Арсения, — так это то, что он не мог поститься безупречно, поскольку готовили в роте на животном жире. Поэтому часто он довольствовался солдатской галетой — настолько сухой, что её тяжело было разбить даже камнем. Во время приёма пищи Арсений, стараясь остаться незамеченным, садился в сторонке и грыз свою галету, думая о Хаджефенди, который питался ячменными лепёшками. А когда кто-то из солдат жаловался хлеборезу на маленькие порции, тот отвечал: «Да вы бы лучше на Арсения посмотрели! Ему что ни дай — всегда доволен. Он что, не такой же солдат, как и вы? И в службе молодец, и никогда ничего не просит».

Также Арсений был образцом нравственной безупречности. Часто одним своим присутствием он спасал девушек от неподобающего поведения солдат. А однажды произошло и следующее чудесное событие. Зимой солдаты его роты брали в соседних деревнях мулов для перевозки грузов. Вместе с мулами на работы забирали и местных крестьян: и мужчин, и женщин. Однажды, когда крестьяне с мулами были недалеко от Макривалто, наступила ночь, а дороги были завалены снегом. Крестьяне соорудили шалаши из еловых ветвей и стали устраиваться в них на ночлег. Один из солдат залез в такой шалаш и начал приставать к местной девушке. Он приставал к ней так настырно, что она была вынуждена выбежать из шалаша и ночью по колено в снегу уйти куда глаза глядят — лишь бы подальше. Одна старуха из той же деревни пошла по её по следам и нашла её под навесом церкви Честного Предтечи. Дверь была закрыта, и внутрь зайти они не могли. Однако Честной Предтеча не оставил их без помощи. Он явился Арсению, который в это время спал, и велел ему как можно быстрее бежать к храму. Арсений побежал и нашёл возле храма окоченевших от холода и стоявших по колено в снегу женщин. У него были ключи от храма, потому что он приходил туда зажигать лампадки. Он открыл дверь и завёл несчастных внутрь. Когда они рассказали ему, что произошло, он спросил девушку:

— Как же ты решилась ночью, в горах, одна идти сама не зная куда?

— Это было всё, что я могла сделать, — ответила девушка. — Я верила, что в остальном мне поможет Христос.

Тогда Арсений, не просто для того чтобы их утешить, а потому что ему действительно стало больно за них, сказал: «Всё! Закончились ваши муки. Завтра пойдёте по домам». И действительно, на следующий день пригнали солдат, те расчистили дороги, и крестьян отпустили по домам. Через много лет преподобный Паисий напишет: «Честной Предтеча позаботился о девушке, которой была небезразлична её честь, и привёл её в свою церковь, о существовании которой она даже не знала. Вот такие дочери Эллады должны быть её похвалой и чудесным примером для других».

Как только снег немного сошёл, рота начала выходить в многодневные горные рейды, чтобы ополченцы, зная о близости войска, оставили в покое деревни. В этих изнурительных рейдах не хватало ни воды, ни пищи, ни обмундирования. Иногда солдаты шли босиком по снегу и пили воду из следов от лошадиных копыт. Арсений совсем не думал о себе, но

Часовня святого Иоанна Предтечи в Макривалто

делал всё возможное, чтобы помочь другим. Второму радисту он не давал сопровождать мула, который перевозил большую рацию, чтобы уменьшить его риск быть убитым или раненным (радист рядом с гружёным мулом — лёгкая добыча для снайпера). Постоянно находясь с мулом, Арсений не мог отойти в лес, как другие солдаты, чтобы найти себе там что-то съедобное. Но несмотря на то, что он был совершенно истощён от голода, тяжёлые рации на мула и с мула он всегда грузил один. Иногда он носил их на собственной спине. Когда второй радист просил его разрешить что-то сделать и ему, Арсений отвечал: «Нет. У тебя жена и дети. Если тебя убьют, мне придётся отвечать за тебя перед Богом».

Постоянные злострадания и великие трудности не пугали Арсения. Его не страшила даже опасность смерти, которой он часто подвергался во время боёв с отрядами ополченцев. Наоборот, это обостряло в нём чувство, что он находится под покровом Бога. Кроме того, он и за жизнь свою не цеплялся, предпочитая, чтобы в живых остался кто-то другой. Однажды, когда они готовились к бою, он вырыл себе одиночный окоп, в котором спрятался сам и укрыл рацию. Когда ополченцы начали обстреливать их позиции из миномётов, один солдат подполз к окопу и спросил: «Арсений, я влезу?» — «Залезай», — разрешил Арсений, но через несколько секунд с тем же вопросом подполз ещё один солдат. Чтобы дать место второму, Арсений вылез из окопа. Вокруг рвались мины. Вдруг Арсений почувствовал, как осколок, словно сильный порыв ветра, чиркнул его по голове. Каски на нём не было, только вязаная солдатская шапочка. Осколок сбрил волосы на его голове, оставив голую полоску в шесть сантиметров шириной. Но даже ожога не было — так хранил Арсения Бог.

А ещё Благой Бог исполнил одно желание Арсения, который всё, что у него было, раздавал другим. Исполняя слова: *Даст ти Госпо́дь по се́рдцу твоему́*[1], Он прислал Арсению в горы Евангелие. Своё Евангелие он раньше отдал одному своему сослуживцу, но через несколько дней, когда наступил Рождественский сочельник, подумал: «Будь у меня сейчас Евангелие, как бы оно мне помогло!» В самый день Рождества Христова в их роту пришли посылки от жителей города Месоло́нги[2] с гостинцами и подарками на Рождество. Посылок было 200, Евангелие — только в одной: в той, которая досталась Арсению.

Рация спасает роту

В феврале 1949 года Национальная армия освободила от ополченцев город Карпени́си. Рота, в которой служил Арсений, получила приказ дислоцироваться в городке Ара́хова в Навпактских горах и подключиться к обнаружению и уничтожению отрядов ополченцев. В одну из ночей на высоте недалеко от Араховы 180 солдат разведроты оказались окружены отрядами ополченцев, общей численностью 1 600 бойцов. Всю ночь рота отчаянно оборонялась, укрывшись за скалами. Арсений пытался установить антенну, чтобы связаться с Центром и попросить помощи. Один лейтенант кричал: «Брось ерундой заниматься! Помогай лучше таскать ящики с гранатами!» Арсений таскал ящики, но снова и снова возвращался к рации.

---

[1] Пс. 19:5.
[2] *Месоло́нги* — прибрежный город в Этолии и Акарнании.

Антенну постоянно сбивало пулями и осколками, и связь установить не удавалось. Наконец Арсению удалось связаться и прокричать в рацию несколько слов с их координатами и описанием тяжёлого положения. Этого оказалось достаточно: на рассвете прилетела штурмовая авиация и разбомбила ополченцев. Рота была спасена.

Потом преподобный Паисий приводил в пример этот бой, желая провести параллель между служением монаха и делом радиста. «Монахи, — писал он, — это радисты Матери-Церкви. И уходя подальше от мира, они делают это по любви. Удаляясь от мира, они удаляются от мирских „радиопомех" для того, чтобы быть в состоянии лучше установить связь с Богом. Так они помогают миру больше и результативнее. Некоторые архиереи и церковные чиновники требуют, чтобы монахи спускались с уединённых горных вершин и возвращались в мир, „чтобы ему помочь", но они ведут себя неразумно. Они похожи на тех не отличающихся великим умом военных, которые, видя, что их отряд окружён, истерично кричат, чтобы радист бросил рацию, схватил винтовку и начал стрелять вместе со всеми. Как будто ещё одна винтовка, прибавленная к уже стреляющим двум сотням, сможет что-то изменить. А радист воюет по-другому. Он срывает голосовые связки, крича в микрофон непонятные для других слова: „Приём! «Душа»!.. Приём! «Душа»!.." — а все вокруг думают, что он просто выбрасывает на воздух много пустых и ненужных слов. Только вот радисты не дураки и не обращают на это внимания. Они не слышат, как сослуживцы осыпают их ругательствами, но изо всех сил пытаются установить связь с Центром. Как только связь установлена, они просят немедленной помощи у Генерального штаба, и тогда становится понятно, что „Душа" — это позывной радиста. И помощь приходит — но уже не в виде лишней и по сути бесполезной винтовки, а целыми эскадрильями штурмовиков, бронетанковыми полками, до зубов вооружёнными линкорами и непотопляемыми эсминцами. Так люди спасаются из безвыходной ситуации»[1].

---

[1] См. *Старец Паисий Святогорец.* Письма. М.: Святая Гора, 2008. С. 25. — *Здесь и далее, цитируя изданные творения преподобного Паисия*

«Пресвятая Матерь Божия, помоги мне стать монахом»

Прошло несколько дней, и разведрота получила приказ срочно выдвигаться на усиление батальона, который вёл бой недалеко от деревни Криаци[1]. Когда рота спускалась к горной речке ниже Криаци, стало понятно, что батальон разбит, все близлежащие высоты заняты отрядами ополченцев и рота почти окружена. Арсений получил срочную радиограмму из штаба с приказом остановить и вернуть назад крестьян, которые в сопровождении второго радиста и нескольких солдат на 90 мулах везли вслед за ротой тяжёлое вооружение и боеприпасы. Когда Арсений пытался выйти на связь со вторым радистом, адъютант командира роты кричал на него почти в истерике:

— Беги отсюда, ополченцы уже рядом!

— У меня приказ срочно передать радиограмму, чтобы крестьяне вернулись назад и не попали в ловушку, — отвечал Арсений.

— Раньше, чем ты её передашь, — кричал офицер, — ополченцы будут здесь и ты сам попадёшь в их руки!

Однако Арсений, не думая о том, что его могут убить, не двинулся с места и пытался передать радиограмму. Он находился в низине, и рация работала плохо. Наконец, когда он с огромным трудом передал сигнал, оказалось, что он остался один. Ополченцы уже видели его и окружали со всех сторон, стреляя вокруг него и желая взять его живым. Арсений тут же проглотил бумаги с шифрами и позывными, мгновенно распряг мула, взвалил на плечи рацию и побежал напролом сквозь кусты и деревья. Кольцо сжималось, ополченцы были не дальше чем в пятидесяти метрах от Арсения, он уже слышал обращённые к нему крики и смех воевавших на стороне ополченцев женщин: «Эй, солдатик, куда же ты! Иди к нам,

---

и других святых отцов, мы зачастую не следуем старому переводу, но приводим свой, новый.

[1] Это был 6-й лёгкий пехотный батальон. Командиром батальона был майор Браи́мис. Описываемый в тексте бой произошёл на границе Навпактских и Доридских гор, между сёлами Элато́вриси и Криа́ци, недалеко от горной речки Керасо́рема. См. карту Навпактских гор в конце книги. — *Прим. греч. изд.*

не бойся!» Видя, что его вот-вот схватят и человеческими силами спастись невозможно, Арсений взмолился Пресвятой Богородице: «Матушка моя Пресвятая! Помоги мне стать монахом! Обещаю, что буду работать три года и восстановлю из руин Твой сгоревший монастырь Стόмион[1]».

В это самое мгновение в зарослях Арсений вдруг наткнулся на одного солдата из разбитого ранее батальона. Тот много дней не брился, одет был в потрёпанную гражданскую куртку и внешне походил на ополченца. Сделав Арсению знак молчать, солдат выбежал из кустов и, маша рукой в противоположную сторону, закричал ополченцам: «Товарищи, бегом! Товарищи, бегом! Там мулы разбегаются, все туда — мулов собирать!..» Потом он схватил за руку Арсения и они побежали в противоположную сторону. Выскочив из леса, они пробежали по тропе, которая простреливалась со всех сторон, и укрылись в деревне Криаци. Там они нашли свою роту. Солдатские шинели были в дырах от пуль, но никто не был даже ранен. Жестокий бой продолжался всю ночь. Солдаты отстреливались и закидывали подступивших ополченцев гранатами, а радисты пытались на почти севших аккумуляторах связаться по рации с Центром и попросить помощи.

Утром прибыло подкрепление, и рота вышла из ловушки. Солдат, спасший Арсения, подошёл к нему и, улыбнувшись, сказал: «Да, брат Арсений, горазд ты чудеса творить!» Однако сам Арсений считал, что они были спасены чудесной помощью Честного Предтечи, память которого совершалась накануне. Было 25 февраля[2] 1949 года.

---

[1] *Стόмион* — монастырь в честь Рождества Пресвятой Богородицы, основанный в окрестностях Коницы в XV веке и пришедший в запустение к середине XX века.
[2] 24 февраля по старому стилю — воспоминание Первого (IV в.) и Второго (452 г.) Обретения главы Честного Предтечи и Крестителя Господня Иоанна. — *Прим. греч. изд.*

«Ты устроишься лучше всех»

Вернувшись на базу, в село Макривалто, солдаты разведроты решили в благодарность за спасение купить для церквушки Честного Предтечи два больших красивых подсвечника. Арсений обошёл для сбора пожертвований и жителей села Элату и готовился отправиться за подсвечниками в Агринион, в магазин церковной утвари. А накануне один солдат из их роты совершил неудачную попытку «самострела» — он хотел покалечить себя, чтобы быть уволенным в запас и спасти свою жизнь от опасности. Этот солдат был родом из Эпира. У него была жена и много детей, и в жизни гражданской он зарабатывал какие-то гроши, играя на гитаре на свадьбах и в тавернах. Ротный приказал Арсению, который всё равно направлялся в Агринион, доставить под конвоем этого самострельщика и передать его в Военную прокуратуру в городе Месолонги, который находился по пути. Сослуживцы, узнав, что Арсений назначен конвоиром, усмехались: «Отличного вы ему подобрали конвойного, ротный! Просто не человека, а живодёра какого-то!»

Когда Арсений с бывшим музыкантом спустились в Месолонги, тот упросил Арсения взять его с собой в Агринион, а в прокуратуру отдать на обратном пути. В Агринионе самострельщик стал всячески тянуть время и ныть, упрашивая Арсения зайти то к одним, то к другим своим знакомым. Арсений ходил вслед за ним, но в какой-то момент их остановил патруль военной полиции и, посмотрев сопроводительные документы, приказал немедленно отправляться в прокуратуру в Месолонги. Тогда Арсений с болью и любовью, от всего сердца пожелал бывшему музыканту: «Всё будет хорошо! Вот увидишь — ты устроишься лучше всех. Ротный пошлёт в прокуратуру рапорт и попросит их, чтобы тебя не слишком наказывали. Припишут тебя к какой-нибудь тыловой команде. И жив-здоров останешься, и ещё детям своим помогать будешь!» И действительно, когда они прибыли в Военную прокуратуру, оказалось, что там уже лежит рапорт от командира роты с положительной характеристикой на бывшего музыканта. Его даже не отдали под трибунал, но просто перевели поваром в Агринион, в Межвойсковой распределительный центр. Он перевёз в Агринион свою семью и кормил их тем, что оставалось от солдатских обедов. Либо Арсений предвидел всё это через дар прозорливости, либо «сработало» его исполненное любви молитвенное пожелание.

Через несколько дней ротный послал Арсения в город Навпакт — ремонтировать рации. На обратном пути Арсений проходил мимо храма, где в тот момент совершалось последование Акафиста. Арсению очень хотелось хоть ненадолго войти внутрь, но он не мог оставить без присмотра мулов, нагруженных рациями. Он всего пять минут постоял напротив входа в церковь, и вдруг ему стало обидно, он расплакался как ребёнок: «Пресвятая Матерь Божия, до чего же я докатился! Я ведь уже пять месяцев не был в церкви!» Было 11 марта 1949 года, пятница первой седмицы Великого поста[1].

На следующей неделе из Генерального штаба пришёл приказ о расформировании отдельной разведроты, в которой служил Арсений. Бойцам из уважения к их подвигам и безупречной службе было предложено выбрать себе любое место для дальнейшего прохождения службы.

Преподобный Паисий никогда не забывал тех бед и злоключений, через которые он прошёл вместе с «буйной ротой». «Эти злоключения, — говорил он потом, — помогли мне глубже почувствовать смысл монашеской жизни, „соль" которой — жертва и злострадания. Таких злостраданий, как в армии во время боёв и горных рейдов, в монашеской жизни у меня не было. Поэтому я всегда думаю: „Я перенёс такие злострадания в армии ради Отечества. А что сейчас, в монашестве, я делаю ради Христа? Если бы я сделал для Него хотя бы десятую часть от того, что делал на войне, то творил бы сейчас чудеса"».

---

[1] По греческой традиции Акафист Пресвятой Богородице поётся не только на утрене субботы пятой седмицы Великого поста, но и разделяется на четыре части и поётся на повечериях пятниц первых четырёх седмиц Великого поста.

Операции по «зачистке»

После расформирования бывший ротный взял с собой Арсения на новое место службы — в Окружное военное управление города Агринион. Вначале Арсения определили в маленький центр связи в Навпакте. Там по Промыслу Божию произошло знакомство Арсения с радистом Пантелисом Дзекосом, родом с Керкиры. Надо сказать, что у Арсения были необычные по размеру и форме большие пальцы на руках. И вот он заметил, что у одного из его новых сослуживцев пальцы точно такие же, как у него. Однажды, когда Пантелис, склонившись над столиком в радиорубке, что-то писал, Арсений встал напротив и показал ему свои большие пальцы. Когда Пантелис поднял голову, Арсений спросил его: «А знаешь, что мы с тобой братья?» Когда удивлённый Пантелис ответил, что вообще-то он родом с Керкиры, сердце Арсения радостно забилось, потому что он вспомнил священную землю, в которой покоилось тело Хаджефенди. Но, конечно, главным образом Арсений выделил Пантелиса из числа других сослуживцев не из-за пальцев, а из-за того, что тот отличался искренностью, любочестием и благородством — душевными дарованиями, присущими самому Арсению и братски роднившими двух молодых людей.

Через несколько дней после знакомства, в начале апреля 1949 года, их обоих присоединили в качестве радистов к подразделению, выполнявшему операцию по «зачистке» от ополченцев горных районов Навпактии. Во время одного из боёв их взвод был вынужден отступить. Отступая, Пантелис споткнулся и с размаху упал на камни ничком. Рация, которая висела у него за плечами[1], так сильно ударила его по спине и по голове, что он потерял сознание.

Когда весь взвод добежал до безопасной зоны и укрылся в окопах, Арсений увидел, что Пантелиса с ними нет. Он порывался бежать за товарищем, но другие солдаты держали его за руки и говорили: «Пантелиса убили. Не надо за ним воз-

---

[1] Вес переносной рации тех лет составлял примерно 10 кг. — *Прим. греч. изд.*

вращаться, а то и тебя убьют». Взводный, боясь, что Арсений, побежав искать друга, выдаст их местонахождение ополченцам, запретил ему высовываться из-за бруствера, угрожая в противном случае открыть огонь ему в спину. Но Арсений вырвался из рук сослуживцев, скинул рацию и, презирая опасность, вылез из окопа и побежал в сторону ополченцев. Кроме Бога его никто не прикрывал. Пробежав около трёхсот метров, Арсений увидел лежащего без сознания Пантелиса. Арсений взвалил на спину его и рацию и пополз обратно. Все солдаты с тревогой наблюдали за происходящим, боясь пошелохнуться, потому что ополченцы находились совсем рядом и в любую секунду могли открыть огонь. Но пока Арсений с Пантелисом полз, не раздалось ни единого выстрела. Когда Арсений затащил Пантелиса в окоп, взводный сказал: «Видно, твой святой тебя сильно любит, вот он тебя и спас. А ты спас своего товарища».

Когда Пантелис пришёл в себя и узнал, что произошло, он стал спрашивать у Арсения, кто из святых его покровитель. Арсений рассказал ему о святом Арсении, о его чудесах в Фарасах и погребении на Керкире. Исполненный благодарности Пантелис стал говорить Арсению, что дарит ему земельный участок на Керкире рядом со своим домом, что после войны они построят там Арсению дом и всю жизнь проживут рядом как братья. Но Арсений по секрету рассказал Пантелису, что как только закончится война, он уйдёт в монастырь и станет монахом. Так впоследствии и случилось: Арсений не принял предложения жить рядом с Пантелисом на Керкире и стал афонским монахом. Но зато пятьдесят лет спустя Пантелис стал монахом на Святой Афонской горе и получил имя Арсений[1]. До конца своих дней он питал огромную любовь и благодарность к своему другу и спасителю, и с годами эта любовь становилась сильнее и глубже.

А в Арсении становилось всё сильнее доверие силе молитвы. Когда в одном из следующих боёв их опять окружили ополченцы и весь взвод, прижавшись к земле, лежал в окопах, Арсений даже не пытался установить антенну рации,

---

[1] В 2001 году в монастыре Симонόпетра. — *Прим. греч. изд.*

чтобы вызвать подкрепление с воздуха. Вместо этого он, к изумлению всех, поднялся во весь рост и, воздев руки и взор к небу, сам стал «духовной антенной», через которую шёл молитвенный сигнал, призывающий *силу свыше*[1]. Пантелис, находившийся рядом и слышавший, как над их головами свистят пули, тянул его за гимнастёрку и кричал: «Ложись! Ложись!» Однако Арсений простоял, не шелохнувшись, пятнадцать минут, пока в небе не появились бомбардировщики Национальных воздушных сил и ополченцы не прекратили огонь.

Рейды по горам продолжались. Теперь едва ли не единственной заботой Арсения было идти на какую угодно жертву ради того, чтобы спасти и защитить своих сослуживцев. Однажды ночью ополченцы вырезали несколько солдат из их взвода, которые стояли в дозоре. После этого Арсений каждый день смотрел график нарядов и караулов и, если видел, что в дозор назначили кого-то из женатых, шёл к командиру и просил вместо них отправить в дозор его, хотя радисты от дозоров освобождались.

— Куда ты сам на рожон лезешь?! — не соглашался командир. — А если тебя убьют?

— Прошу вас, господин командир, — настаивал Арсений. — У него ведь дети. А я что так, что эдак, всё равно не усну: у меня за него сердце болит.

Иногда Пантелис вызывался идти в дозор вместе с Арсением и говорил:

— Если убьют, так обоих.

— Не бойся, — отвечал Арсений. — Бог сохранит — и не убьют.

И действительно, когда ночью в дозоре был Арсений, стояла тишина. Никто не стрелял и не нападал, и Арсений всю ночь мог горячо и от сердца молиться.

Когда была возможность, Арсений спрашивал разрешения у командира и уходил из лагеря ради большего безмолвия и возможности помолиться. Однажды Пантелис, заметив его отлучки, решил за ним проследить. Он увидел, как Арсений

---

[1] Ср. Лк. 24:49.

зашёл в глубь леса и остановился в уединённом, тихом месте. Осмотревшись и убедившись, что его никто не видит, он начал «духовно изливать» всё, что скопилось у него внутри. Он умилительно пел церковные песнопения и делал много земных поклонов. Потом он опускался на колени и какое-то время стоял так, с воздетыми вверх руками, потом опять вставал на ноги и продолжал поклоны.

В Окружном военном управлении

Когда операции по «зачистке» в Навпактских горах закончились[1], Арсения перевели в роту связи Окружного военного управления в Агринион. Рота располагалась в одном из зданий на главной площади города. В этом же здании находились кубрики радистов, и поэтому Арсений не выходил на улицу, за исключением посещений храма или каких-нибудь служебных надобностей. Другие солдаты, поняв его настрой, стали просить, чтобы он отсидел за них боевое дежурство. Некоторые вдобавок обманывали его, говоря, что в Агринион якобы приезжает их отец или сестра и надо пойти их повидать.

Арсений не разбирался, правда или нет то, что ему говорят, но с охотой выручал своих сослуживцев. В роте связи он обучился ещё и шифровальному делу и теперь мог заменять не только радистов, но и шифровальщиков. Он не сидел без дела: если линии связи молчали, брал веник, швабру и наводил порядок во всех помещениях. Из соображений секретности уборщиц в помещения связи не пускали. «Здесь несут боевое дежурство, — говорил себе Арсений. — Место, некоторым образом, священное, и потому оно должно быть всегда чистым и прибранным». Некоторые солдаты смеялись над ним и обзывали «золушкой» или «вечной жертвой». Однако ни один не сомневался в том, что Арсений — настоящий человек Божий.

В редкие свободные минуты Арсений садился где-нибудь в углу и читал книгу, избегая пустых разговоров. Другие солдаты обычно садились на балконе, который выходил на главную

---

[1] В мае 1949 года. — *Прим. греч. изд.*

площадь, и часто звали Арсения посидеть вместе с ними на свежем воздухе. Но Арсений никогда не выходил на балкон. Однажды, когда по площади гуляли красивые девушки, сослуживцы шутки ради силой вытащили на балкон Арсения, чтобы он ими тоже полюбовался. Но духовно мудрый Арсений закрыл глаза, чтобы не дать места искушению. Постояв на балконе совсем немного, он вернулся внутрь.

Однако в другой раз любовь к ближнему заставила Арсения «покинуть затвор» и выйти на балкон. Один его сослуживец получил из дома письмо, в котором сообщалось, что его обручённая невеста его не дождалась и нашла себе другого. Солдат хотел наложить на себя руки. Арсений вывел его на балкон и сказал: «Смотри, какая погода хорошая! Пойдём на площадь, ноги разомнём? Тебе в какую сторону хочется прогуляться?» Они вышли на улицу, и всю прогулку Арсений с любовью и рассуждением разговаривал с сослуживцем. «Почему ты не думаешь о том, что могло получиться хуже, чем уже получилось? — говорил он. — Вот представь, что она бы тебя дождалась. Вы бы женились, у вас бы родились дети, а потом она взяла бы и выкинула то же, что и сейчас? Да Бог сделал для тебя доброе дело! Прославляй Его за это!»

Вечером одного воскресного дня сослуживцы вновь силой вытащили Арсения на балкон. «Эй, брат Акакий, — кричали они, — пойди послушай, что Венедикт говорит!» Площадь была полна народу, а с балкона гостиницы, находившейся напротив, в те минуты в громкоговоритель произносил пламенную проповедь отец Венедикт (Петра́кис)[1]. Когда проповедь закончилась, Арсений пошёл взять благословение у отца Венедикта и познакомиться с ним лично. После этого каждый воскресный вечер он выходил на улицу, садился на скамеечку за зданием, где располагалась рота, и слушал проповеди отца Венедикта.

Некоторые из жителей Агриниона обращали внимание на светлое лицо благоговейного солдата. Хотя он жил в центре города и служил в роте связи Окружного военного управ-

---

[1] См. о нём: *Ἀρχιμ. Χαραλάμπους Δ. Βασιλοπούλου*. Βενέδικτος Πετράκης, Ὁ φλογερὸς Ἱεροκήρυξ. Ἐκδ. Ὀρθοδόξου Τύπου, Ἀθῆναι, 1975. — *Прим. греч. изд.*

ления, было заметно, что он *не от мира сего*[1]. Он уже был «радистом Божиим», то есть монахом, хотя ещё и без пострига. По ночам, когда сослуживцы засыпали, он тихо вставал, отходил в угол кубрика и совершал много земных поклонов. Иногда он молился, стоя на коленях на своей солдатской койке, с которой убрал матрас под предлогом, что на матрасе он не высыпается. Он продолжал поститься и не ел не только мясного, но и любой другой пищи, если она казалась ему вкусной.

Болезнь. Коница

Работая почти без остановки, максимально ограничивая себя в сне и пище, Арсений совершенно выбился из сил. В сентябре сорок девятого у него целых двадцать дней держалась температура 39,5 °C, но он никому об этом не говорил. И однажды прямо на боевом дежурстве у него закружилась голова, и он упал без сознания. Словно сквозь вату он слышал, как сослуживцы кладут его на носилки и говорят: «Ну что, Венедикт, поехали на капремонт». Арсения отнесли в госпиталь. Когда стали разбираться, оказалось, что он отсидел на боевом дежурстве шесть восьмичасовых смен подряд и всё это время совсем ничего не ел. Сослуживцы заходили на узел связи, видели, что он сидит перед аппаратурой, и уходили отдыхать. Арсений не захотел оставаться в окружном госпитале и попросил у командира роты связи дать ему отпуск в Коницу. Командир дал ему отпускной лист с незаполненной датой возвращения, сказав, чтобы он вернулся в роту, когда поправится. По дороге в Коницу Арсения остановил патруль военной полиции.

— Первый раз видим такой отпускной, в котором не написана дата возвращения в часть, — сказали они.

— Ну раз ротный выписал мне такую бумагу, значит, он уверен в том, что злоупотреблять его доверием я не буду, — ответил Арсений.

---

[1] Ср. Ин. 8:23.

Придя в родной дом, Арсений никому не сказал, что болен. Но на следующий день его начало рвать кровью и он потерял сознание. Придя в себя, он почувствовал, что у него очень болит живот и он не может ступить и шага. В здании коницкой Школы земледелия в 1949 году располагался военно-полевой сортировочный госпиталь. Вызвали санитарную машину и отвезли туда Арсения.

В коницком госпитале Арсений пролежал 15 дней. Он был совсем измождён, и температура не спадала. Все палаты и даже коридоры госпиталя были заполнены искалеченными солдатами. На Гра́ммосе[1] продолжались жестокие бои, и вертолёты постоянно привозили в Коницу раненых. Однажды в госпиталь приехал с инспекцией генерал. Зайдя в палату, где лежал Арсений, он спросил его:

— Откуда родом, солдат?

— Местный, из Коницы, — ответил Арсений.

— Разумеется! Симулянт! — заорал генерал. — Другие на передовой кровь проливают, а он у мамки под боком больного из себя корчит! Три минуты на сборы — и вон из госпиталя!..

Арсений тут же поднялся, пошёл к начальнику госпиталя и попросил разрешения вернуться в свою часть. Военврач ответил, что в таком состоянии его если и вернут в армию, то только в какую-нибудь нестроевую часть. «Как в нестроевую часть! — возмутился Арсений. — Другие на передовой кровь проливают, а вы меня в нестроевую? Я здоров и готов немедленно вернуться к месту несения службы».

Уговорив врача, Арсений в тот же день выписался из госпиталя и написал письмо одному своему сослуживцу в Агринион: «Я, слава Богу, поправился. Единственное, что беспокоит, — это сильная слабость. Стоит немножко пройти — начинает кружиться голова. Мне дали ещё пятнадцать дней отпуска для поправки здоровья. Факт, что столько дней буду отсутствовать, меня удручает. Надеюсь, что эти дни пролетят побыстрее».

---

[1] *Гра́ммос* — одна из вершин в горах Пинд, неподалёку от границы с Албанией, в те годы — мощный укрепрайон ополченцев.

Когда Арсений был в Конице, участников боевых операций награждали орденами и медалями. Орден, который предназначался Арсению, получил вместо него один его сослуживец. Как только Арсений вернулся в Агринион, этот солдат подошёл к нему и, краснея, сказал об этом. «Ну получил и получил, — ответил Арсений. — Зачем мне этот орден? Мне его и одеть-то некуда». Постигнув глубочайший смысл жизни ещё в раннем детстве, Арсений ни во что не ставил мирскую суету.

Увольнение в запас

Через пять месяцев, в марте 1950 года, Арсений был уволен в запас. Он получил демобилизационный лист в селении Макракóми, недалеко от города Ламѝя. Арсений уже решил, что, не заезжая домой, он прямиком направится на Святую Афонскую Гору. Когда он рассказал о принятом решении двум своим сослуживцам, те стали его уговаривать: «Так нельзя, Арсений! Неужели ты даже не заедешь домой, не проведаешь своих родных, не дашь им на тебя посмотреть и порадоваться, что ты живой вернулся с войны? Съезди сперва маму обними, а потом поезжай, куда тебе вздумается!» Во время этих уговоров один из этих солдат даже вырвал из рук Арсения демобилизационный лист и сказал, что вернёт его Арсению только в Конице, куда поедет вместе с ним. Однако, проснувшись утром, этот солдат увидел на тумбочке записку Арсения, в котором тот просил у него прощения за то, что был вынужден выкрасть обратно свой демобилизационный лист.

Арсений сел на поезд и поехал в Салоники. Поезда были переполнены возвращавшимися с войны солдатами: одновременно уволили в запас сразу несколько призывов. Когда поезд прибыл в Лáрису, фронтовики хотели устроиться на ночлег в каком-нибудь из военкоматов, но все они были переполнены. Солдаты попробовали найти место в гостинице, но их даже не пускали внутрь, говоря: «После вас одеяла не отстираешь!» Ночью подморозило, и один офицер договорился с железнодорожным начальством, чтобы солдатам разрешили ночевать в теплушках, которые всю ночь перегоняли с одного пути на другой, формируя составы. Когда на следующий день поезд с Арсением и другими фронтовиками прибыл в Салоники, картина повторилась: военкоматы были переполнены, в гостиницы не пускали, и солдаты, которым надо было ехать дальше, ночевали на улицах.

Вспоминая о тех днях за несколько месяцев до своей кончины, преподобный Паисий говорил: «В те ночи улицы Ларисы и Салоник были полны молодыми ребятами, возвращавшимися с фронта. Бедные солдаты сидели на тротуарах, подпирали стены домов и магазинов и на холоде дожидались утра. Если бы там оказались их нынешние сверстники, то они бы сожгли всю Ларису, а впридачу разгромили бы и Фессáлию с Македонией![1] И нельзя сказать, что тем ехавшим по домам фронтовикам не было обидно. Обида была, только не было помысла сделать в отместку что-то плохое. А они ведь только что проливали кровь, сидели в снегах, жертвовали собой, многие были ранены и искалечены… И вместо последнего „спасибо" их оставили ночевать под открытым небом! Какой была молодёжь тогда — и какой она стала сейчас!.. Не прошло ещё и пятидесяти лет, но как изменились люди!»

---

[1] *Фессáлия и Македония* — большие области с центрами в Ларисе и Салониках соответственно, занимающие суммарно примерно треть площади всей Греции.

Скит святой праведной Анны на Святой Афонской Горе

Подготовка и искушения

ГЛАВА IV

Искания на Святой Афонской Горе

Отслужив царю земному, Арсений спешил встать добровольцем в ряды ангельского монашеского полка, чтобы служить Небесному Царю Христу. Однако с самого начала он встретил на своём пути трудности и искушения. Об этом словами премудрого сына Сирахова предупреждает Священное Писание: *Если ты приступаешь служить Господу Богу, то приготовь душу твою к искушению*[1].

Прибыв на Святую Афонскую Гору, Арсений сразу пришёл в идиоритмический[2] тогда монастырь Филофей, одним из насельников которого был его родственник, иеромонах Симеон. Однако в Филофее Арсений задержался совсем ненадолго. Там он встретил не «суровое житие», которого ждал, а определённый комфорт и расслабление. Арсений был уверен, что монахи питаются одной лишь травой, и даже специально привёз с собой на Афон перочинный ножик, чтобы её собирать. Но в Филофее он увидел, как отец Симеон готовит в своей келье вкусные блюда и даже иногда нарушает пост. Причина этого была в том, что в идиоритмических монастырях не было общей трапезы, вдобавок отец Симеон недавно переболел туберкулёзом и нуждался в калорийной пище. Но Арсений

---

[1] Сир. 2:1.
[2] *Идиоритми́ческий* (особножи́тельный) монастырь по уставу сильно отличается от кинови́йного (общежи́тельного) монастыря. В идиоритмическом монастыре братия не выбирают игумена, могут иметь личную собственность, собираются на общую трапезу только по праздникам, получают от монастыря деньги за послушания. В середине XX века многие обители на Афоне были идиоритмическими. Монастырь Филофей сменил устав с идиоритмического на общежительный в 1973 году. Последний идиоритмический монастырь Святой Горы (Пантокра́тор) был преобразован в общежительный в 1992 году.

по юношеской ревности и неопытности не мог найти этому оправдания. «Чего я жаждал — и как обжёгся! — сокрушался он. — Куда мне теперь идти? Что мне теперь делать?»

Тем временем отец Арсения, узнав, что тот находится в монастыре Филофей, прислал ему письмо с просьбой вернуться в Коницу и помочь семье. Братья Арсения всё ещё служили в армии. Отец писал, что еле сводит концы с концами и из-за этого даже начал распродавать принадлежащие семье поля. Однако Арсений не хотел возвращаться к мирским заботам. Он от сердца желал найти пригодное место или, лучше сказать, духовное поприще, чтобы начать на нём духовные подвиги, согласно слову Апостола: *Никакой воин не связывает себя делами житейскими, чтобы угодить военачальнику*[1]. Он ушёл из Филофея и начал обходить святогорские скиты и кали́вы[2] в поисках старца, о котором получил бы внутреннее извещение. Эти искания привели Арсения в скит святой Анны, потом в скит Кавсокали́вия и, наконец, на пустынные Катуна́ки.

Утешение от отшельника

Однажды во время этих скитаний уставший Арсений возвращался из Кавсокаливии в скит святой Анны. Заблудившись, он пошёл по тропе, которая вела не в скит, а к вершине Афона. Пройдя уже довольно долго, Арсений понял, что забрёл не туда, и стал с тревогой искать тропу, ведущую вниз. Он просил Пресвятую Богородицу ему помочь. Вдруг он увидел перед собой монаха-отшельника. Это был старец лет семидесяти со светлым лицом. Глядя на него, Арсений подумал, что это, должно быть, святой. Он был одет в совсем выцветший и прохудившийся подрясник из грубой морской парусины. Чтобы подрясник совсем не расползся, многие дыры вместо

---

[1] 2 Тим. 2:4.
[2] *Кали́ва* (греч. καλύβα — хижина) — небольшой отдельно стоящий домик, где живут один или несколько монахов. В каливе обычно нет храма, и калива, в отличие от келии, не имеет собственной земли. Каливы и келии объединяются в скит.

булавок были прихвачены какими-то щепками. На висевшей у него за плечами монашеской торбе тоже не было живого места, и «заштопана» она была так же, как и подрясник. На груди старец носил жестяную баночку, подвязанную на верёвочку, — видимо, с чем-то священным. Арсений не успел вымолвить ни слова, как старец сказал:

— Сынок, по этой тропинке до святой Анны не дойдёшь, — и показал ему правильный путь.

— Ге́ронда[1], а где ты живёшь? — спросил Арсений.

— Здесь, неподалёку, — ответил старец, махнув рукой в сторону афонской вершины[2].

Арсений, бродя по пустынным местам Афона, потерял счёт времени и не помнил ни какое сегодня число, ни какой день недели. Когда он спросил об этом у старца, тот ответил, что сегодня пятница, потом вынул из торбы какую-то тряпочку, развернул её и достал несколько палочек с насечками. Поводя пальцем по этим насечкам, старец назвал Арсению месяц и число. Арсений взял у старца благословение, пошёл по тропе, которую тот показал, и спустился в скит святой Анны. Однако его ум постоянно возвращался к светлому лицу таинственного отшельника. Позже, услышав о предании, согласно которому недалеко от вершины Афона невидимо от посторонних глаз живут двенадцать отшельников, Арсений рассказал об этом случае опытным святогорским старцам. Те ответили, что, возможно, встреченный им отшельник был из их числа. Встреча с отшельником, излучавшим благодать Божию, утешила Арсения, усилила огонь его ревности, и он продолжил поиски духовного руководителя.

В скиту святой Анны. Калива Сретения Господня

Арсений ещё долго ходил от каливы к каливе. Он очень устал и измучился, поскольку в поисках духовного руководства по

---

[1] *Ге́ронда* (от греч. γέροντας — старец) — типичное в Греции обращение к старцу.
[2] Высота вершины Афона составляет 2033 м над уровнем моря, и вблизи неё нет обитаемых келий или иного жилья.

неведению заходил в каливы нерассудительных зилотов[1]. Он думал, что этих монахов называют «зилотами», поскольку они отличаются от других особой ревностью и подвигами, и не знал, что некоторые из них уклонились в крайности и впали в прелесть, поскольку ревность их была *не по разуму*[2].

Наконец в один из весенних дней Арсений увидел на пристани скита святой Анны молодого монаха. Тот стоял в стороне, держал в руках чётки и ожидал корабль в Да́фни[3]. Строгий вид и скромное поведение молодого монаха побудили Арсения подойти к нему и спросить, где он живёт. Монах показал рукой на скалы, нависшие над скитом, — за ними скрывалась от посторонних глаз подвижническая келья, в которой он жил со своим старцем.

— Возьмёшь меня в ваше братство? — спросил Арсений.
— Не могу ответить ни «да», ни «нет», — ответил монах. — Я ведь послушник. Пойдём, спросим у старца?

И вот, вместе с новым знакомым Арсений поднялся в аскетическую каливу Сретения Господня[4], отстоявшую в четверти часа ходьбы от последней каливы скита святой Анны. Это была абсолютно уединённая и невидимая никому келья. Не зная о её существовании, найти её было бы невозможно. Старцем этой подвижнической кельи был строгий исихаст, уже пожилой отец Хризосто́м Са́миос[5]. Отец Хризостом принадлежал к одному из ответвлений умеренных зилотов. Жил он вдвоём с послушником — монахом Никодимом, который и привёл сюда Арсения. Услышав, что Арсений хочет остаться в их келье, старец Хризостом оглядел его, помолчал и

---

[1] *Зило́ты* (от греч. ζηλόω — ревновать, страстно желать) — «ревнители чистой веры», не поддерживающие молитвенного общения со Вселенской Патриархией по причине её экуменических контактов и перехода на новый календарный стиль.

[2] Рим. 10:2.

[3] *Да́фни* — главный порт Святой Горы на юго-восточной стороне Афонского полуострова, место расположения афонской таможни и подразделения береговой охраны ВМФ Греции.

[4] Сретенская калива уничтожена пожаром, и от неё остались одни лишь руины. — *Прим. греч. изд.*

[5] *Са́миос* здесь означает «уроженец острова Самос».

сказал: «Если хочет, пусть остаётся. Даст Бог, с помощью Царицы Небесной, утвердится на иноческом пути». Арсений настолько глубоко проникся безмолвной пустынностью этого места и благоговением старца, что тут же отдал ему все привезённые с собой деньги. Старец взял деньги и, по традиции многих афонских старцев, положил их на видное место возле входной двери, сказав Арсению: «Видишь, где лежат? Захочешь уйти — заберёшь с собой».

В этой аскетической каливе господствовал дух простоты. Хотя старец Хризостом был превосходным строителем и искусным камнетёсом, стены его каливы были сложены совсем просто — из камней без раствора. Крыша была устроена из деревянных балок, на которых лежали каменные плиты. В каливе была маленькая церковка в честь Сретения Господня и три келейки — настолько крохотных, что каждая вмещала лишь узкую деревянную койку и скамеечку. Из маленького дворика каливы можно было увидеть только скалы и небо. Восточнее каливы, среди скал, был лаз в маленькую пещеру — там уединялся на молитву отец Хризостом. В пещере не было ничего, кроме деревянного Распятия.

Жизнь в этом строгом и первобытном месте, почти что орлином гнезде, была по-настоящему аскетической. Огорода не было: кругом скалы и ни кусочка плодородной земли. Да и воды тоже не было — кроме той малости, что собиралась после дождей в маленький каменный резервуар. Этой дождевой воды едва хватало для питья и приготовления немудрёной пустыннической трапезы. В понедельник, среду и пятницу в братстве вкушали один раз в день просто варёную фасоль. В другие дни недели тоже ели что-то из бобовых, добавляя в пищу чуть-чуть оливкового масла. Тесто для хлеба месили в деревянной квашне. Она была сделана из куска бревна и вся поедена древесным жучком. Маслины не ели, потому что масличных деревьев у них не было, а сыр появлялся очень и очень редко, когда торговцы привозили его на скитскую пристань.

Стремление к священному безмолвию определяло распорядок их дня. В два часа ночи они поднимались и совершали келейное монашеское правило. Обоим послушникам старец Хризостом определил такое правило: двенадцать чёток-трёхсотниц с поясными поклонами и сто земных поклонов. Однако он дал им благословение делать и больше поклонов, если есть силы. В пять утра они собирались в церковь и совершали полунощницу и утреню, иногда читая их по книгам, а иногда — совершая по чёткам. Каждое утро пелся молебный канон Пресвятой Богородице, а в конце вечерни — канон из Феотока́рия[1]. После повечерия никаких разговоров уже не было. Каждый творил молитву Иисусову наедине и отходил ко сну.

Однажды вечером Арсений сидел на камне недалеко от каливы и творил молитву Иисусову. Вдруг он услышал, как диавол, словно дразня его, что-то мычит и бурчит в ритм молитвы. Потом он услышал, как диавол истошным голосом завопил: «Не дают мне монахи подойти к скиту старухи![2]» Потом преподобный Паисий рассказывал, что этот случай очень помог ему, потому что он понял, насколько великой силой обладает молитва Иисусова.

Читали в братстве «Древний патерик» и «Добротолюбие». Рукоделием отца Хризостома было изготовление чёток из морских ракушек. Иногда его приглашали в какие-то кельи для строительных работ. Отец Никодим вытачивал на токарном станке разные деревянные поделки, а Арсений ему помогал. Постеснявшись сказать, что он хорошо знает это ремесло, он просто сидел рядом и крутил колесо токарного станка.

Арсению была очень по душе простая аскетическая жизнь в Сретенской каливе. Однако ему крайне не хватало большей духовной помощи и руководства. Из старца Хризостома было непросто выудить даже несколько слов. Он жил по принципу: «Аще не движется слово, не движи слово». Но Арсений смущался о чём-то спрашивать его. Кроме того, он часто думал

---

[1] *Феотока́рий* — сборник из 62 богослужебных канонов ко Пресвятой Богородице, которые собрал преподобный Никодим Святогорец из рукописей Святой Горы и издал в 1796 году. В славянском переводе см.: Богородичник. Каноны Божией Матери на каждый день. М.: Православный Свято-Тихоновский гуманитарный университет, 2006.

[2] Под «старухой» диавол имел в виду святую Анну — мать Пресвятой Богородицы.

о просьбе отца помочь семье, переживал о том, что младшая сестра Христина ещё не выдана замуж. Поэтому после трёх месяцев жизни в Сретенской каливе он попросил у старца Хризостома благословения вернуться в Коницу. «Ты ведь послушник, сынок, — ответил старец. — Иди и сделай, как тебя просветит Бог». Арсений уехал в Коницу. Денег, отданных старцу при поступлении в каливу, он забирать не стал.

Коница. Работа плотником. 1950–1953 годы

Арсений вернулся в Коницу в конце июня 1950 года и начал помогать отцу в сельскохозяйственных работах. Однажды они пошли жать пшеницу. Вместе с ними пошла и жена одного из старших братьев Арсения. Когда Арсений увидел, что на поле полно колючих сорняков, он сказал ей: «Ты у нас невестка, и поля нашего не знаешь. Жни с краю, где почище. А я пожну остальное, потому что мне тут все кочки знакомы». Как только Арсений начал жать, ему на ум пришёл образ святых мучеников, которые по любви ко Христу наступали на раскалённые гвозди. Его охватило пылкое желание испытать нечто подобное, пусть и в малой мере. Чтобы окружающие ни о чём не догадались, он сказал: «Что-то ботинки жмут… Сниму-ка я их лучше». Сняв обувь, он продолжал быстро и ловко жать пшеницу, наступая босыми ногами на колючки и чертополох.

В те годы профессия столяра и плотника была очень востребованной. Одна война сменяла другую, многие дома оказались сожжены и разрушены. Поэтому Арсению не составляло труда находить столярные и плотницкие заказы. Вскоре он начал работать в домах у разных людей. Когда он работал, стоя на ногах, то обычно пел что-то церковное, а когда, опускаясь на колени, настилал полы, то творил молитву Иисусову: «Господи Иисусе Христе, помилуй мя». Он делал свою работу очень тщательно и не торопился. Где бы ни приходилось работать — в доме или в хлеву, — Арсений выполнял её одинаково прилежно. «Если это хлев, — говорил он, — то я что, должен квалификацию терять? Раз положено шкурить оконные рамы мелкой наждачкой, значит, оставлять это нельзя — даже если они предназначаются для хлева, даже если заказчик тебе за это не заплатит».

Часто Арсений не брал за свою работу денег. Иногда он делал что-то сверх оговорённого в качестве подарка, иногда люди обещали заплатить потом, но не платили, а он стеснялся напомнить. Если возникало недопонимание с заказчиком, Арсений предпочитал потерять какие-то деньги, но сохранить в себе мир. Как-то раз один заказчик принёс ему пакетик гвоздей для пола. Когда пол был настелен, заказчик, не видя шляпок, начал кричать на Арсения: «А где же мои гвозди-то, а? Что же я гвоздиков своих не вижу?!» Арсений пытался растолковать ему, что гвозди вбиты в гребень доски под углом, шляпки утоплены в древесине, но тот не хотел ничего слушать и, перебивая его, кричал: «Где мои гвозди? Ты украл мои гвозди!» Арсений не смог ему ничего доказать и ушёл, не получив платы.

Когда в Конице кто-то умирал, Арсений делал гроб и никогда не брал с родственников умершего денег. «У несчастных и так горе, — объяснял он другим столярам, — что же, мы будем с них ещё деньги брать?» В домах, где работал Арсений, он никогда не поднимал глаз, чтобы взглянуть кому-то в лицо или рассмотреть обстановку, он никого ни о чём не просил и почти не разговаривал. Исключением были дети: он звал их подержать инструмент, помочь, а сам тем временем помогал им духовно: учил их церковным песнопениям и давал почитать житие какого-нибудь святого.

Вначале Арсений получил несколько больших заказов в деревне Каллифе́я, километрах в семи от Коницы. Ходить домой на обед было далеко, и хозяева домов, где он работал, приглашали его отобедать с ними. Арсений говорил: «Если хотите, чтобы в среду и пятницу я с вами обедал, готовьте, пожалуйста, фасоль или чечевицу, только без масла. Себе вы всегда в тарелке можете сдобрить маслом». После обеда Арсений обычно немного читал, а потом вновь принимался за работу и молитву: «Пресвятая моя Богородица, помогай мне».

В одном доме Арсений менял потолок. Несколько дней подряд он с утра до вечера торчал на стремянке с задранной вверх головой. Было лето, очень жарко, и пот бежал с него ручьями. Однако Арсений не только не выглядел уставшим, но и пел разные стихиры и тропари, постукивая в такт византийской музыке топориком. Однажды хозяйка сказала ему:

— Арсений, ты бы уж лучше песню какую красивую спел!

— Тётя Хари́клия, — ответил Арсений, — разве бывают на свете песни красивее тех, что поются в церкви?

Когда он закончил с потолком, хозяева попросили сделать им маленький домашний иконостас. Арсений работал целый день. Наступил вечер, а иконостас ещё не был закончен.

— Арсений, закругляйся! — говорили хозяева. — Целый день с одним иконостасиком возишься. Ночь на дворе!..

— Иконостасы быстро не делаются, — отвечал Арсений, — это работа тонкая. И делать её надо с молитвой, потому что в иконостасе будут стоять святые иконы.

Обычно, когда наступали сумерки, Арсений заканчивал работу и сидел возле храма святого великомученика Георгия. Вокруг собирались деревенские ребятишки. Он рассказывал им жития святых, учил их молитве «Отче наш» и Символу веры, разучивал разные стихиры и тропари. Арсений дарил детям иконки святых, угощал их орешками и сладостями, а те светились от счастья, потому что люди в то время жили в большой нищете.

В феврале пятьдесят первого, закончив работы в деревне Каллифея, Арсений решил провести наступающий Великий пост в монастыре святых Феодо́ров[1], недалеко от города Кала́вриты[2]. Он сказал о своём желании родным, взял плотницкие инструменты и отправился в путь. Придя в монастырь, он попросил игумена: «Если благословите, я хотел бы провести Великий пост в вашей святой обители. Могу вам чем-нибудь помочь по столярке». Его приняли с радостью и поселили в очень хорошую и удобную келью. Однако Арсений предпочёл ночевать в углу склада пиломатериалов. Он делал для монастыря двери и окна, а ел только хлеб и маслины. В день светлого Христова Воскресения и всю Светлую седмицу он ел только

---

[1] В честь святых великомучеников Фео́дора Ти́рона и Фео́дора Страти́ла́та.

[2] *Кала́врита* — город на севере Пелопоннеса, в 70 км от города Па́тры.

йогурт. «Что ж ты одним йогуртом питаешься? — спрашивал Арсения игумен. — Заболеешь так!» Серьёзность и трудолюбие Арсения произвели на игумена столь сильное впечатление, что однажды он пригласил его в храм и предложил: «Давай прямо послезавтра пострижём тебя в монахи? А через несколько дней к нам приезжает владыка, он рукоположит тебя во иеродиакона и в иеромонаха, и ты останешься у нас навсегда?» Но Арсений ни на что не хотел променять ту аскетическую жизнь, малую частицу которой он вкусил в пустынной Сретенской келье на Святой Афонской Горе.

Он вернулся в Коницу и снова приступил к работе. От заказчиков не было отбоя — в Конице только и говорили о том, какой он хороший мастер и как недорого берёт за работу. Это не радовало Арсения, потому что другие мастера часто сидели без работы, а среди них были люди семейные, с детьми. Не желая лишать их куска хлеба, Арсений стал отказываться от заказов и говорить, что работа у него расписана на несколько месяцев вперёд. Однако многие предпочитали подождать и просили поставить их в очередь. Так что конца и края работе не было видно.

Не справляясь с заказами один, Арсений решил взять себе помощника — юношу по имени Ста́врос. Отец этого юноши умер, и Ставрос искал хоть какого-то заработка, чтобы прокормить свою мать и трёх младших братьев. Выдающимися способностями он не отличался, но Арсений терпеливо учил его всем премудростям плотницкого ремесла. Через несколько месяцев Ставрос уже мог самостоятельно взяться за сгоревший дом, от которого оставались одни лишь стены, и сделать из него «конфетку». Арсений платил Ставросу не как ученику, а как полноценному партнёру, и даже отдавал ему больше половины заработанного. «Возьми побольше, — говорил он юноше, — на тебе ведь ещё и сироты малые висят». Ставросу было стыдно брать деньги, которых он не заработал, но Арсений с любовью его уговаривал: «Бери-бери… Имеешь право — тебе целую семью кормить!» Один их общий знакомый не мог этого понять. Как так: работает Ставрос меньше, а денег получает больше? «Ставрос беднее и тебя и меня, — объяснял Арсений. — А если человек беден и у него есть семья, то по справедливости ему надо платить больше положенного. Всё остальное будет несправедливостью».

В июне 1951 года Арсений со Ставросом получили муниципальный заказ: восстановление разрушенных домов села Арма́ты в 45 километрах от Коницы. Они взяли себе ещё одного помощника — юношу по имени Афанасий. Афанасий готовил материалы, Ставрос стамеской выбирал на досках шипы и пазы. Рядом работал Арсений. Он брал на себя самую ответственную работу: выравнивал доски рубанком и настилал пол. Целый день он работал в полусогнутом положении, и помощники постоянно слышали его шёпот: «Господи Иисусе Христе, помилуй мя... Господи Иисусе Христе, помилуй мя...» Иногда, когда что-то не получалось, Ставрос нервничал и мог грязно выругаться. «Опять сквернословишь? — делал замечание Арсений. — Пора бы уже стать к себе повнимательнее». Но однажды, когда Афанасий начал осуждать Ставроса за сквернословие, Арсений сказал: «Что тут скажешь, Афанасий... У каждого из нас есть какие-то недостатки, и у нас с тобой тоже. Так что давай лучше глядеть не за другими, а за собой. Может, наши с тобой грехи ещё и посерьёзней, чем его сквернословие, будут».

На ночь они оставались в домах, где шёл ремонт. Арсений ненадолго ложился и, убедившись, что ребята уснули, вставал и отходил куда-нибудь в угол, где при свете тусклой лампы читал и молился. Тёмный угол недостроенного деревенского дома на несколько ночных часов становился иноческой кельей, где Арсений по уставу святогорской каливы Сретения Господня горячо и ревностно исполнял монашеское правило. Ближе к утру, когда двое его товарищей ещё спали, он тоже ненадолго ложился и вскоре первый поднимался со словами: «Слава Тебе, Боже!» Каждый вечер он ходил в храм села, посвящённый святителю Николаю, и помогал приходскому батюшке служить вечерню.

С сельскими жителями Арсений был вежлив и сдержан. Он приветствовал каждого с добротой, от которой веяло уважением к человеку. Ему было тогда 27 лет, но пожилые люди вставали, когда он проходил мимо. В те годы раны только закончившейся гражданской войны ещё не затянулись, любое напоминание о пережитом причиняло невыносимую боль. Оттого любые беседы на политические темы были очень болезненными и нелёгкими. Арсений, хотя и хлебнул во время войны горя с избытком, не только никого не осуждал, но и находил подход к людям противоположных политических взглядов, стараясь, насколько возможно, смягчить их противоречия.

В Арматах жила женщина, которая в 1948–49 годах воевала в Навпактских горах на стороне ополченцев. Однажды она разговорилась с Арсением, и они поняли, что воевали одновременно в одних и тех же местах, но друг против друга.

— Но как же мы могли дойти до того, что повернули друг против друга оружие? — спрашивала женщина.

— Кончилась война, — отвечал Арсений. — Всё. Слава Богу.

Арсений разговаривал с этой молодой ещё женщиной настолько уважительно, словно по возрасту она годилась ему в матери.

Часто в селе вспоминали и о Святой Афонской Горе. Многие мужчины ездили на Афон на заработки и трудились там лесорубами. Собираясь, они делились своими впечатлениями о разных святогорских обителях. Арсений слушал их с огромным вниманием и в свою очередь рассказывал о монашеской жизни. Его слова были очень искренними и горячими. Все уважали его за доброту и скромность, и поэтому не обижались, когда он говорил им о своём заветном желании поскорее закончить работу и стать монахом.

Накануне Рождества 1951 года Арсений со Ставросом закончили подряд в Арматах. В те дни выпало много снега, но они пешком пошли в Коницу. На каждом пригорке по дороге Арсений крестился и повторял: «Слава Тебе, Боже». После Рождества они проработали вместе до сентября 1952 года. Тогда Арсений сказал Ставросу: «Всё. Уезжаю на Святую Гору. Прошу тебя, когда будешь работать один, будь очень внимателен».

«Не могу дождаться, когда я уйду из мира»

За два года работы Арсений накопил сестре приданое — пятьдесят золотых монет. Ещё он купил Христине швейную машинку, чтобы она могла зарабатывать как портниха. Так, проявив любочестие и сохранив в себе мир, он исполнил взятую на себя обязанность. Все эти годы Арсений, не желая, чтобы Христина переживала из-за того, что она — причина его задержки в миру, говорил ей, что он просто ещё не созрел для монашеской жизни. Да и не просто говорил — он искренне верил, что причина, по которой в нём нуждается его семья, — его собственная духовная незрелость, и Бог попустил ему долго оставаться в миру для того, чтобы он мог получше подготовиться к монашеству. Но все эти годы Арсений продолжал постоянно слышать, «как его лично призывают вступить в ангельский полк радистов Церкви»[1]. Наконец он понял, что пришло время прекратить «отстреливаться одиночными выстрелами» (то есть материально заботиться о своих домашних), а пора заступать на боевое дежурство возле «духовной рации», быть на связи с Богом и помогать таким образом всему миру.

Но пока Арсений готовился к отъезду, прошло ещё шесть месяцев. Арсений вернулся к работам в селе Каллифея. У него появился новый ученик и помощник — любочестный юноша по имени Продро́м. Он успел поработать в подмастерьях и у других столяров, но те не платили ему почти ничего. «Попросись к Арсению, — посоветовали Продрому родственники, — он платит как никто другой». Арсений взял юношу в ученики. Целую неделю они работали в деревне, примерно в полутора часах ходьбы, а в субботу возвращались в Коницу. По дороге Арсений не давал Продрому нести мешок с инструментами. «Вот полдороги пронесу, а потом поменяемся», — говорил он. Однако когда они проходили половину дороги, Арсений с инструментами за плечами пускался вперёд бегом, и Продром не мог за ним угнаться.

Как только Арсений закончил работать в селе Каллифея, один друг их семьи попросил помочь с ремонтом его сгоревшего дома в селе Амара́нтос. Там Арсения стали сватать за одну из дочерей хозяина, но Арсений хотел только одного: поскорее закончить работу и уехать на Афон. В феврале

---

[1] См. *Старец Паисий Святогорец*. Письма. С. 29.

1953 года он написал в письме своему знакомому иеромонаху отцу Павлу (Зисакису): «Ты не можешь даже представить, с какими искушениями я сталкиваюсь. Я здесь больше не могу находиться. Одного-единственного не могу дождаться: когда уже наконец Бог удостоит меня уйти из мира».

Когда Арсений закончил работу в Амарантосе, уже никакая сила не могла удержать его в миру. Последние заработанные деньги он раздал как милостыню, оставив себе только на билеты до Святой Горы. Вдруг к нему пришёл один бедный крестьянин и попросил денег, чтобы купить быка. Денег у Арсения уже не было. Оставаться в миру ещё на какое-то время, чтобы что-то заработать и помочь несчастному, он тоже не мог, боясь, что любое промедление в миру обернётся новыми искушениями. «Прости меня, — ответил Арсений, — но сейчас я тебе помочь уже не могу».

Из дома он ушёл тихо, так, чтобы никто ничего не заподозрил. Только сестре Христине шепнул: «Я на Святую Гору. Как устроюсь, напишу вам. Пока никому ни о чём не говори». Он уехал на Афон, а родители были уверены, что он ушёл работать в какую-то дальнюю деревню.

В скиту святой Анны и на Кавсокаливии

В марте пятьдесят третьего Арсений оставил «бурное море житейское»[1] и прибыл на Святую Афонскую Гору. Но свою тихую гавань он нашёл не сразу, потому что, как и в прошлый раз, его ждали искушения и трудности. В Дафни он сел на кораблик, плывший в скит святой Анны, желая вернуться в каливу старца Хризостома. На корабле к нему подсел монах из того же скита. Он принадлежал к одной из крайних зилотских группировок и стал убеждать Арсения поселиться у них в келье, говоря ему: «Такого устава, как у нас, днём с огнём нигде не сыщешь». Арсений послушался и пробыл у них несколько дней. Но там ему пришлось не по душе. Через несколько дней этот монах сказал: «Ну что ж, я понял

---

[1] См. *Старец Паисий Святогорец*. Письма. С. 22.

глубины твоих исканий. Ты ищешь чего-то исключительного, и я пошлю тебя в одно исключительное братство». Арсений обрадовался, подумав, что тот действительно понял, что ему нужно. Но тот послал его в Сретенскую каливу на Кавсокаливии, где парадоксальным образом уживались два зилота, принадлежавшие к разным ответвлениям раскола.

Придя к ним в каливу, Арсений сразу понял, что там тоже не останется. Но сказать об этом людям, которые оказали ему гостеприимство, он постеснялся. Первую ночь он совсем не спал. Его мучила тревога, и до самого утра он делал земные поклоны. Старцы, слышавшие ночью шум от поклонов, утром пригласили его для «духовной беседы». «Однажды, — начали они издалека, — некто хотел обмануть своего старца. И вот всю ночь напролёт некто стучал ногой в пол, надеясь, что старец поверит, будто бы некто всю ночь делал земные поклоны. Но старец был не дурак! Некто умер! А когда через три года его окаянное тело достали из могилы, все увидели стра-а-шное зрелище: нога, которой он стучал в пол, не разложилась в земле, а осталась как живая!..»[1]

Когда Арсений понял, что они имели в виду, то подумал, что ему это чудится. Ему стоило огромного терпения и труда прожить с этими старцами месяц. Поскольку старцы принадлежали к разным раскольничьим юрисдикциям, службы они совершали отдельно друг от друга. Ели они тоже порознь, чтобы общая молитва перед трапезой «не вменилась» в совместную молитву с еретиком, которым каждый из них считал другого. Арсения ни один из них тоже не приглашал ни на совместную молитву, ни на совместную трапезу, боясь «оскверниться». Ясное дело, что оставаться там дольше Арсений не мог.

Из Кавсокаливии Арсений пошёл в сторону скита святой Анны, желая наконец дойти до каливы старца Хризостома. Его ноги дрожали от истощения, сердце было готово выпрыгнуть из груди от тревог и переживаний. Однако Благой Бог

---

[1] Если тело усопшего святогорца не истлело за три года, то его опять закапывают и усугубляют молитвы об упокоении его души. См. также сноску 2 на стр. 49.

позаботился о том, чтобы дать Арсению утешение и показать ему *путь, во́ньже по́йдет*[1]. Когда он уже едва передвигал ноги от бессилия, на тропинке ему повстречался епископ Милито́польский Иерофе́й[2], который жил тогда на покое в келье святого Елевфе́рия, в местности, называемой Вулевти́рия, недалеко от пристани святой Анны. Увидев чрезвычайно худого юношу, который еле стоял на ногах, добродетельный епископ испугался и под руки отвёл его в свою каливу. Он тут же послал келейника за рыбой, сам пожарил её и усадил Арсения за стол, налив ему немного вина. Арсений боялся, что если он выпьет, ему станет плохо, но епископ перекрестил вино и сказал: «Выпей-выпей, сынок, силы прибавится». Забота и сердечность доброго архипастыря стали для измученного Арсения великим утешением. Он рассказал о своих злоключениях, и духовно мудрый архиерей посоветовал ему вступить в общежительное братство монастыря Эсфигме́н, который был в те времена «одним из лучших общежитий Святой Афонской Горы»[3]. Следуя архипастырскому совету, Арсений зашёл к старцу Хризостому и сказал ему, что собирается поступить в общежительный монастырь. Отец Хризостом заставил Арсения забрать деньги, которые тот передал ему три года назад, дал ему своё благословение, и Арсений ушёл от него в мирном состоянии духа.

В Новом скиту

По дороге в Эсфигмен Арсений зашёл приложиться к иконам и святыням в соборный храм Нового скита. Однако там его ждали новые «приключения». К нему подошёл один иеромонах и спросил:

— И откуда же мы родом?

— Из Коницы, — ответил Арсений.

---

[1] Ср. Пс. 142:8.

[2] См. Новый Афонский патерик. Т. 2. М.: Орфограф, 2015. С. 131–132.

[3] Χρυσόστομος (Μουστάκας), αρχιμ. Το Ἅγιον Ὅρος Ἄθω. Ἀθήνα, 1957. Σ. 126. — Прим. греч. изд.

— Коница! Коница! — всплеснул руками иеромонах. — Родные места! А я из Янины. Ну, здравствуй, земляк. Никак, в монахи собрался?

— Да, — ответил Арсений. Будучи совсем бесхитростным, он без задней мысли рассказал иеромонаху обо всём, что пережил, добавив, что сейчас идёт в монастырь Эсфигмен, хотя изначально стремился к подвижнической жизни в пустыне.

— К подвижнической жизни в пустыне? — переспросил иеромонах. — Считай, что тебе повезло, ты принят в наше братство. Я подвизаюсь здесь, в каливе святого Димитрия. И знаешь, кто был моим старцем? О, это был знаменитый иеромонах Неофи́т!

Арсений в простоте душевной пошёл за иеромонахом, желая ещё раз попробовать начать монашескую жизнь в каливе.

Старцем каливы святого великомученика Димитрия после кончины упомянутого иеромонаха Неофита был его благоговейный послушник — Дионисий, иеромонах и духовник. Вот его-то «послушником» и был встретившийся Арсению иеромонах[1]. Он постригся в монахи, чтобы не идти на войну, потом служил на приходе в Афинах. Жил он шалтай-болтай и отличался явным мирским духом — до такой степени, что имел в келье радиоприёмник. Будучи намного младше старца Дионисия, он не ставил его ни во что, дерзко и грубо с ним разговаривал и заявлял: «Я тут старец, а ты — послушник!» Когда Арсений стал жить в их каливе, этот иеромонах относился к нему как к слуге — до такой степени, что давал ему стирать своё нижнее бельё. Старец Дионисий жаловался на этого иеромонаха Арсению и просил: «Он мне уже всю печень проел, Арсений. Оставайся здесь, чтобы меня похоронить». Арсений собрался уже уходить, но, узнав об этом, иеромонах начал ему угрожать: «А известно ли тебе, что я знаю всех на Святой Горе? Попробуй только уйти! Поверь, что уж я-то постараюсь, чтобы тебя не взяли ни в один монастырь, ни в один скит и ни в одну келью!»

---

[1] Этот иеромонах незадолго до описываемых событий был исключён из числа братии решением суда монастыря святого Павла (№ 31/20 от 20.04.1957). Родом он был не из Янины, а из Каламаты. — *Прим. греч. изд.*

Наконец через четыре месяца этот иеромонах отправился в «турне» со святыми мощами по городам Греции. Арсений тут же ушёл из Нового скита. Был август 1953 года.

Впоследствии, вспоминая о своих больших злоключениях в начале монашеской жизни, преподобный Паисий писал: «Когда я шёл в монахи, то никакой помощи ни от кого не получил. В те годы на Святой Горе было две тысячи отцов — но в какие же руки я попадал! Я был измучен и поджарен со всех боков. Можно было бы остаться в любом из пройденных мною мест, но я боялся опасностей, видя свою немощь. Я благодарен каждому из тех, кто встретился мне тогда на пути. Возможно, пройдя через все эти муки в новоначалии, я расплатился за то, что мучил своих родителей, когда был ребёнком. Кто сейчас знает, как им пришлось тогда со мной намучиться?»

В одном из своих исполненных мудрых советов писем к новоначальным монахам преподобный объясняет, что побудило его к написанию: «У меня и правда болит сердце за новоначальных монахов, и я действительно очень хочу им помочь. Когда сам я был новоначальным, то пережил множество страданий и злоключений, пока не нашёл то, к чему стремилась моя душа. Конечно, в моих злостраданиях не виновен никто из людей. Виноваты в них только мои многие грехи. И, возможно, теми страданиями я расплатился хоть за некоторые из них. А вторая причина моих злоключений в начале монашеского пути — моя деревенская неотёсанность. Я ведь вверял себя первому встречному. За всё благодарю Бога: всё, что произошло со мной, очень мне помогло. Помимо сбитой с меня этими ударами ржавчины ветхого человека, помимо драгоценного опыта, злострадания ещё и умягчили моё жёсткое сердце. Потому сейчас я могу с болью молиться за новоначальных и просить, чтобы они сразу же попали в пригодные условия и принесли благие плоды — в соответствии с призванием каждого»[1].

---

[1] См. *Старец Паисий Святогорец*. Письма. С. 21.

Монастырь Эсфигмен

В священной обители Эсфигмен

ГЛАВА V

Живой патерик

В середине августа 1953 года Арсений наконец достиг безопасной пристани общежительного Эсфигменского монастыря. Он открыл своё сердце игумену Каллини́ку и рассказал ему о своём непреодолимом желании подвизаться в пустыне. Арсений попросил принять его в монастырь на несколько лет — до наступления духовной зрелости и готовности осуществить своё заветное желание. Игумен согласился. Святой общежительной Эсфигменской обители, с её строгим уставом, утомительными послушаниями, духовным наблюдением и руководством, предстояло стать тем твёрдым духовным островком, оттолкнувшись от которого Арсений впоследствии смог бы совершить духовный перелёт в пустыню, вожделенную для него с детства, не рискуя при этом упасть и разбиться.

Чтобы включить Арсения в список послушников монастыря, требовалось запросить подтверждение из Коницкой полиции. От полицейских родители Арсения и узнали, что он уже на Святой Горе. Вскоре и сам он написал родителям письмо. Ещё одно письмо Арсений послал отцу Павлу (Зисакису). Он поведал другу: «Я пришёл в священную обитель Эсфигмен и остался здесь. Если спросишь, как я живу, отвечу: слава Богу, очень хорошо. В монастыре добродетельные отцы и очень хорошие порядки. Видимо, я оказался здесь по Промыслу Божию. Надеюсь, что Господь сопричтёт меня, Свою грешную и паршивую овцу, к Своему малому монастырскому стаду».

Общежитие Эсфигмена стало для Арсения настоящим живым патериком. Здесь он увидел подвижников, просиявших деятельной и созерцательной жизнью, встретил отцов, которые с рассуждением возделывали в себе монашеские добродетели: уклонение от мира, послушание, воздержание, нестяжание, безмолвие, братолюбие.

Их отречение от мира было всецелым. Они прекратили всякое общение со сродниками по плоти, «в них не было места безвременному и бесполезному общению и разговорам, пустословию и дерзновению»[1]. Было немыслимо, чтобы кто-то из отцов подошёл к послушнику и начал расспрашивать его о том, как он жил и чем занимался в миру. Отцы подвизались в святом молчании, которое «есть матерь молитвы, безмолвия супруг, сокровенное духовное восхождение»[2]. «Когда я поступил послушником в общежительный монастырь, — вспоминал преподобный позже, — я ни с кем не заводил знакомства. В монастыре было шестьдесят отцов, но ни один из них даже не спросил, кто я и откуда. Человеческого утешения не было, и это помогало мне искать утешения Божественного».

Хотя братия обители была многочисленной, в монастыре царило безмолвие настолько глубокое, что можно было подумать, что подвизается там только один исихаст. Только большие монастырские часы отбивали каждую четверть и на несколько мгновений нарушали тишину. Бой часов не давал братии забыться и напоминал им о необходимости творить молитву Иисусову. Так вся братия безмолвно трудилась на послушаниях, имея в уме священные слова: «Господи Иисусе Христе, помилуй мя».

Жизнь братии была очень простой. Да и всё в обители было предельно сдержанным и аскетичным. Из материального пользовались только тем, без чего совсем нельзя обойтись, и оттого души братии питались высшей, духовной радостью. Обстановка келий была такой: койка, столик и стул, несколько икон, лампадка, керосиновая лампа. Печек в кельях не было. Некоторые из братий холодными зимними вечерами

---

[1] *Феолипт Филадельфийский, свт.* Слово, в котором выясняется сокровенное во Христе делание и показывается вкратце, в чём состоит главное дело монашеского чина. Русский сокращённый перевод этого слова находится в V томе Добротолюбия, цитируемый отрывок там отсутствует.

[2] См. Лествица. Слово 11, п. 3.

зажигали керосиновую лампу, чтобы в келье стало немножко потеплее. Единственной книгой, которая постоянно лежала в келье, было Святое Евангелие. Братья, желавшие почитать что-то ещё, брали благословение у игумена и получали ту или иную книгу в монастырской библиотеке.

Готовясь ко Святому Причащению, братия Эсфигмена следовала старинному уставу и постилась три дня, вкушая пищу без масла. Накануне Божественного Причащения большинство отцов совершали келейное бдение с вечера до утра. Пост и аскеза доходили до высшего предела в период Великого поста. В первую седмицу отцы практически не выходили из храма, до буквы соблюдая требования Типикона. Но и в другие великопостные седмицы службы продолжались по много часов кряду. Трапеза была в три часа пополудни, предлагалась на ней овощная похлёбка без масла. «Великий пост в Эсфигмене, — вспоминал впоследствии преподобный Паисий, — был самым настоящим восхождением на Голгофу».

С такой же бескомпромиссностью братия относилась к дням, когда церковный устав не допускает работ. Монастырь был бедным, и запасов продуктов практически не было. Несмотря на это, если судёнышко, на котором в Эсфигмен с монастырских метóхов[1] привозили продукты, причаливало к монастырской пристани в праздничный день, его никто не разгружал. Братия предпочла бы смотреть, как шторм уносит в море виноград и бочонки с маслом, чем нарушать заповедь Божию и соблазнять мирян, работая в воскресенье или праздник.

Эсфигмениты никогда не пропускали богослужений суточного круга. Содействовали этому рассудительное наблюдение и братская помощь. Один из соборных старцев монастыря[2] поздно вечером обходил коридоры братских келий, надев мягкие тапки, сшитые из старых одеял. Услышав из чьей-нибудь кельи шум, он стучал в дверь и спрашивал:

---

[1] *Метóх* — хозяйственное подворье монастыря на Афонском полуострове или вне его.
[2] *Соборный старец* — один из старших монахов, член Духовного собора монастыря.

— Брате!.. Чем ты занят в столь поздний час?

— Поклоны делаю, — отвечал брат. — Вдруг заболею и не смогу совершать правило? А так у меня будет какой-то духовный запас.

— Если ты заболеешь и не сможешь совершать правило, — отвечал соборный старец, — то Бог с тебя за это не спросит. А вот если ты завтра проспишь службу, ответ перед Богом придётся держать.

А если соборный старец видел, что поздно вечером из-под чьей-то двери пробивается свет керосиновой лампы, он стучал и спрашивал:

— Чем занят, брате?

— Вот, читаю жития святых, — отвечал брат. — Хочу дочитать сегодня одно житие.

— Нет разницы, сегодня или завтра ты его дочитаешь, — говорил старец. — Закрывай-ка ты лучше книгу и ложись спать, иначе завтра всю службу будешь клевать носом.

Если это было необходимо, игумен мог наложить на кого́-то из братий епитимью́. Епитимьёй за серьёзные проступки было отлучение от Святого Причащения. Как-то раз один эсфигменский монах был по делам в Новом скиту. Вышеупомянутый иеромонах из каливы святого Димитрия[1] передал ему письмо для Арсения. Вместо того, чтобы передать письмо в руки игумена, как это было положено, брат отдал его Арсению, который, прочитав, тут же отнёс письмо игумену. Игумен вызвал монаха, который принёс письмо, и наложил на него епитимью не причащаться сорок дней. Узнав об этом, Арсений начал переживать, что всё это произошло из-за него, пошёл к брату и стал просить у него прощения. Брат разговаривал с Арсением с большой любовью, сказал, чтобы тот не расстраивался, и объяснил, что вина лежит на нём самом, поскольку он нарушил установленные монашеские порядки.

В другой раз Арсений из сострадания к другому послушнику, которого на какой-то срок отлучили от Причастия, пошёл к игумену и взял у него благословение весь срок чужой епитимьи готовиться к Причастию вместе с остальной

---

[1] См. стр. 112 и далее.

братией, но не причащаться. Этой жертвой он хоть как-то утешал послушника — иначе тот чувствовал бы себя совсем одиноким и отрезанным от братства. Несмотря на то что Арсений не подходил ко Святой Чаше, Христос посещал его иным образом. Присутствие Божественной благодати было видно по тому, как светилось его лицо.

Послушник Арсений ежедневно видел много примеров добродетели. Но особенно он восхищался одним своим сверстником, тоже послушником. Тот отличался необыкновенным благоговением и смирением, во всём был примером для других. Даже просто глядя на него, Арсений получал огромную духовную пользу. Он чувствовал, что помощь, полученная через этого послушника, превосходила всю помощь, полученную им с детства от прочитанных житий святых. Этот брат сам был «живым житием» и образцом для подражания. Арсений, не завидуя ему, старался быть на него похожим. Он просил Бога, чтобы брат пришёл в меру святого, имя которого он носил, а сам он пришёл в меру этого брата.

Больше всего Арсения приводила в умиление братская любовь, которую имели друг к другу отцы обители. Позднее он вспоминал: «В общежительном монастыре я жил в духовно преуспевшем братстве. Эсфигмен не только назывался общежитием, но и был им на самом деле. Отцы отличались духовной отвагой и всегда стремились к самопожертвованию. Этот дух — как сделать что-то, чтобы брату было легче, — господствовал и на послушаниях, и в трапезе, и во всём. Каждый из отцов в первую очередь думал не о себе, а о другом. Отправной точкой их помыслов и действий была священная святоотеческая формула: „Ты видел брата своего? Значит, ты видел Самого Христа"[1]. Отцы постоянно старались ничем не опечалить Христа. Поэтому они постоянно жили в состоянии духовного торжества. Они жили в раю».

---

[1] См. *Климент Александрийский*. Строматы, кн. I, 94.5; Достопамятные сказания о подвижничестве святых и блаженных отцов. Об авве Аполлоне, п. 3.

Помощник на послушаниях

В священной Эсфигменской обители, как и во всех общежительных монастырях Святой Афонской Горы, новоначальный послушник проходил практически через все основные послушания: его назначали помощником ответственного за то или иное служение старшего монаха. Каждый из старших монахов, помимо навыков в работе, приучал новоначального к монашеским порядкам и поведению: уважать игумена и братьев, на всё отвечать «благословите» и «бу́ди благослове́нно»[1], жить в послушании. Он, кроме того, учил послушника, как выполнять монашеское правило, как творить молитву Иисусову. Таким образом новоначальный потихоньку начинал понимать, что к чему, и вставал на правильные духовные рельсы. Старшие братья «обтёсывали его сучки», а игумен занимался «тонкой духовной доводкой», подобно столяру-краснодеревщику.

Арсения назначили помощником тра́пезника и помощником пекаря. Это были его первые монастырские послушания. Хотя с детского возраста Арсений привык к тяжёлым работам, на послушаниях он очень уставал. Он постоянно просил Бога укрепить его силы, дабы как можно больше служить братьям, которые тоже очень утомлялись. Арсений думал, что чем быстрее он помоет миски и большие латунные кастрюли, чем больше воды он наносит в трапезу из источника, тем легче будет ответственному за послушание брату.

С таким же усердием Арсений был готов услужить и каждому из отцов. Как-то раз один немощной старый монах попросил Арсения принести ему в келью миску супа. Закончив послушание, Арсений выполнил просьбу. Увидев это, живший в соседней келье брат сказал ему: «Ты поосторожней

---

[1] Греческие фразы ευλογείτε (благословите) и νὰναι εὐλογημένο (да будет благословенно) — это два краеугольных столпа монашеского общения на Святой Горе. «Благословите» используется и при обращении к монаху, и как отклик на обращение, и в значении «простите». «Буди благословенно» употребляется в знак согласия и отсечения своей воли. Навыкнуть произносить эти священные слова не только устами, но и сердцем, — первоочередная задача каждого афонского инока.

с ним, Арсений! Сначала его разбалуешь — а потом он тебя уже в покое не оставит! Знаешь, сколько я от него натерпелся? Он как-то лежал простуженный и попросил меня помочь, ну я и пошёл ему навстречу. Так он потом то и дело мне в стенку стук да стук! „Окажи любовь, завари мне чайку́", „окажи любовь, поверни меня на другой бок", „окажи любовь, нагрей в печке кирпичик и положи мне на поясницу"... То „чайку", то „кирпичик", опять „чайку", опять „кирпичик" — да сколько можно-то, а?.. Мне ведь когда-то надо и правило читать!» Арсений слушал брата с недоумением. Такое отношение к ближнему было исключением для обители. Потом, рассказывая об этом случае, преподобный добавлял: «Это же ужас какой, если вдуматься! Старый человек за стенкой страдает, стонет, просит о мелочах, которые облегчат его боль, а ты не хочешь прийти ему на помощь, чтобы не прерывать своего монашеского правила! Молитва на таком правиле — мёртвая молитва. Да, именно „кирпичик" и именно „чаёк" имели бы для Бога гораздо бо́льшую ценность, чем сотни поклонов и тысячи молитв этого „ревнителя молитвы"».

Когда Арсений был помощником в трапезной, он познакомился с одним Христа ради юродивым, отцом Георгием отшельником[1]. Иногда отец Георгий заходил в Эсфигмен, и трапезник кормил его обедом. Арсений, будучи новоначальным и рассуждая ещё по-мирскому, считал отца Георгия сумасшедшим. Таким же считали его и некоторые из отцов. Однако когда один из самых старых и самых добродетельных отцов обители, отец Герман, услышал, как Арсений говорит кому-то про отца Георгия: «У него не всё в порядке с головой», он сделал Арсению строгое замечание. «Отец Георгий не сумасшедший, а святой! — сказал отец Герман. — Сумасшедшим он только притворяется». После этого Арсений относился к отцу Георгию с благоговением и, наблюдая за ним, сам уверился в его святости.

В святогорских монастырях ежегодно 1 января, в день памяти святителя Василия Великого, собирается Духовный

---

[1] См. *Старец Паисий Святогорец*. Отцы-святогорцы и святогорские истории. Свято-Троицкая Сергиева Лавра, 2001. С. 83–89.

собор. Все насельники обители по очереди предстают перед Собором, и им объявляется о новых послушаниях, которые они будут нести весь наступивший год. Когда перед Собором предстал Арсений, ему объявили, что теперь он будет помощником архондаричного[1]. «Буди благословенно!» — ответил Арсений. После собора трапезник дал ему такой совет: «Ты ответил на Соборе „буди благословенно" — и всё. Это не очень хороший ответ. В нём есть гордость. Таким ответом ты выставил напоказ свою самоуверенность, показал, что сам можешь справиться с любым послушанием. Надо было ответить соборным старцам так: „Буди благословенно, но не знаю, справлюсь ли я. Буду стараться вашими молитвами и благословением"». Этот совет очень помог Арсению и заставил его задуматься о том, насколько тонкой духовной работы над собой требует монашеская жизнь.

На новом послушании Арсений научился красиво накрывать столы, готовить угощение для паломников, стирать простыни. Стирали так: варили воду с золой, давали ей отстояться и использовали вместо чистящего средства. А «гладили» простыни, просто придавливая их тяжёлыми плоскими камнями. Такой работой Арсений раньше никогда не занимался. В архондарике он тоже сильно уставал, потому что монастырь был очень гостеприимным. Каждый день принимали по пятьдесят-шестьдесят паломников. Их окружали большой заботой и любовью, потому что в каждом приходящем в обитель человеке монахи видели Самого Христа. Иногда случалось так, что братия ели на трапезе фасоль, подпорченную жучками. Чтобы жучков не было видно в мисках, в блюдо добавляли побольше орегано. А паломников тем временем за соседними столами угощали рыбой, которую братья с большим трудом наловили для них в море в предыдущую ночь. Часто братья, которые несли послушание в архондарике, оставались там допоздна, чтобы накормить лесорубов, которые

---

[1] *Архондарик* (от греч. ἄρχοντος — знатный человек) — место приёма посетителей, а также монастырская гостиница. *Архондаричный* отвечает за приём гостей, прибывших в обитель как на краткое, так и на более продолжительное время.

спускались с гор только поздним вечером. Иногда для того, чтобы успеть приготовить угощение, приходилось уходить из храма ещё до окончания Божественной Литургии. Арсений, хотя был от природы быстрым и ловким и уходил на послушание до отпуста Литургии, часто не успевал всего сделать, или случались какие-то промахи. Однако перед его глазами всегда были светлые примеры других отцов. Он начал деликатно наблюдать, как ведёт себя один келейник игумена[1]. Этот брат не был особенно быстрым. На Божественной Литургии он всегда стоял до самого конца, но при этом всегда успевал приготовить угощения, потому что перед началом послушания осенял себя крестным знамением, веря, что Бог ему поможет. Так он принимал Божественную помощь. Арсений решил делать так же, а если не будет успевать что-то сделать и его станут за это ругать — принимать это со смирением.

После архондарика Арсения перевели помощником в монастырскую больницу. Старшим на этом послушании был благоговейный монах — старец Дорофе́й, также отличавшийся подвижническим духом. К каждому из братии — будь то старый монах или молодой послушник — отец Дорофей относился как родная мать. Видя, что кого-нибудь из братии словно ветром шатает от болезни или слабости, отец Дорофей говорил ему с таинственным видом: «Пойдём-пойдём! Хочу тебе один секрет рассказать». Он приводил брата в больницу и давал ему тахи́ни[2] с мёдом или сахаром. Старым монахам он мог сварить суп с тонкими макаронами. Отец Дорофей чувствовал необходимость заботиться особым образом о каждом брате. Он любил каждого, и не потому, что «так положено», а искренне и от сердца. Арсений чувствовал духовное родство со старцем Дорофеем и старался ему подражать.

В общем, на какое бы послушание ни назначали Арсения, он трудился там от всего сердца и изо всех сил. Не ограничиваясь тем, куда он был назначен, он с готовностью, не беря в

---

[1] *Келе́йник* — монах, послушание которого состоит в помощи игумену. Когда игумен принимает паломников, его келейник готовит для них угощение.
[2] *Тахи́ни* — густая жирная паста из молотого кунжутного семени.

расчёт усталость, спешил помогать братьям, трудившимся на других послушаниях. Его готовность прийти на помощь вскоре стала всем известной, и братья не стеснялись просить его о помощи. Не успевая на своём послушании, какой-нибудь брат просил: «Арсений, окажи любовь, сходи туда-то». Арсений шёл, по дороге его встречал другой брат: «Арсений, окажи любовь, сделай то-то и то-то». Арсений никогда не отказывал, делал всё, о чём его просили, но часто чувствовал, насколько он устал. Как-то раз один из соборных старцев, увидев, что он изнемогает, спросил:

— Что случилось, брат? Выглядишь каким-то расстроенным.

— У нас дома, — ответил Арсений, — на крыльце всегда стояла пара истрёпанных «дежурных калош». Когда кому-то — от мала до велика — надо было выйти во двор, то он надевал «дежурные калоши» и потом оставлял их на прежнем месте. И вот, если я правильно понимаю, в общежитии монаху надо быть для всех и каждого такими калошами.

— Стать «дежурными калошами» ради любви ко Христу... — повторил соборный старец. — Как сам-то думаешь: есть что-нибудь выше этого?

Эти слова окрылили Арсения. Он постоянно вспоминал их и с готовностью продолжал откликаться на любую просьбу братий.

Духовные подвиги послушника Арсения

С ещё большей ревностью Арсений относился к своему келейному правилу. Он, хотя и был ещё послушником, взял благословение совершать правило монаха-великосхимника — четыре чётки-трёхсотницы с поясными поклонами и триста земных поклонов. Накануне Причащения Святых Христовых Таин Арсений делал ещё больше земных поклонов и пел при этом наизусть первую песнь Великого покаянного канона и немного из «Феотокария»[1]. Помимо Евангелия он читал

---

[1] Первую песнь канона понедельника и первую песнь канона среды 6-го гласа. — *Прим. греч. изд.*

«Эвергети́н»[1] и поучения преподобного Феодора Студита — эти книги дал ему игумен. Если, читая, Арсений чувствовал, что какая-то мысль или отрывок особо помогут ему в его борьбе, он выписывал прочитанное в тетрадь, чтобы читать, перечитывать и пытаться применить это на деле. Когда выписок становилось много, Арсений переписывал их в другую тетрадь — разделяя по темам. Так прочитанное крепко отпечатывалось в его памяти, и он мог постоянно к этим словам возвращаться в уме, «читая книгу не по бумаге», — как сам он об этом говорил.

Во время богослужений Арсений изо всех сил старался стоять на ногах и не присаживаться в стасидию. Когда у него болели ноги, он приводил на ум Христа, Которого мучили, сжимая Его пречистые ноги в деревянной колоде. Вначале на службах Арсений со вниманием следил за тем, что читается и поётся. Так он выучил богослужебный устав. Позже на службах он то творил умную молитву Иисусову, то углублялся в божественные смыслы тропарей и стихир.

Несмотря на напряжённую духовную борьбу, Арсений стал замечать за собой некоторые духовные слабости, и это вызывало у него тревогу. Например, он замечал, что когда миряне уважительно обращаются к нему «отец Арсений» или говорят «благословите, отче», он чувствует какую-то радость и начинает собой любоваться. «В миру со мной такого не было, — подумал Арсений. — Почему же вся эта требуха липнет ко мне сейчас? Давай-ка вспомним: как я жил в миру? На что я обращал тогда особое внимание?» И вот он стал вспоминать, что в миру, хотя и не молился так много, как сейчас, зато непрестанно наблюдал за собой и не забывал ставить себя на место. Он понял, что сейчас, находясь в монашеском общежитии и почувствовав себя в духовной безопасности,

---

[1] «Эвергети́н» — тематический сборник поучений и повествований святых отцов, составленный в XI в. монахом Павлом, основателем и игуменом монастыря Богородицы Эвергети́ды («Благодетельницы») в Константинополе, отчего сборник и получил своё название. На греческом впервые издан в 1783 г.; русский перевод: Благолюбие (Евергетин) в четырёх томах (в двух книгах). М.: Братство во имя Святой Троицы, 2011.

он забросил духовную работу над собой, хотя такая работа — самая основа духовной борьбы. Он вновь начал следить за собой, каждое утро и вечер анализируя свои помыслы и поступки. Иногда он даже поднимался на возвышающуюся над Эсфигменом гору Самари́я и, глядя с неё на монастырь, заводил с собой такой диалог: «Скажите, пожалуйста, а что это за монастырь? Ах, Эсфигмен… Понятно-понятно. А вы знаете в нём кого-нибудь из монахов? Что вы говорите!.. А не слышали, не здесь ли живёт Арсений такой? Здесь? А в какой келье? А вы не в курсе, насколько хорошо этот самый Арсений проводит свою послушническую жизнь?» Так, глядя на себя глазами воображаемого странника, Арсений более ясно видел свою жизнь и пытался её исправить.

Поступая так, Арсений предотвратил, как он сам говорил, своё «углубление в гордыню и бесстыдство» и с более глубоким пониманием начал борьбу за внимание и трезвение. На общих работах по сбору оливок или винограда, куда выходила вся братия, он работал быстро и молча, сосредоточенно творя молитву Иисусову. Однажды вместе с другими послушниками и молодыми монахами его послали в мир, на принадлежащий Эсфигмену метох недалеко от городка Иериссо́с[1]. Там надо было посадить тополя вдоль дороги. Когда монахи работали, напротив остановилось несколько школьных автобусов и из них выбежали дети. Арсений подумал: «Раз я покинул мир, то и на мирян мне глядеть нельзя». Это стоило ему огромных усилий, но он не оторвал глаз от земли и не взглянул на детей.

Нельзя сказать, что борьба за трезвение оказалась для Арсения слишком тяжёлой, ведь с детства он старался навыкнуть самопринуждению и приучил себя отсекать даже добрые свои пожелания. С невероятным трудом далась ему иная борьба — преодоление привязанности к матери. Воспоминания о ней чрезвычайно мучили его, он часто видел её во сне. Он исповедовал происходящее игумену и, совершая чрезвычайную борьбу, следя за помыслами и много молясь, смог, как сам говорил впоследствии, «искоренить из сердца

---

[1] *Иериссо́с* — город в 10 км от границы монашеской республики Афон.

человеческую любовь к матери». Тогда в сердце его начало всё сильнее разгораться пламя «всеобъемлющей любви»[1], которая обнимает собой всех людей без исключения. Он приял божественный и небесный *огнь*, который Христос пришёл *воврещи́ на зе́млю*[2]. Впоследствии преподобный был всецело охвачен этим огнём. «Вырывать из собственного сердца мать, — вспоминал он позже, — оказалось очень больно. Однако потом я почувствовал божественную радость. Идя на жертву, монах превращает себя в отрезанный от родных ломоть и постепенно начинает ощущать духовную любовь ко всему миру».

В отречении от мира Арсению помогло и одно чтение, услышанное им в монастырской трапезной. Читали о богатом муже по имени Кра́тет[3]. Путешествуя на корабле, он догадался, что моряки замышляют бросить его в море и забрать его сокровища. Тогда Кратет своими руками выбросил сокровища в море и остался жив. «Кратет спасся, выбросив то, за что цеплялся сам и что цеплялось за него», — говорилось в книге. «Неужели и мне не стоит выбросить всё ради Христа? — думал Арсений. — Всё, что удерживает меня, мешая приблизиться ко Христу, надо выкидывать за борт».

Немалую борьбу Арсений вёл против печали. Помимо воспоминаний о матери, диавол часто наводил на молодого послушника печаль и уныние. Однажды Арсений почувствовал столь сильное уныние, что даже попросил одного благоговейного брата о нём помолиться. Тот пошёл в храмик святителя Григория Пала́мы и отслужил за Арсения молебный канон. Тут же искушение исчезло, и Арсений почувствовал в себе Божественное утешение. «Отцы отличались огромной любовью, — рассказывал позднее преподобный, — и их молитва дерзновенно восходила к Богу».

А диавол никак не мог успокоиться. Теперь он начал пугать Арсения, наводя на него свои страхования. Стоило Арсению вечером войти к себе в келью, как раздавался стук в дверь

---

[1] См. *Старец Паисий Святогорец*. Письма. С. 41.
[2] См. Лк. 12:49.
[3] Возможно, речь идёт о философе-кинике Кратете Фивейском.

и грубый голос: «Молитвами! Святых! Отец!»[1] Арсений отвечал: «Аминь», но никто не входил; он открывал дверь, но за ней никого не было. Арсения охватывал столь сильный страх, что он не мог оставаться в келье и выходил на монастырский двор. Однажды вечером, после повечерия, его увидел сидящим во дворе один из соборных старцев. Подойдя к Арсению, старец сказал: «Сынок, ты почему не идёшь в свою келью? Посмотри, ведь никого из отцов на дворе нет: все после повечерия разошлись по кельям и молятся наедине с Богом». Арсений заплакал и рассказал старцу об искушении. Выслушав Арсения, тот принёс кусочек воска с частицей Честного и Животворящего Древа Креста Господня. Дав святыню Арсению, старец сказал: «Сынок, иди спокойно к себе в келью и ничего не бойся». Как только Арсений вошёл в келью и закрыл за собой дверь, он снова услышал грубый голос: «Молитвами! Святых! Отец!» — «Аминь», — ответил Арсений. Дверь открылась. В келью вошёл некто в полицейской форме и начал грубо кричать: «Эй, ты!.. Дрянь-монах!.. Тебя ещё не постригли, а ты уже всякие щепки в келью тащишь?!» Он то кричал, то заливался издевательским хохотом, но приблизиться к Арсению, державшему частичку Животворящего Древа, не мог. А как только Арсений воскликнул: «Господи Иисусе Христе!» — лже-полицейский исчез.

Так, следя за собой и получая помощь от старцев обители, Арсений преодолевал разнообразные искушения и шёл вперёд, подражая святому Арсению Великому и спрашивая себя постоянно: «Арсений, ради чего ты вышел из мира?»[2] Искоренив себя из мира, он старался теперь искоренить из себя всё мирское, отсечь себя от всего и от всех, чтобы стать истинным монахом, «отрезанным от всех и сообразующимся с каждым»[3].

---

[1] В монастырях принято перед тем, как заходить в чужую келью, постучаться и произнести: «Молитвами святых отец наших, Господи Иисусе Христе Боже наш, помилуй нас» — и дождаться ответа: «Аминь».
[2] См. Достопамятные сказания. Об авве Арсении, п. 40.
[3] См. *Нил Синайский, прп.* Слово о молитве, п. 124.

Рясофорный монах Аверкий

Когда в монастырь Эсфигмен приходил кто-то с целью стать монахом, до пострига проходило обычно от одного до трёх лет. Однако игумен, видя, как в Арсении день ото дня увеличивается ревность к монашеской жизни, после семи месяцев послушничества предложил постричь его сразу в великую схиму. Арсений колебался с ответом, и игумен отправил к нему одного из отцов, чтобы обсудить этот вопрос. Когда присланный игуменом монах спросил у Арсения, почему он не хочет принять постриг в великую схиму, тот ответил: «Я действительно не понимаю, что изменится оттого, стану я великосхимником или, например, рясофорным монахом. Для меня всё изменится, если станет монахом мой внутренний человек. Мне достаточно просто того, чтобы по-монашески жить». Однако после этой беседы Арсению было такое видение: он стоял в храме и видел, как все монахи входят в алтарь через царские врата. В правой части алтаря стоял Христос. Входя в алтарь, монахи кланялись Христу, потом отходили ко святому жертвеннику, где омывались, а оттуда они уходили на небо и терялись из виду. Арсений понял, что Бог показал ему это видение для того, чтобы он понял, насколько сильно всё меняется для человека после монашеского пострига. Становясь монахом, человек добровольно приносит себя Христу и восходит к очищению и единению с Богом. Арсений рассказал об этом видении игумену и попросил прощения у брата, который с ним беседовал. Но всё же он просил у игумена не постригать его в великую схиму, а ограничиться рясофором. Попросил он об этом потому, что, во-первых, не чувствовал себя готовым к великой схиме, а во-вторых, не хотел связываться обетом «пребывать в монастыре сем до самой смерти»[1], поскольку желание безмолвнической жизни в

---

[1] В чине одевания рясы и камилавки послушник не произносит никаких обетов, а во время пострига в схиму послушнику задают вопрос: «Пребу́деши ли в монастыри́ сем и в по́стничестве да́же до после́дняго твоего́ издыха́ния?» — на что он отвечает: «Ей, Бо́гу соде́йствующу, честны́й о́тче». — *Прим. греч. изд.*

пустыне разгоралось в нём сильнее и сильнее. И вот 27 марта 1954 года он был пострижен в рясофорные монахи и получил имя Аверкий.

Будучи послушником, отец Аверкий совершал келейное правило монаха-великосхимника. Став рясофорным монахом, он взял благословение удвоить великосхимнический канон, выполняя его за себя и за одного немощного брата. Чтобы успевать совершать такое большое правило, он с вечера делал все земные поклоны и бо́льшую часть чёток, а после полуночи, когда келейно молится вся братия[1], исполнял оставшуюся часть правила, дабы его молитва восходила на небо вместе с молитвами всех отцов обители.

Диавол, видя подвижнический дух отца Аверкия, решил попробовать свалить его ударами не «слева», а «справа». Он стал внушать молодому иноку без рассуждения давить на себя, чтобы тот, растратив все свои силы, оставил духовную борьбу. И вот, как только уставший отец Аверкий, совершив несколько сотен земных поклонов, ложился на койку и пытался уснуть, диавол шептал ему: «Спишь? Вставай. Столько людей страдают, столько подвергаются опасности! Вставай и делай за них поклоны!» Отец Аверкий вставал и делал поклонов сколько мог. Но стоило ему снова прилечь, начиналось то же самое: «Такой-то человек болен, он нуждается в молитвах. А ты спишь? Встань и соверши о его здравии столько-то чёток». Арсений снова вставал и молился. Так продолжалось всю ночь. В конце концов лукавый довёл отца Аверкия до такого состояния, что он отчаялся и сказал: «Уж лучше бы я ногу сломал, чтобы не делать этих поклонов». Он дошёл до того, что и самый вид чёток вызывал у него самую настоящую дрожь. Позже преподобный старец вспоминал: «У меня было такое ощущение, словно Христос берёт меня руками за горло и пытается задушить. Но, конечно, это был никакой не Хри-

---

[1] За полтора-два часа до начала полунощницы в монастырях раздаётся стук в било, и братия встаёт на своё келейное монашеское правило. — *Прим. греч. изд.*

стос, а тангала́шка¹. Христос не хочет от человека такого рода страданий. Подобная духовная депрессия и тревога — вещь сатанинская».

Желая освободиться от этого бесовского состояния, отец Аверкий обратился за помощью к игумену. Игумен посоветовал ему не давить на себя, но с рассуждением совершать столько молитв и поклонов, сколько может. После этого всякий раз, когда отца Аверкия начинала душить подобного рода тревога, он говорил себе: «Не можешь сделать триста поклонов? Ничего, сделай двести. Не можешь и двести? Сделай сто. И сто не под силу? Сделай пятьдесят. Нет сил даже на это? Ничего страшного: сделай три поклона Христу и один — Пресвятой Богородице. Четыре поклона — это так мало, что их в состоянии выполнить даже мёртвый». Так же он относился к количеству чёток. В какой-то момент он опустился до столь низкой планки, что в сутки совершал одну лишь чётку-сотницу. Три четверти этой сотницы, то есть семьдесят пять молитв, он посвящал Христу, а одну четверть — Пресвятой Богородице. Так прошло некоторое время, и тревога ушла. Сердце отца Аверкия снова согрелось, и по любочестию ему опять захотелось молиться и подвизаться больше положенного. Однако теперь он, как мудрый подвижник, притормаживал себя, опасаясь, что диавол опять может подтолкнуть его к подвигу сверх меры. Поэтому, когда у него возникало желание сделать что-то, выходившее за рамки канона, он осенял себя крестным знамением и говорил: «Христе мой, ты знаешь моё сердце». После этого он останавливался, чтобы, как сам говорил впоследствии, «уже не сомневаться». Так, держа духовное *оружие правды в правой и левой руке*², инок Аверкий обучался искусству духовной брани, чтобы выигрывать сражения против многокозненного врага — диавола.

---

¹ *Тангала́шка* (греч. ταγκαλάκι) — такое прозвище дал преподобный Паисий диаволу. Тангалаки (или башибузу́ки) — это нерегулярные и почти неуправляемые военные отряды в Османской империи, состоявшие из сорвиголов, славившихся своей жестокостью; им не платили жалованья, а питались они за счёт мародёрства, грабя и убивая мирное население.

² См. 2 Кор. 6:7.

Служение с терпением и любовью

После того как отец Аверкий прошёл через основные монастырские послушания, игумен и Духовный собор назначили его помощником в столярную мастерскую обители. Старшим в мастерской был старец Иси́дор, монах с непростым характером. В лучшие времена в обители было шесть столяров. Сейчас остался один отец Исидор. После того как его сделали членом Духовного собора, он совсем перестал считаться с мнением других людей, даже игумена. Ни один брат не мог выдержать послушания под его началом дольше одной недели, поскольку вёл себя отец Исидор крайне грубо, а в работе совсем не имел терпения. Вот, к примеру, отец Исидор начинал делать окно. Окно не получалось, он нервничал, бросал работу на полдороге и брался за двери. С дверями тоже всё выходило не так, как он хотел, — тогда он опять нервничал, бросал начатые двери и лез чинить крышу. Бо́льшую часть работ он навсегда оставлял недоделанной, а то, что всё-таки доводил до конца, выходило сикось-накось. Отец Аверкий расстраивался, что работы выполнялись плохо, но ничего не говорил. Даже когда кто-то из других членов Духовного собора, разглядывая их очередное столярное изделие, с недоумением спрашивал его: «Как же вы могли так напортачить?» — он ничего не отвечал. «А чего отвечать-то? — думал отец Аверкий. — Что старец Исидор неправильно размеры снял? Какая будет польза от такого ответа? Лучше промолчу: глядишь — и отложится в мою копилочку у Бога монетка-другая».

Однажды пономарь попросил их изготовить киот для одной из аналойных икон. Отец Аверкий сделал киот с пазами, чтобы можно было закрывать икону стеклом. Как только эти пазы увидел отец Исидор, он начал кричать:

— Пазы! А зачем пазы?! Кто икону стеклом закрывает?!

— Буди благословенно, — ответил отец Аверкий и понёс киот без стекла пономарю.

Пономарь рассердился и воскликнул:

— Киот должен быть со стеклом! Где стекло, прельщённый олух?

— Благословите, — ответил отец Аверкий и пошёл к отцу Исидору за стеклом.

Но отец Исидор не захотел давать стекло и начал раздражённо кричать на отца Аверкия:

— Пойди и передай тому, кто тебе сказал, что киот должен быть со стеклом, что он прельщённая кочерыжка! Нет, нет и нет: никакого стекла в киоте не будет!

Отец Аверкий долго ещё ходил от одного старца к другому, не говоря ничего, кроме «благословите» и «буди благословенно».

Помимо прочего, старец Исидор плохо видел, и потому делал разметку столярных деталей неточно. Но если отец Аверкий, заметив это, аккуратно спрашивал: «Геронда, а тут не криво размечено?» — старец Исидор отвечал: «Криво у тебя в голове размечено». А если отец Аверкий предлагал: «Геронда, благословите, я сам размечу?» — отец Исидор отвечал: «Рот закрой. Ты сам только одну вещь можешь делать — говорить „благословите" и „буди благословенно"». При такой работе много досок распиливалось неправильно и шло в отходы. Остальные куски отец Аверкий с большим трудом долго подгонял один к другому, пытаясь спасти их от печки и пустить в дело. Работа, которая могла быть сделана за день, под руководством отца Исидора обычно занимала дней пять.

Несмотря на то что в столярке одно мытарство сменяло другое, отец Аверкий каждый вечер клал перед старцем Исидором поклон и со многим смирением и благодарностью говорил ему: «Благословите». «Откуда мне знать, — думал отец Аверкий, — может быть, этот человек послан от Бога для того, чтобы мне помочь? Как же я могу не благодарить его за это?»

Кроме того, отец Аверкий объяснял происходящее так: «Он — мой благодетель. В Конице заказчики по два года ждали, пока я освобожусь, в то время как другие мастера из-за меня сидели без работы и денег. Сейчас я расплачиваюсь за эти грехи». Позже преподобный старец вспоминал: «О, какую-же огромную пользу принёс мне этот человек! Он бил меня, как бьют о камни только что выловленного осьминога.

Но этим битьём он очистил меня от всех скрытых во мне „осьминожьих чернил"»[1].

Несмотря на то что отец Аверкий очень уставал в столярной мастерской, он взял благословение помогать и на других послушаниях, ответственными за которые были пожилые или болезненные монахи. Часто, закончив дела в столярке, он приходил в трапезную, где мыл посуду, а из трапезной шёл помогать куда-то ещё. «Чем больше буду работать я, — думал отец Аверкий, — тем меньше устанут и измучаются другие. Стало быть, почему бы мне не потрудиться и не устать? В армии я рисковал жизнью, спасая других, а сейчас сдамся при виде тарелок и простыней? Там я шёл на жертву ради своих сослуживцев, людей мирских. Так что же, сейчас я не могу пожертвовать собой ради своих духовных братьев — монахов?»

Позже преподобный старец вспоминал: «Сколько я тогда всего успевал, летая с одной работы на другую! Я делал что-то, чтобы было легче одному брату, потом спешил сделать что-то другое, чтобы было легче кому-то ещё… Это давало мне огромные силы и огромную радость».

Духовная тонкость и чуткость отца Аверкия побуждали его к изобретению таких способов помощи другим, при которых сам он мог оставаться незамеченным. Иногда по ночам он тайком чистил отхожие места в монастыре. Когда утром начинали выяснять, кто это сделал, отец Аверкий называл имя одного брата, который уклонялся от послушаний и за это часто получал выговоры от членов Духовного собора. Этот брат, удивляясь, что его хвалят за дела, которых он не делал, задумался, что ему придётся за всё держать перед Богом ответ, и по любочестию решил впредь делать больше, чем было ему назначено рамками послушания.

А ещё отец Аверкий взял на себя заботу о двух храмиках, находившихся за монастырём. Они были дальше всех остальных, но он ходил туда каждый день, зажигал лампадки,

---

[1] Средиземноморские рыбаки бьют свежепойманного осьминога о пирс или о камни, чтобы очистить его от жидкости чернильной железы и сделать мясо более мягким.

поддерживал там чистоту и готовил всё необходимое для совершения Божественной Литургии. Отец Аверкий с детства отличался трепетным отношением к святыне, а также врождённым благоговением, унаследованным им от матери. Однако произошло событие, после которого он уже не мог приближаться ко святому алтарю без страха и трепета. На одном всенощном бдении он помогал пономарю. Когда служащий иеромонах, совершая проскомидию, произнёс слова: «Я́ко овча́ на заколе́ние веде́ся», отец Аверкий услышал с жертвенника звук, похожий на блеяние, а когда священник сказал: «Жре́тся А́гнец Бо́жий», со святого дискоса донеслись звуки, похожие на то, как бьётся ягнёнок во время заклания. Как преподобный старец вспоминал позже, это событие привело его в трепет и изумление.

Монастырские иеромонахи, идя служить Литургию в малые церковки в братских корпусах, башне или за стенами обители, просили отца Аверкия быть певчим, и он с радостью шёл с ними. Особенно он был рад, когда его брал с собой на Литургию благоговейнейший эсфигменский иеромонах Савва[1], который весьма преуспел духовно, достигнув состояния внутреннего безмолвия и непрестанной молитвы. Хотя отец Савва был серьёзно нездоров и страдал от сильных болей, он всегда был радостен и постоянно повторял: «Слава Тебе, Боже! Слава Тебе, Боже!» Когда отец Аверкий спрашивал его: «Как ваше здоровье, батюшка?» — тот отвечал: «Слава Богу, очень хорошо. По сравнению со святыми мучениками, мои страдания равны нулю. А по сравнению с преподобными отцами, нулю равна вся моя жизнь в монашестве».

С отцом Саввой поддерживал особые духовные отношения благоговейный русский духовник, иеромонах Тихон[2], подвизавшийся в одной из уединённых келий на Капса́ле[3].

---

[1] См. *Старец Паисий Святогорец*. Отцы-святогорцы и святогорские истории. С. 99–100.
[2] См. *Старец Паисий Святогорец*. Отцы-святогорцы и святогорские истории. С. 13–39.
[3] *Капса́ла* — один из наиболее безмолвных районов Святой Афонской горы, лесистая, гористая местность недалеко от Карие́с, административного центра Афона.

Время от времени отца Тихона приглашали в Эсфигмен исповедовать братию[1]. Познакомившись с отцом Тихоном, отец Аверкий настолько проникся его неземным духовным состоянием, что спросил, можно ли иногда обращаться к нему за духовным советом. Но отец Тихон отказался: «Нет, брат, нельзя. За духовными советами тебе надо обращаться к игумену. Общежительным монахом должен духовно руководить старец, который сам живёт и подвизается в общежитии».

Послушание до крови

В начале лета 1954 года исполнился год пребывания отца Аверкия в Эсфигмене. Сутками напролёт он то молился в келье, то был на богослужениях в храме, то трудился на разных послушаниях, почти не отдыхая. Целыми днями работая в столярной мастерской, он вечерами носил воду в монастырскую больницу, а потом шёл помогать в архондарик. Там накрывали ужин приезжим иностранцам, но те не торопились его закончить. «Мы, — говорили они, — у себя дома привыкли садиться ужинать не раньше десяти вечера». Поэтому отец Аверкий приходил к себе в келью перед полуночью.

В келье он на четверть часа ложился на койку и клал ноги на её спинку, чтобы они отдохнули от постоянной нагрузки. Потом он снова поднимался, вставал босыми ногами в таз с холодной водой (чтобы не уснуть) и начинал чётки келейного правила с малыми поклонами. Когда он заканчивал келейное правило, начинали звонить к полунощнице. Обычно у отца Аверкия оставалось полчаса-час, чтобы прилечь и поспать. К началу полунощницы он уже стоял в храме, а после окончания Литургии сразу шёл на послушание в столярку. В таком режиме день сменял ночь, за ночью же начинался новый тяжёлый день.

---

[1] Духовником братии в святогорских общежительных монастырях всегда является игумен обители. Тем не менее во многих общежитиях есть традиция приглашать несколько раз в год духовника извне, чтобы у братии была возможность исповедовать, например, помыслы против игумена или какие-то ещё щепетильные духовные вопросы.

Однажды на утрене отец Аверкий ушёл из храма после шестопсалмия и пошёл в пекарню, потому что накануне вечером ему сказали, что ночью надо месить хлеб. В одиночку просеяв и замесив много муки, он позвал братию формовать хлебы, а когда братия вернулась на службу, один сажал эти хлебы в печь и доставал из неё. Когда он закончил в пекарне, было уже утро, и эконом послал его в монастырский огород собирать бобы. После огорода его отправили на хозяйственный двор за монастырём — тесать кипарисовые брёвна. Вот на этих-то самых брёвнах у него хлынула горлом кровь. В глазах помутилось, он потерял сознание. Слава Богу, что мимо хоздвора проходил один мирянин, который привёл отца Аверкия в чувство и помог ему дойти до монастыря.

Братия, увидев, в каком состоянии находится отец Аверкий, советовали ему лечь в монастырскую больницу, но он по духовной деликатности не хотел обременять больничара и пошёл к себе в келью. На следующее утро он, как обычно, был в храме и читал полунощницу. После службы старец Исидор чуть ли не за рукав тянул его в столярку и кричал: «Ты тут ещё и больным решил притворяться, чтобы не работать?» Однако ночью у отца Аверкия ещё трижды шла горлом кровь, он еле стоял на ногах. Игумен благословил срочно положить его в монастырскую больницу. Но и там кровотечения из горла продолжались. Отцы испугались, что у него началась чахотка, и отвезли его в Салоники на рентген грудной клетки. Врачи ужаснулись, увидев, что рёбра у него «торчат в разные стороны», как прутья у смятой корзины. «Перед вами великолепный образчик „поста, бдения и молитвы“, коллеги», — сказал рентгенолог. Врачи прописали отцу Аверкию два месяца постельного режима.

Он вернулся в Эсфигмен, и его положили в монастырскую больницу. Там отец Аверкий страдал не столько от болезни, сколько от своей «тонкокожести». Он очень переживал, что ему прислуживал монах, годившийся ему по возрасту в отцы и даже в дедушки.

— Для чего я пришёл в монастырь? — со слезами на глазах спрашивал отец Аверкий. — Чтобы служить другим или чтобы другие служили мне?

— Ну что же ты так убиваешься? — успокаивал его старец Дорофей. — Бог попустил это, чтобы ты поупражнялся в смирении. Лёжа в больнице, тоже можно помогать братии. Молись за них по чёткам, чтобы Бог подавал им силу.

Однако лежать и молиться не удавалось: в больницу приходил старец Исидор и начинал кричать на отца Аверкия: «Да ты здоров, как лошадь! Быстро пошли со мной, надо с горной делянки брёвна возить!» — «Буди благословенно», — отвечал отец Аверкий, не желая расстраивать старца Исидора, поднимался и шёл вместе с ним.

Они поднимались в гору, но как только отец Аверкий нагибался, чтобы спилить сучья на бревне, у него опять начинала идти горлом кровь. Он был вынужден садиться.

— Чего расселся-то? — кричал отец Исидор. — Вставай и работай!

— Сейчас-сейчас, только вот кровь маленько перестанет, — отвечал отец Аверкий.

— Да, теперь так ты и будешь жить, — пускался в рассуждения отец Исидор. — То пойдёт кровь, то не пойдёт кровь, то перестанет, то не перестанет… Придётся помучиться, пока не помрёшь.

Наступила поздняя осень — время сбора оливок. Отец Аверкий ещё «лежал» в монастырской больнице. Однажды туда зашёл игумен и спросил его:

— Ты в состоянии пойти собирать оливки?

— Вашими молитвами я совсем здоров, — ответил отец Аверкий. На рассвете он пошёл в оливковые рощи, которые находились на значительном расстоянии от монастыря.

Когда он дошёл, трудившиеся там братия сказали, что в масличном прессе сломалась большая винтовая ручка, и спросили, сможет ли он вернуться в монастырь и сделать в мастерской новую. «Буди благословенно», — ответил отец Аверкий и вернулся в монастырь. Придя в мастерскую, он выбрал под ручку походящий обрезок дубового бревна со множеством сучьев, взял рубанок и приготовился работать. В эту минуту в столярку зашёл игумен и спросил отца Аверкия повышенным тоном:

— Вся братия оливки собирает! А ты что здесь прохлаждаешься?

— Меня прислали сделать деталь для пресса, — ответил отец Аверкий.

— Не тяни, сынок, не тяни! — сказал игумен. — Сделал деталь и бегом помогать братии на оливки.

Сделать большую и сложную винтовую ручку, тем более из древесины дуба, было делом нелёгким и небыстрым, быстрее, чем за три дня работы, успеть было невозможно. Но об этом отец Аверкий игумену не сказал. «Кто знает, — подумал он, — насколько голова геронды перегружена заботами по управлению монастырём… Обо всём же невозможно помнить». К вечеру того же дня новая ручка для пресса была готова. А отец Аверкий, выжатый до последней капли сил, неделю не мог даже встать с больничной койки.

Через неделю, подняв с койки голову и выглянув в окно монастырской больницы, он увидел, как монастырский привратник «воюет» с большим пнём, безуспешно пытаясь расколоть его топором. Привратник был пожилым и больным монахом, измученным постоянными кровотечениями. Он был настолько истощён, что спал, даже не снимая ботинок — не было сил развязывать и завязывать шнурки. Забыв о своей болезни, отец Аверкий побежал вниз, взял у старого брата топор. Помучившись, он расколол злосчастный пень. Кровь из горла снова полилась ручьём.

Старший в столярной мастерской

Когда отцу Аверкию стало немного полегче, игумен назначил его старшим в столярной мастерской. Старец Исидор к тому времени стал совсем уже плохо видеть и перестал даже попадать молотком по шляпке гвоздя. Когда отец Аверкий стал старшим столяром, братия потянулась к нему с просьбами и заказами. Одному была нужна скамеечка, другому — полочка, третьему — что-то ещё. Арсений никому не отказывал и быстро делал то, о чём его просили. Однако, узнав об этом, игумен его отругал: «Делать в общежительном монастыре вещи без благословения, чтобы показать всем, какой ты якобы добренький, — это своеволие! Только в идиоритмических монастырях так живут! Чтобы ни один монах к тебе не подходил ни с одной просьбой без моего благословения!»

Став старшим в столярной мастерской, отец Аверкий выполнял своё послушание, руководствуясь духовной свободой. Например, вечером в монастыре должны были служить всенощное бдение. С утра до самого начала бдения отец Аверкий работал в мастерской, даже без перерыва. Но на следующий день, храня полученное на бдении доброе духовное состояние, он мог вообще не ходить в мастерскую. Он не выходил из кельи и занимался деланием духовным: чтением Евангелия и святых отцов, молитвой по чёткам и поклонами. Если доброе состояние продолжалось, он мог не ходить в столярку ещё один или даже два, три дня. То есть всё зависело от его духовного состояния: бывали такие дни, когда он не выходил из мастерской по пятнадцать часов подряд, а бывали такие, когда по три дня подряд духовно работал в келье.

Монастырь Эсфигмен вообще отличался такого рода духовной свободой. Каждый из братьев любил обитель как свой родной дом, любил своё послушание, любил своё монашеское правило. В соответствии со своим духовным состоянием каждый брат с любочестием, максимально лучшим образом сам распределял время на послушание и на духовную работу над собой. Например, монастырский пекарь каждую субботу должен был отвозить в трапезную определённое количество готовых хлебов. При этом он самостоятельно решал, когда просеивать муку и когда месить тесто. И если, например, ночью на него обрушивалась брань помыслов, он мог спуститься в пекарню, взять сито и до самой службы в храме просеивать муку. «Так, — рассказывал преподобный позже, — брат тряс ночью ситом: и послушание своё выполнял, и помыслам не давал себя сотрясать».

Преподобный Паисий, на собственном опыте пережив пользу такого рода духовной свободы, советовал настоятелям общежительных монастырей взращивать в обителях этот дух. Он говорил, что духовная свобода помогает монаху в его преуспеянии: «Монах должен вести себя свободно. Эта свобода означает не своеволие, а то, что он с максимальной пользой использует своё время; использует любую возможность полностью отдать себя как работе на послушаниях, так и духовному деланию. Однако для того, чтобы такой дух жил в обители, необходимо возделывать послушание, любочестие, духовное благородство. Сердечный парус должен наполниться духом жертвенности, монах должен полюбить монастырь сильнее, чем родительский дом. Если этого нет, то дух свободы может превратиться в „душок" лени и расхлябанности. Я хочу сказать, что свобода — дело очень хорошее, но только в паре с любочестием. Если любочестия нет, то свобода опасна. Когда я жил в общежительном монастыре, то радостно умирал как на работах по послушанию, так и на духовном делании в келье».

Подвижнический путь в общежитии

Жизнь отца Аверкия всегда строилась по священной святоотеческой формуле: «Даждь кровь и приими дух»[1]. Пламя божественной ревности, пылавшее в нём с детских лет, в монастыре разгоралось сильнее и сильнее. Этот огонь побуждал отца Аверкия с бо́льшим осознанием того, что он делает, продолжать подвизаться по своему личному аскетическому уставу, тремя основными составляющими которого были пост, бдение и молитва.

Спал он по два-три часа в сутки. Но и для столь короткого отдыха ложился не на койку, а на цементный пол кельи. «В армии мы спали на снегу, — думал отец Аверкий. — Сюда я пришёл для жизни монашеской. Правда, в келье нет снега, чтобы на нём поспать. Зато здесь есть цементный пол!» Когда отец Аверкий заболел, он взял благословение и перешёл в другую келью, пол которой был покрыт необожжёнными глиняными кирпичами. Сравнивая потом цементный пол с кирпичным, преподобный старец говорил: «Надо признать, что кирпичи относятся к человеку более гуманно».

Монастырь Эсфигмен построен прямо на берегу, и часто морские волны били прямо в фундамент монастыря. От

---

[1] См.: Достопамятные сказания. Об авве Лонгине, п. 4; также *Авва Дорофей, прп.* Душеполезные поучения. Поучение десятое. С. 152.

сильной сырости грибок и плесень чуть ли не гроздьями свисали со стен братских келий. Поэтому зимой отец Аверкий ставил в своей келье некое подобие палатки из толстого шерстяного одеяла и для недолгого сна залезал внутрь. Вместо подушки у него был пенёк с углублением, чтобы не скользила голова. «С 1953 года вместо подушки я подкладываю пенёк, — рассказывал преподобный впоследствии. — И знаете, сколько понадобилось пеньков, чтобы сделать из пенька — человека?»

Подвизался он и в отношении пищи. Вне трапезы никогда ничего не ел. В постные дни, когда в монастыре всего одна трапеза (в три часа пополудни), игумен благословлял братию при необходимости подкрепляться в кельях каким-нибудь сухарём. Но отец Аверкий никогда не ел в келье ничего до общей трапезы. Да и на трапезе он из общей кастрюли накладывал себе в миску совсем чуть-чуть. А если еда была уже разложена по тарелкам, он до начала трапезы откладывал в чистую миску бо́льшую часть, притворяясь, что не может съесть такую «огромную» порцию. Когда ему казалось, что пища выглядит вкусной, он добавлял себе в миску воды, чтобы «разбавить вкусноту». Всё это отец Аверкий старался делать так, чтобы никто из слабых здоровьем братьев не заметил его воздержания, не стал ему подражать и не заболел. Однако игумен, зная о его подвиге, часто помогал ему, назначая чтецом во время трапезы. После того, как вся братия ела и уходила, отец Аверкий мог поесть один, сколько считал нужным, или даже не есть вообще. Так, однажды он полностью воздерживался от пищи в течении пятнадцати дней. После такого воздержания у него на несколько дней пропал голос.

Когда наступил следующий Великий пост после болезни отца Аверкия, у него снова начала идти горлом кровь. Тогда игумен дал ему благословение взять в келью небольшой примус и после службы заваривать и пить шалфеевый чай. Примус отцу Аверкию удалось найти с огромным трудом. Во время этих поисков он убедился, что ни у кого из братии примуса в келье не было. Заварив пару-тройку раз шалфей в консервной банке, отец Аверкий вернул примус на монастырский склад, а банку выкинул. «Ни у одного из отцов такой роскоши нет, — подумал он. — Что же, я буду разрушать порядки общежития?»

В ту святую Четыредесятницу отец Аверкий совсем не принимал в расчёт своё здоровье. Он «натянул тетиву»[1] своей аскезы с такой силой, что она звенела от напряжения и готова была лопнуть. Он был настолько истощён, что, когда поднимался в гору за древесиной, у него подкашивались ноги и он падал на землю. Отец Аверкий просил Бога помочь ему встать, чтобы никто из мирян, увидев его, не начал смеяться: «Погляди, что эти монахи вытворяют! Так перепостились, что аж на землю валятся». Аскеза отца Аверкия переживалась им как ежедневный мученический подвиг. Но Бог подавал ему укрепление. В ночь на четверг перед Лазаревой субботой он, как обычно, стоял в келье и молился. Внезапно его осиял некий Свет. Сердце его преисполнилось сладостью и божественным радованием. Глаза превратились в два изобильных источника слёз. Сладкий плач этот продолжался около получаса. Впервые в жизни отец Аверкий пережил посещение Божественной благодати в столь сильной мере. Это посещение благодати, эти божественные полчаса укрепили отца Аверкия настолько, что питали его духовно около десяти лет, пока в Синайской пустыне преподобный, как сам он потом рассказывал, не получил «иной опыт, в продолжение предыдущего».

В Эсфигменском монастыре преподобный отец впервые познакомился и с великим тайноводцем безмолвнической жизни, преподобным аввой Исааком Сирином. А произошло это так: его и ещё нескольких отцов послали на монастырский конáк[2] в Кариéс для каких-то работ. После работы отец Аверкий зашёл в одну из бакалейных лавок, чтобы купить селёдку. Бакалейщик завернул селёдку в лист, вырванный из журнала «Святогорская библиотека». Вернувшись на конак,

---

[1] См. Достопамятные сказания. Об авве Антонии, п. 13.
[2] Конáк — подворье афонского монастыря в Кариес или Дафни, где оно обычно представляет собой отдельную келью с храмом, или вне Афона (в Салониках или Афинах), где часто афонский конак — просто квартира в жилом многоэтажном доме.

отец Аверкий стал разворачивать рыбу, и взгляд его упал на промасленный листок с журнальным текстом. Это был отрывок из «Слов» преподобного Исаака Сирина¹. Отец Аверкий высушил листок на солнце и прочитал. Как сам он потом рассказывал, прочитанное «сразило его наповал». Потом он читал и перечитывал этот небольшой текст в течение целого года. Спросив у отцов, кто такой святой Исаак, он узнал, что в монастырской библиотеке есть книга с творениями преподобного аввы. Но когда отец Арсений подошёл к библиотекарю, тот не дал ему авву Исаака. В те годы в монастыре Эсфигмен для того, чтобы решить, можно или нельзя давать «Аскетические творения» преподобного Исаака новоначальному монаху, должен был собраться Духовный собор. И обычно решение Собора по такому вопросу было отрицательным. Игумен и соборные старцы боялись, что, читая преподобного Исаака, новоначальный может впасть в прелесть и, не будучи к тому готовым, возжелать пустынного жития. Хотя, как писал об этом позже сам преподобный Паисий, «авва Исаак не советует ученикам начальной школы поступать сразу в университет, и не только начальной — средней тоже»².

---

¹ Возможно, это был выпуск № 190–191 журнала «Святогорская библиотека» за июнь-июль 1952 года, в котором опубликованы следующие фрагменты из 58-го слова преподобного Исаака: «Кто истинно смиренномудр, тот, будучи обижен, не возмущается и не говорит ничего в свою защиту о том, в чём он обижен, но принимает клеветы, как истину, и не старается уверять людей, что он оклеветан, но просит прощения. Ибо иные добровольно навлекали на себя название непотребных, не будучи таковыми; другие же терпели именование прелюбодеев, будучи далёкими от прелюбодеяния, и слезами свидетельствовали, что несут на себе плод греха, которого не делали, и с плачем просили у обидевших прощения в беззаконии, которого не совершали, когда душа их была увенчана всякою чистотою и непорочностию. Иные же, чтобы не прославляли их за превосходные правила жизни, соблюдаемые ими в тайне, представлялись в образе юродивых, быв растворены божественною солию и непоколебимы в своей тишине, так что на высоте совершенства своего святых ангелов имели провозвестниками своих доблестей»; «Доброе делание и смиренномудрие делают человека богом на земле»; «Если не имеешь дел, не говори о добродетелях». — *Прим. греч. изд.*

² См. *Старец Паисий Святогорец*. Письма. С. 68.

Уход из монастыря

Бескомпромиссно живя в общежительном монастыре, отец Аверкий желал «получить высшее монашеское образование» и поступить в «университет пустыни». Не следует забывать, что в первый же день своего прихода в обитель он открыл своё желание игумену, и тот согласился принять его в Эсфигмен, пока он духовно не оперится и не сможет на собственных крылах перелететь к блаженной пустыннической жизни. Как добрый послушник, отец Аверкий не переживал, что желание его откладывается. Он никуда не торопился, понимая, что десница Божия поместила его в общежительный монастырь как в школу духовного мужества и опыта. Здесь он подвизался, *духом горя, Господу работая, скорби терпя*[1]. Планов он никаких не строил, а давал Господу возможность включить его в Свой Божественный план и был готов оказать Ему послушание.

И вот однажды произошёл случай, который послужил поводом для его ухода из Эсфигмена. Отца Аверкия назначили старшим над бригадой рабочих, которым поручили снести часть старого здания на монастырской пристани. Рабочие трудились спустя рукава и говорили, что будут сносить лишь малую часть от того, что должны были. Отец Аверкий сказал об этом соборным старцам, и те велели заставить рабочих сделать всё как положено. Отец Аверкий вернулся на пристань, но рабочие заартачились. «Да я тебе в сороковой раз повторяю, что мы вообще леса только вот досюда установили!..» — крикнул один из них и в сердцах стукнул кулаком по стене полуразрушенного здания. От удара в стене возникла дыра, и, ко всеобщему изумлению, оттуда посыпались золотые монеты. Рабочий начал лихорадочно распихивать их по своим карманам. «Видишь, как вышло? — сказал ему отец Аверкий. — Если бы ты был человек послушный, то я бы ушёл в столярку и не стоял у вас над душой. Может, весь клад тебе бы и достался. А сейчас оставляй всё как есть, и пойдём к игумену».

---

[1] См. Рим. 12:11-12.

Когда игумен узнал о происшествии, он велел произвести розыск и попытаться узнать, кому принадлежит золото. Узнав об этом, некоторые из отцов стали возмущаться и говорить, что надо без шума и розысков забрать всё найденное золото в монастырь. Отца Аверкия эти отцы тоже пытались склонить на свою сторону. Но он был с ними не согласен. Это происшествие его чрезвычайно расстроило, а также стало поводом для того, что тлевший в нём уголёк желания пустыннической жизни вспыхнул вдруг сильным пламенем. Ничто уже не могло его удержать. Он пошёл к игумену и попросил благословения немедленно уйти из монастыря. «От меня-то благословение есть, — сказал игумен. — Но сначала соберём Духовный собор. Как на Соборе решат, так оно и будет». — «Геронда! — взмолился отец Аверкий. — Все соборные старцы хотят, чтобы я остался! Кто из них даст мне благословение уйти? Хватит мне и того, что вы меня благословляете».

Итак, с благословения игумена отец Аверкий в тот же самый день ушёл из монастыря. Куда? Он и сам этого не знал. Он хотел пойти на Капсалу, к русскому старцу Тихону. Но иеромонах Савва попросил его этого не делать, чтобы соборные старцы не подумали, будто бы он попросил старца Тихона принять отца Аверкия.

Когда отец Аверкий вышел в неизвестность из монастырских ворот, с неба повалил снег с дождём. Шагал он всю ночь. Ботинки и одежда стали насквозь мокрыми, камилавка от дождя линяла, и по лицу стекали чёрные струйки. Изо рта шла кровь. На рассвете отец Аверкий увидел впереди монастырь. Это был Ватопед, который отстоял от Эсфигмена в трёх часах пешего пути. Отец Аверкий шёл до него всю ночь. Не заходя в Ватопед, он пошёл в сторону Кариес и к вечеру добрёл до монастыря Кутлумуш. Там он нашёл одного монаха, который какое-то время назад недолго жил в Эсфигмене, и спросил его, есть ли в округе опытные духовники. Этот монах посоветовал сходить к иеромонаху Кириллу в Кутлумушский скит святого великомученика Пантелеимона. Отец Аверкий услышал имя духовника с радостью и облегчением, потому что несколько лет назад, в первое посещение Святой Афонской Горы, познакомился с отцом Кириллом на корабле и с тех пор помнил, насколько сильное впечатление произвёл на него старец.

Он пошёл к отцу Кириллу, желая стать его послушником и остаться у него жить. Отец Кирилл принял его, но уже через месяц антипро́соп[1] монастыря Эсфигмен, узнав, куда ушёл отец Аверкий, пришёл в келью старца Кирилла и закатил там большой скандал. Он говорил, что отец Аверкий якобы ушёл из монастыря без благословения (хотя это было неправдой — он взял на уход благословение игумена). Тогда рассудительный отец Кирилл сказал отцу Аверкию: «Сынок, эсфигменский антипросоп нас с тобой в покое не оставит. Вернись в Эсфигмен и скажи, что ты хочешь перейти в идиоритмический монастырь. Нет ли у тебя в какой-нибудь идиоритмической обители знакомого соборного старца?» Отец Аверкий ответил, что один из его родственников — отец Симеон — иеромонах в Филофее. Старец Кирилл посоветовал ему пожить какое-то время там. «В идиоритмическом монастыре, — сказал он, — ты будешь жить аскетично и тихо. А я буду за тобой духовно приглядывать и помогать тебе». Так отец Аверкий вернулся в Эсфигмен, прожил там ещё около месяца, после чего ему дали благословение перейти в идиоритмический монастырь Филофей.

Незадолго до кончины преподобный Паисий сказал: «Вот что я понял: если монах подвизается правильно, то он может достичь того, к чему стремится его душа, при любой форме монашеской жизни, будь то общежитие, идиоритм или пустынная калива. Если общежительный монах будет максимально использовать те духовные возможности, которые даются ему в общежитии, то для преуспеяния этого будет достаточно».

---

[1] *Антипро́соп* — один из двадцати монахов, входящих в состав Священного Кино́та (верховного органа самоуправления Святой Горы).

Монастырь Филофей

В священной обители Филофей

ГЛАВА VI

В идиоритмическом монастыре

Отец Аверкий пришёл в монастырь Филофей с ревностью к ещё бо́льшим духовным подвигам, чем раньше. В Филофее, как и во всех идиоритмических монастырях, должности игумена не было. Управление монастырём осуществлялось сообща соборными старцами. Каждый из соборных старцев брал несколько послушников, которые жили рядом с ним, в смежных кельях. Он следил за их духовной жизнью и был их восприемником при постриге.

Придя в Филофей, отец Аверкий попросился в послушники к отцу Симеону. Но все послушнические кельи рядом с отцом Симеоном оказались заняты. Поэтому отца Аверкия взял в послушники старец Спиридон, келарь[1] монастыря. Однако для духовного руководства отец Аверкий ходил в Кутлумушский скит, к иеромонаху Кириллу. Сей преподобный старец часто получал от Бога извещение не только о том, что вскоре к нему придёт отец Аверкий, но и о том, какой конкретно духовный вопрос его беспокоит. Отец Аверкий приходил в скит, входил в келью духовника и только собирался о чём-то спросить, как старец Кирилл уже сам отвечал на его вопрос. Или же он давал отцу Аверкию открытую книгу, в которой было отмечено карандашом какое-то место, заключавшее в себе ответ. Так отец Аверкий получал ответ, как из уст Божиих, клал перед старцем Кириллом поклон и уходил, получив духовную пользу.

На второй день своего пребывания в Филофее отец Аверкий ради духовной пользы пошёл посетить очень простого и

---

[1] *Ке́ларь* — насельник обители, ответственный за приём, хранение и выдачу продуктов.

смиренного русского подвижника, старца Августи́на[1]. Старец жил в принадлежавшей Филофею келье Введения во храм Пресвятой Богородицы. Отца Августина в келье не было, и отец Аверкий оставил на пороге немного продуктов для него. Он вернулся в обитель, стараясь, чтобы никто из отцов его не заметил и не начал про него думать, что, не успев прийти, он уже начал гулять по кельям и раздавать монастырские продукты. Однако уже на следующий день старец Августин сам пришёл в Филофей и начал спрашивать братию: «Где у вас живёт один монашек по имени Аверкий?» Отцы удивились, потому что сами ещё не успели как следует познакомиться с новым насельником. Они показали ему келью отца Аверкия. Как только тот открыл дверь, отец Августин положил перед ним земной поклон и с милым русским акцентом сказал: «Благословите! Спаси Господи за благословения[2], что ты мне принёс. В тот день, когда ты меня посещал, я в скит пророка Илии ходил, но тебя видел, видел». Скит святого пророка Илии отстоит от Введенской кельи в четырёх часах пешего пути, и увидеть на таком расстоянии телесными очами никак нельзя, но возможно с помощью «духовного телевидения» — дара прозорливости, которым обладал старец Августин.

Первым послушанием отца Аверкия в новой обители была помощь старцу Спиридону в келарне. Каждое утро после Божественной Литургии они шли в келарню и раздавали братии продукты: хлеб, сыр, сардины, маслины. Отец Аверкий помогал носить и переставлять ящики с продуктами. Также он делал всё возможное, чтобы помочь братии. У него была сумка с основными столярными инструментами, и если его просили сделать какие-то столярные работы в монастыре или близлежащих кельях, он всегда с готовностью откликался.

Однажды, когда он пришёл для таких работ в филофейскую келью святого великомученика Георгия «Парисе́он», старец кельи попросил, чтобы рядом с ним поработал и поучился столярному делу один молодой послушник. В то время этот

---

[1] См. *Старец Паисий Святогорец*. Отцы-святогорцы и святогорские истории. С. 76–83.

[2] Благословением иногда называют подарок — вещи и продукты.

послушник страдал от брани плотских помыслов. Поработав рядом с отцом Аверкием, он попросил своего старца:

— Геронда, можно мне поговорить с отцом Аверкием?

— Поговори, поговори... — ответил старец. — Он ведь и сам молодой ещё человек, глядишь, и поможет тебе чем-то.

Всё время, пока послушник рассказывал отцу Аверкию о своём состоянии, тот слушал его, склонив голову. Когда послушник закончил, отец Аверкий взглянул на него и спросил:

— Стало полегче?

— Помощью Пресвятой Богородицы и святого великомученика Георгия, сейчас мне очень легко и хорошо, — ответил послушник.

— Одну вещь запомни, — сказал тогда отец Аверкий. — Сеет диавол — жнёт Христос. Все эти помыслы были посеяны в тебя лукавым, но пожал их Христос. — И в продолжение разговора отец Аверкий смиренно сказал о себе так: — Как вагоны тянутся за паровозом, так за мной тянутся мои грехи.

Когда работы закончились, старец в благодарность хотел дать отцу Аверкию в благословение немного яиц, но тот отказывался и говорил:

— Ладно тебе, отец Георгий! Выглядит так, как будто ты заплатить мне хочешь.

— Да не заплатить же, не заплатить! — расстраивался отец Георгий. — Просто в благословение дать! Неужели не возьмёшь ничего в благословение от святого великомученика?

Не желая расстраивать старца, отец Аверкий взял несколько яиц и немного фасоли из их огорода.

В Филофее отец Аверкий предал себя ещё бо́льшим аскетическим подвигам. Но насколько строг он был к себе, настолько нежно заботлив по отношению к другим. В июне 1956 года в монастыре ночевал один юноша. Утром он, ничего не поев, стал собираться, чтобы идти дальше. Вдруг к нему подошёл отец Аверкий и спросил: «Ну что же вы убегаете? Даже молочка не попили», — и дал ему кружку молока с сухарями. Подвижнический вид незнакомого монаха и это краткое общение произвели на юношу неизгладимое впечатление.

В те же дни в монастырь заехал один епископ из Иерусалимской Патриархии. Он набирал монахов, желающих жить и подвизаться в святых местах. Вся братия собралась в зале для приёмов, и епископ начал спрашивать, не готов ли кто из них нести послушания на Святой Земле. Отец Аверкий уже был готов вызваться на это служение, но один соборный старец, который его очень любил, — отец Евдоким — удержал его, говоря:

— Ну куда тебя несёт? Поедешь на Святую Землю и помрёшь там.

— Этого-то я и хочу, — ответил отец Аверкий. — Поехать на Святую Землю и там помереть.

Болезнь. Коница

Очень сырой климат монастыря Филофей быстро сделал своё дело: отец Аверкий слёг в кровать с высокой температурой, и у него опять начались горловые кровотечения. Пригласили врача. Тот осмотрел больного и прописал трёхмесячный курс инъекций стрептомицина и сухой климат. Отец Симеон посоветовал отцу Аверкию ехать лечиться в Коницу.

Так, с благословения обители, отец Аверкий опять оказался у себя на родине. Он не стал заходить домой, но поселился в церковке святой Варвары. Там-то на него случайно и наткнулась благоговейная жительница Коницы Кети (полное имя Эррикети) Патера, которая знала его ещё ребёнком. Вначале она его даже не узнала: он был совсем исхудавшим, словно преподобный монах с древней фрески. Потом он объяснил ей, что находится в Конице на лечении, но в родительском доме жить не может, поскольку монахи должны хранить обет уклонения от мира. Кети предложила Арсению пожить в доме её старухи-матери, и тот согласился.

В этот дом приходила сестра отца Аверкия Христина и делала брату уколы. Но помимо сестры к отцу Аверкию стали приходить многие жители Коницы. Они рассказали ему об одном протестанте, который в последнее время стал привлекать в свою секту много духовно не окрепших душ. Отец Аверкий хорошо знал, о ком идёт речь. Это был тот самый выходец из Фарас, которого они с Христиной десять лет назад приютили в Янине[1]. Тогда Арсений ещё сжёг много протестантских брошюрок, найденных у него в вещмешке. И вот сейчас некоторые из земляков стали упрашивать отца Аверкия остаться в Конице, чтобы разорить осиное гнездо, пока оно ещё не построено. Однако для отца Аверкия было немыслимо оставаться жить в миру. Как только закончились три предписанных врачом месяца лечения, он вернулся в Филофей.

Мантийный монах Паисий

Вернувшись в обитель, отец Аверкий попросил у Духовного собора благословение быть «общим братом». Так в идиоритмических монастырях называли монахов, которые не были послушниками ни одного из соборных старцев обители. Такое благословение ему дали, и он стал жить не рядом с отцом Спиридоном, а в одной из самых дальних и уединённых келий в братском корпусе. Хотя в монастыре он прожил совсем недолго, соборные старцы хотели постричь его в великую схиму. Отец Аверкий снова начал отказываться. Ведь он собирался подвизаться в пустыне и не желал привязывать себя обетами к обители пострига. Когда он спросил, что ему делать, у своего духовного отца, старца Кирилла, тот посоветовал ему согласиться принять постриг в малую схиму.

И вот 3 марта 1957 года инок Аверкий был пострижен в мантию с именем Паисий. Восприемником при постриге стал благоговейнейший старец Савва. Старец Савва воспринимал при постриге всех «общих» братьев. Он прожил в обители пятьдесят лет, и хотя ему много раз предлагали стать соборным старцем, всегда отказывался, не желая, чтобы заботы по управлению монастырём мешали ему в духовном делании.

Имя «Паисий» при постриге предложил старец Симеон. Будучи родом из Фарас, он расстраивался, что отец Аверкий уже не носит имя преподобного отца Арсения (Хаджефенди). Поэтому отец Симеон и попросил старца Савву дать молодому монаху имя отважного епископа из Фарас

---

[1] См. стр. 65.

Паисия II¹. Излишне и говорить о том, что для самого отца Паисия значение имело не имя, а духовный подвиг, который предстоял ему как мантийному монаху. Через несколько дней после пострига он написал в одном письме: «Вот, я восприял и более тяжкое бремя. Но уповаю, что силою сладчайшего нашего Жениха Христа донесу тяжёлый крест до самой Голгофы». Вскоре он послал своей матери фотографию, на обороте которой написал прощальное письмо в виде стихотворения:

Родная матушка моя, поклон тебе от сына.
В монахи ныне уходя от суетного мира,
Лицом к обманщику-врагу, один в глухой пустыне,
Всем из любви к Царю Христу он жертвует отныне.

Мирская сладость, красота мне чужда и несладка,
В любви Спасителя Христа всё сердце без остатка.
Иду тернистою тропой, путём Христовым крестным,
Молясь, чтоб встретиться с тобой
       во Царствии Небесном.

Твоей любви живая связь, но, к жизни вечной Слову
Умом и сердцем устремясь, я режу по живому —
По плоти наших кровных уз — и размыкаю звенья,
И сбрасываю ветхий груз земного тяготенья.

Моя отныне будет Мать — Мария, Матерь Бога,
Своим Покровом охранять от вражьего прилога.
В глухой пустыне буду жить, Царя Христа желая
О мире мира умолить и о тебе, родная.

---

¹ *Паисий II, митрополит Кесарийский* — уроженец селения Фарасы в Каппадокии. Учился в духовной школе при монастыре Честного Предтечи в Флавианах, а затем в Константинополе, где был рукоположен во диакона и священника. В 1832 г. был рукоположен в митрополита Кесарийского. Бесстрашно защищал перед султаном интересы православных. См. о нём также: *Паисий Святогорец, прп.* Слова. Том II. Духовное пробуждение. М.: Орфограф, 2015. С. 240–242.

Пост, бдение, молитва

Отец Паисий был образцовым монахом. «Вот — хороший монах», — говорил о нём старец Евдоким. На службах отец Паисий обычно стоял в притворе, в одной из стасидий у западной стены. Всё его внимание было сконцентрировано внутри. Вечером, после заката, когда ворота монастыря запирались, отец Паисий тоже закрывался в своей келье и один, молясь по чёткам и делая поклоны, совершал всенощное бдение. Продолжалось оно пять-семь часов. Бледное, почти белое лицо отца Паисия свидетельствовало о том, что спал он совсем мало. На его коленях и костяшках пальцев рук появились грубые мозоли от многих поклонов.

Его ежедневным чтением, пищей и наслаждением была книга святого аввы Исаака Сирина. Каждый день он читал из этой книги небольшой отрывок, который потом постоянно держал в уме и старался применить на деле. Если применить на деле прочитанное не получалось, то дальше книгу он не читал. Сам он называл аскетические творения святого аввы Исаака «целой святоотеческой библиотекой». Так, медленно, со вниманием и исполнением прочитанного на практике, отец Паисий постигал эту книгу. Чтение затянулось на целых семь лет. Кроме того, он продолжал выписывать отрывки и из других святоотеческих книг, как делал это раньше, в Эсфигмене.

Свободный порядок идиоритмического монастыря давал отцу Паисию возможность совершать бо́льшие подвиги и строго воздерживаться — и при этом оставаться незаметным. Живя в смежной келье с отцом Спиридоном, он по многу дней подряд ел одно и то же: например, рис, картофель или бобовые, — чтобы «утомить» свой вкус каждым видом пищи и научиться есть любую еду без пристрастия и аппетита. Потом, когда он стал жить в отдельной келье, его ежедневной пищей стала фасоль, в которую после варки вливалось немного разведённой в воде муки. Перед Божественным Причащением отец Паисий всегда три дня полностью воздерживался от пищи и воды. В свою первую Страстную неделю в Филофее он тоже совсем ничего не ел. Только в Великую Пятницу выпил уксуса — по любви ко Христу, Которому давали пить уксус, когда Он висел на Кресте. Но поскольку желудок отца Паисия уже несколько дней был пуст, а сам он — крайне истощён, выпитый уксус привёл к обмороку. Отцы начали приводить его в чувство, но он быстро пришёл в себя и продолжил абсолютное воздержание до самого Светлого дня Пасхи.

Успенский пост 1957 года отец Паисий разделил на две части совершенного воздержания. От начала поста до праздника Преображения он совсем ничего не ел. На Преображение ради духовной радости праздника немного поел, и опять ничего не вкушал до самого Успения. В день Успения, сразу после отпуста Божественной Литургии, один соборный старец велел ему отнести письмо в Иверский монастырь, где совершался торжественный престольный праздник. Затем старец велел ему дождаться на иверской пристани одного пожилого паломника, который должен был приплыть на кораблике из Иериссоса, и уже вместе с ним вернуться в Филофей.

Отец Паисий тут же пошёл в Ивиро́н,[1] не взяв с собой даже сухарей. Часа за полтора он спустился к Ивирону, отдал письмо и пошёл на пристань ждать паломника. Кораблик задерживался. Где-то к полудню у отца Паисия начала сильно кружиться голова. «Отойду-ка я куда-нибудь в сторонку, — подумал он, — чтобы никто меня не увидел и не начал расспрашивать, что да как». Недалеко от пристани были сложены горы брёвен, ожидающих погрузки на корабль, — из них в миру делали телеграфные столбы. Отец Паисий спрятался среди этих брёвен. У него появился помысел помолиться по чёткам Пресвятой Богородице и попросить Её послать ему немного еды. Однако он тут же прогнал этот помысел, словно он был богохульным. «Окаянный!.. — сказал он себе. — Будешь такими пустяками Матерь Божию беспокоить?» Не успел он «включить в работу» этот смиренный и любочестный помысел, как перед ним появился монах, который держал в руках круглый монастырский хлеб, две смоквы и большую гроздь винограда. Он протянул всё это отцу Паисию со словами: «Возьми это во славу Госпожи Богородицы». От

---

[1] *Ивиро́н* — краткое именование Иверского монастыря на Афоне.

этих слов, как вспоминал позже сам преподобный старец, он «рассыпался в прах». Слёзы благодарности за скорое и тёплое предстательство Богоматери долго катились из его глаз.

Пришло Рождество 1957 года[1]. На праздник иеромонах Симеон сказал одному из своих послушников: «Пойди, позови отца Паисия. Пусть поест с нами немного супа, а то смотреть больно, как его ветром шатает». А отец Паисий как раз перед Рождеством неделю промучился от высокой температуры и кровотечений из горла. Но приглашения на обед он не принял. «Спасибо, благословенная душа, — ответил он. — Только знаешь, я себе столько всего наготовил!..» Но брат прошёл в его келью и, приоткрыв крышку кастрюльки, увидел, «сколько всего наготовил» себе отец Паисий: как и всегда, это была горсть варёной фасоли с мучным клейстером. Оправдываясь перед братом, отец Паисий стал придумывать на ходу: «Представляешь, не могу есть ничего другого — сразу желудок схватывает. Так что, пока не приду в себя, придётся на фасоли посидеть». Но на самом деле эта аскетическая пища приносила отцу Паисию столько радости, сколько не мог дать даже стол, уставленный множеством вкусных и богатых яств.

Брань искушений

Преподобный умножал свои подвиги, а лукавый — свои приражения. Искушения были настолько сильными, что однажды, услышав от кого-то, что благоговейнейший игумен монастыря Констамонит отец Филарет с печалью говорил: «Сегодня совсем не было искушений — видно, оставил нас Бог», отец Паисий не смог сдержаться и воскликнул: «Я готов с отцом Филаретом немного ими поделиться!..» Потом, когда начинались искушения, отец Паисий даже говорил лукавому так: «Если ты такой храбрец, то иди в Констамонит и поискушай отца Филарета. А меня, слабого, искушать не надо».

Был период, когда диавол приносил ему хульные помыслы, в том числе и во время молитвы. Отец Паисий тут же вставал

---

[1] 25 декабря 1957 года по старому стилю, или 7 января 1958 года по новому стилю.

и в очень неспокойном состоянии шёл к духовнику отцу Анфиму, который жил в Филофее, и с сокрушением исповедовал эти помыслы. Опытный отец Анфим советовал: «Не волнуйся. Эти помыслы не твои. Это помыслы дьявола. Если человек расстраивается из-за проходящих через его ум скверных помыслов против святыни, это доказывает, что помыслы не его, а внушаются ему извне». Однако отец Паисий всё равно не мог успокоиться. Когда хульные помыслы приходили к нему во время богослужения в храме, он тут же шёл в соборный придел Честного Предтечи. Там он прикладывался к иконе Честного Предтечи Господня Иоанна и чувствовал благоухание. Приложившись, он возвращался в свою стасидию, и ему было легче. Когда хульные помыслы вновь возвращались, он снова шёл в Предтеченский придел, снова прикладывался к иконе, и она снова благоухала. Так продолжалось много раз.

Но однажды произошёл случай, из которого отец Паисий окончательно понял, что эти хульные помыслы — бесовская брань. Во время Божественной Литургии, на Трисвятом, он тихо подпевал певчим. Внезапно он увидел, как из дверей, ведущих в притвор, выходит некое страшное существо: огромная зверюга с пёсьей головой, а из пасти и глаз вырывается пламя. Существо это повернулось в сторону отца Паисия и сделало мерзкие оскорбительные жесты. Отец Паисий скосил глаза на стоявших рядом с ним братьев: но нет — кроме него, никто ничего не видел. Когда он исповедал происшедшее отцу Анфиму, тот сказал: «А, видел его теперь? Вот он и есть „автор" этих помыслов собственной персоной. Теперь успокоился?»

А однажды ночью искуситель напал на отца Паисия по-другому. Лёжа на койке, он почувствовал прямо у себя над ухом живое дыхание женщины. Содрогнувшись, он вскочил, зажёг керосиновую лампу и начал петь разные тропари и стихиры: это был лучший способ борьбы с таким искушением. Утром он пошёл и исповедовал случившееся отцу Симеону. «С аскезой, которую ты совершаешь, такому искушению оправдания нет, — сказал тот, выслушав исповедь. — Видимо, в тебе есть какая-то скрытая гордость. Поэтому давай так: какое-то время ты будешь каждый день приходить ко мне, а я буду давать тебе нормальную пищу». Отец Паисий смиренно принял сказанное отцом Симеоном и в течение месяца после этого искушения приносил ему продукты, а приготовленную еду забирал. Вглядевшись в себя повнимательней, отец Паисий понял, что действительно иногда помысел говорил ему, будто бы он что-то из себя представляет, будто бы совершает что-то немаловажное. «Скрытая гордость, — говорил преподобный старец позже, — это очень коварная вещь. Только искушённый и опытный человек способен её разоблачить. Однако если ты даёшь другим право делать тебе замечания, это очень помогает в такой борьбе».

Пчела цветника духовного

Сам отец Паисий от всех принимал замечания и у всех спрашивал совета. Заходивших в монастырь подвижников-келиотов он приглашал к себе в келью, оказывал им тёплый приём и просил у них духовного совета, да и не только у тех, кто заходил в монастырь. По всему Саду Пресвятой Богородицы[1] он, подобно трудолюбивой пчеле, искал благоуханные духовные цветы — добродетельных старцев. Он с благоговением собирал их духовный опыт и поучения, которые перерабатывал в мёд добродетели. Услышав, что где-то в других монастырях, в окрестных кельях, в удалённых местах (например, в скиту святой Анны, на Кавсокаливии, в Керасье[2]) живут монахи-подвижники, он посещал их и записывал беседы с ними.

Общался он и с юродивыми ради Христа, например со старцем Дометием, который жил в монастыре Филофей и притворялся бесноватым, и со старцем Елисеем из Вознесенской кельи. Юродивые, понимая, что отец Паисий судит не внешне, но духовно взвешивает то, что видит, доверяли ему и прекращали в разговорах с ним свои юродства. Общаясь с этими тайными подвижниками, преподобный понял,

---

[1] *Садом Пресвятой Богородицы* именуется вся Святая Гора Афон.
[2] *Керасья́* — принадлежащая Великой Лавре местность на южной оконечности Афонского полуострова, где расположены несколько келий.

насколько великая борьба необходима для того, чтобы скрывать своё духовное богатство и хранить его нерасхищенным.

Примерно раз в полгода в Филофей приходил старец Пётр[1] с Катунак. Он оставлял в монастыре своё рукоделье (он плёл чётки) и брал немного сухарей. Все звали его Петракисом[2], поскольку он был очень маленького роста, совсем худенький, простой и искренний, как малое дитя. Но отец Паисий относился к старцу Петру с великим благоговением. «Я был знаком со многими подвижниками, — писал он позже. — Однако в старце Петре было что-то отличавшее его от других. Лицо его излучало некую божественную сладость».

Когда другие отцы подходили к старцу Петру и пытались получить от него какую-то духовную пользу, тот начинал стесняться и уходил от разговора. Однако с отцом Паисием у старца Петра выстроились особые духовные отношения. Ведь двух подвижников соединяло между собой духовное родство. Однажды с отцом Паисием произошло некое духовное событие, и он спросил о нём старца Петра, сомневаясь, от Бога оно было или от лукавого. Старец Пётр ответил, что от Бога, и добавил: «Отец Паисий, я постоянно переживаю такие божественные состояния. Когда меня посещает Божественная благодать, моё сердце сладко согревается от любви Божией, и некий дивный Свет освещает меня изнутри и совне, даже в тёмной келье моей становится светло. Когда такое происходит, я снимаю скуфью, сокрушённо склоняю голову долу и прошу Христа: „Христе мой, пронзи моё сердце копием Твоего сострадания". Тогда из глаз моих начинают литься сладкие слёзы благодарности, и я славословлю Бога. И чувствую тогда, как светится моё лицо. В такие часы, отче Паисие, всё останавливается, потому что я понимаю, что Христос совсем рядом со мной, и не могу уже ничего у Него просить, потому что молитва тоже останавливается. Даже чётки пальцами я перебирать не могу».

---

[1] См. *Старец Паисий Святогорец*. Отцы-святогорцы и святогорские истории. С. 65–75.
[2] *Петра́кис* — уменьшительное от имени Пётр. На русский можно было бы перевести как Петя или Петруша.

Трудолюбивый и милостивый келарь

В декабре 1957 года старец Спиридон, который на протяжении тридцати лет был бессменным келарем Филофейского монастыря, заболел и оставил это послушание. Послушание келаря было не из лёгких. Надо было планировать и заготавливать все продовольственные запасы монастыря, каждый день тесно общаться как со всей братией, так и с работающими в монастыре мирянами. Поэтому монастырские эпи́тропы[1] старались возложить послушание келаря на монаха хозяйственного и экономного, благоразумного и надёжного, которому можно было бы во всём доверять. Обычно послушание келаря возлагалось на одного из членов Духовного собора. К сожалению, случалось и такое, что некоторые из братии сами стремились занять эту должность, думая, что она станет для них «ступенькой на карьерной лестнице».

Однако эпитропы посчитали, что из всей братии наиболее пригоден для этого послушания отец Паисий, который до последнего оставался помощником старца Спиридона. Вначале отец Паисий отказывался, но потом, оказывая послушание, согласился. «Этот Паисий, похоже, совсем спятил!.. — говорил о нём отец Симеон. — Не успел он прийти в монастырь, а мы уже оказали ему такую честь, даже дали послушание, которое несут одни лишь соборные старцы. А он всё равно отказывается!» Однако сам отец Паисий считал «погремушками» всякие почести и карьерный рост. Он и раньше никогда не забывал о глубочайшем смысле жизни, и тем более став монахом, никогда не уклонялся от поставленной цели.

В келарне у него постоянно горела неугасимая лампада перед иконой Пресвятой Богородицы. Сам он трудился, не приседая ни на минуту. Во время работы постоянно творил

---

[1] *Эпи́тропы* — два или три члена Духовного собора монастыря, избираемые на один год. Вместе с игуменом (а в идиоритмических обителях без него) участвуют в ежедневных делах по управлению обителью. Например, только в присутствии эпитропов происходит чтение и отправка монастырской корреспонденции, визирование монастырских документов, банковские распоряжения и т. п.

Иисусову молитву. К усталости телесной он относился с пренебрежением. Его интересовало только одно: постоянно находиться в духовной атмосфере трезвения и молитвы. Поэтому он и не хотел брать себе в помощники мирского рабочего, как предлагали эпитропы. Когда он стал келарем, склады были в неопрятном состоянии, потому что последние годы у отца Спиридона уже не было сил наводить там порядок. Отец Паисий вынес на монастырский двор весь мусор, потом сам грузил его на мулов, увозил подальше от монастыря и там выбрасывал. Наведение порядка на складах заняло несколько недель. Однако он отказывался от того, чтобы ему помогали рабочие — тогда монастырь должен был бы платить за это лишние деньги.

Похожая ситуация была и в первый день Великого поста 1958 года. К монастырской пристани прибыл катер, который привёз для обители оливковое масло. Катер ждали двумя неделями позже, но прибыл он в Чистый понедельник. В те дни навалило много снега, но отец Паисий предпочёл в одиночку разгрузить катер и привезти в монастырь четыре с половиной тонны масла. С восемью мулами он четыре раза спускался к монастырской пристани и поднимался в монастырь[1]. В монастыре он сам разгружал с мулов ёмкости с маслом и на тележке отвозил их в келарню, где тоже в одиночку переливал масло в огромные глиняные сосуды. В келью к себе в тот день он пришёл уже поздним-поздним вечером. Конечно, отец Паисий мог бы попросить о помощи кого-то из братии, и нет сомнений, что ему бы охотно помогли. Но он не хотел в священный первый день Великого поста отвлекать братию от молитв и духовных занятий. Он радовался оттого, что устаёт он один, а вся братия молится, потому что ещё с детства распробовал радостный вкус жертвы.

Как келарь он был очень тихим и спокойным, от него веяло добротой. Отцов он всегда встречал улыбкой и предупредительными вопросами: «Что тебе дать? Может, что-то ещё нужно? А хочешь, я передам что-нибудь и для твоего старца?»

---

[1] Крайне утомительный подъём от пристани к Филофею занимает часа полтора-два.

Он выдавал братии продукты настолько аккуратно и благородно, что могло показаться, будто он раздаёт им антидор. Когда отец Паисий был в келье и братья приходили к нему с просьбами, он оставлял все дела, немедленно спускался в келарню и давал им, что они просили. «Ну наконец-то! Нашли мы человека, которого ждало это место!» — не могли нарадоваться соборные старцы. А миряне говорили: «Да, новый келарь — человек очень хороший и сострадательный».

Милостыня духовная и материальная

С особой добротой отец Паисий относился к тем несчастным, которые каждый день приходили в монастырь и просили милостыни. Он отдавал им всё что мог, даже свои деньги[1] и продукты, которые предназначались для него самого. Но и при этом у него обливалось сердце кровью оттого, что больше он дать им ничего не может. Однако эта печаль, соединяясь с молитвой, становилась самой большой милостыней, которую он мог оказать людям, потому что отец Паисий давал людям в милостыню ту самую кровь, которой обливалось его болевшее за них сердце[2].

В то время с отцом Паисием произошли некоторые события, давшие ему возможность на собственном опыте пережить ту заботу, которой Бог окружает милостивого человека. Однажды отец Паисий потерял будильник. Его послали по монастырским делам в Салоники, и там он купил себе новый. Потом он посетил в Салониках одну семью из Фарас. Там одна из дочерей хозяина сказала, что собирается уйти в монастырь, и отец Паисий подарил ей только что купленный будильник, сказав: «Вот, возьми, в монастыре пригодится». Возвращаясь на Святую Гору, в городке Иериссос он встретил епископа из Сербии[3] с группой из восьмидесяти

---

[1] Деньги отец Паисий получал в качестве вознаграждения за свои послушания, как и все монахи в идиоритмических монастырях.
[2] См. *Старец Паисий Святогорец*. Письма. С. 110.
[3] Этим епископом был будущий Патриарх Сербии Павел (1990–2009). — *Прим. греч. изд.*

паломников — священнослужителей и мирян. Они ждали корабля в сербский монастырь Хиландар. «Люди приехали к нам из чужой страны, — подумал отец Паисий. — Надо их чем-нибудь угостить». В одном кафе он заказал для всей группы какие-то сладости и оплатил счёт. Денег у него осталось в обрез на автобус от Иериссоса до Уранóполя[1] и на корабль от Уранополя до Дафни. Заплатить погонщику мулов, который отвёз бы его в Филофей, было уже нечем — надо было идти пешком, через перевал, около четырёх часов, а у отца Паисия было с собой много вещей, которые он купил для монастыря. Когда корабль пристал в Дафни, отец Паисий увидел там антипросопа монастыря Филофей, который замахал ему рукой и закричал: «Отец Паисий! Беги скорей, пока наш монастырский погонщик с мулами не ушёл. Он меня к кораблю привёз. А то как ты столько вещей на спине потащишь?» Вместе с погонщиком отец Паисий на мулах доехал до Филофея, там его встретил один брат и сказал: «А я твой будильник нашёл!» Всё это привело отца Паисия в сильное умиление. «Ты только погляди! — сказал он. — Я ведь и думать забыл и о будильнике, и о том, как понесу в такую даль столько вещей. Но как Бог всё устроил!»

В другой раз, когда отец Паисий опять был в Салониках, к нему подошла цыганка. Она начала говорить, что её муж болен, и просила у него денег для своих детей. Отцу Паисию стало её жалко и он отдал ей 500 драхм, которые у него были с собой. «Прости меня, — сказал он, — сейчас больше нет. Но запиши мой адрес. Если хочешь, напиши мне о здоровье своего мужа. А я постараюсь прислать тебе со Святой Горы больше». Его большая любовь, проявившая себя в заботе и неравнодушии к сочеловеку, изменила сердце цыганки. Прошло немного времени, и она прислала отцу Паисию письмо, в которое было вложено 500 драхм и записка: «Спасибо тебе за твою доброту. Возвращаю 500 драхм, которые ты мне дал в Салониках». Отец Паисий весь стал воплощением доброты. Ведь аскетические подвиги, которые он совершал, не были

---

[1] *Уранóполь* — городок на полуострове Халкидики (Греция), откуда паломники морем отправляются на Афон.

сухими и формальными. Это была любочестная борьба, совершаемая ради того, чтобы очистить сердце… и, очистив, принести его Богу и Божию образу — человеку.

В монастыре отец Паисий избегал лишнего общения и многословия. Но при этом он всегда был готов прийти на помощь тому, кто в этом нуждался. Многие отцы в Филофее были стариками и, так или иначе, нуждались в помощи. И вот, когда отец Паисий выдавал муку пекарю, он всегда предлагал ему помощь в замесе теста и выпечке хлебов. Больному архондаричному он помогал стирать простыни. Часто приходил он и к старцу Спиридону, который был теперь прикован к кровати и, слыша, как кто-то из братьев идёт мимо по коридору, звал: «Брат, зайди, пожалуйста, ко мне! Протяни за меня чётки-другие!» Но большинство братии избегало заходить в его келью. Отец же Паисий приходил к старцу Спиридону часто и, с готовностью выполняя его просьбу, «тянул за него» чётки, и другие, и третьи. Летом он носил некоторым отцам холодную воду из источника, который находился за монастырём. А зимой он носил в кельи отцов дрова, хотя сам в келье никогда печку не топил — даже если был болен.

Часто отец Паисий ходил и в соседний монастырь Каракал. Там он помогал в архондарике одному послушнику, человеку очень простому и не имевшему даже элементарных представлений о монашеской жизни. Они вместе делали тяжёлую работу. Отец Паисий постоянно повторял послушнику: «Терпи. Терпи. Терпи». Также он советовал ему никогда не оставлять своё монашеское правило, оказывать послушание всей братии и исповедовать помыслы игумену. «Если у тебя совсем нет сил выполнять послушание, — говорил отец Паисий, — пойди к игумену и скажи: „Благословите, геронда, простите, мне очень тяжело". Если сделаешь что-то не так или что-то испортишь, скажи: „Благословите, геронда, простите, я испортил то-то и то-то"». Эти практические советы очень помогли послушнику утвердиться и совершать борьбу в общежительном монастыре.

Итак, отец Паисий, хотя сам был ещё молодым монахом, мог уже давать советы другим. Те несколько лет, которые он провёл в монашестве, были исполнены духовных подвигов и борьбы. В свою очередь, эти подвиги и борьба под наблюдением опытных отцов обогатили отца Паисия духовным опытом, таким, что он мог уже говорить «в разуме старца». И в то время как сам он таял, подобно свече, от чрезмерной аскезы, советы его всегда были взвешены на весах рассуждения.

Как-то один юноша сказал ему:

— Отец Паисий, я хочу стать монахом, но думаю, что мне это будет не по силам, потому что я привык много есть и много спать.

— Подвизайся по силам, — ответил ему отец Паисий. — Больше твоих сил никто с тебя не спросит. В соответствии с силами монаха, его старец определяет, как ему поститься, какие совершать келейные бдения, сколько молиться. Если ты будешь пытаться делать то, что превосходит твои силы, то станешь ещё и посмешищем. Однако если начнёшь с малого — с того, что тебе по силам, то Бог тебе поможет: силы твои будут увеличиваться и твой личный подвиг будет становиться сильнее и жёстче. Например, если на первом келейном бдении ты выдержишь всего два часа, то на втором — уже два с половиной, а на третьем — и целых три».

Помимо духовной помощи, которую отец Паисий оказывал другим своими советами, он помогал людям молитвой. Как любочестный сын он просил помощи у своего Небесного Отца. Часто, молясь ночью в своей келье, он понимал, что в эти самые минуты кто-то из опоздавших паломников стоит голодный перед закрытыми воротами монастыря. В таких случаях отец Паисий спускал на верёвке корзинку с едой, чтобы можно было хотя бы немного подкрепиться. Но однажды ночью к монастырю пришёл один несчастный, который был одержим бесом. Услышав, как этот человек кричит и бьётся о ворота, отец Паисий спустил ему на верёвке еду, однако тот продолжал кричать и биться — всю ночь напролёт. Слыша его крики из своей кельи, отец Паисий с болью молился о нём так: «Боже мой, кроме этой несчастной корзинки с едой, я ему ничем помочь не могу. Я недостоин просить Тебя о том, чтобы Ты помог Своему созданию. Но как же не скорбеть, что из-за меня так мучается человек?» Говоря всё это, отец Паисий верил, что если бы сам он был истинным человеком Божиим, то и Бог совершил бы Своё чудо, как говорит об этом святой авва Исаак: «Если, во смирении прося с непрестанным желанием, покоримся Богу в терпении, то всё примем о Христе Иисусе Господе нашем»[1]. Но ведь именно так и произошло! Утром монастырские ворота открыли, и этот человек вошёл в обитель уже освобождённым от власти нечистого духа. Он поклонился иконам в храме и прославил Бога за совершившееся над ним чудо. Это событие укрепило веру отца Паисия и ещё сильнее разожгло в нём желание бо́льших духовных подвигов.

«Ты пойдёшь в монастырь Сто́мион»

Живя в Филофее, отец Паисий регулярно спускался на пристань Иверского монастыря[2] и иногда заходил в саму обитель, чтобы поклониться чудотворной иконе Пресвятой Богородицы «Вратарница». Каждый раз, прикладываясь ко святой иконе, он просил Пречистую Деву исполнить его желание и привести его в пустыню. И каждый раз у него было ощущение, что Матерь Божия с иконы смотрит на него строго и неодобрительно, словно делая ему выговор.

Однажды, Великим постом 1958 года, сидя на камне возле пристани Ивирона, он снова просил со слезами: «Христе мой, приведи стопы мои в какое-нибудь пустынное место! Пусть я окажусь хоть на каком-нибудь необитаемом безлюдном островке — один, без отвлечений на хлопоты и заботы». В это время на лодке проплывал мимо пристани один мирянин. Остановив лодку, он заговорил с отцом Паисием. Во время разговора этот человек рассказал, что знает один необитаемый островок, где даже есть небольшой источник с водой. Услышав об этом, отец Паисий настолько воодушевился, что начал горячо просить: «Отвези меня туда, пожалуйста! Толь-

---

[1] *Исаак Сирин, прп.* Слова подвижнические. Слово 37. Свято-Троицкая Сергиева Лавра, 2008. С. 200.
[2] Монастырь Филофей использовал для перевозки грузов не только собственную пристань, но и пристань Иверского монастыря. — *Прим. греч. изд.*

ко денег, чтобы тебе заплатить, у меня нет. Хочешь, возьми в плату мои столярные инструменты?» Они договорились, что лодочник будет ждать его на этом самом месте в определённый день и час, после Пасхи. Когда этот день наступил, отец Паисий спустился на пристань, но никто за ним не приплыл. Так он без толку и прождал до самого вечера. В печали он вернулся в монастырь. Позже преподобный старец говорил: «Это был Промысл Божий, что мне не удалось уплыть на необитаемый остров. Я был ещё неопытен и сильно бы там повредился. Бесы на этом острове стёрли бы меня в порошок».

Затем отец Паисий хотел стать послушником старца Петра Катунакского. Несмотря на то что соборные старцы Филофея наотрез отказались дать ему такое благословение, отец Паисий всё-таки написал старцу Петру письмо с просьбой взять его в послушники. Однажды, вернувшись в монастырь с каких-то работ, отец Паисий увидел старца Петра. Тот сидел у монастырских ворот уже четыре часа и ждал отца Паисия. Отец Паисий отвёл старца в свою келью и хотел его накормить, но тот попросил только кружку кипятка, в которую бросил две веточки железни́цы[1]. Когда отец Паисий ещё раз предложил старцу поесть, тот ответил: «Прости меня, отец Паисий, но я 12 июня, на преподобного Петра Афонского, хочу причаститься и сейчас пощусь, чтобы получше подготовиться; а пришёл, чтобы с тобой попрощаться — я скоро умру. Поэтому и послушником тебя взять не смогу. Прости меня, но против смерти разве что попишешь?» Отец Паисий удивился: выглядел старец Пётр здоровым, и разговоры о близкой смерти сначала показались ему надуманными. Но побеседовав со старцем часа два с половиной, он начал верить его словам о скорой кончине. И действительно, старец Пётр почил о Господе 12 июня 1958 года. Тогда отец Паисий понял, что категорический отказ старцев обители отпустить его в послушники к старцу Петру был от Самого Бога.

В том же месяце отец Паисий настолько переутомился, что его освободили от послушания келаря и назначили чтецом.

---

[1] Часто в Греции в качестве чая заваривают цветы и листья железницы. Такой настой греки называют «горный чай».

Он читал полунощницу и часы в храме. Естественно, вся братия переживала за его здоровье. «Отец Паисий — добродетельный монах, — говорил старец Савва. — Его воздержание необыкновенно. Но если так продолжится, он серьёзно заболеет». А обращаясь к самому отцу Паисию, старец Савва говорил: «Отец Паисий, воздержание — это очень хорошо. Но ты уж будь к себе повнимательней. В монастыре ведь нужны не только воздержники, но и труженики. Такую аскезу, какая у тебя, совершали пустынники, которые отвечали за одних лишь себя и не несли ответственности за других». Но как раз к пустыне и готовил себя отец Паисий.

После кончины старца Петра отец Паисий попросился в послушники к старцу Варлааму, который подвизался в пределах Великой Лавры, в местности, называемой Вигла. Но у отца Варлаама уже был послушник, и второго он брать не хотел. Старец Варлаам посоветовал отцу Паисию найти старца-келиота, у которого нет послушника, и жить с таким старцем безмолвной жизнью, ни на что не отвлекаясь. После этого отец Паисий начал обсуждать с одним братом из Филофея возможность уйти вдвоём на келью в Катунаках. Однако от этого желания их отвратил одинаковый сон, который они увидели одновременно. Им приснилось, что они бегут по крыше одного из братских корпусов и уже собираются спрыгнуть с крыши наружу обители, как вдруг появляется Жена в чёрных одеждах, которая ухватывает их за рясы и говорит: «Там пропасть — разобьётесь». Отец Паисий и второй брат одновременно проснулись, побежали искать друг друга и встретились в монастырском коридоре. Рассказав друг другу о сновидении, они убедились, что приснилось им одно и то же. Дождавшись, когда начнут звонить к службе, они вдвоём пришли к духовнику, отцу Анфиму, который выслушав их, сказал: «Это была Матерь Божия. Она не разрешает вам уходить из монастыря, потому что к жизни в пустыне вы ещё не готовы».

А ещё через несколько дней произошло вот что. Закончив вечером обычное келейное бдение, отец Паисий около одиннадцати лёг на койку и задремал. В половине второго ночи начали стучать в било на братское правило. Отец Паисий хотел подняться, но какая-то невидимая сила не давала ему встать. Он мог думать, мог молиться, но шевельнуть даже пальцем у него не было сил. Так, будучи не в силах пошевелиться, он пролежал на койке до самого полудня. Лёжа, он как в кино видел перед собой Катунаки, а с другой стороны — монастырь Стомион в Конице. С сильным желанием он устремился душой к Катунакам — и вдруг услышал ясный голос: «Ты пойдёшь не на Катунаки, а в монастырь Стомион». Это был голос Пресвятой Богородицы. «Матушка моя, Пресвятая, — с болью ответил отец Паисий, — я просил у Тебя пустыни, а Ты посылаешь меня в мир?» И тот же самый голос ответил ему, но уже более строго: «Поедешь в Стомион! Найдёшь там одну женщину. Её зовут Екатерина Ру́сси. Она тебе очень поможет». Екатерина Русси была благоговейной женщиной и матерью мэра Коницы. Она к тому времени нашла деньги на то, чтобы восстановить в полуразрушенном монастыре Стомион хотя бы пару келий. Когда видение окончилось, отец Паисий тут же освободился от невидимых пут, а сердце его переполнилось радостью Божественной благодати. Он поспешил к отцу Анфиму и всё рассказал. «Это воля Божия, — сказал отец Анфим. — Но ты никому об этом не рассказывай. Скажи соборным старцам, что по состоянию здоровья тебе надо уехать со Святой Горы, и поезжай в Стомион». То же самое посоветовал отцу Паисию и старец Кирилл из Кутлумушского скита.

Перед тем как выехать с Афона, отец Паисий зашёл в Иверский монастырь, чтобы приложиться к чудотворной «Вратарнице». На этот раз Пресвятая Богородица глядела на него не строго, а с любовью и нежностью. Отец Паисий воспринял это как ещё одно свидетельство о том, что в Коницу он едет по воле Божией.

Позже преподобный старец скажет: «Часто мы просим у Бога одного, а получаем совсем другое. Я изо всех сил кричал: „В пустыню!.. В пустыню!.."— но препятствие следовало за препятствием. Мне рассказали о необитаемом острове — только вот никто меня туда не отвёз. Попросился в послушники к старцу Петру — но монастырь ответил: „Нет", а сам старец: „Давай попрощаемся, я буду умирать". Рассказали об одном исихасте — но оказалось, что кто-то успел к нему в послушники раньше меня, а второго он не брал. И в конце концов Бог „швырнул" меня в мир — в Коницу. А из Коницы, сам даже не знаю как, я оказался в Синайской пустыне».

Монастырь Стомион

В священной обители Стомион

ГЛАВА VII

Прибытие в монастырь

Следуя повелению Пресвятой Богородицы и взяв благословение у местного архиерея, в июле 1958 года отец Паисий прибыл в священную обитель Стомион. Монастырь этот расположен в двух часах пешего пути от Коницы. В те годы к обители вёл только один путь — узкая тропа в гору. Тропа шла вдоль берега горной реки Аос. По одну руку убегал вниз крутой и высокий обрыв, по другую — нависали неприступные скалы горного массива, известного под названием Тимфи. В конце подъёма тропа выводила на ровную скалистую площадку, нависающую над рекой, словно палуба огромного, тяжёлого корабля. Эта площадка выступает из скалы следующей горы и называется Катафили. На ней-то и стоит монастырь. Вершины, нависающие с двух противоположных сторон над монастырём и ущельем, образуют узкую жерловину; вся местность вокруг обители называется Стомио[1].

Изначально монастырь Стомион располагался на противоположной стороне ущелья, в труднодоступном месте, которое сейчас называется Палеомонастиро[2]. Но, по преданию, Сама Пресвятая Богородица указала новое место для строительства Своей обители: Её образ вместе с лампадой сверхъестественным образом перенёсся на то самое место, где находится сейчас умилительный храм в Её честь. Поэтому отцы, жившие тогда в монастыре, решили построить новый монастырь в Стомио. Возведение обители на новом месте началось 12 июля 1774 года. Спустя 170 лет, в августе 1944 года, немецкие оккупанты подожгли обитель, находившуюся

---

[1] Стомио (греч. στόμιο) можно перевести как «устье» или «жерловина».
[2] То есть «старый монастырь».

тогда в запустении. Хотя вся обитель была уничтожена огнём, монастырский храмик, посвящённый Рождеству Пресвятой Богородицы, чудесным образом остался цел и невредим.

Тот факт, что, весь монастырь сгорел, а храм уцелел от огня, изумил жителей Коницы. Поэтому и отец Паисий, когда через пять лет после этого чуда подвергся опасности на войне и взмолился о помощи ко Пресвятой Богородице[1], дал Ей обет: если останется в живых, работать три года и восстановить Её разрушенный монастырь. Потом, став монахом и сгорая в пламени аскетических подвигов, он думал, что, поскольку он посвятил Богу всего себя, данный обет можно не выполнять. Однако, когда пришло время и Сама Владычица напомнила ему об этом, он поехал в Стомион — восстанавливать его из руин.

Когда он добрался до монастыря, то увидел в центре полуобвалившуюся маленькую церковь, а напротив неё — то, что осталось от сгоревших братских келий. Справа и слева от них были новые постройки: четыре келии и большая кухня. Работы были ещё не закончены: в новых помещениях отсутствовали полы и потолки. Деньги на эти постройки дали Екатерина Русси и благоговейный житель Коницы Димитрий Дукас. Монастырский двор был завален обломками кирпичей, камнями, горелыми брёвнами и досками, другим строительным мусором.

Первую ночь отец Паисий провёл, делая поклоны на монастырском дворе. На следующий день он смастерил себе аскетическое жилище: расчистил угол двора и застелил его несколькими полусгнившими досками. В окрестностях монастыря он нашёл несколько более-менее прямых сучьев, оставленных за ненадобностью лесорубами. Сделав из них подпорки, он положил сверху ржавый кусок листового железа — вместо крыши. Так получился треугольный сарайчик, настолько низкий, что войти в него можно было лишь полусогнувшись, и настолько маленький, что вытянуться под его крышей, даже поджав ноги, было невозможно. Спал в нём

---

[1] В 1949 году, в сражении при Криаци, см. стр. 82–83 настоящего издания.

отец Паисий так: влезал внутрь, садился на доски и дремал, немного опёршись на локоть.

Коницкие жители, услышав о том, что в Стомионе поселился отец Паисий, стали приходить в монастырь. Они удивлялись, как Калу́гер[1] (так в Конице стали называть отца Паисия) может жить в таких условиях.

— Отец, почему ты спишь в такой конуре? — допытывались у него.

— А не в конуре совсем разосплюсь, — отвечал отец Паисий. — Кто ж тогда будет на молитву вставать?

— Да, но как ты можешь жить в таких условиях?

— Человек должен сам себя чего-то лишать, — отвечал преподобный. — Если у него есть вот это, он начинает хотеть ещё и вон того. А получив вон то, жаждет ещё и ещё, того и сего. Если самому себя не ограничивать, то конца и краю этим «ещё и ещё» не будет.

В первые дни жизни отца Паисия в Стомионе его посетил его друг детства, отец Павел (Зисакис). Отец Павел не мог представить, как можно восстановить монастырь после такой разрухи. Он поделился сомнениями с отцом Паисием, и тот ответил:

— Когда Кана́рис[2] попросил у иностранных банков и правительств займ для Греции, ему сказали: «Да у тебя и Родины-то нет никакой!..» — на что Канарис ответил: «Родину мы отвоюем». Если у человека мирского была такая вера, то какие оправдания для нас, монахов, не доверять Богу? Раз Матерь Божия привела меня сюда, то разве может Она не позаботиться и о том, чтобы найти силы и средства на восстановление Её обители?»

---

[1] *Калу́гер* (от греч. καλόγερος, букв. «добрый старец») — просторечный синоним слова «монах», употреблявшийся на Руси в давние времена, а в Греции бытующий и поныне.

[2] Кана́рис Константин (ок. 1795–1877) — национальный герой Эллады, легендарный моряк, бесстрашный борец против турок в годы войны за независимость Греции от Османской империи (1821–1830). Впоследствии адмирал, министр военно-морского флота, премьер-министр Греции.

В «Краткой хронике монастыря Стомион»[1], написанной самим преподобным, он говорит: «Малый сей монастырёк или, сказать вернее, садик Пресвятой Богородицы, многие годы был без сторожа. Посему Пресвятая Дева и принесла сюда со Святой Афонской горы меня — пугало, в монасех наипоследнего Паисия, дабы пугалом, сиречь мною, малый сад сей и был охраняем. Ибо часто, когда не хватает настоящих сторожей, взамен их пугала охраняют сады».

Однако никто и никогда не сможет уже доподлинно узнать, сколь великие подвиги и многие труды подъял преподобный Паисий здесь, на окружённом вершинами и пропастями горном плато Катафили. Неведомыми останутся и его ежедневные изнурительные труды по восстановлению монастыря, и неусыпная забота о коницких жителях, и «непрестанное понуждение естества»[2] с бескомпромиссной аскезой, и постоянное злострадание, а также абсолютное уклонение от мира, хотя жил он в эти годы всего в нескольких километрах от родителей и отеческого дома. Кто исчислит и оценит совсем уже нежданные гонения на преподобного со стороны некоторых служителей Церкви и его колоссальную выдержку в страшных нападениях диавола, который, будь его воля, просто взял бы да и размазал преподобного по скалам ущелья? Всё это может ведать, исчислить и оценить Один только Всевидящий Бог. Однако даже по тем немногим ставшим известными фактам и свидетельствам можно ясно понять, что, живя в одиночестве на протяжении четырёх лет в священной обители Стомион и Единого Бога имея своим покровом, преподобный Паисий был жёстко искушаем людьми и бесами, но обильно облагодатствован Божественной милостью.

Престольный праздник Рождества Пресвятой Богородицы

Первое событие, о котором задумался отец Паисий, поселившись в монастыре, — это предстоявший менее чем через

---

[1] См. *Διονύσιος Τάτσις, πρεσβ.* Ἡ Ἱερὰ Μονὴ Στομίου Κονίτσης καὶ ὁ Γέροντας Παΐσιος. Κόνιτσα, 2008. Σελ. 102. — *Прим. греч. изд.*

[2] См. Лествица. Слово 1, п. 4.

полтора месяца престольный праздник Рождества Пресвятой Богородицы[1]. В этот день у коницких жителей был обычай подниматься к монастырю и устраивать народное гулянье и пир внутри монастырских стен, прямо перед входом в храм. Желая прекратить дурной обычай, отец Паисий весь август потратил на то, чтобы подготовить пригодное место для народных гуляний вне монастырских стен. Он вычистил и аккуратно огородил деревянным заборчиком место за монастырскими воротами, поставил там много лавочек и столиков, которые сделал своими руками. Кроме того, он расчистил ведущую к монастырю тропу от заваливших её в некоторых местах камней и починил два деревянных моста, по которым надо было пройти при подъёме в Стомион: мостик в Белом ущелье — над ручьём, чуть пониже монастыря, и ещё один мост, находившийся в очень опасном месте, над глубокой пропастью. Целыми днями он очень много работал, а по ночам совершал бдения в своей временной келье.

И вот накануне праздника некоторые коницкие жители поднялись в монастырь. Увидев, что отец Паисий приготовил всё не во дворе монастыря, а за его стенами, они набросились на него чуть ли не с кулаками, крича: «Да кто ты вообще такой, чтобы старинный обычай ломать?!» Отец Паисий пытался терпеливо объяснить, что обычай этот появился при турках, потому что в ту страшную эпоху православные христиане имели право на праздники только в церковной ограде. «Сейчас-то мы свободные люди, — уговаривал отец Паисий. — Ну скажите, пожалуйста, чего ради петь песни, жарить мясо, пить вино и танцевать чуть ли не на ступенях храма?» Но никто его даже не слушал. А как только он вошёл в церковь, некоторые из пришедших, притащив прямо ко входу в храм хворост и дрова, начали жечь костёр и готовить мангалы. Отец Паисий вышел из храма и кротко попросил: «Благословенные люди, не жгите здесь, пожалуйста, костёр, в церкви от дыма дышать нечем!» Но народ, не слушая его, занимался своим делом — начинал праздновать. Отец Паисий

---

[1] 8 сентября по новому стилю. В православных храмах в Греции (за исключением Афона) с 1924 года служат по новому календарному стилю.

расстроился настолько сильно, что в ту же ночь спустился в Коницу и хотел возвращаться на Святую Гору. Однако в Конице нашлись люди, которые убедили его остаться. Среди них был и мэр города.

Обретение мощей святого Арсения

Помимо выполнения обета, данного Пресвятой Богородице, отец Паисий собирался выполнить ещё один священный долг — обрести мощи отца Арсения (Хаджефенди). Будучи уверен в святости преподобного отца, он верил, что его святые мощи, 34 года скрытые в земле керкирского кладбища, должны быть явлены людям. Поэтому через месяц после престольного праздника, 10 октября 1958 года, он отправился на Керкиру. С собой у него был деревянный сундучок, сделанный им специально для того, чтобы положить туда святые мощи. Добираясь до Керкиры, отец Паисий чувствовал, как в груди его пламенеет любовь ко святому отцу Арсению, который «вместе со святыми молитвами в крещенской купели дал ему и своё имя»[1]. Прибыв на Керкиру, отец Паисий первым делом отправился к местному епископу и получил у него письменное благословение на вскрытие могилы и обретение останков. Потом он разыскал мастерскую своего фронтового друга Пантелиса Дзекоса. Пантелис тут же оставил работу и повёл отца Паисия в свой дом. Ломающимся от слёз голосом Пантелис представлял отца Паисия матери и супруге, повторяя:

— Вот он… Вот он… Другие говорили, что меня убили, а вот он меня спас.

— Вот уж не я… Вот уж не я… — отвечал отец Паисий. — Спас тебя святой Арсений, благодатью Божией.

Накрыли богатый стол. Но отец Паисий съел совсем немного варёной зелени, заправив её тремя каплями оливкового масла. Ещё он съел три маслины. Ночью он не спал, а стоял на коленях и молился. Уже на рассвете отец Паисий стал

---

[1] См. *Старец Паисий Святогорец*. Святой Арсений Каппадокийский. С. 9.

собираться на кладбище. Дождь лил как из ведра, и Пантелис сомневался, стоит ли идти в такую непогоду.

— Не бойся, — сказал ему отец Паисий. — Двести метров не пройдём, а дождь уже кончится.

Всё произошло именно так, и Пантелис не мог найти этому объяснения, потому что дожди на Керкире, раз начавшись, идут очень подолгу. Но вспомнив, как чудесным образом прекратилась стрельба ополченцев, когда Арсений от чужих окопов волок его к своим, Пантелис почувствовал священный трепет и страх.

Когда пришли на кладбище, могильщик не хотел идти раскапывать могилу в такую непогоду, хотя отец Паисий уверял его, что дождя не будет, пока не достанут мощи. Однако, увидев подписанное епископом разрешение на вскрытие, он был вынужден начать копать. А дождя и правда не было — даже солнце ненадолго появилось на небе, и пробившийся сквозь кипарисы луч осветил могилу Хаджефенди. Когда обре́тение мощей закончилось, останки были сложены в деревянный сундучок. Пригласили кладбищенского священника совершить заупокойную лити́ю. А после отпу́ста литии дождь полил так, будто сдерживался всё это время из последних сил.

— Отец Арсений совершил своё чудо, — сказал кладбищенский священник отцу Паисию.

Пантелис хотел, чтобы они возвратились в его дом, но отец Паисий рассудительно решил не ходить с извлечёнными из могилы останками в дом, а пошёл ночевать в гостиницу. Он открыл крышку сундучка, поставил его на подушку, встал на колени и, глядя на святые мощи, начал молиться. Вечером, между девятью и десятью часами, отец Паисий услышал грубый, угрожающий голос: «Это что ещё тут за мощи?» Он почувствовал, как на него наваливается какая-то сила, и увидел две чёрных грубых руки, которые схватили его за горло и начали душить. Руки сжимали горло сильнее и сильнее, и отец Паисий закричал: «Святой Арсений, помоги мне!» Тут он почувствовал, как иная, поистине атлетическая сила, разжала страшные руки на его горле и освободила его от опасности. Теперь сердце его начало биться тихо и сладко, и он продолжил молиться святому Арсению с ещё бо́льшим благоговением.

Наутро, когда в гостиницу пришёл Пантелис, он увидел отца Паисия изменившимся, преображённым. «Что-то ты сегодня красивей, чем вчера», — сказал Пантелис, и отец Паисий рассказал ему о том, что произошло ночью. Побыв на Керкире ещё два дня, отец Паисий вернулся в монастырь Стомион, привезя с собой неоценимое сокровище — святые мощи новоявленного святого, преподобного Арсения Каппадокийского.

Посещение тайных монахинь

Несколько дней спустя отец Паисий почувствовал внутренний позыв поехать в Янину. Никаких дел у него там не было. Помолившись и удостоверившись, что этот необъяснимый позыв — от Бога, отец Паисий под утро спустился в Коницу и на первом автобусе отправился в Янину. Приехав туда, он пошёл в церковную лавку и купил для монастыря несколько стеклянных стаканчиков для лампад. Потом, не зная, что ему делать дальше, зашёл в храм святой Екатерины, приложился к иконам. Выйдя из храма и не желая идти через рыночную площадь, он свернул в первый попавшийся переулок.

Проходя мимо одного дома, отец Паисий снова почувствовал, как его что-то словно подталкивает зайти внутрь. Он открыл калитку, прошёл через двор, перекрестился и постучал в дверь. Открыла женщина в чёрных одеждах. Едва увидев его, она упала на колени и со слезами радости воскликнула: «Благодарю Тебя, Иисусе мой! Благодарю Тебя, Иисусе мой!» Она впустила отца Паисия в дом и провела в одну комнатку, устроенную наподобие домового храма. Там женщина опять опустилась на колени и прочитала молебные каноны Господу Иисусу Христу и Пресвятой Богородице. Потом она пригласила отца Паисия поесть и поставила на стол тарелку с двумя варёными свёколками, а ещё немного хлеба и маслин. Было около двенадцати часов дня, но начавшаяся духовная беседа заставила забыть о еде, и пообедали они только в пять часов пополудни.

Звали эту женщину Анна Хадзи́. С детства она хотела стать монахиней, но по настоянию родителей вышла замуж. Через несколько лет после замужества супруг её заболел и умер.

Отслужив сорокоуст о упокоении его души, Анна отправилась в паломничество на Святую Землю и там тайно приняла монашеский постриг. Вернувшись в Янину, она никому об этом не сказала, и никто об этом не догадывался, даже глядя на её чёрные одежды — она носила их как вдова. Жила она очень духовно, но всегда просила Бога послать ей монаха, чтобы тот научил её правильной монашеской жизни.

Разговаривали они весьма долго. Когда отец Паисий собирался уходить, Анна сказала ему, что в одном городке неподалёку живёт ещё одна тайная монахиня, которая торгует в палатке. Отец Паисий поехал в этот городок и познакомился со второй монахиней. Когда он с ней беседовал, было видно, как на лице её сияет благодать Божия. Отец Паисий прославил Бога за то, что есть на свете такие благословенные души, и, получив духовную пользу, вернулся в Стомион.

Забота Пресвятой Богородицы о восстановлении обители

Для того чтобы начать восстановление монастыря, нужно было немало денег и строительных материалов. Но отец Паисий об этом даже не беспокоился. Сам он делал всё, что мог, а остальное с доверием оставлял на промысл Пресвятой Богородицы. Прежде всего он начал приводить в порядок Её храм: заказал новые облачения на престол и на жертвенник, купил лампады. Нужно было купить ещё и большую, красивую лампаду для проскинитария[1] Пресвятой Богородицы, но такая лампада стоила слишком дорого. Однако в тот самый день, когда отец Паисий задумался, где найти такую большую сумму, Сама Матерь Божия послала ровно столько, сколько было необходимо. Произошло это в Конице, куда отец Паисий спустился по делам. Проходя мимо одного дома, он услышал голос девушки: «Папа, папа!.. Калугер идёт!» Из дома вышел её отец и, протягивая отцу Паисию несколько

---

[1] *Проскинитарий* — аналой (часто с сенью), на который полагается икона праздника, а в будние дни — икона святого покровителя монастыря или праздника, которому посвящена обитель.

крупных банкнот, сказал: «Отче, я пообещал, что куплю Матери Божией хорошую лампаду. Возьми эти деньги и купи, пожалуйста, сам».

Нечто подобное произошло и в декабре 1958 года. В монастырь пришли два юноши, которые захотели там остаться. Отец Паисий решил разделить перегородками новое большое помещение, построенное на средства Димитрия Дукаса, и сделать из него три маленьких кельи. Денег на органит для перегородок не было, и он, решив попросить у кого-нибудь в долг, спустился в Коницу, не зная, к кому обратиться. Внезапно он почувствовал, как его что-то подталкивает постучаться в дверь одного дома. На стук вышел хозяин и, увидев на пороге отца Паисия, сказал: «Отец, вот ты-то мне и нужен». Он провёл его в дом и дал 500 драхм — ровно столько требовалось на покупку материала для перегородок.

А очень скоро Матерь Божия послала и материалы, необходимые для восстановления Её обители. На горе выше Стомиона работало много лесорубов из Коницы. Однажды отец Паисий спросил их: «Подскажите, как складнее закупить доски для монастыря?» Лесорубы тут же сами обратились в лесничество и в январе пятьдесят девятого монастырю было бесплатно выделено семнадцать кубометров древесины. Лесорубы сами распустили брёвна на доски и брус по размерам, которые дал отец Паисий, и на своих мулах привезли эти материалы прямо к монастырю. Отца Паисия в тот день переполняла радость. С огромной благодарностью он повторял лесорубам одно и то же: «Вы достойны мзды своей! Пресвятая да благословит вас и да подаст вам всё самое лучшее! Теперь материалы есть, и я могу приступить к своей плотницкой работе!»

На следующий же день он начал ремонтировать кровлю храма и делать полы, потолки, окна и двери для недостроенных помещений. Он делал и мебель: шкафы, стулья, и даже диванчики с подлокотниками, на которых могли бы отдохнуть и, в случае необходимости, поспать посетители монастыря. Когда о его мастерстве узнали в епархиальном управлении, то попросили прислать им несколько диванов, и отец Паисий, ни слова не говоря, выполнил их просьбу.

Подвижничество и служение

Целыми днями он работал, напевая что-то церковное. Рядом всегда лежала книга аввы Исаака. Несмотря на утомительный труд, отец Паисий строго хранил свой устав: пост, бдение и молитву. Пищей его был чай и немного сухарей, иногда немного фасоли. Каждую ночь он совершал бдение в храмике Пресвятой Богородицы. Звуки его умилительного, сердечного пения и множества поклонов вырывались за стены обители и нарушали царствующую в этих глухих местах абсолютную тишину. На сон он отводил не больше двух часов, да и то не подряд. Он спал один час до полуночи, потом просыпался, читал полунощницу и продолжал своё богослужение молитвой по чёткам. Потом опять немного отдыхал, а в три часа ночи опять поднимался и совершал утреню и часы.

Требования богослужебного устава отец Паисий выполнял бескомпромиссно. Когда наступало время вечерни, он тут же оставлял любую работу, надевал рясу и наметку, брал би́ло и обходил храм, «зна́менуя на три стати́и»[1]. В перерывах между статиями отец Паисий, избегая разговоров с мирянами, стоял возле одного из углов храма и шёпотом читал Акафист Пресвятой Богородице. Отбив последнюю статию, он входил в храм и начинал службу. Пел он очень умилительно и сердечно, точно выдерживая интонирование и ритм песнопений. Голос отца Паисия был очень нежным и приятным. Коницкие жители говорили: «Ах, до чего же сладко поёт Калугер! Прямо с самих небес голосок его сходит!» В конце вечерни он пел один канон из Феотокария, а если видел, что пришло много народу, и понимал, что его будут отвлекать

---

[1] Би́ло (греч. τάλαντο) — изготовленная из звонких пород дерева доска особой формы, в которую бьют деревянным молоточком перед началом богослужения, выбивая в характерный ритм. Монах бьёт в било, обходя при этом вокруг храма, в котором будет совершаться богослужение. Бой в било обычно совершается тремя или четырьмя отрывками (статия́ми), с нарастанием темпа и громкости звука; между статиями бывают трёх-пятиминутные перерывы.

Преподобный Паисий во дворе монастыря Стомион

разговорами, пел ещё и второй канон. Потом он какое-то время сидел с людьми и уходил к себе в келью.

С самого начала монашеской жизни отец Паисий искал безмолвия, ведь безмолвие — необходимая предпосылка для тонкого духовного делания и чистого общения с Богом. Когда он был келарем в монастыре Филофей, то предпочитал в одиночку делать все работы, чтобы не отвлекаться на общение с человеком — пусть это и был бы всего один помощник. Но сейчас, в Стомионе, он очутился прямо посреди мира. Дня не проходило, чтобы в монастырь не поднимались посетители и паломники. И с каждым днём их становилось всё больше и больше. Отец Паисий принимал всех с заботливой любовью. От монастыря был виден мостик над Белым ущельем, на тропе внизу. Отец Паисий мог заранее посчитать, сколько человек идёт к монастырю, и когда они поднимались, у него уже было готово для них угощение: кофе, чай и лукум.

А часто он знал, сколько придёт народу, видя поднимающихся не глазами, а благодатным даром прозорливости. «Сегодня надо готовить обед на десять человек», — говорил он тем, кто был рядом. И действительно, через какое-то время приходило ровно десять паломников. Иногда приходившие были с ним ранее не знакомы, но он обращался к ним по имени, сам начинал говорить о том, что с ними происходит, или рассказывал о вещах, знать которые могли только они сами и никто другой. Так, однажды он преподал урок одной женщине, которая, собираясь идти в Стомион, нарвала смокв из своего сада, а потом решила добавить и несколько плодов со смоковницы соседа. Плоды были одинаковыми на вид, но преподобный их разделил на две кучки. «Честный» инжир он положил на один край стола, а «нечестный» — на другой и, показав на эту кучку женщине, строго сказал: «Забирай! Я такое не ем!»

Часто в монастыре собиралось человек по сто, от мала до велика. В ночь с субботы на воскресенье в монастыре обычно ночевало несколько групп паломников и кто-то из приходских священников Коницы. Священник совершал в воскресенье Божественную Литургию. Отец Паисий делал всё возможное, чтобы гостям обители было комфортно и радостно. Он готовил обед, приносил достаточно для всех воды с источника, который находится в двухстах метрах от монастыря, накрывал столы. Перед трапезой он молился вместе со всеми, но за стол никогда не садился. Заглядывая в трапезную, он следил, всем ли всего хватает, а после благодарственной молитвы собирал и мыл за всеми тарелки.

Некоторые коницкие женщины присылали ему вкусные постные блюда, но отец Паисий угощал ими тех самых людей, что их принесли, сам ни к чему даже не притрагиваясь. Коницкие жители с восхищением рассказывали друг другу: «У Калугера принцип сам знаешь какой: „Всё что есть — раздавай, а себе — не оставляй!" Нас обедать сажает, а сам порядков своих не меняет: днями, неделями голодный ходит! Чай, да книга, да молитва — вот какие его порядки. Такая уж его жизнь. Ох и тяжёлая у него жизнь!.. Ты вот хоть раз видел, чтобы он чего-нибудь съел?» Многие из тех, кто приходил в монастырь регулярно, говорили отцу Паисию: «Отец, ты бы поел чего! Помрёшь ведь. Нельзя человеку столько работать и ничего не есть». А однажды в монастырь, желая повидаться с сыном, который, уйдя в монахи, ни разу не зашёл в родительский дом, поднялся отец преподобного, старик Продром Эзнепидис. Видя, насколько сын исхудал, он сказал: «Ты поешь, сынок, поешь!.. Даст Бог, может, до весны и доживёшь!..» Но в таких случаях отец Паисий всем отвечал: «Ем, сколько могу. Больше в меня не лезет». Только одному юноше он объяснил своё воздержание так: «Монашеская жизнь — это жизнь ангельская. Поэтому сухаря с чаем достаточно».

Отец Паисий подвизался выше человеческих сил, потому что его осеняла благодать Божия, которая и давала ему превосходящую естество силу. Во всём он был очень ловким и трудился без устали, хотя почти не ел и не спал. Были дни, когда он в течение нескольких часов мог два-три раза спуститься в Коницу и подняться обратно по узкой горной тропе с 50-килограммовым грузом на плечах. Вначале один человек подарил отцу Паисию ослика. Но как-то раз на опасном повороте ослик сорвался в пропасть и разбился. Это настолько расстроило отца Паисия, что он отказывался брать другое вьючное животное и с тех пор носил всё на себе. Иногда он спускался в Коницу и поднимался обратно с такой невероятной скоростью, что посетители, отдыхавшие в монастырском дворе, видя его уже возвращающимся с каким-то грузом, не могли поверить, что это возможно.

Однажды, когда на закате в монастырь пришли три архимандрита, отец Паисий обрадовался и сказал, что сейчас «сбегает в Коницу», чтобы принести просфору и совершить наутро Божественную Литургию.

— Одна нога здесь, другая там, — сказал он отцам. — Через полчасика вернусь.

— Какие там полчасика, — засмеялись те и никуда его не пустили. — Мы сюда два с половиной часа поднимались!..

Зато знавшие отца Паисия коницкие жители говорили так: «Нет, в ходьбе Калугера никто не переходит! Он у нас в ходьбе орёл». Да что там и говорить, когда преподобный действительно был настоящим орлом — и не в ходьбе только, но наипаче в духе.

Однажды, когда кто-то спросил отца Паисия, за счёт чего он так быстро ходит, он ответил: «За счёт молитвы Иисусовой: ты её творишь, а она несёт тебя вперёд».

Восстановление монастырского храма

К началу весны 1959 года отец Паисий закончил основные плотницкие работы по восстановлению обители. Строительных материалов, чтобы приступать к восстановлению храма и сгоревших келий, не было. И снова всё необходимое дала Пресвятая Богородица. В первых числах марта в монастырь поднялся чиновник из Янины — глава областного Археологического комитета. Увидев, что пол в храме покрыт камнями, он сказал:

— Отец Паисий, я могу выписать Вам белый мрамор для храма. Только вот как его сюда доставить?

— Пусть сгрузят у Коницкого моста[1], — ответил преподобный. — Оттуда будем на мулах возить.

Через несколько дней к мосту привезли мрамор, черепицу для крыши и мешки с цементом. Отец Паисий послал жителям Нижней Коницы записку, что стройматериалы на месте и надо грузить их на мулов. Сам он для экономии времени собирался разгружать мулов уже в монастыре. Но люди, увидев, насколько тяжелы грузы и как их много, заколебались. Некоторые из них поднялись в монастырь и сказали отцу Паисию, что перегружать мулов боятся. Преподобный ответил: «Ладно» — и тут же поспешил вниз. У моста он взвалил на плечи тяжеленную мраморную плиту и, сгибаясь под её весом, начал медленно подниматься по тропе. Видя это, хозяева мулов, курившие вокруг кучи стройматериалов, забеспокоились и закричали:

— Эй, отец! Что это ты такое выдумал?

— Раз в Конице мулов пожалели, — ответил отец Паисий, — то я сам буду мулом. Две-три плиты в день притащу — и через месяц всё закончу.

Мужчины побежали в Коницу, начали обходить дома и говорить: «Всё сидите?.. А там Калугер на своём горбу мрамор в монастырь таскает!..» Конечно, людям стало стыдно. Мулов собрали несколько десятков — чуть ли не со всего города.

---

[1] Место в Конице, откуда начинается тропа, ведущая к монастырю. — *Прим. греч. изд.*

Чтобы много не ходить, нагрузили всё одним разом: и мрамор, и черепицу, и цемент — всё, что прислали из Археологического комитета. Только одну мраморную плиту все боялись грузить: она была огромной, весила 90 килограммов и могла сломаться на спине у мула. «Ну уж эту-то плиту, — сказал отец Паисий, — мы какому попало мулу не доверим. Её повезёт мул моего зятя — Василия. И Матерь Божия нам в помощь». Зять подвёл мула, и нагрузили его так: с одной стороны подвесили 90-килограммовую плиту, а с другой для равновесия — ещё 90 килограммов других грузов. Как ни в чём не бывало, мул легко поднялся до самого монастыря, даже в самом трудном и крутом месте, на так называемых «Крутых ступенях», ни разу не запнулся. Эту выдающуюся плиту преподобный поместил потом в пол алтаря, перед самым святым престолом.

Подвиги и искушения

Общение с мирскими людьми, а также «марфины заботы»[1] — так отец Паисий называл монастырскую стройку — ничуть не уменьшили его ревности к пустыннической жизни. Руки его были заняты работой, а ум — Богом, Которому он «всем духом и всем телом»[2] хотел служить *по пещерам и ущельям земли*[3]. Стремясь к безмолвию и нерассеянной молитве, преподобный постоянно искал в окрестностях монастыря разнообразные «духовные укрытия». Это могло быть дупло огромного дерева или укрытое густыми листьями углубление между корнями, или же скрытая в глубинах ущелья пещера. Некоторые из таких пещер были настолько труднодоступны, что единственными их посетителями были дикие горные козы. Но отец Паисий, сняв обувь, чтобы увереннее опираться ногами о камни, карабкался по скалам и достигал этих пещер. Одна из них была прямо под плато Катафили. Она нравилась

---

[1] Ср. Лк. 10:38-42.
[2] См. *Феолипт Филадельфийский, свт.* Оглашение в честь праздника Преображения Господа и Бога и Спасителя нашего Иисуса Христа, п. 6. // *Альфа и Омега*, № 3 (47), 2006. С. 58.
[3] Евр. 11:38.

преподобному больше других, потому что солнце, хоть раз в день и ненадолго, но всё же протягивало к ней свою тёплую руку и гладило горячими пальцами её каменные стены. В эту пещеру преподобный спускался медленно, качаясь над пропастью — по верёвке, привязанной к выступу скалы. А иногда он переходил на другой берег реки, к тому месту, где был старый монастырь, и искал «духовные укрытия» там. В таких-то укрытиях преподобный и проводил долгие часы, «един молясь Единому Богу»[1].

Часто в самых любимых из своих пещер отец Паисий совершал всенощные бдения. Да и всю свою жизнь он хотел бы провести именно так — скрываясь в глубинах земли. Однажды, поднимаясь к монастырю вместе со своим зятем, Василием Кицосом, отец Паисий показал ему на одну пещеру и сказал: «Видишь вон ту пещеру? Хочу там поселиться. Буду спускать тебе на верёвке жестянку, а ты будешь класть в неё немного сухарей и бутылку воды». Иногда, когда случался какой-то перерыв в строительстве, отец Паисий наливал воды в небольшую банку и уходил в одну из пещер на целую неделю. «Как он там может жить с одной банкой воды? — удивлялись лесорубы, которые иногда случайно видели его издалека. — Видно, Бог даёт ему силу». И действительно, преподобный Паисий имел в себе силу Божию, поскольку подвизался он не только изо всех человеческих сил, но и с огромным смирением.

Только смирением он смог устоять и против многих нападений диавола. В четверг пятой седмицы Великого поста 1959 года он пережил первое серьёзное бесовское искушение в Стомионе. Двое юношей, которые ранее поселились в монастыре, к тому времени уже ушли. Но отец Паисий продолжал жить в одной из маленьких келеек, построенных к их приходу. В тот вечер он совершал в своей келье всенощное бдение, сидя на скамеечке и творя молитву Иисусову. Вдруг прямо перед монастырскими воротами он услышал звуки флейты и

---

[1] См. *Григорий Богослов, свт.* Творения. Т. 2. Стихотворения. Письма. Завещание. Стихотворения нравственные, 10.500. М.: Сибирская благозвонница, 2007. С. 103.

народные песни — как будто начиналась какая-то пирушка. Отцу Паисию стало не по себе. Он выглянул в окно, но у монастыря не было ни души. Стояла полная тишина. Он понял, что это бесовское искушение, и начал произносить слова молитвы громче и чётче. Вдруг келья наполнилась ярким светом. Потолок раскрылся, как книга, и он увидел столп света, простирающийся к небесам, а на вершине его — лицо белокурого юноши с длинными волосами и бородой, похожего на Христа. В изумлении отец Паисий встал со скамеечки и стал вглядываться вверх, пытаясь разглядеть это лицо получше. Тут он услышал в себе голос:

— Ты удостоился увидеть Христа!

— Да кто я такой, чтобы удостоиться видеть Христа? — ответил этому голосу преподобный и осенил себя крестным знамением.

Тут же свет и лжехристос исчезли. Отец Паисий увидел, что потолок кельи на своём месте. Об этом событии он рассказал некоторым людям в Конице, те по секрету передали другим, и потом в Конице долго рассказывали: «Слыхали? В монастыре бесы ночью подняли крышу, но не смогли победить Калугера! Он их сам победил». И, конечно, победил их преподобный не голыми руками, а оружием смирения.

Но диавол не мог успокоиться. Попытавшись столкнуть душу отца Паисия в бездну гордыни и потерпев неудачу, он решил покончить с ним по-другому — сбросить в пропасть и убить его тело. Когда наступил Великий Четверг, преподобный собирался совершить всенощное бдение в одной пещере, расположенной высоко среди скал над ущельем. Пещерка эта была настолько маленькой, что он еле помещался в ней даже сидя. На всякий случай, чтобы не свалиться в пропасть, отец Паисий положил к открытому краю пещеры несколько камней — как бортик. Всю ночь он творил молитву Иисусову. Когда начало светать, он вдруг услышал прямо у себя над ухом неестественно громкий петушиный крик и хлопанье крыльев. Это было настолько неожиданно, что он резко дёрнулся и чуть не сорвался в пропасть. «Господи Иисусе Христе!..» — вскрикнул он и одновременно понял, что крик этот — не что иное, как диавольское искушение. Дожидаясь, пока наступит ясное утро и можно будет спуститься и вернуться в монастырь, он изо всех сил творил молитву. В ушах у него гудело от диавольского кукареканья. В эту пещеру он больше никогда не ходил.

А в другую ночь он совершал бдение в церкви. В полночь он услышал, как кто-то звякает металлической защёлкой храмовой двери. Поняв, что это очередное искушение диавола, который хочет оторвать его от молитвы и заставить пойти посмотреть, что там такое, преподобный пошёл не ко входу, а в алтарь, где опустился на колени перед Распятием. Там в молитве он пробыл до самого утра.

Если бы умела говорить ведущая из монастыря в Коницу тропа, то и она бы присоединила свои удивительные рассказы к свидетельствам о подвигах преподобного Паисия и пережитых им искушениях. Однажды преподобный поднимался в монастырь, держа в руках чётки. Вдруг бесы выхватили их у него из рук. Преподобный опустился на колени прямо посреди тропы и сказал: «Буду стоять здесь на коленях и молиться, пока вы мне их не вернёте», — и они были вынуждены вернуть преподобному чётки обратно.

Покров Божий

На этой опасной тропе Бог сохранял преподобного не раз и не два, а очень часто. Однажды ночью, когда он спускался в Коницу, у него погас фонарь. Тьма была кромешной. Преподобный медленно пошёл дальше, нащупывая ногой тропу перед собой. Вдруг некое небесное сияние осветило всё вокруг, и он увидел, что тропа повернула, а он стоит на самом краю пропасти. Так Бог в очередной раз спас отца Паисия.

В другой раз вечером он возвращался из Коницы в монастырь. С собой у него была небольшая монашеская сумка, в которой лежали монастырский ковчежец со святыми мощами и кружка для пожертвований. На подъёме «Крутые ступени» ремень сумки зацепился за сук и оборвался. Ковчежец, ударяясь о камни и переворачиваясь, полетел в пропасть. Сердце отца Паисия сжалось, в глазах помутилось. Не думая об опасности, он прыгнул с обрыва и, ударяясь о камни спиной и другими частями тела, съехал на самое дно ущелья, к реке. Ковчежец он увидел на камне, у самой воды, словно кто-то его туда аккуратно поставил. На нём не было ни царапины. Неподалёку лежало то, что осталось от кружки с монетами. Подняв голову вверх, отец Паисий увидел нависающие над головой обрывистые скалы и не мог поверить, что ему удалось с них спуститься живым. С большим трудом он долго шёл вдоль реки, пока не нашёл место, где можно было хоть как-то подняться к тропе. Место, куда упал ковчег, преподобный показывал потом многим в Конице, говоря: «Посмотри, здесь Пресвятая Богородица спасла святые мощи!»

А был ещё и вот какой случай. Спускаясь в Коницу, отец Паисий встретил на тропе дядю Анастасия — погонщика мулов, зарабатывавшего перевозкой грузов. Тяжёлая поклажа на одном из мулов перекосилась на одну сторону, и животное отчаянно удерживалось копытами, чтобы не сползти в пропасть. У отца Паисия было в Конице срочное дело, он очень торопился. Но, остановившись, он помог дяде Анастасию вытащить мула на безопасное место, развьючить и опять навьючить животное. «Бог тебя послал, отец», — сказал ему благодарный погонщик. Отец Паисий поспешил дальше, но за поворотом уткнулся в кучу заваливших тропу камней: только что сошёл огромный камнепад, заваливший тропу метров на триста. Отец Паисий понял, что если бы он не остановился помочь с мулами, то оказался бы на этом месте прямо во время камнепада. «Дядя Анастасий, ты меня спас. Бог тебя послал», — сказал преподобный и, прославляя Бога, продолжил путь, пробираясь между обломков скал.

А однажды, когда выпало много снега, отец Паисий тоже спускался в Коницу и в одном месте, где тропа сильно сужается, нос к носу столкнулся с большим медведем. Медведь растерялся, остановился и стал внимательно рассматривать преподобного. Отец Паисий, насколько было возможно, прижался спиной к скале и, глядя медведю в глаза, сказал: «Проходи». Дикое животное, поняв, что перед ним человек Божий, прошло мимо, коснувшись его своим мягким меховым боком, и скрылось в лесу.

Борьба с сектантами

Преподобный Паисий был неусыпным стражем не только монастыря — «садика Панагии[1]», — он духовно охранял и всю Коницу. Поэтому он не мог не переживать о духовной опасности, которой подвергались коницкие жители от сектантского «осиного гнезда», возникшего в городе. За два года с момента появления в городе секты её основатель успел уже построить в Конице молитвенный дом, напротив которого установил мраморную плиту с надписью «Евангельская Церковь». Там проходили сектантские собрания, и надо сказать, что приходило на них немало народу. Одни шли от любопытства, другие — потому что сектанты давали приходившим какую-то денежную помощь; впрочем, суммы эти были унизительными подачками даже для последних из бедняков. И тем не менее около восьмидесяти семей попались или вот-вот готовы были попасть в сектантские сети. Возможно, спасение этих людей и было главной причиной, по которой Пресвятая Богородица послала отца Паисия в Коницу.

Вначале отец Паисий забил тревогу и обратился за помощью к церковному священноначалию, однако сочувствия и поддержки не нашёл. Тогда он решил самостоятельно принять экстренные меры, чтобы просветить простых людей и утвердить их в православной вере. Прежде всего он попросил у одного доверенного и благоразумного человека узнать, кто конкретно в Конице посещает сектантские собрания. Потом он приходил в дома этих людей и убеждал их не посещать сектантские сборища. Даже ночью он спускался в Коницу, чтобы застать перед уходом на работу кого-то из подпавших под сектантское влияние и успеть поговорить с ними. А чтобы помочь всем жителям Коницы осознать, что протестантизм — это самая настоящая ересь, отец Паисий написал текст в форме вопросов и ответов, вставил его в рамку и повесил у входа в монастырский храм. К сожалению, текст этот не сохранился,

---

[1] *Панагия* (греч. Παναγία — Всесвятая) — типичное для Греции именование Пресвятой Богородицы.

но известно, что начинался он так: «Скажи мне, отче, кто такие евангелисты? — Волки в овечьих шкурах, дитя моё».

Кроме того, отец Паисий послал двух юношей разбить мраморную плиту с надписью «Евангельская Церковь». Также он пригласил в монастырь главу всей греческой секты из города Катери́ни[1]. Тот принял приглашение, и они проговорили с отцом Паисием целую ночь. В Конице с нетерпением ждали, чем окончится эта встреча. На следующее утро люди увидели, как сектант с понурой головой садится на автобус и уезжает из Коницы. «Посбивал с него спесь наш Калугер, посбивал!.. — рассказывали друг другу люди. — Пообтряс голубчика, до самого последнего листика».

Как следует «пообтряс» преподобный Паисий и одного последователя ереси Макра́киса[2], который приехал в Коницу, чтобы заниматься прозелитизмом. Некоторые жители Коницы соблазнились, видя, как он ест в кафе мясо, а на следующий день идёт в церковь и причащается. Вдобавок этот человек приставал на улице к людям и заводил с ними такие разговоры: «Да кто они, вообще, такие, эти священники? И что такое эта Церковь? Да я вот, вообще, чувствую, что я ангел». В Конице забеспокоились и решили: «Надо на него Калугера „натравить" — уж он задаст ему перцу!» Получив известие о том, что в городе появился такой сектант, отец Паисий спустился в Коницу и нашёл этого человека. О чём они говорили, доподлинно не известно, но в тот же день сектантский учитель уехал из Коницы навсегда.

А преподобный в отправленном вскоре письме написал так: «Слава Богу, здесь мы успели остановить расползавшуюся беду. Но едва разорили осиное гнездо евангелистов, как на нашу голову свалилась новая напасть и появились „мак-

---

[1] *Катери́ни* — город в Греции, в области Центральная Македония, один из крупнейших городов севера Греции.
[2] *Макра́кис Апо́столос* (1831–1905) — константинопольский богослов и проповедник, впавший в прелесть и считавший себя «апостолом Божиим», присланным в мир для исправления и преобразования греческого общества. Священный Синод Элладской Церкви и Вселенская Патриархия признали учение Макракиса еретическим. — *Прим. греч. изд.*

ракисты". Молюсь, чтобы Бог просветил весь мир и этих заблудших, да придут в познание истины».

Помощь беднякам

Видя бедность и нищету, в которой жили люди в Конице, отец Паисий страдал и, сколько мог, раздавал нуждающимся милостыню. Но узнав, что некоторые из его земляков доведены до столь крайней степени нищеты, что готовы ради лишней драхмы податься даже и в сектанты, преподобный понял, что пора предпринимать решительные меры. Он обратился к нескольким более-менее состоятельным людям в Конице, убедил их создать Комитет помощи беднякам и материально поддерживать нуждающиеся семьи. Своими руками отец Паисий сделал десять металлических ящиков для сбора пожертвований. Эти ящики установили на главных перекрёстках городка, и люди начали потихоньку бросать туда какие-то деньги. Отец Паисий попросил членов Комитета никому не говорить о том, что это он сделал ящики. Но люди-то в Конице всё равно прекрасно понимали, что за всеми этими комитетами и сборами пожертвований стоит он — Калугер, не доверять которому было невозможно. Так постепенно стали собираться какие-то суммы, которые распределяли среди бедняков.

Сам преподобный раз в неделю набирал вещей и продуктов и глубокой ночью спускался в Нижнюю Коницу, где жила самая беднота. Он по порядку обходил дома бедняков и стариков, у которых никого не было. Продукты и вещи оставлял на крыльце, а конвертики с деньгами подсовывал под дверь. Греки там жили или турки, разницы для него никакой не было. Если же он знал, что в каком то доме ожидают его прихода, то тихо стучал, на несколько минут заходил в дом, говорил несчастным пару слов утешения, отдавал им деньги, продукты и спешил в другое место.

В ночь на Рождественский сочельник преподобный постучал в дверь одной беднячки — вдовы с тремя маленькими детьми. Открыв, она ахнула, увидев, что он принёс ей очень много разных продуктов. Женщина растрогалась и попросила отца Паисия пройти хоть на минутку в дом и перекрестить её спящих детей.

— Побольше терпения, — сказал ей преподобный. — Побольше терпения, и всё обязательно наладится, потому что ты хороший человек.

— Хороша-то я хороша, — ответила вдова. — Только денег ни гроша.

— Там, наверху, — ответил отец Паисий, — ты поймёшь, каким огромным богатством оказалась твоя нищета.

С этими словами он протянул ей увесистый конверт. Раскрыв его и увидев, что сумма весьма значительна, несчастная расплакалась от благодарности.

Многие в Конице, видя, как мимо их дома проходит отец Паисий, давали ему разные вещи. Но в руках у него всё равно ничего не задерживалось: не успевал он дойти до моста, где начиналась тропа к монастырю, как все эти вещи уже были розданы. «Сокровище монаха — добровольная нищета»[1], — сказано в патерике. Стяжав вольное сокровище нестяжания, преподобный Паисий обходился малым. Из одежды ему достаточно было одной рясы, одного подрясника и одной старой фуфайки. Сестра преподобного Христина замучилась то и дело вязать ему новые шерстяные фуфайки: сколько бы она ни связала, он тут же раздавал их беднякам. А сам как носил, так и продолжал носить старую, которая вся почти истлела и висела лохмотьями. В холодное время, чтобы было теплее, отец Паисий даже подкладывал под подрясник газеты.

— Пока не отдашь мне свою старую фуфайку и я не выброшу её на помойку, новую не получишь! — взбунтовалась однажды Христина.

— Да ты, оказывается, страшная жадина, — улыбнулся отец Паисий. — Я даю другим, а мне даёт Бог.

В тот же самый день он получил на почте посылку. Вся она была набита новенькими шерстяными фуфайками. Ну и кто бы сомневался, что он тут же попросил кого-то из встреченных на почте знакомых отнести эту посылку одной бедной семье?

---

[1] См. Достопамятные сказания. Об авве Иперéхии, п. 6.

Было дело, что даже владыка дарил преподобному Паисию фуфайки, сопровождая это такими словами: «Ты мне смотри! Это для тебя лично, а не так, как в прошлый раз: я тебе благословляю фуфайки, а ты, говорят, потом идёшь и раздаёшь их всяким туркам!» Епископ говорил так потому, что узнал, что каждую пятницу преподобный приходил в одну турецкую семью. Там собирались все жившие по соседству мусульмане и устраивали нечто вроде праздника. Отца Паисия эти люди очень любили и относились к нему с огромным уважением. А он, в свою очередь, очень рассудительно и деликатно старался подготовить их к тому, чтобы сами они захотели стать христианами.

Милостыня, которую преподобный оказывал втайне, очень часто становилась явной. Ещё много лет спустя в Конице рассказывали детям: «У Калугера за всех болела душа. Только вот помогал он людям так, чтобы помощь эту ни перед кем не выпячивать».

«Сила Моя в немощи совершается»

Летом 1959 года отец Паисий построил для себя маленькую келейку прямо напротив входа в монастырь. Оттуда он видел посетителей, пришедших в обитель. В этой келье кроватью ему служили две узкие доски шириной тридцать сантиметров. Доски лежали на двух пнях и были покрыты чёрной истёртой тканью. Посторонним входить в келью не разрешалось. Однако те немногие, кому довелось оказаться внутри, удивлялись, насколько аскетично жил Калугер. Один посетитель спросил:

— Отче, почему ты себе не сделаешь нормальную кровать? Ты ведь плотник и мог бы легко сделать такую простую вещь своими руками!

— Потому что телу необходимо злострадание, а не комфорт, — ответил преподобный.

— Но почему хотя бы не покрыть эти доски чем-то мягким? Для чего себя так мучить?

— Если мы хотим спасти нашу душу, — говорил отец Паисий, — то давать покой телу нельзя.

Один юноша, попробовав по примеру отца Паисия поспать на узкой доске, потом с удивлением спрашивал его:

— Отче, как у тебя хватает терпения спать на таком узком и жёстком ложе?

— Пытаюсь подвизаться, — со смирением ответил ему преподобный.

Но даже в этой аскетичной келье отец Паисий не жил постоянно. Желание аскезы подобно жалу пчелы уязвляло его любочестное сердце и заставляло искать более жёсткие условия для жизни. Так, какое-то время он жил в подвале под монастырской кухней. Этот подвал напоминал ему пещеру, потому что он был очень низким, а полом была выступавшая часть скальной породы. Потом, в самые холодные зимние недели, он спал на цементном полу одной кладовки, бросив туда несколько рваных тряпок. «В Стомионе, — рассказывал он потом, — я спал на полу. Было очень холодно. Я тогда крепким здоровьем тоже не отличался. Но хватало той силы, которая у меня была. Хватало, да ещё и оставалось. *Сила Моя в немощи совершается*»[1].

После года жизни в Стомионе аскетические подвиги и утомительные труды подорвали здоровье преподобного. Худоба его была неестественной, болезненной. В сентябре пятьдесят девятого он отправился с монастырскими мощами в село Асимохо́ри, неподалёку от Коницы, для сбора пожертвований. Там один крестьянин, показывая то на ковчежец с мощами, то на самого преподобного, говорил: «Куда прикладываться-то? Здесь кости, и здесь — тоже кости!..»

А спустя несколько дней от истощения преподобный потерял голос. Было 26 сентября, вечер субботы. Преподобный был в храме и делал там очень много земных поклонов. Выйдя из храма, он говорил с паломниками столь хрипло и тихо, что никто не мог разобрать ни слова. Тогда он взял бумагу и карандаш и написал им, чтобы они не волновались. Однако люди, наоборот, начали сильно волноваться, и новость о том, что отец Паисий потерял голос, дошла до Янинского епархиального управления. Оттуда ему прислали срочное письмо

---

[1] 2 Кор. 12:9.

с требованием спуститься в Коницу и провериться у врача. Отец Паисий написал в ответ, что раньше с ним уже такое бывало, и попросил не волноваться за него, потому что он радуется из-за постигшего его испытания. Всю следующую неделю он был «безгласным», но трудился как обычно. Вечером в субботу, когда он опять делал земные поклоны в церкви, голос к нему вернулся.

Однако провести вторую зиму в Стомионе отец Паисий не мог. В день праздника Богоявления 1960 года, спустившись в Коницу, он потерял сознание и упал прямо посреди улицы. Его отнесли к доктору, и тот после осмотра запретил ему подниматься в монастырь. Так он был вынужден остаться в доме Кети Патеры. Епископ вновь прислал ему письмо, уже более официальное и строгое, с требованием не покидать Коницу без письменного разрешения от епархии. Оказывая послушание, отец Паисий был вынужден остаться в Конице на целый месяц — как орёл, которого заперли в клетку. Целыми днями он молился, стоя на коленях в углу одной тёмной комнаты, окна которой были постоянно закрыты ставнями. Отдыхал он на полу — полусидя-полулёжа, укрываясь лёгким одеялом. Сестра преподобного Христина приходила в дом Кети и делала брату уколы. Но и многие жители Коницы приходили туда, чтобы с ним поговорить. А родная мать преподобного очень расстраивалась, потому что с того дня, как несколько лет назад он ушёл в монастырь, она с ним ни разу даже не разговаривала. И вот она решила: «Чужие люди идут в дом Кети, чтобы увидеться с моим сыном! А что же я — даже повидаться с ним не могу? Пойду к нему не как мама, а как чужая». Она пришла, но отец Паисий не проронил ни слова и даже не повернулся в её сторону. Посидев в одной комнате с сыном минут пять, мать была вынуждена уйти. Рассказывая позже об этом случае, преподобный говорил: «Я повёл себя по отношению к маме очень жёстко, можно сказать, жестоко. Хотя любил я её очень и очень сильно».

За несколько дней до начала Великого поста 1960 года отец Паисий вернулся в Стомион. Курс лечения он до конца не довёл. Пообещал врачу и сестре, что будет лечиться в монастыре. Но как только поднялся в Стомион, выбросил ампулы и шприцы в пропасть и снова начал свои аскетические подвиги.

«Если Вы считаете, что я неправ, наложите на меня епитимью»

Наступило лето. Отец Паисий начал строить семь новых братских келий на месте тех, что сожгли немцы. Помогала почти вся Коница: одни — деньгами, другие — работой на стройке. До конца лета кельи были закончены, оставалось только покрыть их крышей. В это самое время Бог попустил одно искушение, для того чтобы просияла чистая любовь отца Паисия и его великое незлобие. Некоторые священнослужители позавидовали преподобному как из-за того, что он сделал большое дело, создав Комитет помощи беднякам, так и из-за того, что почти все в Конице его любили. Любил преподобного и мэр Коницы, несмотря на то что сам придерживался левых политических убеждений. Вот этот-то факт и использовали упомянутые священнослужители, написав на отца Паисия донос в епархию и обвинив его в том, что он якобы поддерживает своим авторитетом коммунистов. Узнав, что архиерей сильно раздражён и настроен против него, отец Паисий отправил ему письмо, где, помимо прочего, говорилось: «Если Вы считаете, что я неправ, наложите на меня епитимью, и я готов её исполнить. Если считаете, что необходимо прекратить помощь беднякам и строительство, готов оказать Вам послушание. Если решите поручить эти дела кому-то ещё, а меня оставить просто их помощником — готов и на это. Захотите выгнать меня из пределов епархии — да будет воля Господня. Я ведь, Владыко мой, не из тех, кто превращает Православную Церковь Христову в ту или иную политическую партию. Я люблю всех добрых делателей Христовых, независимо от их политических убеждений, и помогаю им, сколько могу». Епископ понял, что столкнулся с клеветой, и благословил преподобного продолжать начатое. Чистоту намерений преподобного признали со временем даже те, кто писал на него донос. Один из этих людей спустя сорок лет прислал следующее свидетельство: «Я в те месяцы долго болел. Когда мне стало полегче, я вышел на улицу и на коницкой площади увидел отца Паисия. Он поспешил мне навстречу и с отличавшей его любовью и сочувствием пожелал мне скорейшего и полного выздоровления. Разговаривал он со мной очень искренно и обмолвился даже, что был бы очень рад, если бы Бог забрал у меня немощь и отдал её ему, чтобы я был в состоянии выполнять моё миссионерское служение. Эта встреча меня глубоко растрогала. Отец Паисий был человеком глубокой и искренней любви и жертвенности — ко всем и к каждому».

«Мои родители и братья — это все люди на земле»

С самого начала своей монашеской жизни преподобный приложил максимальные усилия для того, чтобы «выйти из пределов малой любви своей небольшой семьи и войти в великую Семью — Церковь Христову»[1], как сам он писал позже. Этой борьбой он сумел стяжать «великую любовь ко всем людям»[2]. Однажды, когда он спускался из монастыря в Коницу, то встретил на тропе одного знакомого, который спросил его:

— В Коницу идёшь, с мамой повидаться?

— Моя мама — это все люди на земле, — ответил преподобный.

Многим жителям Коницы, которые спрашивали его: «Почему ты не заходишь в свой дом, не навещаешь своих родителей, своих братьев и сестёр?» — он отвечал: «Став монахом, я от своих родителей отказался. В постриге я обещал, что отказываюсь от родителей, отказываюсь от братьев и сестёр, отказываюсь от всего мирского. Поэтому сейчас заходить в свой родительский дом я уже не могу. Теперь мои родители и братья — это все люди на земле». Слыша это, один человек удивился и спросил преподобного: «Что же, если твоя мать умрёт, ты даже на похороны не придёшь?» Преподобный ответил: «Я не имею права ходить на похороны своих родителей. Я — отрезанный ломоть, я монах».

---

[1] См. *Старец Паисий Святогорец*. Письма. С. 41.
[2] Там же.

Итак, в родительский дом преподобный не ходил и мать свою не навещал. Однако как-то ночью в страшное ненастье он спустился в Коницу только для того, чтобы успокоить одну вдову. Сын этой женщины вместе с двумя своими друзьями накануне вечером пошёл в монастырь. Когда они выходили из дома, мать просила их остаться, потому что уже темнело и надвигалась гроза. Но ребята не послушались, а когда гроза началась, женщина в тревоге не находила себе места. За полночь она услышала стук в дверь своего дома. Открыв, она увидела на пороге отца Паисия, который мягко сказал ей: «Тётя Эври́клия, не волнуйся, ребята наверху в монастыре, и всё с ними хорошо». Женщина часто рассказывала об этом случае другим и заключала свой рассказ такими словами: «Калугер вошёл в материнскую душу и понял, что я места себе не нахожу. Великое дело!..»

Итак, стяжав эту любовь ко всем людям, преподобный «разделил своё сердце между всеми людьми, а самому себе не оставил ничего, кроме той Великой Любви, Которая есть Христос»[1]. Любовь эта обнимала собой ближних и дальних, малых и великих, знакомых и незнакомых. Однажды, глядя из Стомиона в сторону албанской границы, отец Паисий сказал одному офицеру, который в те дни гостил в монастыре: «Ах, если б я мог оказаться на той стороне, чтобы принести себя в жертву за наших братьев, живущих в Северном Эпире! Ты даже представить себе не можешь, как они там страдают».

А в августе 1960 года, отстроив новые кельи, отец Паисий по любви к людям принёс им в жертву своё безмолвие. Он поселил в монастыре около тридцати детей и подростков из близлежащих деревень, родители которых с утра до вечера работали в поле. С утра до обеда под присмотром отца Паисия дети трудились в мастерской и помогали ему по хозяйству, а вечерами он собирал их в кружок, рассказывал им истории из патерика и наставлял их. Ребятам постарше он говорил: «Учитесь работать. Если хотите, можете остаться на несколько месяцев в монастыре, и я обучу вас плотницкому ремеслу».

---

[1] См. *Старец Паисий Святогорец*. Письма. С. 41.

Некоторые подростки остались с преподобным для обучения. Каждое утро, в семь часов, они приходили в мастерскую и трудились под его присмотром. «Прежде чем начинать любое дело, — советовал отец Паисий, — мы должны осенять себя крестным знамением, а молитву „Господи Иисусе Христе, помилуй мя" должны творить постоянно». В полдень они шли пообедать и отдохнуть, а потом снова возвращались в мастерскую, где трудились до вечерни. Работали ребята наравне с отцом Паисием, однако часто прерывались для чтения житий святых. «Если только работать и не останавливаться для духовных занятий, то мы забудем о Боге», — говорил преподобный.

Однажды, проходя по сельской дороге из Коницы, преподобный увидел в стогу сена спящего мальчика лет двенадцати. На расспросы отца Паисия тот отвечал, что его выгнала из дому мачеха. Когда отец Паисий предложил ему свой кров, паренёк спросил: «А у тебя там есть еда и лишнее одеяло?» Отец Паисий заплакал, вспомнив слова апостола Павла: *Имея пропитание и одежду, будем довольны тем*[1]. «Найдётся, Георгакис, всё найдётся», — ответил преподобный и привёл мальчишку в монастырь. Тот остался там на несколько месяцев, получив от преподобного не только крышу над головой, но и навыки ремесла и духовную помощь. В другой раз отец Паисий прослышал о пареньке, который, повредившись рассудком, грозился убить мать и сестрёнку. Преподобный забрал его в монастырь. Любовь и молитва отца Паисия помогли мальчику обрести мир и стать добрым и умным.

Ко всем этим детям отец Паисий относился как к родным братьям. Поскольку рядом с ним не было старца, которому можно было бы оказывать послушание, отсекать перед ним свою волю, отец Паисий часто спрашивал кого-то из ребят: «Как ты думаешь, сынок, делать мне это, или нет?» — и следовал тому, что говорили дети. Однажды преподобный спросил паренька: «Который сейчас час?» Тот взглянул на часы, увидел, что они остановились, и неожиданно дерзко ответил: «Откуда мне знать, дурачина? Часы-то не ходят!»

---

[1] 1 Тим. 6:8.

Отцу Паисию стало больно от такой наглости и неблагодарности, и он решил больше у него ничего не спрашивать — ведь из-за этого ребёнок начал задаваться и дерзить. Но когда на следующий день преподобному надо было принять какое-то решение, а посоветоваться опять было не с кем, он снова спросил того же мальчика и получил разумный ответ. «После этого я понял, — рассказывал впоследствии преподобный, — что мы не должны принимать решения самостоятельно. Мы должны спрашивать совета. Даже если мы обратимся за советом к ребёнку, Бог, видя наше расположение и наше смирение, просветит его, и он даст нам правильный ответ»[1].

Духовная помощь детям и взрослым

Гостеприимство отца Паисия и его расположенность помочь людям были огромны, но не безграничны. Если люди вели себя в обители неблагоговейно, он становился непримиримым. Накануне престольного праздника в 1960 году случился постный день, преподобный шёл с родника с полными бидонами воды. Со стороны монастыря пахнуло жареной рыбой, и он понял, что на кухню кто-то залез, чтобы приготовить лакомство. Отец Паисий оставил бидоны на тропе и побежал на кухню. Схватив с плиты сковороду с окуньками, он добежал до края обрыва и выбросил скоромную еду вместе со сковородкой.

А вскоре после праздника, тихим осенним днём, в монастырь пришла развесёлая компания. Подвыпившие мужчины и нескромно одетые женщины уселись на монастырском дворе и начали играть в карты. Увидев это, преподобный тут же скрылся в келье. Под окном пробегал паренёк, и отец Паисий попросил его: «Скажи им, чтобы они ушли». Но люди не послушались и продолжили игру. Внезапно налетевший порыв ветра смёл карты со стола и вырвал их из рук игроков. Компания убралась из монастыря, понурив головы.

---

[1] Ср.: *Авва Дорофей, прп.* Душеполезные поучения. Поучение пятое. С. 106.

«Могила Калугера»

После этого случая отец Паисий решил на подходе к монастырю поставить указатель с надписью: «Одетые скромно — добро пожаловать в обитель! Одетые нескромно — вам на речку!» Один из его учеников-подростков сказал: «А почему на табличке нет стрелочки на речку? Ведь с того места, где стоит табличка, никуда не выйдешь, там тупик». — «Вот и надо нарисовать стрелочку в тупик, — ответил отец Паисий. — Чтобы до них дошло, что если ходить в такой одежде, то и придёшь в никуда».

В ста метрах выше монастыря был холмик, на котором жители Коницы и окрестных деревень любили собираться в выходные и праздники и устраивать пикники. Обычно шумное веселье продолжалось до позднего вечера. Желая прекратить этот дурной обычай, отец Паисий выкопал там могилу и поставил большой деревянный крест. Каждый день он рыхлил там землю и зажигал свечи. Понятно, что после этого больше никто не хотел устраивать там пирушки. Наоборот, теперь люди говорили друг другу: «Пойдём посмотрим! Там, говорят, Калугер себе могилу выкопал!..»

Иногда люди заставали преподобного лежащим в могиле со скрещенными руками. Под головой у него был большой камень, из тех, что кладут в углы зданий. Один человек, увидев его в могиле, спросил:

— Отец, и не страшно тебе там лежать?

— Чего тут бояться? — ответил преподобный. — Каждый из нас должен быть готов к смерти. Ведь жизнь наша похожа на путешествие. Вечером путешественник селится в гостиницу, а утром её покидает. Так и мы живём в этой жизни, как странники на постоялом дворе. Весь вопрос в том, чтобы мы оказались готовы отправиться дальше — в жизнь иную. Если эта могила поможет мне меньше грешить, то и полежать в ней — духовно прибыльно.

А другому человеку отец Паисий сказал: «Одна из пословиц об Александре Македонском говорит: „Тысячи саженей пройдя, в сажень одну уместился". Выйдя из Македонии, Великий Александр дошёл до Индийских пределов. Он прошёл тысячи километров, завоевал много земель. Только вот последним его завоеванием стали два метра земли — ни больше ни меньше».

Часто преподобный собирал паломников в притворе храма или возле родника. Там он пересказывал им истории из Священного Писания и житий святых. Иногда он рассказывал им в третьем лице что-то из собственной жизни, предваряя их такими словами: «Знал я одного монаха…» или «Довелось мне познакомиться с одним человеком…»

Советы его были простыми и практичными:

«Ходите в церковь, молитесь с благоговением и ведите себя в монастыре подобающим образом».

«Постоянно творите молитву Иисусову: „Господи Иисусе Христе, помилуй мя". И у Пресвятой Богородицы помощи просить не забывайте. Молитесь Ей: „Пресвятая Богородице, спаси нас"».

«Будьте между собой дружны, не ссорьтесь, не сквернословьте и не держите зла на тех, кто против вас враждует».

«Ни с кем не поступайте несправедливо. Знайте, что человек, несправедливо относящийся к другому, несправедливее всего относится к себе самому, потому что несправедливость однозначно вредит его душе».

«Не имейте ни о ком дурного помысла».

Родителям преподобный говорил о воспитании детей так: «Когда мы возделываем сад, то рядом с молодым саженцем втыкаем палку и накрепко их связываем, чтобы деревце росло прямо. Так и родители должны ограничивать и направлять своих детей, чтобы они не выросли „криво"».

Мужчин преподобный убеждал бросить курить. Женщинам советовал одеваться скромно: «Если с дерева ободрать кору, оно выживет? — спрашивал он. — Нет, засохнет».

Часто во время таких бесед люди отвлекались и начинали спорить. Например, как-то раз один человек спросил преподобного:

— Представь, отец Паисий, идёшь ты по дороге и вдруг видишь — лежит мешок с золотыми монетами! Вот что ты будешь делать?

— Как что? Возьму этот мешок и отнесу в полицию.

— А полиция поищет-поищет того, кто его потерял, но так и не найдёт! И что ты тогда, так им всё золото и оставишь?

— Что мне с ним делать-то? Это ведь чужое золото. А то, что мне не принадлежит, оставлять себе нельзя.

— Я бы вот, например, — подключился к разговору один крестьянин, — оставил себе половину.

Тут в разговор вмешались и другие и начали наперебой говорить:

— Так нельзя, отец Паисий, мы люди бедные! Нужда у нас велика. Уж если найдём золото, то как минимум половину себе оставим!

— А вы подумайте о том, — сказал преподобный, — что мы здесь не навсегда, а на время. Позаботьтесь о *хлебе насущном*[1] — и хватит. То, что вам нужно на сегодня и даже на завтра, Бог вам даст. Не стремитесь иметь много денег и будьте терпеливыми. — И, немного помолчав, преподобный добавил: — Чем больше у человека денег, тем больше у него и грехов.

Один юноша спросил преподобного:

— Отец Паисий, что лучше: жениться или стать монахом?

---

[1] См. Мф. 6:11.

— И одно хорошо, и другое, — ответил преподобный. — Решай сам, это должен быть только твой выбор.

А другой молодой человек спросил:

— В каком возрасте лучше жениться?

— Семья, — ответил отец Паисий, — дело, благословлённое Богом. Поэтому и создавать её лучше молодым.

К преподобному приходили и молодые люди, желавшие стать монахами. Разговаривая с одним из них о монашеской жизни, он сказал: «Дело монаха — покаяние. Но для того, чтобы покаяться, надо познать самого себя, познать свои слабости. Надо думать так: „Сколь много дал мне Бог — и чем я ответил на Его дары? Со сколькой любовью Он отнёсся ко мне — и как я отнёсся к Нему?" Думая таким образом, человек видит, что всё, что у него есть, — это дарования Божии, а его собственные — одни лишь грехи. Я прошу у Бога, чтобы Он удостоил меня жить, как Он хочет, — в благодарность Ему за всё, что Он даровал мне с детства. А потом пусть Он поместит меня даже в ад, потому что только его я и заслужил. Однако даже в аду, даже в самой глубокой тьме, даже среди самых ужасных страданий я хотел бы только одного — иметь возможность прославлять Бога».

Другому юноше, который склонялся к монашеской жизни, но не мог решиться на окончательный выбор, преподобный привёл следующий пример: «Знаешь, как иногда случается на охоте? Охотники выбирают укромное место и садятся в засаде на звериной тропе, но уже через полчаса меняют место засады, ещё через полчаса перебираются куда-то ещё… Понятно, что они хотят застать побольше животных вместе, только вот когда это происходит и пора нажимать на курок, у них разбегаются глаза оттого, что животных много. Они стреляют и не попадают ни в одно. Так вот и ты. Не гоняйся за многим. Выбери один образ жизни — тот, что подходит именно тебе. Сделав выбор и проявив твёрдость в принятом решении, ты начнёшь подвизаться и преуспеешь».

Один из подростков, поселившийся в монастыре Стомион, чтобы выучиться ремеслу плотника, спросил преподобного:

— Отче, но разве быть монахом и быть просто хорошим христианином — это не то же самое?

Преподобный, различив в мальчике предпосылки к монашеской жизни, сказал ему:

— Нет, не то же. Хороший монах — это то же самое, что ангел.

Итак, все в Конице, от мала до велика, знали, что в монастыре Стомион, у Калугера, они могут найти прибежище и покой. И годы спустя в Конице вспоминали: «Стомион был единственным местом, где мы могли забыть о своих бедах и трудностях. Входя в ворота монастыря, мы вверяли всю свою жизнь Матери Божией. Мы слушали советы отца Паисия, который всегда разговаривал с нами мудро, смиренно. Глаза его смотрели в землю, руки его крест-накрест лежали на груди. Отец Паисий был уважаемый всеми человек, человек с божественной мудростью. А мы всё слушали и слушали его с открытым ртом и глубоким благоговением. Ясное дело, общаясь с ним, мы понимали, что словно стоим на склоне высокой-превысокой горы. Только вот насколько высока вершина этой горы, нашим глазам не было видно».

Сила молитвы

Понятно, что измерить духовную высоту и глубину преподобного его земляки не могли. Но не понимать того, что Калугер — «монах без изъяна и упрёка», было невозможно. Живя рядом с ним, люди переживали силу молитвы, которая преодолевает непреодолимые препятствия и находит выход из любых безвыходных ситуаций.

Однажды пять мужчин из Коницы, поднимаясь в Стомион, уткнулись в большой кусок скалы, который сорвался с горы и перегородил тропу. Они пытались все вместе сдвинуть его, но безрезультатно. Вскоре появился отец Паисий, который тоже возвращался из Коницы в монастырь. «Отойдите-ка все подальше вон за тот поворот, — попросил он. — Посмотрим сейчас, что тут можно придумать». Как только люди отошли, он перекрестился, в одиночку навалился на камень и столкнул его в пропасть. Услышав, как камень катится вниз, люди выбежали из-за поворота и в изумлении спросили:

— Отец, что это было?

— То, на что у вас не хватило сил, — ответил преподобный, — сделала сила Креста Господня.

Похожий случай произошёл и в Лазареву субботу 1961 года. Преподобный поднимался в монастырь в довольно большой компании, там было и несколько детей. Как и в прошлый раз, они уткнулись в лежащий на тропинке кусок скалы. А внизу, в самом начале тропинки, они видели, как на реке Аос ведутся работы по сооружению плотины и работает экскаватор. Тогда один ребёнок сказал отцу Паисию:

— А вот бы, батюшка, сейчас сюда экскаватор с плотины прилетел!

— Ну уж нет, Василий, — улыбнулся преподобный. — Не летают экскаваторы. Придётся, брат, тебе самому быть экскаватором. Вот только не говори, пожалуйста, что ты не сможешь эту скалу с тропинки сдвинуть! Попробуй.

Мальчик стал упираться в скалу то с одной, то с другой стороны. Естественно, что она не пошелохнулась.

— Ну, батюшка, — смеялся мальчуган, — я правда не могу!

— А ты перекрестись. И потом попробуй ещё раз, — серьёзно посоветовал преподобный.

Малыш перекрестился и ещё раз упёрся ручонками в глыбу. А отец Паисий мягко положил ему на спину свою руку. И вдруг, к изумлению всех, огромный камень дрогнул, потом, словно нехотя, перевалился на бок и, набирая скорость, покатился с обрыва. Люди, на глазах у которых произошло чудо, словно окаменели.

— Ну? Видишь теперь, что с верой всё возможно? — сказал преподобный мальчику.

А годы спустя, желая показать, насколько радует Бога любое малое человеческое старание, он, имея в виду этот случай, говорил: «Представьте, что взрослый мужчина видит, как малыш изо всех сил пытается сбросить в пропасть огромный камень. Насколько бы этот мужчина ни был жестокосерд, он не сможет безучастно стоять, наблюдая, как дитя упирается своими тонюсенькими ручонками, пытаясь сдвинуть глыбу, которая ему явно не по силам. Мужчина не станет стоять руки в боки: возьмёт какой-нибудь лом и одним движением сбросит глыбу в пропасть. Так вот и Бог:

Он видит наши малые человеческие старания и приходит к нам на помощь».

Когда отец Паисий своей быстрой походкой шёл по улочкам Коницы, людей притягивало к нему как магнитом. Уже один вид его излучал любовь, доброту и некую божественную уверенность. Одни бежали ему навстречу, чтобы просто обменяться парой добрых слов, другие — спросить совета, третьи просили помолиться о больных. Однажды его попросили прийти в дом, где был больной ребёнок с температурой за сорок. Как только преподобный перекрестил малыша, температура опустилась до тридцати восьми, а уже через несколько часов ребёнок вообще стал здоров. А в другой раз, когда он проходил мимо дома своей тётки, соседка попросила его к ней зайти. «Прямо весь дом у тётки твоей разболелся, — охала соседка. — И дети у неё все болеют, и скотина в хлеву тоже болеет».

— Слава Богу! — ответил отец Паисий. — Видно, дом её посетило благословение Божие.

Он вошёл в дом и повторил родственнице те же самые слова: «Слава Богу! Говорят, что к тебе пришло благословение Божие».

— Какое там ещё благословение Божие? — чуть не расплакалась тётка. — Дети больные, с кровати не встают. Свиньи вот-вот околеют. Бык живот себе железкой распорол, как мне теперь поле пахать?

— Ты терпи, — сказал отец Паисий. — Будешь терпеть — получишь от Бога великую мзду. Он тебе даст больше, чем мне, монаху, со всеми моими постами и бдениями.

Преподобный подошёл к кровати и перекрестил измученных, больных детей. Потом пошёл в хлев. Свиньи лежали на соломе и даже не шевелились. Но как только преподобный перекрестил их, они вскочили на ноги, громко захрюкали и побежали за ним к калитке.

— А поросята у тебя голодные. Покормить бы надо, — на ходу бросил отец Паисий опешившей тётке и, не заходя в дом, ушёл.

К вечеру все в доме были здоровы: и дети и скотина.

Как-то в Великую Субботу отца Паисия остановила на улице одна бедная женщина. Она начала рассказывать ему о своей беде. Муж лежал парализованный, на ней было двое малых детей. Ютились они в совсем крохотном флигельке во дворе большого дома, который принадлежал её троюродной сестре. Сестра была богатой дамой и жила в Афинах. И вот накануне, в Великую Пятницу, сестра эта вместе со своим семейством приехала в Коницу и заявила бедной родственнице: «Ну что ж, милая Аннета, всему наступает конец. Освободите, пожалуйста, наш двор, мы теперь сюда будем приезжать, как на дачу». Рассказывая обо всём этом, несчастная размазывала по лицу слёзы и спрашивала отца Паисия: «Ну куда нам идти, отец? Ну что нам делать, отец?» Преподобный посоветовал ей довериться воле Божией, как мог утешил её и продолжил свой путь. И в тот же вечер, навещая в больнице одного своего знакомого, он встретил в больничном коридоре ту самую богатую даму. Увидев отца Паисия, она расплылась в улыбке и защебетала:

— Ах, отец Паисий, какая пасхальная, какая промыслительная встреча! Как же давно я мечтала с Вами познакомиться! Вы не представляете даже, сколько хорошего я о Вас слышала! И в двух словах о себе: мой муж — министр. Ой, чуть не забыла Вам сказать, глупая: я ведь знакома с королевой и часто посещаю с ней разные благотворительные учреждения. Да и сама всё жертвую, жертвую…

Подумав, что случай благоприятный, отец Паисий ответил:

— Нехорошо Вы делаете, что выставляете на улицу бедную семью, да ещё с инвалидом, а уж тем более в такие святые дни. Очень жаль… Если можно, не выгоняйте их, пожалуйста. Вы ведь, помимо всего прочего, кажется, в какой-то степени и родные люди.

Столичная дама уже с первых слов преподобного слушала его, едва сдерживая гнев, а последняя его фраза: «Вы в какой-то степени родные люди» — буквально привела её в бешенство. Она начала кричать, топать ногами и злобно размахивать перед лицом преподобного своим дорогим зонтиком. Отец Паисий стоял перед ней, потупив голову и не проронив ни слова. «Что я тебе скажу? — думал он. — Отвесить бы тебе хорошую затрещину, да мне нельзя. Значит, не успеешь ты вернуться домой, как получишь эту самую затрещину от Христа».

И вот буквально через несколько дней женщина эта заболела. Семья прервала отпуск и срочно повезла её в Афины, но там ей становилось только хуже и хуже. Она чахла на глазах, а лучшие столичные врачи не могли даже поставить диагноз. А через два месяца бедной коницкой родственнице почтальон принёс письмо из Афин, которое начиналось словами: «Дорогая и любимая моя сестричка!..» Помимо прочего, в письме этом говорилось: «...и вот что ещё: не хочу, чтобы между нами, родными людьми, оставались неприязнь и недомолвки. Мы ведь с тобой, моя дорогая, сёстры, пусть и троюродные. И кровь у нас одна. Поэтому говорю тебе от всего сердца: оставайтесь, пожалуйста, жить в нашем доме. Но только уже не во флигелёчке, а в большом. Дарственную на тебя и твоих деток я уже подписала. Прошу только поминать моего отца и хотя бы изредка подавать в церкви записочки о моём здравии».

«Вот так отвечает Бог», — заключал преподобный, когда рассказывал потом эту историю.

Дружба с животными

А ещё на жителей Коницы производила немалое впечатление дружба Калугера с дикими животными. Однажды в воскресенье после Божественной Литургии отец Паисий направлялся к себе в келью, и вдруг услышал с монастырского двора крики ужаса. Выйдя во двор, он увидел, что огромный медведь вошёл в монастырь и встал прямо перед воротами. Отец Паисий подошёл к медведю и сказал ему:

— Не вовремя ты!.. Ишь, страху какого на людей навёл! Приходи завтра, но не сюда, а со стороны кухни, ты сам знаешь.

Медведь поднялся перед преподобным на задние лапы, потом опустился и убежал через ворота в гору.

Каждый понедельник на площадке у задней стены монастыря, под балкончиком кухни, собирались по семь-восемь медведей. Отец Паисий бросал им пищевые отходы, оставшиеся от паломнической трапезы в субботу и воскресенье.

Как-то раз один из живших при монастыре мальчиков-подмастерьев увидел, что у могилы, которую выкопал преподобный неподалёку от монастыря, осыпались стенки, и сказал ему об этом.

— Принеси из кладовки лопату с мотыгой, и пойдём, раскопаем поглубже, — сказал отец Паисий.

Паренёк забежал в кладовую и буквально замер, увидев, что всего в нескольких сантиметрах перед ним на полу медленно извиваются две большие змеи. У него от страха кровь застыла в жилах. Но оказалось, что отец Паисий пришёл в кладовку сразу вслед за ним. Он взял его за плечо и сказал: «Не бойся, Йоргос, эти змеи не укусят!» И обратившись к змеям, сказал: «Быстро уползли! Не видите, ребёнок вас боится?» Змеи тут же послушно уползли в угол и тихо свернулись там.

Вообще в Стомионе и округе водится очень много змей. Но преподобный и сам их не убивал, и другим не разрешал этого делать. Да что там змеи — он отличался такой духовной чуткостью, что даже на муравья старался не наступить! Однажды он прямо так и сказал другому своему ученику-подмастерью:

— Аккуратней, Панайотис, смотри, на муравьёв не наступай.

— Да ладно, отец! — засмеялся Панайотис. — Тут этих муравьёв столько — всех не передавишь!

— Сколько бы их ни было, будь, пожалуйста, с ними поаккуратней, — тихо повторил преподобный.

А однажды летом 1960 года преподобный увидел у себя в огороде длинноухого посетителя: крупный заяц забрался в устроенный на каменистой террасе огородик, где отец Паисий посадил немного фасоли. Заяц с таким аппетитом уплетал фасоль, что не заметил, как отец Паисий тихо подкрался к нему сзади, распахнул полы подрясника и захватил обжору в плен. Принеся зайца в монастырь, преподобный выстриг у него на лбу крест и покрасил выстриженные полосы красной краской, после чего отпустил зайца на свободу, напутствовав его такими словами: «Иди себе с Богом, но от монастырской фасоли в другой раз, пожалуйста, воздержись! Тебе что, есть в лесу нечего? Столько тебе Бог дал разных трав, столько всяких кустиков! Вот и ешь всё это на здоровье». Потом, встречая в окрестностях монастыря охотников, преподобный всегда спрашивал их:

— Зайца моего не видели? Смотрите, не подстрелите его! Мой заяц не простой: у него крест на лбу, чтобы вы его с другими не спутали.

— Да что ты такое говоришь, отец Паисий? — удивлялись охотники. — В зайца разве успеешь вглядеться: есть ли там у него крест, нет ли?.. Заяц — он ведь сам как пуля: раз! — и нет его.

— А вы вглядывайтесь в зайцев, вглядывайтесь, — настаивал преподобный и таким образом отваживал их от охоты вблизи монастыря.

А ещё преподобный дружил с косулями. Когда он ходил за дровами в лес, косули узнавали его по стуку топора, приходили и мирно паслись вокруг. Как-то раз, когда преподобный шёл за дровами, ему встретился знакомый охотник. «Хочешь, косуль покажу? — предложил преподобный и попросил: — Только очень тебя прошу, не убивай, пожалуйста, никого из них». Пойдя за отцом Паисием, изумлённый охотник увидел, как к нему подбежали шесть косуль и начали спокойно гулять рядом. «Ну, скажу я вам!.. — любил рассказывать потом этот человек. — В жизни не видал картины прекрасней: кругом, представь, всё деревца, деревца, Калугер дрова рубит, а вокруг него — косулечки. Гуляют, как в сказке, травку щиплют... Вот уж красота так красота!..»

Возвращение в монастырь Филофей

В июне 1961 года отец Паисий вернулся в монастырь Филофей: к этому времени истёк срок временной отпускной грамоты, полученной им в обители три года назад. Тогда жители Коницы за пять дней собрали много подписей и отправили в Филофей письмо с просьбой, чтобы отец Паисий как можно скорее вернулся в Стомион. Когда письмо было зачитано на Духовном соборе монастыря, старцы пригласили отца Паисия и спросили его, что он собирается делать.

— Вы скажите мне, что делать, а я окажу послушание, — ответил преподобный.

— Заставить тебя ехать или не ехать мы не можем, — ответили соборные старцы. — Но посмотри, сколько народу за тебя просит. Так что, если хочешь вернуться в Стомион, мы даём тебе на это благословение. Сделай так, как просветит тебя Пресвятая Богородица.

Отец Паисий не сразу принял решение и взял время на раздумье. Он снова начал просить Бога, чтобы Тот привёл его в вожделенную пустыню, и, ожидая от Него ответа, остался в Филофее на четыре месяца. В конце концов в октябре шестьдесят первого он попросил у монастыря отпускную грамоту, чтобы вернуться в Стомион. Духовный собор исполнил его просьбу, записав в протоколе своего заседания: «Таким образом, наша святая обитель даёт отпускную грамоту одному из лучших своих насельников».

Завершение строительства обители

«До самого конца октября, — писал коницкий краевед Анастасий Евфимиу[1], — отец Паисий отсутствовал в Стомионе, находясь на Святой Афонской горе. Мы в Конице даже боялись, что в Стомион он уже не вернётся. Но он, слава Богу, вернулся и собирается продолжить свои дела по восстановлению обители». Впрочем, дел этих оставалось не так уж и много: надо было сделать крышу для келий, построенных летом 1960-го. Отец Паисий решил, что лучше устроить над кельями не скатную крышу, а залить сверху железобетонную плиту, чтобы когда-нибудь была возможность достроить второй этаж.

Но для такой работы надо было много денег. Мэр Коницы предложил отцу Паисию вместе съездить в Афины и попросить помощи у живших там земляков. В феврале шестьдесят второго отец Паисий с мэром действительно поехали в Афины и стали собирать там деньги. Но в это же время один их знакомый предпринял какие-то действия, после чего Министерство культуры Греции выделило на восстановление монастыря Стомион государственный грант. Узнав об этом, отец Паисий с мэром прекратили сбор пожертвований и вернулись в Коницу. Там их ждало большое искушение.

---

[1] См. журнал *Κόνιτσα*. Ἱστορικὸν Ἀρχεῖον Κονίτσης, Ἱερὰ Μονὴ Στομίου, Δεκέμβριος 1962. Σελ. 11. — *Прим. греч. изд.*

В митрополии узнали о выделенном гранте и получили из Афин соответствующие документы. Не хватало одной только подписи отца Паисия, чтобы забрать деньги в банке. Тогда епископ вызвал преподобного к себе и стал настаивать, чтобы эти деньги отдали «на нужды епархии».

— Что за духовное невежество?! Взять и закопать столько денег в скалах! — возмущался владыка.

— Ваше Преосвященство! — твёрдо ответил тогда отец Паисий. — Эти деньги государство выделило не на нужды епархии, а на восстановление монастыря Стомион. Как же Вы предлагаете мне совершить такой обман?

Епископ настаивал на своём, но и отец Паисий был непреклонен. Подписывать он так ничего и не стал, и в конце концов деньги вернулись обратно, на счёт министерства.

В июне 1962 года на средства, полученные при сборе пожертвований в Афинах и в Конице, отец Паисий начал закупать стройматериалы: арматуру, цемент, щебень с песком и листы оцинковки для опалубки. Ещё для опалубки нужно было сорок не очень толстых стволов деревьев, но их отец Паисий решил сам носить на плечах с горы. Однажды, спуская к монастырю тяжёлое бревно, он не выдержал его тяжести и упал на колени. Шестнадцатилетний паренёк, который был рядом с ним, помог ему подняться, и преподобный, сгибаясь под тяжестью, продолжил спуск.

— Хватит, отец! Да остановись же ты, пожалуйста! — упрашивал юноша. — Надорвёшься так!

— Христос нёс на Себе Крест, — отвечал преподобный. — Что же я — не могу отнести в монастырь какое-то там брёвнышко?

Так же, в одиночку, отец Паисий начал носить с реки песок с речной галькой. Он насыпа́л их в небольшой мешок, взваливал на плечи и по крутой тропе поднимал к монастырю. Один человек из Коницы, увидев, как он мучается, сказал: «Ты что же такое творишь, отец? Если таким мешочком песок носить, то ты его и за десять лет не переносишь. Иди лучше в мастерскую и сколоти побольше крепких ящиков. Погрузим эти ящики на мулов — и так навозим с реки песку». На следующий же день ящики были готовы. Из Коницы пришло много людей с мулами, они привезли в монастырь двенадцать кубометров песка с гравием. После этого отец Паисий нанял двух мастеров, которые сделали опалубку, уложили арматуру и подготовили всё к заливке плиты. Когда всё было готово, в монастырь из Коницы поднялось человек пятьдесят мужчин, готовых потрудиться во славу Божию и вместе залить плиту. Перед тем как начать работы, отец Паисий помолился и окропил здание святой водой. Когда начали заливать, стянулись тучи и заморосил дождь. Все испугались, что дождь будет усиливаться и работа пойдёт насмарку, потому что под дождём бетон не заливают. Но быстро распогодилось, и весь остальной день на небе, как рассказывали люди, «была благодать Божия». Один из мужчин, трудившихся в тот день в Стомионе, годы спустя вспоминал: «Да, работали мы тогда, прямо скажу, как заведённые. Что там твои бетономешалки — они бы за нами точно не поспели! Один воду носит, другой — песок, третий — цемент: и все как на крыльях летают. А почему летают, знаешь? Да потому что любили мы нашего Калугера крепко! Вот от этой самой любви и крылья. Ну и, понятное дело, хотелось побыстрей увидеть монастырёк отстроенным».

Работа кипела. Но когда около двух третей плиты было уже залито, оказалось, что цемента осталось всего несколько мешков — явно недостаточно для завершения работ. Мужчины предложили отцу Паисию класть в бетон поменьше цемента и побольше песка. «Нет, — ответил преподобный. — Кладите сколько положено». Он ушёл в церковь и начал молиться Пресвятой Богородице: «Панагия моя! Прошу Тебя, помоги нам!» Потом вышел из храма и, не беспокоясь ни о чём, продолжил работу. Бетон мешали как положено, плиту залили полностью, а несколько мешков цемента так и остались неиспользованными.

А когда пришло время садиться за стол, женщины, ответственные за обед, тоже стали беспокоиться, что мало сварили. «Не волнуйтесь, — сказал им преподобный. — У Матери Божией никто голодным не останется». И действительно, *ели все и насытились, и осталось в избытке*[1]. Как и всегда, во

---

[1] См. Мф. 14:20.

Заливка бетона в монастыре Стомион

время обеда отец Паисий не садился со всеми за стол, но, как официант, ходил от стола к столу и приносил людям еду и хлеб, глядя, чтобы всем всего хватило. Так вот и было закончено дело по восстановлению священной обители Рождества Пресвятой Богородицы Стомион.

«Строя ступени добродетелей»

Отец Паисий приложил очень много трудов, чтобы возродить монастырь. При этом он ни на секунду не оставлял своего духовного делания. Ведь преподобный *всё почитал за сор, чтобы приобрести Христа*[1]. Христос был его Единственным Сокровищем, к Нему Одному было привязано его сердце. Поэтому преподобный ни в какой ситуации не оставлял свою духовную борьбу и не нерадел о ней. Наоборот, он «прибавлял к теплоте бо́льшую теплоту, к усердию — большее усердие, к

---

[1] См. Флп. 3:8.

желанию духовному — желание божественное, строя и созидая в сердце своём ступени восхождения добродетелей»[1].

Никто, кроме Бога, никогда не сможет измерить количество и высоту тех духовных ступеней, по которым восходил преподобный отец наш Паисий, подвизаясь в монастыре Стомион — вдали от людей и одновременно в самом сердце их страданий и боли. Его главным духовным деланием оставался постоянный самоконтроль. Этот самоконтроль вёл его к покаянию, покаяние влекло за собой смирение, а смирение привлекало благодать Божию. Два показательных случая того периода жизни преподобного свидетельствуют о борьбе, которую он с глубоким осознанием духовных реалий вёл против душевных страстей, используя каждую благоприятную возможность для того, чтобы выстроить внутри себя две основные ступени добродетелей — любовь и смирение. Об этих случаях сам преподобный старец рассказывал много лет спустя ради духовной пользы близких ему людей.

Первый случай был такой. Однажды в воскресенье отец Паисий спустился в Коницу. Когда в праздники или воскресенья в монастыре не было Литургии, он шёл в один из приходских храмов, чтобы причаститься. В то воскресенье в храме яблоку негде было упасть. Увидев так много прихожан, отец Паисий попросил Бога: «Господи, возьми всех этих людей к Себе в рай, а меня, если захочешь, засунь в какой-нибудь самый дальний уголок». Священник обычно всегда причащал отца Паисия в алтаре. Когда пришло время причащения, преподобный, как обычно, зашёл в алтарь. Неожиданно священник повернулся в его сторону и строгим, громким голосом сказал: «Выйди отсюда! Будешь причащаться последним, потому что иного ты недостоин». Отец Паисий немедленно вышел из алтаря, подошёл к аналою и стал про себя читать последование ко Святому Причащению. Когда к Святой Чаше подходили последние причастники, он пристроился за ними и, подходя ко Причастию, думал: «Бог просветил иерея Своего, и он открыл мне, кто я есть на самом

---

[1] См. *Феодор Студит, прп.* Малое оглашение. Оглашение 58 // Творения. Т. 2. М.: Сибирская благозвонница, 2011. С. 123.

деле. Господи Иисусе Христе, помилуй мя, скота». Как только преподобный причастился, он почувствовал в себе необыкновенную сладость и неизреченное радование. После отпуста Литургии священник подошёл к преподобному, пал ему в ноги и дрожащим, полным раскаяния голосом попросил у него прощения.

— Сам не понимаю, что на меня нашло и с чего я на тебя так накинулся, — говорил он.

— Не расстраивайся, отче, — мягко и дружелюбно успокаивал его отец Паисий. — Виноват не ты, а я. Бог просто использовал тебя для того, чтобы проверить, чего я на самом деле сто́ю.

Позже преподобный старец напишет: «В испытаниях, которые попускает Бог, человек проверяется на прочность, чтобы он увидел своё духовное состояние. Слава Благому Богу и за то, что Он попускает нам испытания. В противном случае мы не знали бы, какие скрыты в нас страсти, а в страшный день Его Суда имели бы к Нему необоснованные претензии»[1].

А вот второй случай, происшедший с отцом Паисием в то время. В монастырь часто приходила бывшая одноклассница отца Паисия по коницкой школе. Все в городе знали, что в юности она пошла по скользкой дорожке. Но в последние месяцы она зачастила в Стомион и начала советоваться с отцом Паисием, и не просто советоваться, а всем своим видом показывать, что выполняет его советы и изменила свою жизнь. Но как-то раз знающие люди открыли отцу Паисию на неё глаза и порассказали: «Ты, видно, отец, думаешь, что она исправилась? Да как бы не так! Как была гулящая, так и осталась. Сюда-то она, конечно, и свечки приносит, и ладан приносит, и сидит тут такая в платочке, ручки сложит, кивает, тебя слушает. А в Коницу спустится — аж пятки у неё горят, бегом к казармам. И под утро возвращается — то с одним офицером, то с другим офицером, то с пятым, то с двадцатым... А ты тут ничего не знаешь и говоришь „исправилась"». И вот вскоре эта женщина опять пришла в монастырь. Увидев, как она прикладывается к иконам в храме, отец Паисий в гневе закричал на неё: «Пошла

---

[1] См. *Старец Паисий Святогорец*. Письма. С. 140.

отсюда вон! От тебя уже вся Коница провоняла!..» Женщина заплакала и ушла. А сам отец Паисий очень скоро почувствовал необыкновенно сильную блудную брань. «Что же такое происходит? — растерялся он. — Такое искушение и так сильно борет меня впервые. Но почему? Отчего?» Причину найти он не мог. Стал молиться, но чем больше молился, тем сильнее и невыносимее жгло его искушение.

И вот, не зная, что ему делать, отец Паисий взял острый топор и несколько раз ударил себя по верхней части левой ступни. Он думал, что боль пересилит блудное разжжение. Да только где там! В разрубленном ботинке хлюпала кровь, ноге было очень больно, однако терпеть плотское искушение при этом совсем уже не было сил. Тогда он вышел из монастыря и, хватаясь за деревья и кусты, на одной ноге поковылял в гору. «Пусть меня лучше медведи сожрут, чем блуд», — повторял он. Далеко он, понятное дело, уковылять не мог, в изнеможении упал на землю и начал с болью душевной и телесной просить у Бога освободить его от плотской брани. И тут на ум ему пришёл образ бывшей одноклассницы и безжалостные слова, которые он ей сказал. Тут-то он и понял, что ничто иное как осуждение и отсутствие сострадания к человеку стали причиной обрушившегося на него искушения. «Господи мой, Боже! — в сокрушении взмолился он. — Я ведь пережил этот ад совсем ненадолго — и то не нашёл в себе сил его выдержать. Но она-то, несчастная, живёт в этом адском огне ежедневно и ежечасно. Прости меня, Господи, за то, что я её осудил!» Как только он сказал Богу эти исполненные глубокого покаяния и евангельской любви слова, блудное разжжение исчезло, словно его и не было. А преподобный почувствовал, как его словно омывает некая божественная прохлада.

А рассказывал об этом преподобный старец всего двум-трём людям, да и то — по большому секрету, всё равно как на исповеди, и, конечно же, не для того, чтобы показать кому-то способ борьбы с плотским искушением, который сам он, имея мудрование мученика Христова, применил к себе, — нет. Рассказывал он об этом для того лишь, чтобы показать, как осуждение способно сорвать с человека покров благодати Божией, а ещё — чтобы стало понятно, насколько уязвимым без этого покрова становится для разжжённых стрел лукавого осуждающий ближнего и не сострадающий ему человек.

«Скажи́ мне, Го́споди, путь, во́ньже пойду́»[1]

В 1962 году мэр Коницы затеял большой туристический проект. Из Коницы в Стомион должны были провести автомобильную дорогу. Но если бы ещё только дорогу! Недалеко от монастыря было решено построить большой горный пансионат, от которого на самую высокую точку хребта Тимфи — вершину Гами́ла — должен был возить отдыхающих современный фуникулёр. В мае шестьдесят второго проект отдали в разработку швейцарскому архитектурному бюро. Один греческий инженер начал проводить вокруг Стомиона необходимые измерения и исследования почвы и ландшафта. Однажды инженер зашёл в монастырь и так «подбодрил» отца Паисия:

— Немного потерпи, отец, и скоро ты здесь ничего не узнаешь! Народ к тебе будет приезжать целыми автобусами.

— Какой народ, какие автобусы?.. — горько и тихо промолвил преподобный. — Монастырь должен находиться в безмолвии. Туристический центр строить здесь нельзя.

А некоторым в Конице он после разговора с инженером сказал прямо: «Как только в гору поедет первый бульдозер, я отсюда уйду».

Но, по правде сказать, отец Паисий и задолго до туристических планов чиновников всё больше и больше думал об уходе из Стомиона: ведь обет свой Пресвятой Богородице он исполнил. Земляки, совратившиеся в секту, в Церковь вернулись. Самому ему приходилось всё чаще и чаще сталкиваться с ситуациями, которые выбивали его из духовной колеи, и раз за разом происходило это всё болезненней. Не секрет, что одной из последних капель, переполнявших чашу его терпения, стала та некрасивая история с архиереем и грантом от министерства. Да и то, как ежегодно жители Коницы продолжали праздновать в монастыре престольный праздник, не добавляло ему желания оставаться в Стомионе.

---

[1] Пс. 142:8.

В 1962 году, накануне престольного праздника, всё повторилось как обычно: музыка, танцы, шашлыки и вино весь день и всю ночь. Отец Паисий был сам не свой от расстройства и огорчения. После вечерни он с опущенными плечами вышел из монастырских ворот и побрёл в сторону огорода, где у него была выкопана в стене террасы небольшая пещера, размером с деревенскую печь. Преподобный залезал в эту пещерку, закрывал вход большой веткой, думая, что никто его там не видит, и молился. По дороге к огороду он встретил свою младшую сестру — Христину. Увидев, куда он направляется, она сказала: «Куда? Опять в свою дырку в земле забьёшься и будешь там сидеть? Сыро в дырке-то! Безмолвия тебе надо — так и иди в церковь. Там сухо, вот и сиди сколько хочешь в безмолвии». Видя, что отец Паисий, не говоря ни слова, проходит мимо неё с понурой головой, сестра топнула ногой и крикнула ему вслед: «Что, плохо тебе жилось на Святой Горе? А сам-то мне в письме расписывал, как тебе там хорошо! И я тебе верила, и сердце моё тогда за тебя не болело! А сейчас вижу, как ты здесь живёшь, и даже ноги мои в Стомион идти не хотят!..» Последние слова сестры настолько поразили отца Паисия, что он решил как можно быстрее уйти из Стомиона.

Когда престольный праздник закончился, Христина и ещё одна девушка остались помочь отцу Паисию всё убрать и навести порядок. У той девушки были две сестры, и обе уже вышли замуж, только вот к ней всё никто не сватался. В шесть рук они перемыли гору посуды, вычистили храм и двор, перестирали кучу белья. А когда всё закончили, девушка эта с радостью сказала: «Отец, может, тебе ещё что-то тут надо сделать? Так мы с Христиной останемся и поможем». Благородство её души сильно тронуло отца Паисия. Только вот что бы он мог ей дать за её доброту? Он пошёл в церковь и от всего сердца попросил: «Матерь Божия! Мне ей дать нечего. Устрой Сама её жизнь». И вот, не успела девушка эта вернуться домой, как навстречу ей выбежали мать с отцом и сказали, что приехали свататься, причём человек очень хороший и давно уже её дожидается. «Вот так отплатила ей Пресвятая Богородица, — рассказывал потом преподобный старец. —

Храм Пресвятой Богородицы в монастыре Стомион

Как же я был за неё рад! Даже когда в прошлый раз Владычица помогла нам с цементом, я не столь сильно радовался». Так преподобный отец наш Паисий *ходил, благотворя*[1], даже до самых последних дней своего пребывания в Стомионе.

И вот он принял окончательное решение уходить. Три последних дня он горячо молился, прося Бога указать ему путь, *вóньже пóйдет*[2]. Вечером третьего дня в монастырь пришёл паломник — иеродиакон с Синая, отец Дамиан[3]. В то время отец Дамиан находился в Греции, где познакомился с верующими молодыми людьми, которые собирались отправиться на Синай, а оттуда — миссионерами в Африку. От этих ребят он и услышал об отце Паисии и приехал в Стомион специально, чтобы с ним познакомиться. Они сели поговорить. Во время беседы у отца Дамиана непроизвольно, как бы само, вырвалось:

---

[1] Деян. 10:38.
[2] Ср. Пс. 65:12.
[3] Будущий архиепископ Синайский, Фаранский и Раифский Дамиан. — *Прим. греч. изд.*

— Отец Паисий, а может быть, вы приедете на Синай и нам духовно поможете?

— Приеду, — в ту же секунду ответил преподобный. — Твои слова — это ответ от Бога на один мой вопрос, и этого ответа я давно жду.

Он передал отцу Дамиану свои документы, чтобы тот мог выправить паспорт и визу, и стал готовиться к отъезду.

Первым делом преподобный перенёс мощи святого Арсения из монастыря в Коницу, в дом своего зятя, Василия Ки́цоса. Там он поместил их в достойное, безопасное место и попросил, чтобы перед мощами горела негасимая лампада. А ещё он впервые за девять лет зашёл в родительский дом, чтобы попрощаться с родителями, братьями и сёстрами. Состарившаяся мать, вся в слезах, спрашивала его: «Так что же, родной мой, выходит, я тебя не увижу и в последний час свой, когда буду умирать?» Отец Паисий помолчал и ответил: «Если хочешь увидеть меня в последний свой час, то умирай сейчас». Это обращённое к матери слово было невероятно жестоким. И первым сердцем, которое это слово ранило, было обливающееся кровью о всех людях сердце самого отца Паисия. Потом он ещё много раз пожалеет о сказанном, но речь сейчас не об этом. Невообразимые слова эти показывали то предельное отречение от мира, которое, не идя ни на какие компромиссы, хранил преподобный отец.

30 сентября 1962 года монах Паисий уведомил епископа о своём уходе и передал ему монастырскую кассу и ключи. Последнюю ночь он провёл во всенощном бдении перед мощами святого Арсения, а утром уехал из Коницы. Уехал, услышав ответ Господа, Который *волю боящихся Его сотворит и молитву их услышит*[1].

Среди скал Стомиона преподобный отец наш Паисий *прошёл сквозь огонь и воду, и Бог извёл его в покой*[2], *на широту*[3] земли безмолвия и созерцания — в святую Синайскую пустыню.

---

[1] Пс. 144:19.
[2] См. Пс. 65:12.
[3] Пс. 17:20.

Монастырь святой великомученицы Екатерины на Синае

На богошественной Синайской горе

Из Афин в монастырь святой Екатерины

Ожидая корабль в Египет, преподобный на какое-то время задержался в Афинах. Там он познакомился с молодыми людьми, о которых говорил отец Дамиан. Они собирались стать миссионерами. Почти бесплотный вид отца Паисия потряс их, а его скупые, но исполненные благодати Божией слова тронули их сердца. Их души охватило желание последовать монашеской жизни. Молодые люди часто приходили к преподобному, и он давал им братские советы, разделял их проблемы и тревоги. Некоторые из них, обеспокоенные постоянным сильным кашлем отца Паисия, настояли на обследовании в больнице. Туберкулёз не обнаружили, зато выявили обширные бронхоэкта́зии[1]. Врачи обеспокоились состоянием преподобного и рекомендовали серьёзно отнестись к своему здоровью. Однако отец Паисий никак не отреагировал на их слова и не стал выяснять подробности своего диагноза. Ничто уже не могло остановить преподобного на пути к вожделенной пустыне.

Наконец настал долгожданный день, когда отец Паисий отплыл в Египет. Из Александрии он прибыл в Каир, где прожил неделю на подворье монастыря святой Екатерины. В то время на подворье жил архиепископ Синайский и игумен монастыря святой Екатерины Порфирий III, который каждый день приглашал отца Паисия разделить с ним трапезу. Преподобный, оказывая послушание, приходил на трапезу, но почти ничего не ел и чувствовал себя неуютно. При первой возможности отец Паисий с двумя попутчиками отбыл на

---

[1] *Бронхоэктати́ческая болезнь* — заболевание, характеризующееся хроническим гнойно-воспалительным процессом в необратимо изменённых и функционально неполноценных бронхах.

машине на Синай, в монастырь святой Екатерины. В городе Суэц остановились на обед, но преподобный есть ничего не стал. Он достал маленький засохший лимон, разрезал его и смочил соком язык. Поехали дальше. Справа сливалась с небом безмолвная гладь Красного моря, а слева на многие километры не было ничего, кроме безжизненных скал и раскалённого песка Синайской пустыни. В это место чудесных ветхозаветных богоявлений, на эту землю, обильно политую по́том и слезами тысяч подвижников, Бог наконец привёл отца Паисия. Исполнилось то, к чему стремился и о чём с самого детства просил Бога преподобный — жить как пустынник.

В самом сердце Синайской пустыни, в небольшой долине между горой Хори́в, священная вершина которой находится на высоте 2300 метров, и горой святой Епистимии, которая чуть пониже, расположен монастырь святой Екатерины. Преподобный Паисий вошёл в его ворота вечером 24 октября 1962 года. Братия собралась в архондарике, чтобы с ним познакомиться. Они увидели перед собой очень худого монаха. Голова его клонилась книзу, как спелый колос, он был предельно сдержан и немногословен. Все его вещи умещались в простой монашеской торбе.

Эконом монастыря отвёл отца Паисия в его новую келью. Вещей там было совсем немного: кровать с матрасом и подушкой, две простыни, два одеяла, электрический фонарь, керосиновая лампа, спички и свечи. В келье ждал бедуин, назначенный преподобному в услужение по обычаю того времени. Отец Паисий сказал бедуину, что обойдётся без прислуги, и отпустил его. Тем же вечером преподобный вернул эконому матрас, подушку, простыни и фонарь.

— Почему ты не хочешь это взять? Как спать без матраса и подушки? — удивился эконом.

— Я грешный человек и приехал сюда потерпеть ради своих грехов, а не для того, чтобы жить в комфорте.

— Ой, не знаю, выживешь ли ты здесь со своими лёгкими…

— Меня покроет Бог и святая Екатерина, — сдержанно, но твёрдо ответил отец Паисий.

В те времена братию монастыря можно было пересчитать по пальцам: три-четыре старика и двое-трое молодых монахов, одним из которых был отец Дамиан. Правильного монашеского воспитания никто из них не получил, и поэтому порядки в монастыре были во многом мирскими. Общая трапеза была позабыта. Монахи ели в своих кельях еду, которую им готовили и приносили бедуины. Толпы туристов со всего мира приезжали в монастырь и днём и ночью. На ночлег они останавливались в гостинице, занимавшей бо́льшую часть братского корпуса. Туристы слонялись по монастырю в пляжной одежде, щёлкали фотоаппаратами и делали фото на память даже в алтаре. Отцу Паисию стало больно от расхлябанности, царившей в обители, и он убедил отцов начать хоть немного жить по монастырскому уставу. Сообща решили вновь собираться на общую трапезу, и отец Паисий присоединялся к ней, уступая своему строгому посту. Постепенно отцы приняли и другие меры, возвращая в обитель чистый монашеский дух.

Вскоре в монастырь приехали некоторые из тех молодых людей, с которыми отец Паисий познакомился в Афинах. Они давно готовили себя к миссионерскому служению, но не успели приехать на Синай, как стали паниковать: «Куда нас занесло? К диким людям? К Гама́лю На́серу[1]? Нас тут поубивают!» Их паника удивила отца Паисия. Особенно странной ему показалась нервозность, с которой они непрерывно бегали мыть руки, боясь заразиться от бедуинов. «Разве можно миссионерам бояться Насера и микробов? — спрашивал их преподобный. — Что вы там намиссионерствуете?» А когда отец Паисий узнал, что один из новоприбывших отдал бедуину стирать свою одежду, он просто остолбенел.

— А сам-то ты что делал, пока он тебе стирал? — не мог понять преподобный.

— Как что? — ответил молодой человек. — Читал комментарии профессора Трембе́ласа[2] на Священное Писание! Не хочу

---

[1] *На́сер Гама́ль А́бдель* — арабский националист, полковник, руководивший в 1952 году свержением монархии в Египте, с 1954 по 1970 год — президент Египта.
[2] *Трембе́лас Панайо́тис* (1886–1977) — профессор богословского факультета Афинского университета. Автор комментариев на Четвероеван-

терять без духовной пользы ни минуты времени. И потом, ведь я же ему заплатил!

— Не хватало ещё, чтобы ты ему не заплатил! — строго ответил преподобный. — Может, время ты и не потерял, только вот Евангелие потерял точно. Раз ты хочешь стать миссионером, то сам должен и стирать за бедуинами штаны, и промывать их язвы, и кормить их сирот со стариками. Только так Евангелие станет твоей жизнью. Если сидеть и читать книжечку, пока другие тебе одежду стирают, духовного толку не будет.

Основой духовной жизни самого отца Паисия была жертва. У него не укладывалось в голове, как люди, которые собираются посвятить себя Богу, могут не иметь того же духа жертвенности. На Синае, как прежде на Святой Горе и в Стомионе, преподобный был готов «с радостью умереть и в духовном делании, и на монастырских послушаниях». С первого дня в новой обители он спешил с одного послушания на другое. С ревностью новоначального он принимал участие в работах, на которые собиралась вся братия. Как прекрасный плотник, он сразу взял на себя все столярные и плотницкие работы, например, починку старого пресса для оливок.

В то время на Синае работали два реставратора, и когда им понадобился помощник, отец Дамиан подсказал, что отец Паисий — хороший столяр. Входя на следующее утро в реставрационную мастерскую, отец Паисий с улыбкой сказал реставраторам: «Если кто-то монах, это не значит, что он не умеет рубанка в руках держать». А через какое-то время добавил: «На досках человек спит в этой жизни, на досках его и уносят из неё». Преподобный был настолько худ, что казался полупрозрачным, но когда начал работать, его сила и выносливость поразили всех. Преподобный взял на себя столярную часть работ, связанную с реставрацией старинных икон. Как и всегда, он работал очень внимательно, но

гелие, Деяния и Послания святых апостолов и на некоторые книги Ветхого Завета. В своих богословских воззрениях проф. П. Трембелас не признавал авторитета прп. Симеона Нового Богослова и его учение о Нетварном Свете, за что подвергался критике со стороны монахов-святогорцев.

одновременно, «божественным рачением окрыляем»¹, он не переставал вожделевать блаженной пустынной жизни. Сейчас эта жизнь была ближе, чем когда бы то ни было, — на расстоянии вытянутой руки. Прямо за стенами монастыря начиналась пустыня, готовая принять преподобного в свои духовные объятия.

Переселение в пустынную келью святой Епистимии

Со времени приезда отца Паисия на Синай прошло около двух месяцев. За это время он пешком исходил все окрестные горы, выбирая себе пустынное место для подвигов. И вот однажды он нашёл то, чего желал и искал всю жизнь. Выбор его пал на аскетичную келью святой Епистимии — на склоне горы, почти напротив монастыря. Келья эта представляла собой маленькое каменное строение, состоявшее из двух частей: храма в честь святых Галактиона и Епистимии² и маленькой пристройки, где можно было жить. Многие годы келья была в запустении. Поэтому сначала отцу Паисию пришлось там кое-что подлатать, не изменив при этом аскетического вида и духа этого древнего подвижнического места.

В декабре 1962 года, взяв благословение у архиепископа, преподобный перешёл в эту келью на постоянное жительство. Там день за днём он будет прилагать молитву к молитве, аскезу к аскезе, злострадание к злостраданию. А божественное рачение будет всё сильней и сильней захватывать его ум и пленять его сердце. «На Синае я попробовал, что такое настоящее монашество, — вспоминал потом преподобный старец. — Там я действительно был абсолютно один»³.

Когда преподобный уходил из монастыря в келью, он сказал братии, что спустится через пятнадцать дней. Те забеспокоились, потому что не знали никого, кто жил бы на

---

¹ См.: Октоих. Степенна, гл. 5. Антифон 1-й.
² В двухстах метрах выше кельи находится пещера, в которой подвизался святой Галактион, а чуть дальше — остатки скита, где спасалась святая Епистимия вместе с другими подвижницами.
³ Греческое слово μοναχός (монах) происходит от слова μόνος (один).

Синае один и в пустынных местах. Кроме того, уже наступила зима, а зимой пустыня очень коварна: днём палит солнце, а ночью бывает очень холодно, даже ниже нуля. Братья засомневались, сможет ли отец Паисий выдержать такие условия.

— А ты там выдержишь, наверху? — спросили они.

— Буду просить Бога мне помочь, — смиренно ответил преподобный.

Да и правда: разве там, куда он собрался, можно было выжить без помощи Божией? Не успел преподобный подняться в келью, как диавол с невероятной силой обрушился на него. Первые четыре дня бесы не давали ему присесть, крепко растянув его руки в разные стороны, словно распяли на кресте. А душу преподобного при этом сдавило чувство полной богооставленности. Когда через четыре дня они его отпустили, он упал на землю, не в силах пошевелиться. «Так навалились, что чуть руки не оторвали, — вспоминал потом преподобный. — Такое искушение человеческими словами даже описать нельзя». Этим искушением диавол старался подвести отца Паисия к такому выводу: «Если сейчас, в самом начале, я встречаюсь с таким искушением, то каких нападений мне ждать потом?» Диавол хотел, чтобы, приняв этот помысел, преподобный ушёл из кельи. И действительно, ему очень хотелось вернуться в монастырь, но он выстоял, сказав себе: «С места не сдвинусь. Умру так умру». В келье он провёл пятнадцать дней, и только после этого спустился в монастырь — как и запланировал в начале.

А когда он спустился в монастырь и подошёл ко Святому Причастию, то увидел в протянутой лжице Святые Тайны как Тело и Кровь. Причастившись, он почувствовал божественную сладость, из глаз преподобного полились слёзы благодарности, а сердце его преисполнилось неизреченным радованием. Он чувствовал в себе великую силу и мощную Божественную поддержку, словно Бог говорил ему: «Я с тобой, ничего не бойся». Это событие духовно укрепило отца Паисия и дало ему столь сильное дерзновение, что выйдя после Литургии из храма и увидев вдали келью святой Епистимии, он бросил диаволу: «Вот сейчас, если хочешь, приходи — повоюем!» Позже преподобный скажет: «Переломный

Преподобный Паисий помогает в реставрации икон

момент настал тогда, когда я не уступил и сказал: „С места не сдвинусь. Умру так умру". После этого Бог пришёл мне на помощь. А если бы я тогда сломался, то диавол потом просто гнал бы меня без остановки и добивал. Так что необходимо мужество. Те четверо суток я не переставал молиться, но бесы не уходили. Иногда, желая от человека подвига, Господь ставит его перед „экзаменационной комиссией". И на этих „экзаменах" становится понятно, как расположен человек и насколько он готов от себя отречься».

Блаженное пустынное житие

Действительно, надо было ежедневно и ежечасно отрекаться от себя для того, чтобы жить в этом предельно суровом и лишённом самого необходимого месте. Но лишения преподобного не беспокоили. Оказывая послушание Божественной заповеди *Ищите прежде Царства Божия*, он непреклонно верил словам, которые Господь сказал дальше: *и это всё приложится вам*[1].

В келье святой Епистимии не было даже воды. Когда он уходил туда жить, один из реставраторов спросил:

— Отец Паисий, ты что, даже воды с собой не возьмёшь? А что ты там пить будешь?

— Буду собирать росу, — ответил преподобный.

Однако, немного освоившись на новом месте, он заметил метрах в двадцати от кельи скалу, из которой по капле сочилась вода. Он сделал в скале расщелину, а под ней выдолбил в камне углубление, чтобы не терять ни капли. Капли постепенно начали сочиться всё сильнее, и за сутки в углублении собиралось от двух с половиной до трёх литров воды. Каждый день он ходил к этой скале за водой с консервной банкой, читая Акафист Пресвятой Богородице и чувствуя великую радость и благодарность. У него наворачивались на глаза слёзы, и преподобный славословил Бога за то, что даже в пустыне Он не оставил его без воды.

Эту консервную банку отец Паисий использовал как кружку и как миску, а ещё он заваривал в ней чай. Кроме этого, у него была ложка, зажигалка, будильник, моток шпагата и ножницы. Спал он не на кровати, а на каменном выступе внутри кельи. Этот выступ преподобный покрыл циновкой из пальмовых листьев, козья шкура служила ему одеялом. Ещё в келье была скамеечка и деревянный столик, на который, возделывая память смертную, он положил череп, найденный им неподалёку от кельи. Икон в келье не было, но на одной из стен преподобный нарисовал крест. Когда отец Дамиан

---

[1] См. Мф. 6:33.

Преподобный Паисий рядом с церковкой святой Епистимии

спросил его, почему он не принесёт из монастыря иконы, отец Паисий ответил: «Креста достаточно».

Огород преподобный не сажал. Посадил однажды кустик помидора, но вскоре и его вырвал с корнем, сказав: «Не годится, чтобы я, монах, ел помидоры, когда несчастные бедуины их даже не пробовали».

Но часто отец Паисий покидал своё аскетическое прибежище. Как «босяк Христов» (так он сам себя называл), преподобный обходил окрестные горы, карабкался на скалы, заходил в пещеры, где в древности скрывались подвижники, *терпя недостатки, скорби, озлобления*[1] ради Христовой любви. Там с благоговейным волнением он внимал безмолвным свидетелям их сверхъестественных подвигов: углублениям в камнях от неисчислимых монашеских поклонов; вырубленным в скалах приступкам, на которых подвижники давали недолгое отдохновение своим изнурённым телам; стенам, закопчённым огнём их свечей; крохотным каменным резервуарам, в которые они по капле собирали сочащуюся из скал воду. Подвижнический дух этих пещер вдохновлял преподобного на бо́льшие и бо́льшие подвиги.

Из нескольких досок преподобный сколотил длинный и узкий ящик, похожий на гроб. Он брал его с собой в походы по горам, чтобы в минуты коротких привалов иметь хоть какую-то тень в голых скалах либо возможность прилечь, вытянув натруженные ноги. Часто отец Паисий поднимался на вершину горы Хорив и на вершину святой Екатерины босиком. Днём, когда солнце нестерпимо жгло, преподобный словно ступал по раскалённым углям. А ночью, когда гранитные скалы промерзали, он словно шагал голыми ступнями по льду. Ступни отца Паисия настолько огрубели, что стали как подошвы ботинок. На вопрос отца Дамиана, как он может ходить без обуви по скалам, преподобный ответил: «А как бедуины всю жизнь босиком ходят? Лучшая обувь — это то, в чём нас родила мать, — ей сносу нет. Чем дольше носишь, тем крепче становится». Однако когда преподобный

---

[1] Евр. 11:37.

приходил в монастырь, он надевал ботинки, спрятанные под большим камнем недалеко от ворот обители. Поэтому те, кто ждал увидеть «сошествие с горы» босого подвижника, видели, как в монастырь входит обычный монах. Преподобный был очень внимателен к тому, чтобы его аскетические подвиги оставались в тайне.

Его подвижнический типикон был таким: земные поклоны без счёта по многу часов подряд и непрестанная молитва Иисусова, которая соединилась с его дыханием. Богослужебных последований по книгам он не читал — всё совершал по чёткам. По ночам преподобный иногда оставался в келье, а иногда уходил высоко в горы. Там он заходил в одну из пещер, где оставался до утра, совершая земные поклоны. Когда отец Паисий уставал, то опускался на колени, прислонялся лбом к ледяному камню и творил молитву. Холода он совсем не чувствовал: сердце его пламенело божественной любовью и звенело гулко, как колокол. Позже он скажет: «Если ты окажешься посреди пустыни и рядом не будет храма, то у тебя всё равно будет храм — твоё собственное тело. Колоколом станет твоё сердце, а лампадами — звёзды в небе над головой». А когда один человек много лет спустя спросил преподобного, сколько часов он спал на Синае, он ответил: «Ты что думаешь, там о сне вспоминаешь? Там ведь святые места. Там ходил Сам Бог. Если бы я не заболел, то ни за что бы оттуда не уехал». А ещё преподобный Паисий рассказывал: «По названию „Богошественная Синайская гора" кто-то может подумать, что встретит там шествующим Самого Бога. А если пожить в монастыре святой Екатерины какое-то время, то по телу начинают бегать мурашки, словно начинается мелкий озноб. Причина в том, что монастырь расположен на значительной высоте от уровня моря и окружён огромными массивами гранитных скал. Но одновременно, живя на Синае, человек начинает чувствовать, как через него словно проходит некий духовный ток. Так он начинает обострённо ощущать присутствие Божие». Вот это обострённое духовное состояние и питало преподобного настолько, что он мог обходиться практически без сна: ему хватало совсем недолгого отдыха перед самым рассветом.

Днём он занимался рукоделием, творя Иисусову молитву. Он разделил ножницы на две части, покрасил их зелёной масляной краской, чтобы солнце, падая на металл, не слепило ему глаза. Потом заточил лезвия о камень и начал вырезать маленькие деревянные иконки. Недалеко от кельи Святых бессребреников росли чёрные тополя. С помощью бедуинов отец Паисий обреза́л у них сучья, высушивал их и резал на тонкие дольки, которые шлифовал потом тонкой наждачной бумагой. На этих кусочках дерева он вырезал иконы Христа, Пресвятой Богородицы, а также изображения, связанные с Синаем: неопалимую купину, святую синайскую вершину, пророка Моисея, получающего от Бога скрижали с десятью заповедями. Преподобный постоянно вырезал одни и те же сюжеты, и от постоянного повторения его руки навыкли работать сами, без участия ума, который был полностью погружён в молитву. Вначале он выреза́л одну иконку около пяти дней, но потом так набил руку, что заканчивал её меньше чем за десять часов.

Первые свои иконки он послал в Каир игумену и архиепископу Порфирию, беря таким образом его благословение на своё новое рукоделие. Потом одну часть иконок он раздавал в благословение паломникам, а другую посылал в Грецию знакомым, которые их продавали и присылали ему деньги. Что-то он отдавал в монастырскую лавку, чтобы не чувствовать себя живущим за счёт обители, хотя ничего и никогда он у монастыря не просил. В начале ему на келью присылали немного хлеба, но потом, когда он находил то один, то другой повод и возвращал его обратно, — перестали. Даже по воскресеньям, когда преподобный спускался в монастырь на Божественную Литургию, на обед там он никогда не оставался.

На деньги, вырученные с продажи рукоделья, он покупал продукты: муку, пшеницу, рис и сахар. С понедельника по пятницу он держал девятый час[1] и вкушал пищу единожды в день — ближе к заходу солнца. Он питался так же,

---

[1] *Соблюдение девятого часа* — полное воздержание от пищи и воды до окончания вечерни, которая совершается после чтения девятого часа (от 14 до 19 часов по европейскому времени).

как преподобный Арсений Каппадокийский — лепёшками по его аскетическому рецепту: мука смешивалась с водой, тесто выкладывалось на раскалённый солнцем камень. Лепёшки получались твёрдые и ломкие, как стекло. Разжевать их было невозможно. Отец Паисий клал небольшие кусочки в рот, давал им размякнуть и глотал. Во дворе кельи он сделал из нескольких камней подобие очага. Там он разжигал хворост, кипятил воду и заваривал себе немного чая, куда клал ложку сахара. Этот чай не только перебивал его жажду, но и помогал ему согреться. Если он не пил чай, то согреться не мог — как бы ни кутался. «Кружка чая с тремя ложечками сахара греет лучше, чем три фуфайки», — говорил он.

По субботам и воскресеньям он «делал послабление» и варил «похлёбку»: кидал горстку муки или риса в кипяток, добавлял и ложечку хлопкового масла. Однажды произошёл такой случай: в субботу вечером он увидел, как к святой вершине поднимается группа паломников со своим приходским батюшкой, чтобы отслужить там Божественную Литургию. Отец Паисий пошёл за ними, желая причаститься. Перед Литургией он почувствовал, что надо сказать священнику о том, что накануне он ел пищу с растительным маслом, и спросить, можно ли ему причаститься. Батюшка этот совсем не знал преподобного, но ответил строго: «Масла наелся — и причащаться хочешь? Не благословляется!» Отец Паисий оказал иерею послушание и не стал подходить ко Святой Чаше, однако почувствовал такую духовную радость, словно причастился.

Так по любви ко Христу преподобный истончал свою плоть постом, бдением и молитвой. С радостью терпел он голод и жажду, дневной зной и ночную стужу, изнурительные походы по пустыне и сбитые камнями ноги. Всем этим он *восходил от силы в силу*[1] и, как альпинист духа, брал новые и новые аскетические вершины.

---

[1] См. Пс. 83:8.

Духовная помощь монастырю

Несмотря на то что отец Паисий жил не в монастыре, а на келье, он старался принимать участие во всех духовных делах обители и с рассуждением помогать братии, особенно новым послушникам. Один из первых вопросов, который преподобный помог решить, было причащение Святых Христовых Таин. В те времена братия в монастыре святой Екатерины причащались всего четыре раза в год. Когда преподобный прибыл в обитель, ему сказали, что он тоже чаще причащаться не сможет. Он со смирением принял это. Каждый раз, приходя на Литургию, отец Паисий готовился к Причащению, но к Святой Чаше не подходил. Когда священник возглашал: «Со страхом Божиим, верою и любовию приступите…» — он преклонял голову и говорил: «Ты, Христе мой, Сам знаешь, как я нуждаюсь в Твоих Теле и Крови». Однако когда в монастырь пришли молодые послушники, отец Паисий убедил братию в необходимости подходить ко Причастию намного чаще и с соответствующей подготовкой. С этого момента вся обитель начала причащаться часто.

На территории монастыря с XI века стояла небольшая заброшенная мечеть[1]. В 1963 году в обитель пришёл мулла и объявил братии, что хочет возродить её. Он стал по-хозяйски приходить, подниматься на минарет и призывать на намаз. Монахи в страшной тревоге бросились к преподобному. Отец Паисий не разделил их беспокойство, а посоветовал совершить всенощное бдение, оставив слово за Богом. До бдения дело не дошло, но монахи горячо и с болью молились в своих кельях — и произошло чудо. В следующую пятницу мулла не появился, и больше о нём никто ничего не слышал.

Отцы написали архиепископу письмо с рассказом об этих событиях. В письме говорилось: «Веруем, что Господь увидел нашу боль о поругании Его святого Имени и не попустил быть тому, чтобы в пределах обители звучал голос муэдзина и совершались мусульманские обряды. Однако боимся, что мы

---

[1] Построена монахами в 1080–1100 годах для того, чтобы избежать разрушения обители мусульманскими захватчиками.

недостойны такого благодеяния Божия, поскольку зачастую мы сами становимся поводом к тому, что Его святое Имя поругаемо бывает».

Под «поводом к поруганию» отцы имели в виду свою легкомысленную терпимость к тому, что толпы туристов бесконтрольно слоняются по монастырю в неподобающей одежде. Отец Паисий с самого своего приезда в обитель говорил о том, что это недопустимо. И чем больше проходило времени, тем очевидней становилась его правота. Наконец на Духовном соборе было решено принять меры. Туристов в монастырь стали пускать лишь в определённые часы, у ворот обители поставили шкафчик с длинными юбками и штанами для туристов, появились таблички с запретом фотографировать в храме и шуметь на территории монастыря. В протоколе Духовного собора записали: «Посетители монастыря должны понимать, что они входят в монашескую обитель. Так и сами они получат духовную пользу, видя строгий дух монастыря, и монахи избегут лишних искушений, и молодые послушники захотят остаться в обители, найдя в ней монашеский дух».

Но, конечно, для того чтобы монашеский дух был в обители, надо, чтобы он был прежде в самих монахах. Поэтому больше всего отец Паисий прилагал старания к тому, чтобы возделать в молодых иноках монашеский нрав и образ мыслей. Живя вдали от монастыря, он иногда видел «по духовному телевизору», как ведёт себя тот или иной молодой монах или послушник, и потом старался их исправить. Как-то раз в монастырь приехал из Каира архиепископ. Отец Паисий, как обычно, был у себя на келье, а вся братия и несколько бедуинов собрались посидеть с владыкой в архондарике. А отец Дамиан в молодости был очень живой и любил пошутить. И вот он начал показывать разные фокусы: то палец себе «отрывал», а потом «приделывал на место», то спичечный коробок «растворял в воздухе», то чайные ложки… А в свите архиепископа был пожилой и совсем простой бедуин. Он принимал все эти трюки за чистую монету и глядел на отца Дамиана с недоумением и страхом. Когда на следующий день отец Дамиан поднялся в келью отца Паисия, тот прямо с порога строго сказал ему:

— Ну и что за цирк ты вчера вечером устроил в архондарике?

— Что вы, какой там цирк?.. — начал оправдываться отец Дамиан. — Так, собрались с владыкой в архондарике, немножко поговорили, немножко пошутили…

— Хорошо же поговорили! — сказал преподобный. — Я что, не видел, как ты там разные дьявольские штуки вытворял?

Отец Дамиан пытался оправдаться и объяснить, что всё это невинные детские фокусы, которые он показывал раньше детям в воскресной школе. Но преподобный ответил:

— Да пойми же ты: бедуины — люди совсем простые. Они будут считать тебя колдуном и вместо уважения станут относиться к тебе со страхом. Помнишь, какими глазами на тебя глядел тот бедуин, что приехал с владыкой?

Отец Дамиан поразился, что отец Паисий знал всё, словно видел собственными глазами. Но не меньше поразил его принцип духовной оценки отцом Паисием абсолютно любых действий и слов: критерием была лишь духовная польза или духовный вред, которые из слова или действия проистекали.

Делом мирским и неподходящим монаху отец Паисий считал страсть отца Дамиана к фотографированию. Однажды преподобный взял у него фотоаппарат и бросил его в скалы. Потом сходил за ним и отдал отцу Дамиану. Фотоаппарат оказался абсолютно цел. Отец Дамиан оторопел, увидев фотоаппарат невредимым, и зарёкся впредь делать снимки. Преподобный улыбнулся и проговорил: «Да ладно, снимай уж, но в меру, с рассуждением».

«Так, потихоньку, — рассказывал потом отец Дамиан, — с помощью отца Паисия я начал понимать, что монашество — это гораздо более тонкое дело, чем мне казалось раньше». А один послушник в те годы писал другу: «Отец Паисий — это настоящее сокровище с точки зрения опыта, святости и рассуждения. Сам он совершает великие подвиги, проводит жизнь в жесточайшей аскезе, лицом к лицу сражается с дьяволом. Его любовь и понимание ближнего исключительны. Находясь рядом с ним, я чувствую себя маленьким, слабым, неразумным ребёнком, тогда как отец Паисий — муж сильный и испытанный огнём искушений».

Духовная помощь монастырю

В январе 1963 года в монастырь, чтобы стать послушником, приехал выпускник Афинской высшей коммерческой школы Евфимий Склирис, с которым отец Паисий познакомился в Афинах.

— Какими судьбами? — радостно удивился отец Паисий, увидев Евфимия на монастырском дворе.

— Это ты меня воспламенил, вот я и решил всё оставить, — ответил молодой человек.

С собой Евфимий привёз три чемодана и много коробок с вещами: одеждой, постельным бельём, полотенцами, столовыми приборами…

— Что это такое? Ты что, принц в изгнании? — удивился отец Паисий. — Куда ты приехал, как ты сам думаешь?

Тогда Евфимий решительно распахнул окно кельи и стал выбрасывать во двор всё, что попадалось под руки. Громко возглашая: «От всего откажемся ради Христа!» — он отправил в окно не только свои вещи, но даже выданные отцом экономом матрас и подушку. Всё это было немедленно растащено подоспевшими на шум бедуинами.

Отец Паисий был рад самоотверженности новоначального брата Евфимия. Однако, увидев, что тот спит на голых досках, он решил притормозить юношу.

— Мы же с тобой договорились жить в лишениях ради Христа — стать умалишёнными мы не договаривались. А тебя из одной крайности кидает в другую, — сказал преподобный.

Вскоре от чрезмерной аскезы Евфимий заболел, и отец Паисий попросил приготовить для него куриный суп. Чтобы убедить юношу поесть, преподобный первым проглотил ложку супа, несмотря на то, что ещё в детстве решив не есть мяса, около тридцати лет не прикасался к такой пище. Эта ложка супа была жертвой во имя любви. Именно поэтому отец Паисий, как он сам рассказывал годы спустя, даже вкуса её не почувствовал. Но когда помысел шепнул ему: «Ну и ещё пару ложечек за компанию!..» — преподобный отверг его, поняв, что он исходит от лукавого.

Отец Паисий старался, насколько мог, помочь монастырю. Но всё же главным его рвением, как и прежде, был самоконтроль и исправление себя. Теперь и сама пустыня помогала ему совершать над собой более глубокую внутреннюю работу. Преподобный считал «мыльными пузырями» всё, что было сделано им до прихода на Синай. Он так и написал в одном из отправленных тогда писем: «И правда, благодатию Божией многое в монастыре исправилось, но я чувствую великую нужду в исправлении моей собственной окаянной души. Мне надо продолжить то духовное дело, которое я начал, потому что отсюда всё сделанное до сих пор кажется мне мыльными пузырями. Ведь только очистившись сам, я смогу по-настоящему помочь другим молитвой».

Любовь к бедуинам и забота о них

В пустыне вокруг монастыря живут бедуины племени джебелья́, что значит «горные». Наблюдая за жизнью этих людей, отец Паисий восхищался их выносливостью. «Проведя на Синае два года, — говорил он позже, — я и близко не достиг той закалки, которой они обладают с детства». Однако у преподобного болело за них сердце, ведь он видел, что живут они в большой нужде. Хлеб, который они ели, был из неочищенной муки, с песком и камнями. Отец Паисий предложил бедуинам брать хороший хлеб в монастыре, и они с радостью согласились.

В те годы Синай поразила страшная засуха. В течение семи лет с неба не упало ни капли дождя. Колодцы, из которых бедуины брали воду, почти пересохли. Совсем пересох и монастырский резервуар, в который собиралась вода с гор. Отцы решили попробовать организовать доставку воды в обитель издалека, но преподобный попросил их потерпеть и стал горячо молиться о дожде. После трёх месяцев молитвы, в феврале 1963 года, отец Паисий с братией и бедуинами пошёл на метох Святых сорока мучеников — помочь с обрезкой масличных деревьев. Бедуины попросили отдать им обрезанные ветки на дрова, но монахи, непонятно почему, отказались. Увидев это, преподобный сам стал делать из веток вязанки и грузить их на бедуинских мулов. Один старик-бедуин подошёл к нему и на ломаном греческом сказал: «Ты хороший человек. Теперь пойдёт дождь». Через несколько минут первые редкие капли дождя застучали по земле, и вскоре всю исстрадавшуюся Синайскую пустыню омыл долгожданный ливень. Он не прекращался четыре дня. На два года Синай был обеспечен водой.

Почти все деньги, вырученные от продажи рукоделья, отец Паисий тратил на бедуинов, покупая им продукты и одежду. Он так ни разу и не съездил в Иерусалим, хотя расстояние было не таким уж большим. Но он не мог себе позволить тратить деньги на поездку, когда рядом голодают дети. Ребятишки, видя его любовь, бежали к нему с радостным визгом, едва завидев его худенькую фигурку на горизонте. Он раздавал им леденцы, полотняные панамки и сандалии, смазывал раны и ссадины воском. Часто они и сами поднимались к нему в келью святой Епистимии с просьбой залечить им раны. А когда он приходил в монастырь, дети собирались под окном его кельи и кричали: «Абу́на[1] Паизи!» Тогда он спускал им на верёвке корзину с провизией и сладостями.

На Светлой седмице 1963 года отец Паисий с братьями пошли на метох Святых сорока мучеников, чтобы отслужить там Божественную Литургию. С собой они взяли немного пасхальных яиц. После службы монахи вышли из храма и сразу были окружены дружелюбной толпой бедуинов, ожидавших получить яйца в подарок. Все яйца были тут же розданы, и, на удивление братии, ни один бедуин не остался обделённым. Позже отец Паисий с улыбкой вспоминал: «Святые сорок мучеников спустились в свой сорокадревый сад и одарили пасхальным яйцом каждого из сорока бедуинов».

Часто отец Паисий брал бедуинских детей и поднимался с ними на вершины гор, где стояли покосившиеся от времени древние деревянные кресты. Они приносили с собой пустые жестяные банки, которые отец Паисий разреза́л и распрямлял молотком. Он укреплял кресты и оборачивал их жестью, прибивая её гвоздями. Дети помогали. Потом, когда солнце падало на жесть, кресты ослепительно сияли на синайских вершинах. Отец Паисий с детьми любили смотреть на сияющие кресты снизу, от монастыря.

---

[1] *Абу́на* («отец наш») — обращение к священникам, монахам и архиереям в Сирийской, Коптской и Эфиопской Церквах.

С особой трепетной заботой преподобный относился к одному бедуинскому мальчику — Сулейману. Отец у Сулеймана умер, сам ребёнок болел туберкулёзом. Однажды, 14 сентября 1963 года, отец Паисий набил торбу печеньем, поднялся на вершину святой Епистимии и спустился с противоположной стороны горы, ища стан бедуинов. Он шагал среди скал шесть часов, оставляя знаки мелом, чтобы не заблудиться, и наконец вышел прямо к хижине Сулеймана. Ух, сколько тут было радости! Ребёнок прыгал от счастья и кричал: «Абуна Паизи! Абуна Паизи!» У них с мамой была одна-единственная курица, и Сулейман с радостными криками побежал отворачивать ей голову, чтобы от всей широты сердца угостить преподобного. Но отец Паисий успел его остановить:

— Оставь в покое курицу, Сулейман! Пусть себе яйца несёт. Лучше я вам в следующий раз рису принесу. А что, у вас тут даже соседей нет?

— Как же нет? — возразил Сулейман. — У нас тут полно соседей вокруг! — и радостно махнул рукой туда, где до самого горизонта простирались безжизненные рыже-серые скалы.

До ближайших соседей было не меньше получаса бегом. Но Сулейман обежал все окрестные бедуинские станы, взахлёб рассказывая всем, что к нему в гости пришёл сам «абуна Паизи». И вот из-за горизонта к хижине, где ждал преподобный, потянулись вереницы бедуинских детей и женщин с младенцами на руках, чтобы получить от него в подарок по маленькому печеньицу. День тот стал для бедуинов самым настоящим праздником. А преподобный, запомнив дорогу, стал часто приходить по ночам к жилищам бедуинов и тихо оставлять им под дверью провизию и одежду. По утрам бедуины выходили из хижин и, важно показывая друг другу подарки, говорили: «Вот!.. Абуна Паизи!..»

Милостыня преподобного была свидетельством его любви к этим несчастным людям, которые в древние века были христианами, но потом насильно были обращены в мусульманство. Однажды, когда отец Паисий спустился из кельи в монастырь, ему сказали, что в архондарике его ожидает шейх всех синайских бедуинов. Преподобный растерялся. «Зачем я ему? Может, он недоволен, что я приношу бедуинам вещи?»

Преподобный Паисий кормит птиц. Слева — его маленькая келья

Однако, когда он вошёл в архондарик, шейх крепко обнял его, расцеловал и сказал: «По Евангелию живёшь. Могу я что-то для тебя сделать?» Преподобный растрогался. «Ты только посмотри! — подумал он. — В Конице духовенство объявило мне войну. А здесь шейх бедуинских племён говорит, что я живу по Евангелию». Попросил он у шейха только одного: сказать всем бедуинам в округе, чтобы они не подходили к его келье и не отрывали его от молитвы. «Передайте им, пожалуйста, — добавил он шейху, — что я сам буду их навещать». Однако, когда преподобный в очередной раз посетил маленького Сулеймана, то сказал ему: «Тебя, Сулейман, этот запрет, конечно, не касается. Можешь приходить ко мне, когда только захочешь».

Общение с животными

Самыми частыми гостями кельи отца Паисия были несколько птиц и маленькие пустынные мышки с жёстким, как щётка, мехом. Эти мышки «убирали» ему двор, подъедая стружки, которые оставались на земле после занятий рукоделием. Однажды, когда отец Паисий варил мучную кашу, она пригорела и засохла на дне банки. Преподобный стал чистить банку и отскрёб пригоревшую муку. На запах пришли мыши, и отец Паисий насыпал им эти крошки. С тех пор, как только из кельи преподобного раздавалось шуршание — будь то звук ошкуриваемого дерева или шкрябание ложки по дну банки, — мыши и птицы собирались у кельи. Отец Паисий угощал их рисом и пшеницей, деля «лакомство» на несколько маленьких кучек, чтобы хватило всем. Его чуткое сердце сострадало, когда он видел, какими мелкими и тощими выглядят зверьки и птицы по сравнению с теми, которых он видел в Греции. «Всё живое терпит лишения в пустыне», — говорил отец Паисий.

В келье отца Паисия не было окна, и поэтому дверь всегда была открыта. Через неё-то и влетали пернатые гости. Однажды, пытаясь поднять большой камень, преподобный сорвал спину, и почти двадцать дней лежал на выступе, служившем ему кроватью. «В один из этих дней, — вспоминал отец Паисий, — ко мне в келью влетела маленькая серая птичка. Она села на мою грудь и, глядя прямо мне в лицо, начала петь. Пела она несколько часов подряд, не переставая. Представь, ты лежишь больной, а к тебе прилетают птицы — и не для того, чтобы поклевать зёрен, а чтобы утешить тебя своим сладким пением».

Птицы летели за отцом Паисием, даже когда он уходил далеко от своей кельи, в скалы и пещеры. Там он обычно пел «На Сина́йстей горе́…»[1], «Святы́й Бо́же…», «Досто́йно есть…» и другие церковные песнопения. Как только с губ преподобного срывались первые слова, птицы слетались к нему. Они садились ему на плечи, на голову, и тоже начинали петь, а потом отец Паисий угощал их рисом. Если же преподобный хотел абсолютного безмолвия, ему приходилось воздерживаться от пения, иначе пернатые тут же начинали вторить ему и отвлекать своим щебетанием. Позже он вспоминал: «Как-то раз один неутомимый певчий преследовал меня, совсем не давая молиться: куда я — туда и он. Красивая была птичка!»

---

[1] Ирмо́с девятой песни третьего гласа.

Один из реставраторов, которые в то время работали в монастыре, пересказывал истории, в правдивости которых он не сомневался. Он говорил, что в пустыне отец Паисий подкармливал не только мышей и птиц, но и безбоязненно кормил ядовитых пауков и змей, а они никогда его не кусали. Впоследствии преподобный напишет: «О, благословенная пустыня! Как же ты помогаешь сдружиться творению Божию со своим Творцом! Каким удивительным образом ты превращаешься в земной рай и вновь собираешь диких животных вокруг человека, которого ты из дикого превратила в Божьего!»[1]

Бесовские искушения

Подвизаясь на Синае, отец Паисий терпел великую брань от диавола. Прожив в пустыне полгода, он написал в одном из писем: «Не сомневаюсь, что вы радуетесь за меня и мой образ жизни, потому что в пустыне, и правда, нет поводов ко греху. Однако, если диавол не может дотянуться до какого-то места своими инструментами, он заявляется туда собственной персоной. Поэтому молитесь, чтобы меня укрепляла и покрывала благодать Божия». О первом большом бесовском искушении, которое пережил преподобный на Синае, сказано выше[2]. Расскажем ещё о нескольких.

Однажды ночью он спускался по скалистой тропе из кельи в монастырь. С собой у него была зажигалка, но бензин закончился, и она высекала одни лишь искры. «Ничего, — подумал отец Паисий, — буду подсвечивать искрами и как-нибудь спущусь». Но не успел он двинуться дальше, как со скалы напротив ударил мощный пучок света, подобный прожектору, осветив всё вокруг. Преподобный тут же понял, что происходит что-то бесовское. «Нет, такого света мне не надо, — брезгливо сказал он. — Пропади он пропадом, твой „прожектор"». Тут же отец Паисий развернулся и направился обратно в келью. В ту ночь он так и не пошёл в монастырь, а потом вспоминал: «Тангалашка решил мне

---

[1] См. *Старец Паисий Святогорец*. Письма. С. 202.
[2] См. стр. 236.

помочь. Расстраивался, бедный, плакал: „Ах, — говорил, — что ж человек-то в потёмках мучается? Дай я ему подсвечу!" Если бы я повёлся на эту прелесть и поверил, что свет этот от Бога, или хотя бы почувствовал в себе гордое удовлетворение, то потом он бы притащил туда не только „прожектор", но и целый „киноаппарат" и без конца крутил бы передо мной своё „кино", показывая мне то „Христа", то „Матерь Божию", то что-нибудь ещё — и я бы сильно повредился».

Прошло немного времени, и диавол опять пытался обмануть преподобного, чтобы его покалечить. Площадка перед кельей святой Епистимии заканчивалась пятиметровым обрывом. И вот однажды, когда отец Паисий сидел возле края площадки и шлифовал дерево наждачной бумагой, он услышал за спиной голос: «Можно отсюда спрыгнуть. Останешься цел и невредим». Обернувшись, преподобный увидел чёрную тень с огромной головой. «Вот отродье бесовское», — подумал отец Паисий и продолжил своё дело. Однако тангалашка не сдавался и целых минут пятнадцать монотонно, как заезженная пластинка, бубнил: «Можно прыгать. Можно прыгать. Будешь цел и невредим. Цел и невредим». Преподобный делал вид, что не слышит, но в какой-то момент отозвался:

— Вот ведь прилип! Хорошо, брошу вниз камень.

— Великолепный ответ! Не обычного, а смиренного и мудрого человека ответ! — закричал в мнимом восторге тангалашка. — Имей в виду: даже Христос мне так не отвечал! Поверить не могу: человек ответил лучше Самого Христа!

— Христос — это Бог, — ответил преподобный. — А я — чучело гороховое. Сижу здесь и лясы с тобой точу. Пошёл отсюда вон.

После этих слов преподобного диавол исчез.

Однажды у преподобного остановился будильник. Он вышел из кельи и несколько раз качнул его, чтобы дать ему ход. Вдруг, одновременно с этими движениями, диавол принёс ему резкий, пронзительный помысел: «Ну что, жалкий неудачник, хорошо оказалось в монахах? Остался бы в миру, женился и сейчас бы не будильником среди скал тряс, а деток своих укачивал, одеялками бы их укрывал. Не лучше было бы, чем сейчас-то?» Преподобный, изо всех сил отвергая этот помысел, как раскалённую головешку бросил будильник в скалу напротив, метрах в трёх от него. Только перед самой скалой будильник вдруг приостановился в воздухе и стал странно, словно при замедленной съёмке в кино, падать вниз. Он опустился на самое дно пропасти высотой с семиэтажный дом. Спустившись туда, отец Паисий с изумлением увидел, что будильник ровно стоит на камне и тикает. «Диавольское дело! — сказал отец Паисий. — Мыслимо ли, чтобы будильник с такой высоты упал и продолжал тикать?» Взяв увесистый камень, он крепко пришлёпнул будильник и смял его в лепёшку. Преподобному лучше было совсем не знать, сколько времени, чем ежечасно держать перед глазами осязаемый знак диавольской «услуги».

Великую четыредесятницу 1963 года отец Паисий собирался провести в пещере святого Стефана, которая находится в одном из отрогов святой горы Хорив. С собой в пещеру он взял только консервную банку и моток бечёвки, чтобы доставать воду из находившегося неподалёку колодца. Но в первую же ночь враг устроил ему столь сильное искушение, что преподобный был вынужден вернуться к себе в келью. «Здесь я находиться недостоин», — решил он, имея в виду, что высоко над пещерой святого Стефана — святая вершина. Потом он вспоминал: «Я уступил и ушёл с передовой. Подумал, что если отдам все силы до капли на столь сильную борьбу с диаволом, то потом у меня не останется сил больше ни на что и никакой пользы я не получу». Как искусный духовный воин, преподобный вёл духовную брань не только с отвагой, но и со смирением и рассуждением.

Божественное извещение о святых богоотцах и утешение от Божией Матери

На Синае преподобный отец наш Паисий проводил необыкновенно высокую духовную жизнь, переживал высочайшие духовные состояния. Среди сокровенных таин, которые «вложены были во уши его разумения»[1], было и откровение о целомудренном и преподобном соитии святых богоотцов

---

[1] См. *Феолипт Филадельфийский, свт.* Слово о трезвении и молитве.

Иоакима и Анны, в результате которого была зачата Пресвятая Богородица. «Святые богоотцы Иоаким и Анна, — говорил преподобный после, — совершив горячую молитву о том, чтобы Бог даровал им дитя, сошлись телесно не по плотской похоти, а по послушанию Богу. В них абсолютно отсутствовало плотское мудрование, это была самая бесстрастная супружеская пара, когда-либо существовавшая на земле. Как только на земле появились такие муж и жена — бесстрастные, такие, каким Бог сотворил человека, способные к такому зачатию детей, какого Он хотел от людей, — так и появилась на свет Пресвятая Богородица. Она родилась Всечистой, потому что Её зачатие произошло без наслаждения. Об этом я получил извещение, когда жил на Синае».

Также в келье святой Епистимии отец Паисий ощутимо пережил нежную материнскую любовь и заботу Пресвятой Богородицы, Которая, как Добрая Мать, явилась ему накануне того дня, когда скончалась его мать по плоти. К тому времени преподобный прожил в пустыне уже год. И всякий раз, когда на ум ему приходила картина прощания с матерью и ранившие её жестокие слова, он очень страдал. Он каялся в своём поступке на исповеди, исповедовался и в других скорбях, причинённых матери с детского возраста. Преподобный молился о том, чтобы мама не чувствовала приближения своей смерти заранее и не страдала оттого, что его нет рядом. Молитвы были услышаны: утром 6 октября 1963 года Евлогия, мать преподобного, проснулась здоровой, но через несколько минут предала свою благословенную душу в руки Божии.

А накануне ночью, когда преподобный молился в келье, ему явилась Пресвятая Богородица, Живая-Преживая — это было не видение, не сон, а даже отчётливее, чем явь. Она поцеловала его, как мать целует ребёнка, а он настолько сильно почувствовал Её нежную любовь и Божественное утешение, что не мог сдержаться и как сумасшедший кричал: «Матушка моя Панагия! Матушка моя Панагия!» Когда он спустился в монастырь на Литургию и вошёл в храм, то, прикладываясь к иконам, узнал на одной из них Ту, Которую только что видел и осязал наяву. Через несколько дней он получил из Коницы письмо со скорбной вестью о кончине мамы.

Выносная икона Богородицы. Монастырь св. вмц. Екатерины, Синай

Пережитые преподобным на Синае материнская любовь и нежная забота Пресвятой Богородицы остались в его сердце навсегда. Потом он советовал монахам: «Для того чтобы почувствовать Царицу Небесную своей Матерью, монах должен без остатка искоренить из сердца любовь к своей матери по плоти».

Промысл Божий

Отец Паисий достиг такого духовного состояния, что хотел посвящать себя одной лишь молитве. Однако всё больше и больше часов в день он вынужден был заниматься рукоделием, чтобы зарабатывать деньги и покупать бедуинам вещи и продукты. В какой-то момент он подумал: «Для чего я пришёл на Синай: бедуинам помогать или молиться о всём мире?» Поразмыслив, он решил заниматься рукоделием только в самую необходимую меру.

В тот же самый день, когда он принял это решение, к нему в келью пришёл один паломник, по специальности врач, живший и работавший в Вене. Увидев его, преподобный сказал: «Наконец-то, а то я тебя совсем заждался». Они начали беседовать, и преподобный по дару прозорливости открыл доктору некоторые вещи из его жизни, знать о которых никто не мог. Тот был очень растроган. Достав из бумажника сто фунтов, он протянул их отцу Паисию со словами: «Вот, возьми, пожалуйста. И бедуинским деткам помогать будешь, и на молитву время останется». Отец Паисий еле сдержался, чтобы не расплакаться прямо перед гостем. Он быстро ушёл в келью и пробыл там минут пятнадцать. Потом он рассказывал, что был поражен до самого сердца Промыслом Бога и Его заботой.

Доктор пробыл в келье святой Епистимии двое суток. Когда он спустился в монастырь, братия увидели перед собой совсем другого человека. Было видно, что у отца Паисия он нашёл не просто утешение, а нечто качественно иное, несравнимо более глубокое и существенное. Как врач он выразил своё мнение о здоровье преподобного, сказав: «Жизнь этого святого человека в столь неприемлемых для его здоровья условиях вряд ли может продлиться ещё сколь-нибудь долгое время». Это было в декабре 1963 года.

Отъезд с Синая

В одном из писем преподобный старец писал, что «ни за что не оставил бы пустыню с её многими и прекрасными предпосылками для духовной жизни». Только здоровье уже не выдерживало. Постоянные и резкие перепады температуры, недостаток кислорода на большой высоте среди лишённых растительности скал чрезвычайно ухудшили состояние его больных лёгких. Не прожив на Синае и года, он уже начал страдать от постоянных и сильных приступов головных болей. Началась тяжёлая одышка; часто кружилась голова, и он едва не падал в обморок. «Когда нет ветра, — писал он тогда, — у меня сильно болит голова и в груди словно обручем перехватывает дыхание. Но, к счастью моему, Бог совсем рядом. Он питает меня небесною манной — Своей Божественной благодатью. От этого я испытываю великую радость».

Однажды ночью, молясь в своей крохотной келье, он почувствовал, что его покидают силы, и упал. «Может, пришёл смертный час?» — пронеслось у него в голове. Лёжа на полу кельи, он продолжил молиться, с нетерпением ожидая смерти. Но через некоторое время нетерпение уступило место страху. Он подумал, что если не попытается сделать хоть какую-то попытку выжить, то, возможно, такая смерть будет считаться самоубийством. Он медленно и с большим трудом выполз наружу и подполз к тому месту двора, где дул небольшой ветерок. Там он лежал и молился, пока не пришёл в себя. «Если бы я остался в келье, — говорил он позже, — то умер бы. Но мне тогда было очень хорошо, радостно».

Доктор из Вены, уезжая, настоятельно советовал преподобному хотя бы на какое-то время спуститься и пожить ниже. В феврале шестьдесят четвёртого отец Паисий решил пожить какое-то время в монастыре, который находится на двести пятьдесят метров ниже кельи святой Епистимии[1]. Он решил, если ему станет получше, перейти потом жить в пещеру святого Иоанна Лествичника, которая расположена ещё

---

[1] Монастырь святой Екатерины расположен на высоте 1570 м над уровнем моря.

ниже. Преподобный даже закупил несколько листов пенопласта, чтобы рядом с сырой пещерой святого Иоанна устроить себе небольшую каливку. В письме, отправленном тогда из монастыря, он рассказывал: «Вижу, как Бог опускает меня всё ниже и ниже… Но если и здесь мне лучше не станет, то, видимо, придётся возвращаться в Грецию. Оставлю всё на Него, а Он, как Благой естеством, пусть делает то, что пойдёт на пользу душе каждого человека». В монастыре отец Паисий прожил полтора месяца, но становилось ему только хуже и хуже. Одышка была как при сильной астме, он задыхался и не мог творить Иисусову молитву, как привык — соединяя со вдохом и выдохом. «Какой смысл оставаться, если даже молиться здесь я не могу?» — подумал он. И 25 апреля 1964 года он уехал с Синая, со многой болью попрощавшись со своей возлюбленной пустыней.

Позже преподобный отец наш Паисий рассказывал, что в Синайской пустыне он «духовно пировал так, как не пировал больше никогда и нигде». Он наслаждался, вкушая безмолвие, «которое и само по себе есть уже некая таинственная молитва и очень помогает молящемуся человеку»[1]. Он мог бы обеими руками подписаться под каждым словом святоотеческой похвалы пустыне, написанной за много веков до него: «О безмолвие, породитель покаяния! О безмолвие, указующее человеку на согрешения его! О безмолвие, в устроение мирное человека ведущее! О безмолвие, училище молитвы и чтения! О безмолвие, веселие душевное и сердечное! О безмолвие, Христа вместилище, изращающее духовные плоды!»[2]

Жизнью в абсолютном безмолвии пустыни преподобный Паисий стяжал безмолвие внутреннее, приобрёл мир души. Он глубоко и чисто познал себя. Но не только себя, а ещё и великую любовь Божию и Его неизреченные благодеяния. В его сердце разгорелось пламя божественного рачения, которое попалило в нём всё нечистое и побудило его всецело вверить себя Богу. Больше его не интересовало ничто земное,

---

[1] См. *Старец Паисий Святогорец*. Письма. С. 114.
[2] См. Τὸ Μέγα Γεροντικόν. Τόμος Α΄, Κεφ. Β΄. Θεσσαλονίκης, 1994. Σελ. 298–300.

поскольку «только тело его находилось на земле, тогда как ум его пребывал на Небе. В этом состоянии он ничем уже не отличался от ангелов, поскольку, как и они, денно и нощно пребывал в превыспренних, молясь умно и непрестанно»[1].

Нам неведомы созерцания и откровения преподобного отца Паисия, который, «выйдя из пределов своего „я" и из пределов земного притяжения, небесным полётом приближался к райскому житию»[2]. Знаем одно: после Синая во всех словах и делах его отражался Сам Христос — тот драгоценный камень[3], который он обрёл, трудясь в «глубинах духовного рудника пустыни». Приобретя эту Драгоценность, преподобный стал чрезвычайно, надмирно богат и обогатил потом народ Божий своими чудесными делами и словами, исполненными глубочайшей мудрости.

Всю свою последующую жизнь преподобный Паисий будет вожделенно желать вернуться в пустыню — место, исполненное и предельной нищеты, и неисчисляемого богатства. Он до конца жизни хотел «прожить ещё хотя бы один синайский день». За два месяца до своей кончины он скажет: «Ах, если бы у меня были силы! Я бы оставил всё и поехал на год на Синай, в келью святой Епистимии. Жил бы там как монах, пел бы как ангел, и умер бы как солдат на передовой».

---

[1] См. *Старец Паисий Святогорец*. Письма. С. 115.
[2] См. *Старец Паисий Святогорец*. Письма. С. 176, 230–231.
[3] См. Мф. 13:46.

Сарайчик в Иверском скиту

В Иверском скиту Честного Предтечи

ГЛАВА IX

В каливе Святых архангелов

Отец Паисий вернулся на Афон в мае 1964 года. Первой его заботой был поиск старца, которому он мог бы оказывать послушание. Он оставил свои немногие вещи в одном из магазинчиков в Кариес и пошёл на Капсалу, где подвизался русский духовник иеромонах Тихон. Отец Паисий познакомился со старцем в Эсфигмене около десяти лет назад. Он попросил у отца Тихона духовного руководства и даже нашёл недалеко от него пустующую келью, где мог бы поселиться. Когда он вернулся в Кариес за вещами, то встретил там антипросопа монастыря Филофей, который стал убеждать его поселиться в келье старца Августина, которого к тому времени забрали в монастырскую больницу. Отец Паисий отказывался и говорил, что уже нашёл себе келью на Капсале, но антипросоп был очень настойчив, и в конце концов отец Паисий ответил: «Буди благословенно». Когда он пришёл вместе с антипросопом в Филофей, один из членов Духовного собора воспротивился тому, чтобы отцу Паисию дали келью недалеко от Филофея, и сказал: «В Иверском скиту тоже есть пустые каливы!..» Отец Паисий повторил: «Буди благословенно» — и пошёл прямиком в Иверский скит, где отцы предложили ему поселиться в каливе Святых архангелов.

Пятнадцать калив и келий Иверского скита Честного Предтечи рассеяны по склонам густо заросшего деревьями и кустарником оврага. Калива Святых архангелов находится выше других, с солнечной стороны. Калива представляла собой довольно большое строение с храмом и тремя кельями, нуждавшимися в ремонте. Отец Паисий немного привёл в порядок одну из келий и всё лето 1964 года ремонтировал каливу. Также он расчистил заросший огород и сделал запас дров на зиму. Осенью он собрал урожай с принадлежавших каливе масличных деревьев и заготовил оливковое масло.

Сам преподобный, как обычно, довольствовался малым. За все эти работы он взялся по той причине, что некоторые юноши, с которыми он познакомился в Афинах и на Синае, собирались приехать к нему и стать его послушниками. Готовясь к этому, он хотел приготовить всё необходимое к их приезду, чтобы они, ни на что не отвлекаясь, могли посвятить себя главному деланию монаха — молитве и чтению святоотеческих книг. В письме, отправленном в июле 1964 года, он написал: «Вижу, что дело идёт к тому, что у нас здесь будет небольшое братство. И, по правде говоря, меня это очень расстраивает, потому что я привык жить один и, насколько понимаю, оставаться одному мне было бы духовно полезней. Я немало просил об этом Господа, но по всему видно, что воля Его в том, чтобы я принял послушников. Я ходил с этим вопросом к своему духовнику отцу Тихону, и он сказал мне, что я должен принимать тех, кто захочет жить рядом со мной. „В крайнем случае, — говорит, — построй себе чуть подальше небольшую каливку — будешь там уединяться". Затеял я и ремонт каливы, потому что, возможно, скоро сюда приедут наши друзья, и я, насколько возможно, должен обеспечить им нормальные условия для жизни. <…> Месяца три уже работаю не покладая рук. Слава Богу, многое уже сделано. Со всем внешним хорошо бы покончить за год, чтобы начать главное монашеское дело — молитву и чтение святых отцов. Ну и как второстепенное занятие — какое-нибудь небольшое рукоделие. Так мы будем жить беззаботно, и это даст братьям возможность сосредоточиться на высшем. <…> А когда пройдёт время, я думаю построить метрах в ста друг от друга каливы для братьев, чтобы подвизаться „всем вместе и каждому по отдельности". Я ведь попробовал все виды монашеской жизни и понял, что лучше всего человек очищается в безмолвии».

Аскетическая пища

Возле каливы Святых архангелов росли три больших дерева: шелковичное, черешневое и пи́ния[1]. Придя впервые в каливу и увидев три эти дерева, отец Паисий подумал, что теперь-то едой он обеспечен полностью. Вечерами, заканчивая утомительные работы по ремонту, он залезал на черешню или шелковицу и, славословя Бога, съедал горсть плодов. Несколько дней тем летом у него гостил один молодой диакон. Каждый день в полдень преподобный говорил ему: «Нам в ресторан не пора?» — после чего они забирались на шелковицу и ели ягоды. Так преподобный провёл конец весны и всё лето, не заботясь о хлебе насущном и, как небесная птица, питаясь сначала черешней, потом ягодами шелковицы, а с конца лета — орешками пинии.

Осенью и зимой дневной пищей отца Паисия какое-то время была одна ложка орешков-пиноли с мёдом. Но скоро он понял, что на одном этом не проживёшь, учитывая суровость зимы на Афоне. Позже он рассказывал: «По сравнению с черешней ягоды шелковицы более калорийны и дольше отдают человеку свою энергию, а орешки пинии — калорийней всего. Но на Святой Горе воздерживаться так же, как на Синае, невозможно. Только на пиноли здесь даже одну зиму не протянешь». Поэтому он начал есть сухари, варил немного риса, картошки или съедобных трав.

Нападения бесовские

На новом месте преподобный начал свою обычную суровую аскезу. А диавол начал свои обычные нападения на него. Первое искушение произошло уже через несколько дней после того, как отец Паисий поселился в каливе Святых архангелов. Был вечер, только что стемнело. Отец Паисий стоял на коленях на койке и творил молитву Иисусову. Вдруг в дверь кто-то сильно постучал. «Кто там?» — громко спросил преподобный,

---

[1] *Пи́ния* — средиземноморская кедровая сосна. Её семена называются «пино́ли», они крупнее, чем у сибирского кедра, и употребляются в пищу.

но ответа не было. А около часа назад в каливу заходил один несчастный, который собирал милостыню, и отец Паисий отдал ему все деньги, которые были. И вот он подумал, что, наверное, этот человек вернулся, чтобы попросить ещё. Стоило ему так подумать, как в дверь постучали сильнее. Отец Паисий встал на ноги, зажёг свечу и снова громко спросил: «Кто там?» — но ответом опять было молчание. А вскоре сильный стук послышался уже не в дверь, а в потолок, с чердака. Преподобный понял, что это бесовское искушение, опять встал на колени и продолжил молитву. Вдруг со страшным грохотом потолок прямо над его головой проломился, и на уцелевших досках, острым концом вниз, повисла огромная каменная плита. Таких камней нигде в окрестностях не было, и преподобный понял, что её откуда-то принесли и бросили на его крышу бесы. Только он уже хорошо знал, что́ такое бесовские искушения, и потому остался невозмутимым. «Понятно, — сказал он. — Теперь до самого утра не угомонятся». Всю ночь он не спал и творил молитву Иисусову, а тангалашки и правда не могли угомониться — топали и гремели чем-то не переставая.

Подобного рода бесовские нападения происходили нередко. Множество нечистых духов собиралось к каливе преподобного и обрушивалось на него с искушениями. Сам он со смирением объяснял это так: «Что тут скажешь? Как мухи облепляют какую-нибудь падаль, так и меня облепили бесы».

Как-то преподобный на несколько дней приютил в каливе одного юношу. В одну из ночей тот в ужасе не спал, потому что всё вокруг гремело, стучало и вся келья ходила ходуном, как при сильном землетрясении. Утром юноша в страхе и недоумении спросил:

— Отец Паисий, что всё это было? Что весь этот грохот значил? И как калива не развалилась?

— Это ещё ерунда! — засмеялся преподобный. — Вот когда всем полчищем заявятся, увидишь, как они стучать умеют!..

Молитва и духовное чтение

В Иверском скиту отец Паисий снова начал читать богослужебные последования по книгам, хотя молитва его к тому времени уже стала непрестанной. Как-то один отшельник спросил его:

— А ты, геронда Паисий, сколько часов молишься?

— Пьяница, придя в таверну, сколько выпивает вина? — спросил преподобный.

— Ну, как сказать «сколько»?.. Пьёт, пока не захмелеет.

— Ну, вот и с молитвой примерно так же.

Любимым келейным чтением отца Паисия в этот период его жизни был Октои́х[1]. Он не мог от него оторваться, читал и перечитывал вновь. «Я просто влюбился в Октоих, — говорил он. — Сколько же в нём глубочайших смыслов!» Часто он сжимал книгу в своих объятиях и восклицал: «Святой мой Октоих!» Читая тропари, посвящённые Распятию и Воскресению Христа, а также святым Христовым мученикам, он переживал крестовоскресную мученическую радость. Вместе с мучениками он горел тем же самым божественным огнём, который влёк их к страданиям за Христа; вместе с ними переживал то божественное радование, которое превращает страдание в духовное торжество. Некоторые из тех тропарей, что его особенно трогали и возбуждали в нём духовную ревность, он запоминал наизусть. Он пел их ангельски, как божественно влюблённый. Вот один из этих тропарей: «Разгоре́нием распала́ющеся Христо́вы любве́, неопали́ми пребы́ша посреде́ огня́ страда́льцы, попали́вше те́рния злоче́стия боже́ственною благода́тию»[2]. Поя этот тропарь, преподобный от всей пламенной силы сердца выделял «пламенный» корень в словах «распалающеся» и «попаливше».

«Когда в сердце человека разгорится любовь ко Христу, — говорил он позже, — то в пламени этом сгорает огонь тех костров, которые мучители разожгли под ногами Христовых страдальцев. И тогда огонь уже не жжёт тело, а омывает и прохлаждает его — лучше, чем вода в купальне. Боль не

---

[1] *Октои́х* (от греч. ὀκτώ — «восемь» + греч. ἦχος — «глас») — богослужебная книга Православной Церкви, содержащая тропари и стихиры восьми гласов (напевов) на каждый день недели.

[2] Глас осмый, понедельник утра, блаженны.

чувствуется, поскольку мученика переполняет радость». А в письме, отправленном в апреле 1965 года, он написал так: «Когда человек идёт ради любви ко Христу даже на мученические страдания, то сердце его переполняет божественное наслаждение. Подобное происходит и когда кто-то сопереживает тем страданиям, которые Христос перенёс на Кресте. По всей видимости, наш Благой Иисус вместе с грехами всего мира упразднил и связанные с ними горечь и страдания, заменив их на радость и веселие. Именно их чувствует тот, кто, совлекшись ветхого своего человека, стал храмом, в котором живёт Христос. Такой человек ещё на земле отчасти живёт райскою радостью, как говорит об этом и Сам Господь: *Ца́рствие Бо́жие внутрь вас есть*[1]».

Преподобный Паисий пьянел от божественных смыслов тропарей и пламенел божественной любовью — даже в те часы, когда занимался рукоделием. В Иверском скиту он начал вырезать деревянные кресты-распятия. «Чем дольше сижу и вырезаю на дереве Тело Спасителя, — поделился преподобный с одним человеком, — тем сильнее разгорается во мне любовь ко Христу».

Молодой диакон, которого отец Паисий приютил у себя на несколько дней, однажды спросил:

— Отче, как вы думаете, поступать мне в университет, на богословие?

— Не знаю, — ответил преподобный. — Для меня самый лучший университет — уйти с головой в блаженную глубину Христова Распятия.

Когда диакон уезжал, преподобный пошёл проводить его до пристани и по дороге спросил: «Ты, брат, видишь, что я живу один. Если можешь, окажи любовь и скажи, на какие страсти, на какие немощи мне следует обратить особое внимание? Помоги мне, пожалуйста». Главным духовным деланием преподобного, как и всегда, оставался самоконтроль и исправление себя — «наука из наук», как сам он это делание называл.

---

[1] Лк. 17:21.

Участие в жизни скита

С отличавшей его простотой преподобный принимал участие в скитской жизни. Он неопустительно приходил на Божественную Литургию, которая каждую субботу совершалась в храме при скитской усыпальнице, а по воскресеньям — в соборном храме скита. После Литургии он поднимался в архондарик и помогал отцам с угощением, а подав отцам кофе, возвращался на кухню. На пальцах одной руки можно посчитать случаи, когда он остался посидеть с отцами в архондарике. Да и тогда он не говорил ни слова. Если отцы просили: «Что молчишь, отец Паисий? Скажи и ты что-нибудь», он смущался и отвечал: «Что же я вам могу сказать, отцы мои?» Он относился к братии скита с огромным благоговением и уважением, тем более что многие из них по возрасту годились ему в отцы и подвизались в этом месте с юного возраста.

Среди монахов особо выделялся старец Пахомий[1], из каливы Святых апостолов. Отец Пахомий был образцом всецелого послушания и детской простоты. Он часто голыми руками ловил ядовитых змей. Однажды отец Паисий спросил:

— Старче Пахомие, как же они тебя не кусают?

И тот ответил:

— Говорят, где-то есть такая бумага, так вот на ней Иисус Христос Своей рукой прямо так и вывел: «Если веруешь, то и змей возьмёшь в руки, и скорпионов, а они тебя даже кусать не будут»[2].

Это разлитое над скитом благоухание Христовой простоты радовало отца Паисия. Он чувствовал себя так, словно находился в раю, в «духовной атмосфере благодати Христовой».

Большинство из отцов были уже стариками. Преподобный чувствовал, что помогать им и облегчать их жизнь — его долг. Когда им было нужно принести что-то из Ивирона, Филофея или Кариес, он с готовностью шёл туда, даже в

---

[1] См. *Старец Паисий Святогорец.* Отцы-святогорцы и святогорские истории. С. 10–11.

[2] Ср. Лк. 10:19.

Каливка преподобного Паисия в овраге Иверского скита

любую непогоду. Отец Паисий приходил в каливы немощных старцев и помогал им в бытовых повседневных делах. Когда у кого-то терялся мул или ослик, преподобный отправлялся в лес на его поиски. Ну а уж если в какой-то из калив скита надо было сделать что-то по плотницкой части, то отцы прекрасно знали: рядом с ними теперь живёт такой плотник, который в помощи точно никому и никогда не откажет.

Помощь новоначальным

Летом 1964 года один юноша попросил отца Паисия принять его в послушники. Преподобный согласился. Он оставил юноше каливу Святых архангелов, а для себя чуть подальше построил из каштановых досок и оцинкованного железа маленький сарайчик размером с газетный киоск. Внутри сарайчика он своими руками выложил кирпичную печку, чтобы зимой согреваться от холода.

От сарайчика этого открывался вид на противоположный склон оврага. Там преподобный приметил одно уединённое, очень тенистое место в глухой лесной чаще. «Вот идеальное место для уединённой аскезы, — подумал преподобный. —

Такого места не сыщешь на всей Святой Горе». Он решил построить там кирпичную келью и во второе лето жизни в Иверском скиту осуществил задуманное. Когда подошла очередь кровли, он на противоположной стороне оврага рубил и обтёсывал каштановые деревья[1] и по крутым спускам и подъёмам носил их к месту своих будущих подвигов. Нести было около четверти часа.

Постепенно стали приезжать и другие юноши, желавшие стать его послушниками. Они селились в окрестных каливах, но двери отца Паисия всегда были для них открыты. Часто даже не было необходимости в его поучениях — самым назидательным было его присутствие рядом, ведь он был «монахом без изъяна и упрёка». Впрочем, жить рядом с ним было очень непросто, поскольку послушник должен был научиться совсем не брать себя в расчёт, «выбросить своё „я"», чтобы суметь последовать за преподобным старцем, войдя в его духовную колею.

В ноябре 1965 года в скит, желая стать монахом, приехал один выпускник богословского факультета. Одет он был в новенький костюм в полосочку, на шее красовался галстук. Отец Паисий снял с него галстук и повязал на шею пасшемуся неподалёку ослику. А потом преподобный несколько месяцев пытался самыми разными способами выветрить из головы дипломированного богослова мирской дух и исправить его тщеславный образ мыслей. Отец Паисий понимал, что в противном случае монахом ему становиться нельзя. Сам же молодой человек, услышав, что на Святой Горе появилась тенденция приглашать для возрождения обителей монахов с высшим богословским образованием, очень обрадовался и начал изо всех сил ждать, что его вот-вот тоже кто-нибудь куда-нибудь позовёт. Поняв это, преподобный сделал следующее. Он попросил кого-то из отцов своей рукой (молодой человек до этого состоял в переписке с преподобным и хорошо знал его почерк) написать на имя недавнего студента письмо. Написано оно было в форме официального приглашения, на языке, забавно пародирующем полуграмотно-

---

[1] Древесина каштана трудна в обработке и тяжела по весу.

бюрократическую писанину. Говорилось там примерно следующее: «Изыскания со всяческим тщанием соделав, прослышали мы, убогие, что живёт во скиту Иверстем муж учёный и богослов. Сумнящеся ничтоже, мыслим вверити премудрости твоей монастырь, ну а что: может, даже и два. О, прииди же: время течёт, и пора уже нам с тобою, будущим пастырем нашим, о будущем житии решати (аще хощет милость твоя), о том, како пасти нас будеши, с пониманием взаимным договорится». Письмо заклеили в конверт, на котором написали: «Многоуважаемому господину такому-то, дипломированному богослову Иверского скита», и попросили одного проходившего мимо монаха вручить конверт юноше. Тот был настолько ослеплён тщеславием, что прочитав письмо, даже не заподозрил столь явный подвох, со всех ног понёсся к отцу Паисию и, пытаясь скрыть распирающие его волнение и гордость, задыхаясь, сказал: «Ну, позвали!.. Вот, монастырь мне дать хотят». Преподобный дал ему выговориться, но в конце всё равно не смог сдержаться и от души рассмеялся. Рассказав юноше о том, что это он придумал эту шутку для того, чтобы ему помочь, преподобный сказал: «Видишь, брат: оказывается, нам с тобой ещё над собой работать и работать. Понимаешь теперь, как легко враг может нас обмануть? Всё это, брат, пустые и глупые погремушки».

В конце концов, прожив в скиту несколько месяцев, юноша уехал с Афона. Уходя, он зашёл к преподобному, чтобы взять его благословение. Тот с любовью и добротой сказал: «Поезжай себе с Богом!..» Но не успел юноша сделать нескольких шагов от каливы, преподобный окликнул его: «Вернись, пожалуйста, забыл тебе одну важную вещь сказать!..» И сказал: «Запомни: в миру ты будешь жить или в монастыре, в любом случае ты должен стать человеком Божиим. А сейчас иди». Юноша пошёл, но ещё через десяток метров преподобный снова окликнул: «Постой-ка!.. Забыл сказать тебе одну очень важную вещь!» И повторил: «Запомни, пожалуйста, что я тебе сейчас скажу: где бы ты ни оказался, хватит того, чтобы быть человеком Божиим». А когда юноша прошёл по тропинке ещё с полсотни шагов, преподобный в третий раз окликнул его и повторил те же самые слова.

Первое, что хотел внушить отец Паисий своим послушникам, это то, что они как монахи могут гораздо результативнее помочь людям не внешним миссионерством, а молитвой и молчаливой проповедью примера собственной жизни. «Если мы будем заниматься духовной работой над собой, — говорил он им, — и сможем совлечься своего ветхого человека, то наша духовная работа перейдёт и на других людей — даже не то что наша духовная работа на них перейдёт, а и сами по себе они станут меняться, естественным образом». Читать он послушникам советовал «Слова подвижнические» святого аввы Исаака Сирина. «У аввы Исаака есть всё, — говорил он. — Одной этой книги вам хватит на десять лет. А вам и десяти лет не хватит, чтобы прочесть одну эту книгу».

Как и раньше, преподобный был строг в отношениях с родственниками по плоти. Подавая послушникам пример, он отказался от помощи своего брата Луки, который приехал на Афон ещё с одним родственником. Брат сказал, что они приехали надолго, поживут в Иверском монастыре, а в скит будут каждый день приходить и помогать отцу Паисию строить келейку в овраге. «Уходите, — ответил преподобный. — В помощи не нуждаюсь». Он не стал принимать и ничего из гостинцев, которые привёз из Коницы брат, и, показав ему каливу, где жил старенький, немощной монах, сказал: «Если хочешь, отнеси туда». Когда брат с родственником попросили, чтобы отец Паисий дошёл с ними хотя бы до Иверского монастыря, он показал им на тропу и сказал: «Вот эта тропа идёт в Ивирон. Если хотите, идите». Лука не выдержал, отошёл в сторону и начал плакать, но преподобный сказал послушникам: «Пусть поплачет. Если я его приму и он не будет плакать, то это что — на пользу ему пойдёт? Нет, не пойдёт — ни ему, ни мне. А раз не пойдёт, то зачем я буду его принимать? Чтобы навлечь поношение на монашество?»

Постриг в великую схиму. Дикей скита

Раз в неделю отец Паисий ходил к своему духовнику отцу Тихону на Капсалу и исповедовался. Во время этих встреч батюшка Тихон стал всё чаще и чаще спрашивать его: «Ну а

Соборный храм Иверского скита

схиму когда принимать будешь?»[1] Отца Паисия вопрос принятия великой схимы вообще не занимал. Он об этом даже не думал. Однако, оказывая послушание духовнику, 11 января 1966 года, в день памяти преподобного Феодосия, общих житий начальника, он принял великосхимнический постриг. Произошло это в келье отца Тихона на Капсале, отец Тихон и стал восприемником отца Паисия при постриге. Преподобному было тогда сорок два года.

А ещё через четыре месяца, и тоже по послушанию, преподобный стал дике́ем[2] Иверского скита. Теперь он должен был заботиться о соборном храме скита и о приходящих палом-

---

[1] В отличие от русской практики, на Афоне большинство монахов облечены в великую схиму, её принимают и в достаточно молодом возрасте. Восприемником при постриге в великий ангельский образ становится игумен обители или старец кельи, а чин пострига совершает иеромонах, обязательно сам великосхимник.

[2] *Дике́й* — административная должность в скиту. В идиоритмических скитах дикей избирается на один год и отвечает за переписку, приём паломников и некоторые другие вопросы.

никах. К ним он относился с той же любовью и вниманием, которые проявлял к своим послушникам и к отцам скита, — независимо от того, приходили они по благоговению или просто по любопытству.

Однажды он встретил возле соборного храма юношу с длинными, как у хиппи, волосами, который уже долго без цели слонялся по Святой Горе. Преподобный увидел, что юноша этот был вовсе не прост: его отличала некая бесовская изворотливость, которая рано или поздно привела бы его к отступлению от Бога. Вёл себя юноша очень развязно, говорил разные богохульные вещи. Но, несмотря на это, отец Паисий отнёсся к нему с таким искренним вниманием и любовью, что тот поверил ему и даже разрешил себя подстричь. На прощанье преподобный сказал ему:

— Дай Бог здоровья твоей маме. Это её молитвы привели тебя сюда.

— Это точно! — радостно согласился юноша. — Я ведь и сам не понял, как здесь оказался. То-то мама обрадуется, когда увидит меня совсем другим человеком!

Когда отец Паисий заканчивал дела по храму, он оставлял у двери скитского архондарика записку для паломников с просьбой звонить в колокольчик. Слыша звон, он понимал, что его ждут посетители, и приходил к ним из своей недавно построенной каливки. Однажды вечером к нему в каливку пришёл кто-то из отцов скита и сказал, что возле архондарика уже несколько часов ждёт, не звоня в колокольчик и не желая никого беспокоить своим приходом, один посетитель. Преподобного тронуло любочестие этого человека, а когда он пришёл в архондарик и увидел, что на лице его сияет Божественная благодать, то попросил рассказать о себе.

Тот рассказал, что работает грузчиком в пирейском порту, живёт бедно, тянет семью и детей. Сам он в детстве остался без отца, и поэтому очень любил своего тестя. Однако тесть был матерщинником[1] и, несмотря на многие просьбы, меняться не хотел. И вот однажды, придя после трудового дня

---

[1] В греческом языке матерные выражения упоминают Христа и Божию Матерь и звучат практически как богохульства.

домой, грузчик увидел, что тесть мёртв. Ему стало настолько больно о его нераскаянной душе, что он непроизвольно и со многой болью начал молиться, чтобы Бог воскресил его и дал ему возможность покаяться. И произошло великое чудо: мёртвый воскрес и ещё пять лет прожил в покаянии. «Отче мой, — с детской простотой говорил грузчик, — я-то вообще никто, и звать меня никак. Единственное, чего хочу в этой жизни, так только благодарить Бога, Который совершил это чудо».

В тот вечер преподобный вернулся в каливку обогащённым простотой и смирением пирейского грузчика. Смирение этого человека было настолько велико, что ему не мог придти в голову даже помысел о том, что причиной этого великого чуда был не кто иной, как именно он.

«Контрольный выстрел»

День за днём преподобный проводил в каливке, в глубине сырого оврага, откуда было удобнее несколько раз в день подниматься в архондарик и в соборный храм. И днём и ночью по всему оврагу разносились затяжные приступы его сильного, гулкого кашля, и братия скита понимали, что у отца Паисия серьёзные проблемы со здоровьем. Всю зиму 1965/66 года он провёл в своей сырой каливке. Сырость там была такой, что вода капала с гвоздей на потолке. И скамейка, и одеяла, и одежда — всё покрылось слоем зелени и плесени. Так здоровье преподобного, которое уже десять лет назад было «как треснувший горшочек» (как говорил отец Савва из Филофея), сейчас «посыпалось» окончательно, и было видно, что само по себе оно не улучшится.

Всё началось по новой: сначала кровохарканье, потом кровь шла горлом, подскакивала температура, которая не падала по многу дней, наступало полное истощение сил. К концу июля преподобный уже не мог стоять на ногах и почти постоянно лежал в кровати. Однажды от сильного горлового кровотечения он потерял столько крови, что упал без сознания. К тому времени он уже и сам понял, что сырой климат губит остатки его здоровья и что надо согласиться с отцами, которые последние несколько месяцев настоятельно советовали ему поехать в Салоники и лечь в больницу на обследование.

Потом он скажет: «Место, где мы живём, может быть для нас полезным, но может нам и навредить. Вы не представляете, как прекрасно было там — в овраге Иверского скита! Когда я просто смотрел на это место, сердце моё уже прыгало от радости. Я дождаться не мог, когда построю там каливу. Сам не понимаю, откуда у меня брались силы обтёсывать брёвна и носить их к этому месту. Радовался ведь, как ребёнок! Даже сердце билось в груди как-то особенно сладко. Но часто, когда сердце так сладко бьётся, это признак того, что радость твоя не вполне духовна. Можно даже повредиться, если довериться этой радости, она обманчива. Вот я и наступил как раз на эти грабли: обманулся этой радостью, не подозревая даже, что жизнь в том овраге — „контрольный выстрел" в самую голову моего здоровья».

Салоники. Больница

Бледный как мел, обессиленный, как сухая былинка на ветру, отец Паисий в сопровождении одного из своих послушников, отца Василия[1], приехал в Салоники, чтобы лечь на обследование в больницу. В Салоники они приехали в субботу, а на следующий день, в воскресенье, пришли на Литургию в храм святой Софии, Премудрости Божией. Настоятель храма отец Поликарп, видя двух монахов, скромно стоящих в углу алтаря, подошёл к отцу Василию и спросил, кто он и его старец и не нужна ли им какая-то помощь. Отец Василий рассказал настоятелю, что это отец Паисий со Святой Горы и что на следующий день они пойдут к врачу делать рентген грудной клетки. Несмотря на то что святогорцы отказывались, отец Поликарп вызвался им помочь и на следующий день встретился с ними перед приёмом врача-рентгенолога. Рентгенография показала, что бронхоэктазии стали ещё более обширными

---

[1] Впоследствии архимандрит Василий (Гондикакис), игумен Ставроникиты и Иверского монастыря на Святой Афонской горе.

и состояние лёгких отца Паисия сильно ухудшилось. Врач сказал, что нельзя терять ни дня и надо безотлагательно ложиться в стационар.

Отец Поликарп пообещал, что насчёт больницы он договорится сам. Пока он пытался договориться в Центре лёгочных заболеваний[1], отец Паисий с отцом Василием жили в гостинице. Преподобный к тому времени уже много лет подвизался в безмолвии, и переносить шум автомобилей было для него очень тяжело и непривычно, особенно в первую ночь. Однако он «включил в работу добрый помысел» и стал размышлять: «Слава Богу, что не война. Это ведь не лязгание танковых гусениц и не грохот канонады. А сколько в этот самый момент на земле идёт войн[2]!.. Скольких людей сейчас разрывает бомбами на части, сколькие остаются увечными на всю жизнь...» Все эти ночи он непрестанно молился о тех несчастных, на землю которых пришла война и горе.

Через три дня отца Паисия положили в больницу, и почти сразу врачи начали готовить его к операции. Перед хирургическим вмешательством надо было провести необходимые обследования и курс терапии. Отцу Василию к тому времени надо было возвращаться на Афон, и заботу о старце взял на себя отец Поликарп. Он поручил преподобного нескольким сёстрам неофициального полумонашеского сестричества, которое духовно окормлял.

Сначала отец Паисий лежал в многоместной палате. Но это не мешало ему продолжать придерживаться своего многолетнего устава: пост, бдение и молитва. В первые дни в больнице он не ходил в столовую и почти ничего не ел. Но это не укрылось от глаза персонала хирургического отделения, и отца Паисия заставили ходить в столовую. Преподобный подчинился, но выкладывал из блюд мясо, а из того, что оставалось, ел крайне мало. Когда врач посмотрел результаты

---

[1] В настоящее время — Клиническая больница Папаниколау в Салониках.

[2] В это время (лето-осень 1966 года) военные действия шли во Вьетнаме, в Южной Африке, на Ближнем Востоке и во многих других точках планеты.

его анализа крови, то стал его чуть ли не умолять: «Ешь, отец, побольше, пожалуйста! Если ты не окрепнешь, то мы тебя не сможем прооперировать». А женщина-главврач просила ухаживавших за отцом Паисием сестёр: «Скажите ему, чтобы он оказал врачам послушание и ел. Если не будет есть, операция отменяется». Тогда сёстры начали готовить и приносить преподобному калорийную пищу. Он ел её через силу, крайне осуждая при этом самого себя.

Ночью он вставал на колени на больничной койке и совершал всенощные бдения; а когда все в палате засыпали, тихонько вставал с койки и совершал многочисленные земные поклоны. Один больной из той же палаты, случайно проснувшись и увидев ночные подвиги преподобного, пошёл наутро к врачам и сказал: «Как вы его оперировать-то собрались? Он ведь все калории, которые съедает днём, ночью тратит в поклонах и молитвах!..»

В те времена Центр лёгочных заболеваний был переполнен туберкулёзниками, некоторые из которых могли лежать там и по десять, и по двадцать лет, так до конца и не выздоравливая. Некоторые из этих горемык вконец отчаялись, другие развлекались, переругиваясь или воруя друг у друга вещи и деньги, третьи — задирали и обижали слабых и стариков. Людей психически здоровых в туберкулёзном отделении было немного. С первого же дня в этом заведении отец Паисий принял этих несчастных в своё сердце. Чтобы ему было полегче, его через двадцать дней перевели в отдельную палату, но он находился в ней только ночью. Целыми днями он ходил из одной палаты в другую и, как мог, утешал несчастных.

Его приход был божественным бальзамом для душ этих людей: преподобный расточал вокруг себя радость и утешение. Оказывал он и более глубокую духовную помощь. Хриплым и тихим голосом, задыхаясь от приступов кашля, он пересказывал больным истории из патериков, рассказывал что-то из собственной жизни и старался утвердить их в вере, укрепить их терпение и привести их к покаянию. Когда преподобный видел, что кто-то ведёт себя неподобающим образом, он мягко исправлял этого человека. Если кто-то из больных разглядывал непристойные журналы, он выкупал эти журналы, отдавая человеку полную стоимость, после чего рвал их на мелкие куски и выбрасывал в мусорное ведро. Когда кто-то из больных находился при последнем издыхании, преподобный приходил и садился рядом с ним, чтобы в минуту смерти у того была поддержка. Узнав, что кто-то из больных умер, он читал о упокоении его души «Непоро́чны»[1].

Однажды, когда у священника больничного храма был выходной, медсёстры безуспешно пытались найти иерея, чтобы тот поисповедовал и причастил больного, находящегося при смерти. Отец Паисий сидел рядом с ним, и умирающий спрашивал: «А ты не исповедуешь?» Этот человек не знал, что простой монах не может совершать таинство исповеди. Священника нигде найти не могли, и умирающий с тревогой спрашивал преподобного: «Отче, чувствую, как из меня выходит душа. Что же, я так и умру нераскаянным?» Тогда отец Паисий попросил всех выйти и выслушал грехи умирающего. Когда через несколько месяцев он вернулся на Святую Гору, то передал услышанное батюшке Тихону, и тот велел ему три года нести епитимию, которую по своим грехам должен был выполнить поисповедовавшийся преподобному умерший.

Все больные так сильно полюбили отца Паисия, настолько сильно привязались к нему, что если он долго не заходил в какую-нибудь палату, шли к нему сами. И кто бы к нему в палату ни зашёл — врачи, медсёстры или посетители, — они всегда заставали его в одном и том же положении: на кровати, на коленях, с опущенными вниз глазами, со скрещенными на груди руками. Он был похож на маленького ребёнка. Единение преподобного с Богом было столь тесным, что даже если вокруг было много народа, он всё равно продолжал молиться. Люди видели перед собой чрезвычайно худого монаха с жёлтым как воск лицом, но при этом не было ощущения, что они имеют дело с тяжелобольным. Наоборот, всем передавался некий священный трепет, все понимали, что от этого крайне истощённого человека исходит святость. Скупые слова исхо-

---

[1] Псалом 118, начинающийся словами *Блаже́ни непоро́чнии в путь...* и входящий в последование отпевания и панихиды.

дили из его собственного опыта, живые глаза видели даже то, что находится за пределами человеческого зрения. Одну девушку, готовившуюся стать монахиней, преподобный увидел впервые и, совсем ничего о ней не зная, сказал ей: «Твоя воля — это медная стена, которая мешает тебе соединиться с Богом»[1]. Однажды, когда его посетила другая девушка, которую он тоже увидел впервые, он поприветствовал её так: «Добро пожаловать, Мария из города Парижа!» Действительно, девушка эта только что прилетела из Франции и приехала в больницу прямо из аэропорта.

День ото дня слух об отце Паисии всё больше расходился по всем Салоникам. Люди со всего города приходили в больницу, чтобы с ним познакомиться. Сёстры тоже посещали его каждый день, заботились о нём и приносили ему еду. Только, конечно, больше не они помогали преподобному, а он им, потому что его помощь была духовной. С первого дня знакомства они поделились с ним своими большими переживаниями: они хотели стать монахинями и все вместе жить в монастыре, но митрополит Фессалоникийский был против основания новой обители. Преподобный отнёсся к их переживаниям с состраданием, потому что не понаслышке знал о том, каково приходится человеку, который, желая стать монахом, вынужден находиться в миру. И вот однажды, успокаивая их, он сказал: «Как только меня выпишут отсюда, обитель ваша вырастет как гриб. И года не пройдёт, как все будете в монастыре».

Операция и «мучилищный аппарат»

К ноябрю 1966 года отец Паисий пролежал в больнице уже три месяца. Но операция всё откладывалась и откладывалась, поскольку организм преподобного был ещё очень слаб, а ещё потому, что врачи не хотели терять столь «драгоценного пациента». «Хорошо бы, — говорили они, — чтобы у нас здесь постоянно лежала пара таких монахов, как ты, — хоть порядок

---

[1] Ср. Достопамятные сказания. Об авве Пимене, п. 54.

в больнице будет. А то без тебя нас эти больные совсем не слушаются». Однако сам преподобный ощущал себя как рыба, выброшенная на берег. В одном из отправленных из больницы писем он так описывал своё состояние: «Я чувствую себя как рыба, которую вытащили из воды. Вся эта история с больницей отбросила меня как минимум на три года назад. Я стал самым настоящим духовным банкротом». Находясь в больнице, он уже много раз начинал собирать свою торбу и готовился уйти.

В конце концов операция была назначена на 15 ноября. За две-три недели до преподобного прооперировали одного больного, тоже по поводу брохоэктазии. Отец Паисий то и дело приходил к нему в палату и рассматривал его шов, потому что боялся, что после операции не сможет обслуживать себя самостоятельно.

— Как думаешь, а я после такой операции сам смогу одежду стирать? — с тревогой спрашивал он.

— Да вокруг тебя вон сколько народу вьётся! — отвечал прооперированный. — И все готовы что хочешь для тебя сделать. А ты спрашиваешь про какие-то постирушки!

Накануне операции преподобный всю ночь горячо молился. «Боже мой, — просил он, — если я выживу и буду жить так, как Тебе благоугодно, то пусть операция пройдёт хорошо. Если же мне предстоит чем-то Тебя огорчить, то пусть эта ночь будет последней в моей жизни».

Операция была тяжёлой и продолжалась одиннадцать часов. Отцу Паисию перелили двенадцать пакетов с донорской кровью, которую дали сёстры. Была полностью удалена верхняя доля и часть нижней доли левого лёгкого. После операции отца Паисия подключили к дренажному аппарату, который постоянно отсасывал скапливающуюся жидкость. Этот «мучилищный», как называл его сам преподобный, аппарат причинял ему огромные страдания. У него постоянно раскалывалась голова, сильно болели спина и грудь, из которых торчали трубки для отвода жидкости. Обычно прооперированного отключают от такого аппарата на восьмой день. Но состояние отца Паисия было таким тяжёлым, что прошло восемнадцать дней после операции, а от аппарата его не отключали. «Я и правда сильно тогда намучился, — рассказывал он потом в одном из писем. — Но, по большому счёту, человек должен даже платить деньги за то, чтобы претерпеть страдания от болезни и пройти через какое-то малое мученичество. Я вот получил от этих страданий огромную пользу. Раньше, читая в Евангелии о Страстях Христовых, читая в житиях о страданиях святых мучеников, я воспринимал это одним лишь умом и сердцем. Сейчас я читаю об этом каждой частичкой своего тела, потому что ему тоже довелось испытать боль — пусть и совсем немного».

В конце концов аппарат отключили 4 декабря, в день памяти святой великомученицы Варвары. Накануне этого дня была суббота. Преподобный, с детства особо почитавший святую Варвару, ждал, что она поможет ему и прекратит «мучение». Но никто из врачей до самого вечера в отделении так и не появился. На следующий день с раннего утра отец Паисий был очень расстроен. «Если бы святая хотела помочь, — думал он, — то давно бы уже помогла. А теперь остаётся только терпеть, и ещё неизвестно сколько. Сегодня уж точно: воскресенье ведь, и врачей до завтрашнего утра не будет». У преподобного внутри даже зародилось что-то вроде обиды на святую, и он стал думать: «Сколько раз я зажигал лампадки в её святом храме, сколько туда переносил поплавков, сколько масла… Всё там чистил, прибирал, наводил порядок… А сейчас она не может мне помочь, чтобы пришли врачи и вынули из меня две несчастные трубки?» Но потом он решил: «Наверное, я чем-то огорчил святую Варвару, и поэтому она не стала мне помогать». И тут он услышал, как по коридору катят медицинский столик. Дверь палаты открылась, вошли доктора и сказали: «Нам велели отключить тебя от дренажного аппарата». Оказалось, что рано утром, несмотря на то что было воскресенье и выходной, им домой позвонил хирург, который делал операцию, и сказал: «Срочно поезжайте в больницу и выньте из монаха трубки». Святая Варвара захотела вмешаться и помочь преподобному в самый день своей памяти, даже нарушив при этом церковный устав, который предписывает не делать по воскресеньям никаких дел.

Забота об основании исихастирия

Ещё через десять дней отцу Паисию сказали, что сегодня его выписывают. За три часа он обошёл все палаты и попрощался с каждым больным. После больницы он какое-то время жил в доме сестричества в салоникийском районе Неа́поли, где климат был более или менее сухим. Каждый вечер туда собирались все сёстры, и они вместе служили вечерню. После вечерни преподобный читал сёстрам отрывок из святого аввы Исаака и объяснял прочитанное.

Главным образом он старался, чтобы они поняли то, что монашество — это жизнь выше естества и «нечто более серьёзное, чем человеческая гуманитарная помощь»[1]. Он говорил им, что молясь, монах без шума привлекает помощь Бога туда, где она необходима. Поэтому, когда сёстры обмолвились о том, что они думают устроить внутри будущего монастыря и некое благотворительное учреждение, он ответил: «Если вы так думаете, то лучше вам остаться в миру».

Но вопрос с архиерейским разрешением на основание обители продолжал оставаться в подвешенном состоянии. Накануне Рождественского сочельника преподобный сказал сёстрам: «Завтра последний день поста. Давайте будем молиться всю ночь, чтобы Бог просветил владыку и он прямо ответил нам, даст он или нет благословение на создание обители».

На следующий день митрополит Фессалоникийский вызвал отца Поликарпа и дал свой окончательный — отрицательный ответ. Тогда отец Паисий решил обратиться за помощью к своему знакомому — иеромонаху Агафангелу. Отец Агафангел был родом из деревни близ Коницы, а служил сейчас в Кассандрийской митрополии, которая граничит с митрополией Фессалоникийской. Отец Агафангел передал просьбу отца Паисия митрополиту Кассандрийскому Синезию, и тот дал благословение на то, чтобы в его епархии был основан новый женский монастырь. После того как благословение было получено, отец Паисий, также с помощью отца Агафангела,

---

[1] См. *Старец Паисий Святогорец.* Письма. С. 26.

нашёл и место для обители: на склоне горы, между сёлами Аги́а Параскеви́ и Суроти. Быстро был куплен земельный участок, и уже через несколько дней началось строительство. Преподобный, имея личный печальный опыт взаимоотношений с архиереем в монастыре Стомион, посоветовал сёстрам позаботиться о том, чтобы у новооснованного монастыря был статус исихасти́рия[1]. Так монастырь стал бы самоуправляемым, и никто не мог бы мешать его развитию.

Так, меньше чем за два месяца, преподобный отец наш Паисий разрешил многолетнее затруднение сестёр, которые ему чуть-чуть помогли. После этого, в марте 1967 года, он вернулся на Афон, в Иверский скит. Он стал жить не в сырой каливке в тенистой глубине оврага, а в сарайчике на солнечной стороне. Хотя мучения, связанные с болезнью и операцией, закончились, его организм теперь очень чутко реагировал на холод и сырость. Кроме того, у него возникла серьёзная проблема с кишечником, который, будучи и так измучен аскезой, после операции подвергся чрезмерному воздействию сильных антибиотиков. В общем, надо было как можно скорее переселяться в место с сухим климатом.

---

[1] В Греции распространены три типа монастырей: 1) епархиальные, подчиняющиеся епархиальному архиерею; 2) ставропигиальные, подчиняющиеся главе Поместной Церкви, и 3) *исихасти́рии* (от греч. ἡσυχία — безмолвие), находящиеся на частной территории и пользующийся значительной экономической и административной независимостью от епархиального архиерея.

Ипатьевская келья на Катунаках

На пустынных Катунаках

ГЛАВА X

Переселение в Ипатьевскую келью

Поиски места с сухим климатом привели отца Паисия на пустынные Катунаки. В середине июля 1967 года он поселился в келье, которая располагалась в самой северной части Катунак. В этой келье не было церкви, и поэтому её называли «келья Ипатия» — по имени последнего монаха, который жил там до отца Паисия. Эта бедная, можно сказать, нищая келья, без соседей, расположена в ложбинке между выступами скал. Такое место пришлось преподобному по душе. Он говорил: «Мне полезно, что никакого другого жилища отсюда не видно. Чувствую, что я здесь один, совсем один».

Ипатьевская келья состоит из четырёх крохотных построек, каждая со своим отдельным входом. Когда отец Паисий поселился там, состояние этих построек было таким, что они походили скорее на курятники, чем на человеческое жилище. Один брат из находившейся неподалёку кельи Данилеев[1] спросил отца Паисия:

— Отец, будешь келью восстанавливать?

— Какой смысл здесь что-то восстанавливать? — ответил преподобный. — Попытаюсь лучше восстановить себя для будущей жизни.

Он только покрыл листами оцинковки крышу той постройки, которую выбрал под келью, и почистил три других: в одной устроил мастерскую, в другой — архондарик, а в третьей — дровник. В новой своей келье он нашёл узкий и низкий сундук, который стал служить ему кроватью. Теперь, после операции, преподобный застелил его какими-то тряпками, а

---

[1] *Келья Данилеев* — братство на Катунаках, основанное старцем Даниилом († 1929), известным духовным наставником и писателем.

сверху — чёрного цвета простынёй. Кроме этого небольшого сундука, в келье ничего не было. Только на стене висело несколько икон. А на козырьке над входом лежали два черепа. Как всё это было там до прихода отца Паисия, так и осталось при нём, потому что он не стал ничего менять.

Устав безмолвного жития

Аскетической была не только келья, но и вся местность вокруг. Росли в этих скалистых местах только кусты хермесового дуба[1], других кустарников и деревьев здесь почти не было. Всего несколько тополей росло на Катунаках, да ещё два-три дерева грецкого ореха. Только вот все орехи доставались не монахам, а многочисленным шустрым белкам, которые не оставляли отцам совсем ничего. На каменные террасы возле кельи преподобного Паисия прежние отцы наносили немного земли, и можно было посадить огородик. Отец Паисий наудачу посадил там картошку и лук. Картошка, как и следовало ожидать, засохла, но лук — удивительное дело — прижился. Вот луком-то с сухарями и питался преподобный. Ему не хватало даже самого необходимого. Но когда кто-то приносил ему продукты, он их не брал. «Ничего есть не могу, — объяснял он, — сразу начинаются проблемы с животом». Посылки, которые ему присылали, он, не открывая, относил жившим в тех краях нищим старенькким монахам. Преподобный был настолько нестяжателен, что зачастую у него не было вообще ничего, чтобы угостить какого-нибудь случайного прохожего, забредшего к нему в келью. А однажды, когда преподобный куда-то отошёл, в келью к нему забрался вор. Только вот украсть-то там было абсолютно нечего! Вору стало так жалко отца Паисия, что он сходил, купил хлеба и принёс ему, прося прощения. «Нестяжание трогает даже воров», — говорил потом преподобный.

---

[1] *Хермéсовый дуб* (лат. Quercus coccifera), также называемый каменным дубом и кошенильным дубом, — крупный вечнозелёный кустарник, распространённый по всему Средиземноморью.

Пребывая в одиночестве в Катунакской пустыне, отец Паисий полностью посвятил себя уставу безмолвного жития. Год жизни на Катунаках был последним периодом его жизни, когда он мог самостоятельно определять свой распорядок. «Тогда никто меня не знал, — вспоминал он позже, — я жил, как хотел, придерживался своего типикона». «Типикон» преподобного включал в себя молитву, чтение и рукоделие. Много поклонов после операции он делать уже не мог. Поэтому он воздевал руки вверх и часами молился в таком положении стоя. Иногда он поднимался в скалы над Ипатьевской кельей, где была пещера, в которой подвизался раньше старец Ефрем по прозвищу «Окаянный»[1]. При турках пещера эта была вертепом разбойников. Но отец Паисий говорил, что старец Ефрем освятил её своей святой жизнью.

Богослужения суточного круга преподобный Паисий совершал по чёткам: всё, кроме часов — их читал по книге, причём каждый в положенное время. В конце каждого часа он совершал триста молитв по чёткам, присоединяя к ним определённые прошения[2]. После первого часа, кроме молитвы по чёткам, он читал и одну кафизму из Псалтири, а всё остальное время читал Священное Писание, святых отцов и занимался рукоделием. На Катунаках рукоделием его было изготовление деревянных и гипсовых иконок. Вечером, после вечерни, он трапезничал, а после читал житие святого будущего дня. Потом по чёткам совершал повечерие и начинал бдение «с глубоким погружением в молитву Иисусову», как сам потом говорил. Спал он не больше двух часов, но даже во время сна молитва его не останавливалась. Будучи уже самодвижной и непрестанной, она жила в нём всегда.

Внутренним его деланием были память смертная, самоукорение и славословие Бога. В одном из отправленных с

---

[1] См. *Старец Паисий Святогорец*. Отцы-святогорцы и святогорские истории. С. 93–95.
[2] Первый час читается в 7 часов утра, третий — в 9 утра, шестой — в полдень и девятый — в 3 часа пополудни. На первом часе преподобный молился за младенцев и за тех, кто живёт в девстве, на третьем — за священнослужителей, на шестом — обо всём мире и на девятом — за усопших.

Катунак писем он рассказывал: «Действительно, болезнь и немногое терпение принесли мне столько пользы, сколько не принесли годы большого духовного труда. Благодарность и славословие Бога перерабатывают любую горечь в духовную сладость. Это происходит, если человек возделывает любовь к своему Создателю и с нетерпением ожидает того благословенного дня, когда он полностью расплатится как с одним, так и с другим своим долгом. Ведь в день тот плоть он отдаст земле, из которой она взята, а душу — предаст Богу, Который её сотворил. Этот-то секрет и знали святые мученики, которые жили им и с радостью ожидали часа своего мученичества. Они ждали его даже сильнее, чем люди в миру ждут праздничного застолья или свадьбы. Но и преподобные отцы знали об этом секрете. Опьянев от любви к Сладчайшему Иисусу, они *скитались по пустыням и горам, по пещерам и ущельям земли*[1], скитались там, где любого рода боль, огорчение или скорбь в огне их славословия и благодарения Бога превращались в духовное радование».

Часто лицо преподобного отца омывали слёзы умиления. Однажды к нему в келью пришёл отец Даниил из братства Данилеев. Он долго стучал в дверь, но ответа не было. Наконец отец Паисий открыл. Глаза его были полны слёз, а в руках он держал сухарь и надкушенную луковицу.

— Как твои дела, отче? — спросил отец Даниил.

— Не видишь, как мои дела? — ответил преподобный. — Всё ем да ем, никак остановиться не могу…

На отца Даниила произвело впечатление скорее даже не то духовное изменение, которое было очевидно по лицу преподобного, а тот способ, которым он пытался скрыть это от других.

Отношения с другими отцами

По субботам и воскресеньям отец Паисий ходил на Литургию: иногда — в келью Данилеев, иногда в Малый скит святой Анны или даже ещё дальше — в одну из келий на Керасье.

---

[1] Евр. 11:38.

Обычно он не оставался на угощение после Литургии. На всех отцов производил впечатление его аскетический вид и его немногие слова. Когда в этих кельях были престольные праздники, преподобный приходил помогать братии. Тогда у них была возможность пообщаться с ним чуть побольше. Все отмечали, что любую работу он делал молча и не привлекая к себе внимания. «Наблюдая, как отец Паисий прислуживает братии на пани́гирах[1], — вспоминал потом отец Даниил, — я понимал, что он духовный человек. Всё, о чём бы его ни попросили, он тут же спешил сделать. Это был человек, рождённый для того, чтобы послужить ближнему».

Состояние здоровья преподобного после операции было ещё очень слабым. И тем не менее он часто ходил на Капсалу, чтобы навестить батюшку Тихона и поисповедоваться. Идти с Катунак до Капсалы было очень далеко, несколько часов. Ещё ради духовной пользы преподобный любил навещать карульского[2] старца Гавриила[3], который в то время уже был прикован к кровати. Подвизался отец Гавриил в пещерной келье Святых архангелов, среди крутых карульских скал.

Дружил преподобный Паисий и с ещё одним подвижником — старцем Даниилом-румыном, который жил в самом низу Керасьи. Однажды отец Даниил — он был очень простым человеком — спросил:

— Отец Паисий, а ты по какому уставу живёшь?

— Нет, — улыбнулся преподобный, — сначала ты мне расскажи про свой, а уж потом, может, и я свой вспомню.

— Я, — сказал старец, — как ночью проснусь, первонаперво начинаю свою монашескую канонаду.

Отец Даниил хотел сказать «монашеский канон», но путал греческие слова, и из «канона» получилась «канонада».

— Молодец, старче Даниле! — ответил отец Паисий. — Всё правильно. Что за духовная брань без монашеской канонады?!

---

[1] *Пани́гир* — всенощное бдение в честь престольного праздника.
[2] *Кару́ля* — скит, расположенный в самой южной части Афонского полуострова, среди обрывистых скал.
[3] См. о нём: Новый Афонский патерик. Том 1. М.: Орфограф, 2013. С. 62–89.

В новообразованном исихастирии

Часто отец Паисий получал письма от сестёр, которые начали строить монастырь и просили его приехать и духовно помочь им в начале пути. Преподобный чувствовал себя обязанным перед ними за ту малую помощь и немногую кровь, которой они поделились с ним. Но он не хотел предпринимать ничего, не убедившись в том, что это согласно с волей Божией. Поэтому в августе 1967 года он босиком поднялся на Афонскую вершину и молился там, прося Бога открыть ему Свою волю. После молитвы на вершине он пошёл к батюшке Тихону и спросил, как ему быть. Отец Тихон сказал, что раз сёстры просят, надо им помочь. И в декабре 1967 года, когда в обители поселились первые сёстры, преподобный Паисий выехал в Салоники и два месяца прожил в монастыре, помогая им положить правильное начало своей монашеской жизни.

Он быстро понял, что сёстрам предстоит много духовной работы и что начинать её придётся с нуля. А ему самому, раз уж его привёл сюда Бог, придётся запастись большим терпением. Первое, о чём преподобный позаботился вместе с духовником сестричества, было назначение одной из насельниц старшей сестрой обители. Исихастирий к тому времени ещё не получил официального церковного статуса, и выборы игумении проводить было пока рано. Для того чтобы выбрать старшую сестру, отец Паисий сначала подолгу беседовал по отдельности с каждой, а потом собрал всех вместе и объявил: «Монастырь должен войти в правильную духовную колею, а для этого надо, чтобы кто-то шёл впереди, а остальные — за ним. Это одна из главных основ монастырской жизни. Поэтому одна из вас должна стать старшей сестрой».

Преподобный налаживал и строй ежедневной жизни новой обители. По его совету и подсказкам богослужения суточного круга стали совершаться по уставу Святой Афонской Горы. Однако первое, на что он обращал внимание сестёр, было благоговение. Сёстрам, которые читали или пели в храме, он советовал приходить заранее, подготавливать книги и во время богослужения быть сосредоточенными, чтобы на службах не было «провалов» и пауз. «Так и молящиеся будут лететь на Небо без запинки, — говорил преподобный, — потому что ваш духовный самолёт не будет проваливаться в воздушные ямы». Как-то раз одна из сестёр прибежала на клирос в последнюю минуту и путалась всё время службы. Преподобный сделал ей строгое замечание: «Ты пришла в последний момент, чтобы перед тобой, как перед великим протопсалтом, кто-то уже открыл книгу и положил закладки? Что это были за провалы в службе по твоей милости?» А когда он услышал, что другая сестра поёт «Господи, помилуй» по-мирски, он подошёл к ней и тихо сказал: «Что это за песенки ты в храме Божием вздумала распевать? Пой „Господи, помилуй" просто, но от всего сердца».

Однажды преподобный увидел, как одна из сестёр идёт по храму, весело размахивая руками. Он сказал ей: «Разве можно так двигаться в церкви? В храме надо ходить так, как идут ангелы на Великом входе. Ты что, никогда не видела шествующих ангелов на иконе „Небесная Евхаристия"?» Преподобный хотел, чтобы сестричество представляло из себя такую ангельскую икону не только в храме, но и везде. Он хотел, чтобы во всём сёстры и внешне, и внутренне соответствовали ангельскому, монашескому чину: в одеждах, в походке, во взгляде, в разговорах.

В кельях он советовал сёстрам ежедневно читать главу из Святого Евангелия, главу из Апостола, один псалом из Псалтири и отрывок из «Эвергетина». Он говорил: «Евангелие и Псалтирь освящают человека, даже если сам он этого не чувствует. А „Эвергетин" — великое благодеяние монахам. Пусть эта книга всегда лежит у вас открытой рядом с подушкой». Также преподобный составил распорядок, по которому каждая из сестёр в определённый день недели самостоятельно совершала у себя в келье небольшое всенощное бдение. На следующий день он спрашивал совершавших бдение сестёр, как прошло бдение, были ли какие-то трудности, и так наблюдал за духовным развитием каждой из них.

В некоторые воскресенья священника в новой обители не было и служить Литургию было некому. Преподобный подсказал сёстрам, что в такие дни можно молиться по уставу, который он называл «пустынным». После утрени и часов сестра-пономарь звонила в небольшой колокол и сёстры расходились по кельям на час с четвертью — столько времени длится обычно Божественная Литургия. В кельях они читали из Евангелия от Матфея главы, повествующие о Рождестве, Святых Страстях и Воскресении Христа, а оставшееся время, пока снова не звонил колокол, творили молитву Иисусову.

На трапезе отец Паисий сидел во главе стола. После трапезы он отвечал на вопросы сестёр, либо комментировал то, что только что читалось вслух: обычно это было житие святого дня. Перед вечерней он беседовал с сёстрами по отдельности и наставлял их в духовной борьбе.

Вот некоторые из его советов:

«Оказывай послушание, подвизайся со смирением и с благоговением проси о милости Божией».

«Ты начнёшь работать над собой не раньше, чем прекратишь глядеть, что делают вокруг другие».

«Доверься Христу во всём. Так ты освятишь свои первые шаги к Нему».

«Чем дальше ты удаляешься от утешения человеческого, тем ближе к тебе утешение Божественное».

Поводом для того, чтобы старец преподал сёстрам духовный урок, мог стать любой случай из тех, что многократно случаются в повседневной жизни. Например, однажды в обитель приехала тётя одной из монахинь, чтобы помолиться за Литургией и повидаться с племянницей. Та пришла к отцу Паисию, чтобы взять у него благословение посидеть с тётей на лавочке на монастырском дворе. Отец Паисий, который был очень строг в отношении общения с родственниками (прежде всего к самому себе), ответил: «В церкви повидаетесь». А в церкви он поставил племянницу за аналой читать, чтобы тётя её и увидела, и услышала. На этом «встреча родственников» и закончилась. После трапезы преподобный рассказал об этом случае всем сёстрам и заключил: «Сами подумайте, о чём могли бы говорить на лавочке тётя и племянница? А так тётя увидела, что племянница жива-здорова, ведёт духовную жизнь — она ведь и приезжала сюда как раз для того, чтобы в этом убедиться, разве не так?»

Живя в исихастирии, преподобный часто расстраивался, видя в сёстрах неблагоговение и нехватку духовной чуткости. Однажды он услышал, как сёстры, подзывая козу, кричат: «Мари́ка!.. Марика!..»

— Вы что же, — спросил отец Паисий, — додумались козу именем Матери Божией назвать?

— А это не мы, — ответили сёстры. — Так её звали те, кто нам её привёз.

— Называйте её Джебелья́, — сказал отец Паисий. — В честь одного горного бедуинского племени.

В другой раз, узнав, что одна из сестёр, убираясь во святом алтаре, допустила некое неблагоговение, преподобный очень расстроился и отругал её так сильно, что потом даже извинялся перед ней. После этого случая старшая сестра сказала ему: «Простите нас за наше неведение. Пожалуйста, помогите нам, а мы будем оказывать вам послушание».

За две недели до возвращения на Святую Гору преподобный уступил старшей сестре место во главе стола на трапезе. «Мне надо постепенно умаляться, умаляться, пока совсем не исчезну», — объяснил он. И ещё раз объяснил всем сёстрам смысл послушания: «Над жандармом есть начальник, над иереем — архиерей. А послушница должна слушаться старшую сестру. Знайте: с того момента, как вы начали оказывать ей послушание, вы кладёте поклон и целуете руку не своей вчерашней подружке, а настоятельнице обители, которая занимает место в церковной иерархии».

Накануне отъезда на Афон старшая сестра попросила:

— Геронда, скажите нам что-нибудь, чтобы мы работали над этим до вашего следующего приезда.

— Что я вам скажу?.. — ответил преподобный. — Столько всего уже переговорено...

Но сёстры начали упрашивать, и он произнёс ещё несколько слов:

— Добродетель всего одна, и имя ей — Смирение. Но раз вы этого не понимаете, назову ещё одну — имя ей Любовь. Однако в ком есть смирение, у того разве нет и любви?

Вернувшись в феврале 1968 года на Святую Гору, преподобный Паисий прислал сёстрам письмо, в котором, помимо прочего, говорилось: «Приехав в духовную Америку — на Святую Афонскую Гору, я первым делом, как хороший старший брат, решил вспомнить о своих сёстрах. Поэтому напишу вам пару слов, а потом засучу рукава и возьмусь за духовную работу, чтобы заработать моим сёстрам хорошее духовное приданое. Желаю, чтобы когда я приехал в следующий раз, вы были в гораздо лучшем духовном состоянии, чем сейчас, чтобы я не был вынужден вас ранить. Я ведь действительно вас сильно ранил. Однако Господь знает, сколь великих сил мне это стоило. Если отец ударит ребёнка, у малыша огнём горит щека, а у него самого обливается кровью сердце. Сердце болит сильнее щеки. Хочу сказать только то, что всё, что я делал, происходило от любви и заботы о вас».

В Божественном Свете

Через пять месяцев, в июле 1968 года, как-то раз вечером отец Паисий начал всенощное бдение в своей келье на Катунаках. После повечерия он стал творить молитву Иисусову, и чем больше творил её, тем быстрее уходила усталость. Его начала переполнять огромная радость. Около одиннадцати часов вечера келья наполнилась сладким Небесным Светом. Этот Свет был очень сильным, но глаз не слепил. Омываемый этим Божественным Светом, отец Паисий чувствовал себя в ином, духовном мире. Он чувствовал неизреченное радование, тело его стало лёгким, как пушинка, — законам земного притяжения оно уже не подчинялось. Преподобный чувствовал благодать Божию, Божественное просвещение. Божественные смыслы проходили через его ум, как одновременно вопрос и ответ. Это были Божественные ответы, изложенные в человеческих словах. Потом преподобный говорил, что их было так много, что если бы всё это записать, то получился бы новый «Эвергетин».

Это состояние продлилось всю ночь и начало прекращаться около девяти утра. Когда сверхъестественный Свет совсем исчез, всё вокруг показалось отцу Паисию каким-то тёмным. Он вышел из кельи, и ему показалось, что ещё ночь. Мимо проходил один монах, и преподобный спросил его:

— Который час? Разве ещё не рассвело?

— Что ты говоришь, отец Паисий? — удивился тот.

— Да, что я говорю? — повторил преподобный и вернулся в келью.

Там он посмотрел на часы и убедился, что они показывают девять утра. Солнце было уже высоко, а день казался преподобному ночью, как при солнечном затмении.

Потом он рассказывал: «Я был похож на человека, который ярким солнечным днём вошёл в тёмную пещеру. Столь велика была эта разница. Побыв в божественном состоянии, я вновь вернулся обратно, в состояние естественное, человеческое. Я пытался вернуться к своему обычному распорядку: попробовал позаниматься рукоделием, прочитал часы, положил в воду сухари, чтобы они размокли к вечерне… Но чувствовал я себя при этом — без преувеличения — как животное, которое то чешется о забор, то бессмысленными глазами глядит по сторонам, то щиплет траву на лужайке… Внутри у меня всё противилось этому животному состоянию, и я говорил: „Поверить не могу, что я всем этим сейчас занимаюсь. И получается, что именно в этих занятиях прошла вся моя жизнь?" И одновременно до самого вечера меня переполняла такая радость, что не чувствовалось усталости и не хотелось спать: настолько сильным было то ночное состояние, которое я пережил». А зрение преподобного до самого вечера так и оставалось замутнённым, даже рукоделием как следует он заниматься не мог. На следующее утро он стал видеть как обычно.

Через месяц после этого божественного события преподобный отец наш Паисий покинул катунакскую пустыню, чтобы поселиться в монастыре Ставроникита. Ему было тогда сорок четыре года.

Преподобный Паисий возле кельи Честного Креста

В келье Честного Креста на Капсале

ГЛАВА XI

Итак, на пустынных Катунаках преподобный Паисий прожил один год. В очередной раз он был вынужден оставить свою бедную каливу и сменить место жительства. Сейчас причина была в следующем: Священный Кино́т[1] предложил двум послушникам преподобного — иеромонахам Василию и Григорию, которые остались жить в Иверском скиту, — взять на себя введение общежительного устава и формирование братства в монастыре Ставроникита, который был тогда идиоритмическим.

Отец Василий и отец Григорий колебались, но преподобный Паисий благословил их принять предложение Кинота, пообещав, что поможет и вначале поживёт какое-то время в монастыре, а потом поселится в келье неподалёку, но всё равно будет им помогать. Так в августе 1968 года они втроём перешли в полуразрушенный тогда монастырь Ставроникита и начали материальное и духовное восстановление обители. «Нас, если можно так выразиться, забрали в армию, — рассказывал преподобный в одном из писем. — Три человека, почти без посторонней помощи, пытаются наладить жизнь целого монастыря. Мы тут всё: и соборные старцы, и дворники. Пока дела в обители не войдут в нормальное русло, придётся потерпеть».

Кончина батюшки Тихона

Первые десять дней сентября отец Паисий прожил не в монастыре, а в келье Честного Креста, которая отстояла от

---

[1] *Священный Кино́т (Прота́т)* — верховный орган самоуправления Святой Горы, который состоит из 20 святогорских старцев (антипро́сопов), избираемых от всех обителей Афона. На заседаниях Священного Кинота, проходящих в Кариес, обсуждаются общие вопросы жизни и деятельности монастырей.

обители на расстоянии двадцати минут пешего пути. Там он ухаживал за батюшкой Тихоном, который с середины августа болел, не вставал с кровати и совсем ничего не ел — только пил немного воды. Старец Тихон не хотел, чтобы рядом с ним кто-то был: он боялся, что посторонний помощник будет мешать его непрестанной молитве. Однако поняв, что приближается последний день его жизни, старец согласился, чтобы рядом с ним постоянно был отец Паисий.

Накануне своей кончины, 9 сентября, старец Тихон сказал отцу Паисию: «Завтра я умру. Прошу тебя, не спи в эту ночь, чтобы я тебя благословил». После этого старец положил свои освящённые руки на голову отца Паисия и, несмотря на то что силы его уже покидали, держал их так три часа. Он благословлял отца Паисия и со слезами целовал его. «Сладкий ты мой Паисий! — повторял он. — Мы с тобой будем иметь во веки веков драгоценную любовь. Я теперь буду служить Литургии в раю. А ты отсюда молись. Я буду каждый год приходить и тебя навещать. Если ты останешься жить в этой келье, я буду очень рад. Но пусть, сынок, всё будет так, как хочет Сам Господь». 10 сентября батюшка Тихон скончался. На следующий день он был похоронен в могиле, которую сам давно выкопал во дворе своей кельи. Перед смертью батюшка просил, чтобы останки его не трогали и оставили в могиле до Второго Пришествия.

Через три месяца, в декабре 1968 года, отец Паисий начал наводить порядок в келье Честного Креста, готовясь там поселиться. Он очень устал, разгребая завалы мусора и отмывая грязь — отец Тихон десятки лет вообще свою келью не чистил и не убирал, заботясь только о чистоте своей души. Преподобный Паисий чувствовал умиление, думая о предельном самоотвержении своего духовного отца. Ничего из того, «что могло бы быть полезным человеку в его земной жизни», он в келье не нашёл. Однако старые вещи батюшки имели для отца Паисия «великую ценность, потому что были освящены его святой жизнью и подвигами»[1].

---

[1] См. *Старец Паисий Святогорец*. Отцы-святогорцы и святогорские истории. С. 20.

«И нощь я́ко день просвети́тся»

Однажды поздно вечером, в те дни, когда отец Паисий наводил порядок в келье Честного Креста, он вышел из Ставроникиты и пошёл в сторону кельи. С собой он нёс тяжёлую сумку, полную разных вещей. В середине пути, незадолго до поворота с большой дороги на тропинку, которая по берегу оврага вела вниз, в сторону Каля́гры[1], отцу Паисию встретился молодой парень с сильно замороченной головой и многими проблемами. Он остановил преподобного и начал ему что-то рассказывать. Темнело, начался дождь, но отец Паисий стоял на дороге и слушал. Через какое-то время наступила уже настоящая ночь, из-за дождя на них не осталось сухой нитки, но парень и не думал останавливаться — всё говорил и говорил. Фонарика отец Паисий с собой не брал, будучи уверен, что дойдёт до кельи засветло. В какой-то момент он подумал: «Как я найду келью в такой темноте?» Но прерывать молодого человека он не хотел, опасаясь нанести ему душевную травму. Так они простояли до самой полуночи.

Наконец, выговорившись, молодой человек пошёл в одну из келий по соседству, где жил в гостях. А преподобный, кое-как нащупав тропинку к Калягре, стал продвигаться по ней в сторону своей кельи. А тропинка эта настолько узка и неудобна, что даже при дневном свете идти по ней нелегко. Вскоре отец Паисий поскользнулся на мокрой глине и кубарем покатился под откос, прямо в колючие заросли ежевики. Ботинки соскользнули с ног, торба запуталась в колючих ветках, а подрясник задрался и комом собрался вокруг шеи. Темень была такая, что хоть глаз выколи, даже сложно было понять, в какой стороне тропинка. Но преподобный не потерял мирного устроения духа и решил остаться в этих колючих зарослях до утра. «Что ж, начну с повечерия, — подумал он. — Потом полунощница, утреня, а там, глядишь, светать начнёт и пойду в келью. Как там сейчас тот бедолага? Не заблудился он, дошёл куда хотел?» Он начал повечерие, прочитал от Трисвятого до

---

[1] *Каля́гра* — участок побережья Афона между монастырями Ставроникита и Иверским.

«Отче наш». Как только преподобный начал читать «Помилуй мя, Боже…», вокруг него отступила тьма, словно его голова стала светильником. Произошло то, о чём говорится в псалме: *и нощь я́ко день просвети́тся*[1]. Преподобный увидел, где он находится, в какой стороне тропинка, выбрался на неё из колючек, нашёл ботинки и пошёл в келью по тропинке, освещаемой этим сверхъестественным светом. Когда он добрался до кельи и зажёг лампадки, Божественный свет исчез.

Жизнь в келье Честного Креста

Через два месяца, в феврале 1969 года, отец Паисий попросил исключить его из членов Духовного собора монастыря Ставроникита и поселился в маленькой и имевшей только самое необходимое келье Честного Креста на Нижней Капсале. Освободившись от административных забот, он чувствовал себя как человек, возвращающийся из далёких странствий к себе на родину — в духовную страну Сладкого Безмолвия.

Каливка Честного Креста расположена на пологом безлесом склоне между Капсалой и Калягрой. Места эти безлюдные и тихие. Сама келья и снаружи, и изнутри очень аскетична. Сразу за узенькой и низкой входной дверью — крохотный коридорчик. По левую руку — келейный храм, освящённый в честь Воздвижения Честного и Животворящего Креста Господня. Прямо напротив входа — келья, где жил раньше батюшка Тихон. Там внутри лишь одна кровать и скамеечка. Кровать стоит посредине. Поселившись здесь, преподобный Паисий, чтобы защититься от сквозняков, приделал с обеих сторон кровати две широкие доски, и она стала походить на гроб.

Сам преподобный называл это аскетическое ложе, в головах которого висел Крест и икона Пресвятой Богородицы, «алтарём кельи». Здесь, стоя на коленях, он проводил в молитве часы, отсюда он воспарял к Небу. Однажды, стоя на кровати на коленях и творя молитву Иисусову, преподобный почувствовал, как он, находясь на земле, одновременно

---

[1] Пс. 138:12.

потихоньку словно поднимается на небо. Он поднялся высоко и видел вокруг серебристые, редкие облака. Было такое ощущение, словно тело его стало лёгким, как пух. Сердце переполняло небесное радование, «духовная нежность», — как сам преподобный рассказывал позже. После этого случая он часто повторял слово: «Восхождения, восхождения»[1], особенно, когда хотел расшевелить кого-то на борьбу, возводящую к добродетели, к восхождениям божественным.

Аскетичной была и та комнатка, которую отец Паисий использовал как архондарик. Вход в неё был не через главную дверь, а со двора. В архондарике стояли два простых топчана из досок, положенных на пни. Покрыты они были старыми одеялами. Когда преподобный оставлял кого-то на ночь — а случалось это очень редко, — он поселял гостя там. «Моя калива не такая гостеприимная, как моё сердце», — говорил преподобный, сожалея, что не имеет возможности предоставить паломникам более комфортные условия. Однако условия для гостей были особенными, ведь они оказывались в месте, освящённом многими божественными событиями, которые случились там как до прихода преподобного, так и при нём. Сами стены каливы были пропитаны горячим подвижническим духом, и потому каждый гость находил здесь «духовный комфорт», утешение как душевное, так и телесное.

Когда погода была хорошей, преподобный принимал посетителей во дворе, в тени масличного дерева. Рядом с этим архондариком под открытым небом был каменный резервуар, куда с крыши по желобам собиралась дождевая вода. Эту воду преподобный пил сам и ею поил приходивших. Как-то раз люди, придя к преподобному и увидев, что воды в резервуаре совсем мало, стали отказываться, говоря: «Геронда, Вам же так самому не хватит!» — «Не хватит так не хватит, — ответил отец Паисий. — Зато есть повод благодарить Бога за то, что хватало до сих пор. А ещё просить Его о тех, кому не хватает никогда».

---

[1] См. Пс. 83:6.

В огороде у себя отец Паисий посадил кудрявую капусту и два-три куста помидоров. Когда люди удивлялись, почему он не посадит побольше разных овощей, он пояснял: «Избегаю лишних забот. Иначе времени для молитвы не останется. По той же самой причине и „кулинарного разнообразия" не хочу — иначе придётся ходить в Кариес за продуктами и тратить много времени на готовку. А сейчас я развёл в очаге огонь, поставил воду, добавил немного риса — и еда готова».

Старинная прокопчённая кастрюлька с ручкой на боку, маленький медный кувшин, пустая консервная банка, две-три металлических миски и кружки — вот, пожалуй, и всё «движимое имущество» преподобного отца в каливе Честного Креста. Всё это он не принёс с собой, а нашёл среди вещей покойного батюшки Тихона. Ещё своими руками отец Паисий сделал керосиновый примус, на котором в консервной банке кипятил чай. Один человек, увидев это, купил ему красивую турку. Взяв её в руки, преподобный сказал: «Дорогая вещь. Только теперь тебе надо принести мне ещё и гвоздь, чтобы я вбил его в стену — иначе куда эту турку повесим? Ну и, конечно, чистящее средство, чтобы я ей постоянно бока натирал. Знаешь, а забирай-ка ты её лучше обратно, прямо сейчас».

Вообще преподобный брал что-то в благословение от людей крайне редко, с великим трудом и неохотой. Некоторые посетители тайком оставляли в разных местах каливы деньги для него. Если преподобный обнаруживал пожертвование до их ухода, то немедленно возвращал. Если же люди наотрез отказывались принять деньги обратно, он давал им в благословение иконки своего изделия, причём на гораздо большую сумму, чем оставленная. А если обнаруживал деньги уже после их ухода, то вкладывал купюры в книги, которые давал в благословение студентам. На почте в Кариес он написал заявление с просьбой отправлять все почтовые переводы на его имя обратно отправителям. Но некоторые вкладывали деньги прямо в конверты. Эти деньги преподобный Паисий как можно быстрее старался раздать студентам и беднякам. Как-то раз преподобный получил письмо от одного врача, у которого была больная дочка. Врач знал, что отец Паисий

Преподобный Паисий возле резервуара для воды в келье Честного Креста

молится о девочке, и в благодарность вложил в конверт 1000 драхм. Как только преподобный взял деньги в руки, он, по его собственным словам, «почувствовал, что они — тот камень, которым ему стучат по голове». Пока он не отослал эти деньги одному многодетному бедняку, успокоиться не мог. «Молиться за деньги нельзя», — говорил преподобный.

— Геронда, но на что Вы живёте? — спрашивали некоторые из посетителей.

— Живу прекрасно, — отвечал он. — Вода бесплатная — это раз. За свет платить не надо — это два. Звёзды светят, луна светит, денег за свет не берут. Остаётся что? Совсем немного денег на сухари и прочие нужды. Ну уж на это я как-нибудь и рукодельем заработаю.

Единственной настоящей заботой и деланием преподобного отца, как и прежде, были самоконтроль и общение с Богом. Одному человеку, который спросил, как ему живётся на новом месте, преподобный ответил: «Стараюсь исполнять свои монашеские обязанности и избегать людей, которые хотят поболтать и мешают мне разговаривать с Богом. Стараюсь сокрушаться пред Господом, разворачивая перед Ним свитки, исписанные моими грехами и неблагодарностями. Смиренно прошу Его о милости и, славословя, Его благодарю. Познание Бога меня вдохновляет намного больше, чем любое другое знание».

Каждый вечер после захода солнца отец Паисий начинал своё всенощное бдение: сперва какое-то время повторял шёпотом «Боже, милостив буди мне грешному»[1], а затем долго молился по чёткам и делал поклоны. Обычно он совершал бдение не в келье, а во дворе. Через сук одного масличного дерева преподобный пропустил две верёвочных петли, а когда уставал, продевал в них руки так, что эти петли держали его под мышками, и часы напролёт он молился, стоя на ногах. Пламя божественного рачения, воспламенив его сердце, распространялось по всей груди, и потом уже весь он бывал охвачен этим божественным огнём. Находясь в таком состоянии, необходимости во сне он не чувствовал.

---

[1] Лк. 18:13.

Незадолго до рассвета преподобный спал — два-три часа. Но если это и был сон, то очень неглубокий, некое состояние между сном и бодрствованием, потому что *сердце его бодрствовало*[1]. Часто в этом состоянии он лобызал святых и просыпался от звука поцелуя. Бывало, что во сне он чувствовал на своём плече ангела-хранителя и, просыпаясь, немедленно вставал и от благоговения к посетившему его ангелу целовал своё плечо. А однажды преподобный проснулся от того, что ангелы пели славословие: «Слава Тебе, показавшему Свет!»[2] Он немедленно поднялся, опустился на колени и замер, слушая это небесное пение. Оно отпечаталось в его уме и сердце, и потом он любил петь великое славословие точно так, как услышал — иногда вслух, иногда про себя.

Днём преподобный помимо духовных занятий и помощи людям занимался и рукоделием. На новом месте он делал деревянные иконки, в основном при помощи тиснения. Несмотря на то что их изготовление требовало немалого труда, бо́льшую их часть он выкладывал в ящичек за забором, на котором было написано: «Благословение». Паломники брали эти иконки бесплатно и сколько хотели. А делал он их так: сначала с огромным трудом он выгравировал на стальных пластинах «обратные», вогнутые изображения икон. Специальных гравёрных инструментов у него не было, и он использовал вместо штихелей заточенные обломки напильников, по которым стучал молотком, выбивая тонкий и изящный рисунок на стальных пластинах. Так получились несколько стальных матриц с разными иконописными сюжетами. Эти матрицы он разогревал на огне и с помощью ручного рычажного пресса прижимал к ним кусочки дерева. На деревянных заготовках отпечатывались священные образы, в которых были видны и самые мельчайшие детали. Эти иконки «благоухали» особенной благодатью. Руки преподобного отца работали, а из сердца и с губ его исходило славословие:

---

[1] Ср. Песн. 5:2.
[2] В греческой традиции именно так звучит возглас, с которого начинается великое славословие, а в русской — «Слава Тебе, показавшему *нам* Свет!»

«Слава Тебе, Боже». Весь преподобный без остатка стал уже одним молящимся сердцем.

Однажды преподобный, много часов стоя на ногах, молился в келейном храмике Честного Креста. Он совсем не чувствовал усталости, наоборот: чем больше проходило времени, тем легче, невесомее ощущал своё тело. Что-то невыразимое словами наполняло его сладкой силой и неизреченным радованием. Вдруг ему подумалось: «У меня ведь двух рёбер не хватает. Пойду накину свитер, чтобы не простыть. Накину и продолжу молиться, пока молитва идёт». Стоило преподобному принять этот помысел, как у него подкосились ноги и он упал на пол. Понадобилось около четверти часа, чтобы он кое-как смог подняться, доковылять до кельи и прилечь на кровать. Рассказывая потом об этом случае, отец Паисий так объяснял происшедшее: «Один естественный, человеческий помысел мне пришёл — и погляди, какие у него были последствия! Страшно подумать, что бы со мною было, прими я помысел гордый».

Божественная Литургия в келье Честного Креста совершалась редко. Однако некоторые из иеромонахов, которых преподобный старец приглашал совершить Литургию, духовно менялись под воздействием благоговения преподобного и того, как сердечно пел он в храме. Пение его было сладким и невычурным. Он весь без остатка пребывал в молитве, словно ангел, который предстоит на Небе пред Богом и Его воспевает. Как-то раз один иеромонах, благословляя Чашей из царских врат на возгласе «Всегда, ныне и присно и во веки веков», увидел, что отец Паисий стоит, не касаясь ногами пола. Исполнившись священного трепета и страха, иеромонах попытался разглядеть старца получше, но смотреть в ту сторону было невозможно: даже лица не было видно — настолько сильный Свет исходил от преподобного отца. Иеромонах был вынужден опустить глаза, развернуться и закончить Литургию. А когда он вышел из храма, отец Паисий уже приготовил для него угощение: чай, сухари и маслины. Прощаясь, между делом преподобный обронил: «Рассказывать об этом никому не надо». Сказаны эти слова были так, что иеромонах сразу понял: никаких обсуждений этой темы не подразумевалось.

В пустыне и вместе с людьми

«Воскресения день» и «Пасха, Господня Пасха»[1] — так кратко можно описать каждый день жизни преподобного Паисия в келье Честного Креста. *Сея с терпением* свои аскетические подвиги в прежние годы, он *пожинал* ныне *плоды радования*[2]. В «малом раю» нищей афонской кельи Бог питал преподобного отца неземными радостями, и он часто находился в состоянии «божественного сумасшествия». В одном из писем он рассказывал так: «У меня тоже есть малый опыт духовного безумия. Причина того, что человек духовно сходит с ума, — в божественном рачении. Сходя с ума духовно, человек становится олухом Царя Небесного и не хочет думать ни о чём, кроме Бога, кроме божественного, духовного и небесного. Будучи божественно влюблён в то, о чём ему хочется думать, человек пламенеет изнутри, сладким пламенем пламенеет, и его внутреннее состояние славословия Бога „пробивается" наружу в странных, но совершаемых в рамках божественного благочестия поступков».

Находясь в этом состоянии, преподобный отец чувствовал себя «уже непригодным» для временной, земной жизни. Он говорил: «Когда человека охватит пламя божественной любви, то он уже и не спит, и не ест. Он всё время молится, подвизается, без конца делает поклоны, и небесная теплота питает его лучше, чем земная пища и отдых. А если люди просят его куда-то пойти и что-то сделать, то он прилагает огромные усилия, чтобы выйти из этого состояния, но всё равно не может, и у него опускаются руки… И тогда он уходит ещё глубже в пустыню, чтобы его не нашли и не отрывали от главного».

Только вот сам отец Паисий, несмотря на то что всем сердцем этого желал, «уйти глубже в пустыню» уже не мог. День ото дня его имя привлекало в каливу на Капсале всё больше и больше людей. Он дошёл до того даже, что стал считать своё имя «своим злейшим врагом», потому что имя «старец

---

[1] Слова первого ирмоса канона на Святую Пасху.
[2] Ср. Пс. 125:5.

Паисий» становилось препятствием в его духовной жизни. И ведь поделать он ничего уже не мог, кроме того, чтобы изредка прятаться «по норам ближним и норам дальним», как сам говорил.

Основной его «норой»-убежищем была крохотная каливка-сарайчик, которую он построил в овраге под своей кельей. Там, *в ро́ве преиспо́днем*[1], он прятался от мира и радовался «единым созерцанием Бога и любовию пламенеющей»[2]. Как-то раз один охотник, услышав шум от поклонов преподобного, подумал, что это кабан, и выстрелил в его сторону. Бог сохранил, и ни одна дробинка картечи в отца Паисия не попала. Сам по себе тот факт, что в него стреляли, преподобного нисколько не обеспокоил и не расстроил. Однако он чрезвычайно расстроился и огорчился из-за того, что охотник успел увидеть его молящимся и коленопреклонённым. «Лучше бы он меня не увидел в молитве, а застрелил», — говорил потом преподобный отец.

Уходя из каливы, чтобы спрятаться в очередную «нору», преподобный оставлял за калиткой коробку с лукумом и ящичек с приклеенной к нему запиской: «Напишите ваши имена и что вы хотите, а я помогу вам позже молитвой. Сюда я пришёл не для того, чтобы изображать из себя учителя, а для того, чтобы молиться». В одном письме, отправленном в 1976 году, он поделится своими переживаниями: «Чем больше проходит лет, тем сильнее я чувствую необходимость удалиться от людей. Мне очень помогло бы место никому не известное, где бы и меня никто не знал. Там я мог бы стать ближе к Богу и лучше помочь Его творениям. Это желание — постоянный предмет моей молитвы, и я жду от Бога ответа».

Преподобный отец Паисий просил Бога, чтобы Тот привёл его в место, где не было бы людей. А люди, ища духовной помощи и утешения, стекались к нему всё больше и больше. И рачитель пустыни оказался в плену — у людей, которых любил, особенно у тех, кто испытывал страдания и муче-

---

[1] Пс. 87:7.
[2] См. *Феолипт Филадельфийский, свт.* Послания к монахине Евлогии (Μερικὴ διατράνωσις πρὸς ὑπόμνησιν ἄγουσα… // Βίος καὶ ἔργα. Σ. 278).

ния. И вот, прося у Бога «уйти поглубже в пустыню», он мог одновременно просить у какого-нибудь знакомого судьи найти способ посадить его в тюрьму, чтобы духовно помочь страдающим там людям.

В конце концов в «войне» этой победила любовь к людям. Любовь к исстрадавшимся людям, та чистая и благородная любовь, которая *не ищет своего*[1], заставила отца Паисия пожертвовать ради людей любовью к пустыне. Поэтому в 1978 году он напишет: «К несчастью, живу я теперь по распорядку других людей. Своей жизнью (как всего несколько лет назад) больше не распоряжаюсь, другие определяют теперь её график и распорядок. Конечно, по большому-то счёту, это не другие, а я сам так завёл, потому что это моя любовь к ним понуждает всё оставлять и идти к ним навстречу».

Преподобный принимал людей с добротой и простотой. Слушал их со вниманием и терпением. Говорил со смирением и рассуждением, не как учитель, а как брат. Обычно, обращаясь к кому-то, он начинал свою речь со слов «полагаю» или «помысел говорит мне», а заканчивал словами «простите меня». Посетителей он во всём ставил выше себя. Когда ему целовали руку, терпел это с огромным трудом. «Когда мне руку целуют, — говорил он, — мне становится тошно от самого себя».

Себя преподобный сравнивал с консервной банкой, которая отражает солнечные лучи, а люди принимают её за золото. «Иногда, — рассказывал он, — в каливу приходят люди с сильной верой в то, что пришли увидеть святого. Так вот они считают. И вот, Бог, воздавая им за их веру, освещает Своими лучами меня — консервную банку, и они видят, как она блестит. Люди укрепляются в вере, а я после их ухода остаюсь таким же, как и прежде — весь в ржавчине».

Нескольким молодым людям, пришедшим к отцу Паисию и просившим что-нибудь им сказать, он с глубоким смущением ответил: «Что же я могу вам сказать, ребята? Ну что? Столько лет я бьюсь над тем, чтобы дойти до нуля, но вижу, что впереди простирается ещё целая дорога». А одному

---

[1] 1 Кор. 13:5.

преподавателю, который, находясь под впечатлением слов преподобного, воскликнул: «Отец Паисий, да вы — святой!» — он ответил: «Я хуже уголовника. Ведь уголовник совершил двадцать преступлений, хотя гены и воспитание получил такие, что мог бы совершить и сорок. А мне, даже если бы я совершил и двадцать добрых дел, всё равно не было бы оправдания, потому что мне надо было совершить их по меньшей мере в два раза больше».

Посетители каливы Честного Креста видели перед собой монаха-аскета, от которого им передавались мир, тишина и Божественное утешение. Даже и одни лишь сердечные слова его «Слава Тебе, Боже», пусть ненадолго, но переносили их в духовную атмосферу, которой дышал преподобный отец, в область славословия и непрестанного общения с Богом. Входя вместе с преподобным в храм Честного Креста, люди вступали в область молитвы. Однажды, когда юноша-паломник прикладывался к иконе Пресвятой Богородицы в храмике, преподобный сказал ему: «Как ты думаешь, если бы сейчас нам явилась Пресвятая Богородица, то стали бы мы с тобой подбирать правильный глас, чтобы спеть Ей тропарь: „Мно́гими содержи́м напа́стьми"[1]? Нет, не стали бы. Мы бы повалились Ей в ноги и от сердца, из глубины его, без всяких нот и гласов стали бы, как дети, умолять Её сбивающимися голосами: „Мно́гими… содержи́м напа́стьми! К Тебе́ прибе́гаю! Спасе́ния иски́й!.."» Сердечная молитва преподобного отца привела юношу в умиление.

А в другой раз его посетил чиновник, который был крайне унижен начальником департамента, «зарубившим» его продвижение по службе. Отец Паисий выслушал его с большим вниманием, потом ласково приобнял за плечо и провёл в церковь. Там он показал чиновнику на Распятие и с состраданием и любовью сказал: «Погляди: вот Христос, и Он простил Своих распинателей. Ты что, совсем не можешь простить этого человека?» Сердце чиновника из холодного и каменного вдруг превратилось в горячее, как огонь, и мягкое, как воск. Он заплакал и сказал: «Геронда, я его прощаю».

---

[1] Канон молебный Пресвятой Богородице.

Общение с подвижниками и с монастырём Ставроникита

Часто рано утром отец Паисий выходил из своей кельи и навещал отцов, которые жили на Капсале и вокруг. Он был одного рода с этими неведомыми миру подвижниками. Их самоотверженность и монашеская бескомпромиссность трогала его сердце. Преподобный записывал их просвещённые слова и события из их жизни. Чаще всего отец Паисий приходил в расположенную чуть повыше келью святого Андрея, где жил старец Филарет[1] со своим послушником отцом Варфоломеем. Иногда поднимался ещё выше, к слепому иеромонаху Мине и старцу Трифону[2], которые жили в самом высоком месте Капсалы. Также он ходил к старцу Косме[3], который подвизался в винограднике монастыря Пантократор. Об этом старце Косме многие в один голос свидетельствовали, что его почерневшее от солнца лицо сияло так, что глазам было больно на него смотреть. И отец Паисий, когда в последний раз беседовал со старцем Космой, видел, как сияло его лицо.

Также раз в неделю или две отец Паисий приходил в монастырь Ставроникита. Обычно это было в субботу днём. Преподобный молился на вечерне, причащался на воскресной Божественной Литургии и возвращался к себе на Капсалу. Используя благоприятную возможность, игумен обсуждал с преподобным насущные вопросы жизни обители, а те из братии, кто хотел получить совет или духовную помощь, также подходили к нему после службы. Впрочем, бо́льшая часть насельников обители (число которых неуклонно росло) предпочитали посещать отца Паисия в его келье. Среди них был и монах Афанасий, в миру Евфимий Склирис, который шесть лет назад поехал вслед за преподобным на Синай. После Синая он приехал на Афон и принял великую схиму в монастыре Ставроникита. Отец Афанасий сохранил свою первую ревность к монашеской жизни, а также огромную любовь к отцу

---

[1] См. *Старец Паисий Святогорец*. Отцы-святогорцы и святогорские истории. С. 89–93.
[2] Там же. С. 120–125.
[3] Там же. С. 59–61.

Паисию. А преподобный радовался, что молодой монах так любочестно подвизается, несмотря на серьёзные проблемы со здоровьем.

Помощь исихастирию святого Иоанна Богослова

Одновременно отец Паисий помогал и сёстрам исихастирия святого Иоанна Богослова.

Отец Паисий всегда отвечал на письма сестёр и — после настойчивых просьб — навещал их, обычно не чаще двух раз в год. Сёстры размещали преподобного в уединённой каливке на окраине монастырской территории. Отец Паисий поддерживал в этой каливке такой порядок и чистоту, словно это была маленькая церковь. Он всегда сам заранее назначал день отъезда на Афон, и сёстры знали, что его бесполезно уговаривать задержаться ещё — его верная торба всегда лежала собранной заранее.

«Перед монастырями стоит духовная задача, — писал преподобный в письме к одной из сестёр, — и в них не должно быть ни капли мирского духа, но дух небесный, для того чтобы души монахов переполняли райские утешения… Однако если монахи не избегут утешения мирского, если в них не умрёт мирское мудрование, то и Божественного утешения почувствовать они не смогут»[1]. Всё это было вынесено преподобным из собственного духовного опыта. Ему было больно осознавать, что хотя все монахи могли бы так жить, некоторые из них, как он говорил, «становились никчёмными ради никчёмных вещей».

К исихастирию святого Иоанна Богослова всё вышесказанное относилось в особой степени. Преподобный делал всё, что мог, чтобы передать сёстрам дух подлинного монашества, дух исихазма. Отец Паисий советовал сёстрам избегать мирских связей, многопопечительных послушаний, мирских рукоделий, мирского комфорта и тому подобного. Он был против того, чтобы сёстры отвлекались на разные «околодуховные» дела и заботы, которые отрывали бы их от внутренне-

---

[1] См. *Старец Паисий Святогорец*. Письма. С. 50–51.

го духовного делания и отклоняли от цели, ради которой они вышли из мира. Преподобный очень расстраивался, когда видел у них такие «отклонения от курса» и считал это поношением монашеству и презрением к святым отцам. В одном из писем к игумении он говорил: «Возможно, я человек слишком жёсткий и непреклонный. Причина этого в том, что мы с вами находимся в неравных условиях. Я буду вам помогать как умею, пока вы сами от меня не устанете и перестанете выносить мою твёрдость и „жестоковыйность"».

Отец Паисий «не разбавлял вино водой», потому что сам он всегда старался следовать воле Божией и тем священным правилам, которых требует равноангельная монашеская жизнь. Если бы он понял, что всё сестричество не может следовать его «жестоковыйности», а лучше сказать, бескомпромиссности, то он, не сомневаясь, прекратил бы общение с ними. Однако, видя, что в обители есть сёстры, от сердца желающие неподдельного монашеского жития, он уступал их просьбам, а лучше сказать, уступал самой воле Божией. Он спрашивал себя: «Паисий, Паисий, кто привёл тебя сюда: люди или Бог?» А несколько раз и Сам Бог извещал его о том, что ему нельзя отказываться от помощи сёстрам.

Иногда преподобный «приезжал» в Суроти не телесно, а духовно. Например, однажды[1], молясь у себя в келье на Афоне, он внезапно «оказался» в исихастирии, рядом с сёстрами, которые тогда носили цемент в больших жестяных банках. Он прошёл мимо них, посмотрел, как работает каждая, но его самого никто из сестёр не видел. Потом преподобный с улыбкой говорил игуменье: «А помнишь, герóндисса[2], я к вам приезжал, когда вы цемент таскали? Ты ведь меня тогда даже кусочком лукума не угостила, даже стакан воды не налила. Я-то кричал-надрывался: „Матушка, попроси сестёр, чтобы мне водички принесли!" — но так и остался неуслышанным». А когда игуменья, удивившись, как он мог всё это видеть, спросила об этом, преподобный отшутился: «А вас по теле-

---

[1] Случай произошёл в августе 1974 года. — *Прим. греч. изд.*
[2] *Герóндисса* (греч. γερόντισσα — старица) — уважительное обращение к игумении или к старшей монахине.

Преподобный Паисий в исихастирии святого Иоанна Богослова в 1974 году

визору показывали! Телевизор-то у меня есть, а вот телефон ещё не провели. Был бы телефон, я бы, конечно, вам позвонил и сказал: „Алло! Здравствуйте, как поживаете?"»

По тому же самому «духовному телевизору» преподобный старец видел однажды, как две монастырские сестры занимаются у себя в кельях первым и основным монашеским деланием — самоконтролем и покаянием. Одной из них он написал письмо, где говорилось: «В этот раз надо было бы подыскать для письма тебе самую дорогую бумагу. Верю, что слова мои тебе не повредят... Ведь в моих обычаях, если я вижу что-то хорошее, говорить об этом прямо, а если вижу что-то плохое, брать крепкую хворостину. Итак, если ты сохранишь то состояние, в котором находилась 11 ноября[1], около шести утра, то тебе достанется духовный суперприз». В этот самый день и час сестра готовилась к исповеди и переживала глубокое сокрушение.

А другой сестре преподобный прислал листочек отрывного календаря с подчёркнутой датой «26 декабря[2] † Собор Пресвятой Богородицы» и следующим комментарием: «Около половины четвёртого утра. Ты преслушничаешь, но... Панагия! Матерь Божия!!! Больше писать тебе ничего не буду. Жду, когда сама ответишь и напишешь, какие помыслы были у тебя в тот день и каков был твой подвиг». А на обратной стороне была приписка: «Матерь Божия сегодня включила мне Свой телевизор, и я увидел, в каком ты хорошем духовном состоянии находишься, и был за тебя очень рад. Видно, что тебе и взаправду стало больно от любочестия, и ты стала подвизаться со многим смирением и сокрушением». Сестра ответила преподобному, что в тот час она просила Пресвятую Богородицу простить её, потому что она препиралась с церковным начальством.

В ответ преподобный прислал этой сестре ещё одно письмо, где говорилось: «Чаще всего человек духовный чувствует себя хорошо как раз тогда, когда он чувствует, что всё у него ужасно плохо. Например, поступив неправильно или

---

[1] 1975 года. — *Прим. греч. изд.*
[2] 1976 года. — *Прим. греч. изд.*

своевольно, он начинает с болью каяться в том, что опечалил Бога и Его служителей. Это самое и произошло с тобой в тот день. Один очень смиренный помысел во мгновение ока способен вознести душу так, как не вознесут её целые годы превосходящих естество подвигов. Видишь теперь, сестра моя, как это нетрудно — подвизаться ради спасения и освящения нашей души?»

В сентябре 1970 года преподобный старец решил привезти в исихастирий святые мощи преподобного Арсения Каппадокийского. Для этого он поехал в Коницу, где оставил их, отправляясь на Синай. Жители Коницы обрадовались, спустя восемь лет вновь увидев «Калугера» из Стомиона. Но отец Паисий был с ними сдержан и почти ничего не говорил.

Однако из благодарности за многое оказанное ему в те годы гостеприимство он съездил в деревню Áгиос Геóргиос недалеко от городка Филиппиáда в Эпире, где жила тогда со своей матерью, совсем уже дряхлой старухой, Кети Патера. Увидев отца Паисия, Кети всплеснула руками:

— Отче, ты что же, проделал такой путь только для того, чтобы повидаться с моей мамой?

— Ничего, — ответил преподобный. — Теперь мы с твоей мамой целых лет двадцать уже не увидимся.

А самой бабушке преподобный на прощание сказал: «Что ж, до новой встречи двадцать лет спустя». И действительно, она отошла к Богу через несколько месяцев[1], а преподобный Паисий — через двадцать три года.

Составление жития преподобного Арсения Каппадокийского

Вернувшись в исихастирий, отец Паисий поместил деревянный ковчежец со святыми мощами преподобного Арсения под престол соборного храма. Что находится в этом ковчежце, он сёстрам не сказал. Однако сам святой Арсений чудесным образом открыл себя некоторым сёстрам. Когда отец Паисий узнал об этом, он собрал всех сестёр и рассказал им о жизни святого Арсения и о многих чудесах, которые тот сотворил

---

[1] В июле 1971 года.

Старец Паисий перед честной главой прп. Арсения Каппадокийского

в Фарасах. Тогда же отец Паисий решил написать житие святого Арсения, дабы сей новоявленный каппадокийский отец стал известен во всём мире и «иные души тоже напитались собранным им духовным богатством»[1].

Конечно, сам отец Паисий не жил рядом с преподобным Арсением, но в духовном смысле он словно вырос у ног святого каппадокийского отца, поскольку с раннего детства, как молоком, был напоен чудесными рассказами о нём. Кроме того, вернувшись в 1964 году с Синая, отец Паисий попросил своего брата Луку собрать все возможные сведения о святом Арсении, чтобы, как сам он говорил, «они были записаны и всегда под рукой». И вот, на основании того, что помнил он сам, и с помощью тех свидетельств, что собрал Лука, преподобный с благоговением и страхом Божиим начал писать житие святого Арсения.

Закончив житие, он отдал рукопись ставроникитским отцам — игумену Василию и иеромонаху Григорию — с просьбой при необходимости сделать в рукописи исправления. Отцы, прочитав рукопись, поняли, что это не просто хронологический пересказ событий из жизни святого Арсения, но духовное сочинение, в котором сокрыт богатейший духовный опыт самого отца Паисия. Поэтому они посоветовали ему ничего не менять в житии, только попросили, по возможности, добавить главу, в которой говорилось бы о том, как он узнал о святом Арсении.

А вскоре к отцу Паисию пришёл и сам святой Арсений, чтобы отблагодарить его за любочестный и благоговейный труд. Было 21 февраля, вечер субботы первой седмицы Великого поста 1971 года. Отец Паисий перечитывал рукопись, как вдруг перед ним явился сам святой Арсений и погладил его по голове, как учитель гладит ученика, который хорошо сделал домашнее задание. Отец Паисий почувствовал столь великое утешение и небесное радование, что не смог сдержать своих чувств. Святой Арсений уже ушёл, а преподобный как сумасшедший долго бегал вокруг каливы и пытался его найти.

---

[1] См. *Старец Паисий Святогорец*. Святой Арсений Каппадокийский. С. 24.

Он то звал его во весь голос: «Отче мой! Отче мой!», то умолял, обращаясь к Богу: «Боже мой! Боже мой! Сдержи моё сердце, чтобы оно не рассыпалось на части и я увидел, чем закончится эта ночь!» Когда совсем стемнело и отец Паисий отчаялся снова увидеть святого Арсения, он с трепетным «скучанием» устремил взор к небесам — как Христовы ученики после Вознесения, и затем вошёл в келью. Много дней после этого ему не хотелось ни есть, ни спать. Он чувствовал, что не было силы, способной удержать его на земле — так ему хотелось оказаться на Небе, рядом со своим любимым святым.

А в следующем месяце преподобный Арсений посетил отца Паисия ещё раз. Была полночь, 28 марта, день памяти святых преподобномучеников Варахи́сия и Ионы[1], в честь которых был освящён храм в Фарасах. Преподобный совершал в своей келье бдение и творил молитву Иисусову. Вдруг он увидел себя посреди огромного, засеянного пшеницей поля. Преподобный понял, что кусочек этого поля надо сжать ему. А с противоположного края поля находилось сооружение, похожее на военное, где перед рациями сидели радисты. Там у отца Паисия тоже было рабочее место и некое ответственное дело. И вот он то жал пшеницу, то бежал к рации и отправлял радиограммы, которые накапливались там к его приходу. Потом опять бежал жать пшеницу и опять возвращался к рации. Когда он возвращался с поля, то видел, как за его рацией сидит и передаёт сообщения какой-то офицер. Время от времени этот офицер выходил на поле и твердил тем, кто плохо работал: «Почему же вы не жнёте? Ведь вы же знаете, что вам заплатит Христос!» Отец Паисий, испугавшись, что офицер начнёт укорять и его, сильно смущаясь, сказал: «Простите меня. У меня только половина лёгкого, и быстрее работать я не могу». Тогда офицер повернулся к нему и с любовью сказал: «Я знаю, что у тебя половина лёгкого. А ещё больше я люблю тебя потому, что ты не получаешь денежных переводов. Я ведь на почте за тобой тоже слежу». Затем офицер посадил отца

---

[1] *Мученики Варахисий и Иона* были монахами и братьями по плоти, пострадали за Христа около 330 года в Персии.

Паисия в некую странную, ни на что не похожую машину, и они понеслись над землёй. В пути они о чём-то беседовали, и вдруг офицер, приняв образ преподобного Арсения, обнял отца Паисия и расцеловал его. «Я не успел ещё насытиться общением с ним, — писал преподобный, — как он громко крикнул: „Остановка! Остановка!" Машина немедленно остановилась над кельей Честного Креста, и святой Арсений сказал: „Тебе выходить здесь. А я выйду в Салониках, там неподалёку мой дом"». Последние слова святого Арсения отец Паисий считал подтверждением того, что святой рад переносу своих святых мощей в исихастирий святого Иоанна Богослова, который действительно находится недалеко от Салоник.

После этого чудесного общения со святым отец Паисий решил встретиться с рассеянными по разным частям Греции выходцами из Фарас. Он хотел сверить с ними свидетельства, вошедшие в житие святого Арсения и по возможности собрать новые факты из его биографии. После Пасхи 1971 года он поехал в Салоники, где встретился с фарасиотами, которых знал давным-давно, ещё будучи солдатом. Эти люди приняли отца Паисия с огромной радостью. Его облик и поведение напоминали им Хаджефенди: тем, как он мало ел, как оставлял нетронутой кровать, которую они для него застилали. Рассказав всё, что они знали о святом Арсении, фарасиоты посоветовали отцу Паисию съездить ещё к их родственникам, которые могли знать больше. Так из Салоник отец Паисий отправился в Плати, а оттуда через Янину — в Коницу.

На автобусной станции в Янине преподобный Паисий встретил одного своего знакомого из Коницы, и они вместе сели в автобус. Не успел автобус выехать на коницкую трассу, как ехавший навстречу грузовик не справился с управлением и вылетел на встречную полосу. Смяв несколько легковых машин, он летел прямо на автобус. Беды было не избежать, но вдруг автобус словно невидимой рукой был взят с дороги и переставлен на обочину, в безопасное место. Отец Паисий всё это время сидел с закрытыми глазами, но его знакомый видел, что он только притворяется спящим, а на самом деле молится. Объясняя их спасение одним лишь присутствием отца Паисия, его спутник сказал потом:

— Отец Паисий, если б не ты, от нас бы одно мокрое место осталось.

— А ты видел, чтобы хоть один из пассажиров, сев в автобус, осенил себя крестным знамением? — ответил преподобный. — Когда садишься в автобус или в машину, всегда молись, чтобы доехать до места спокойно и без аварий.

В Конице отец Паисий забрал книги и рукописи святого Арсения, которые сохранил его певчий Продром Корциноглу. Затем он поехал в Афины, чтобы продолжить сбор материалов. Но там ему дали понять, что столичное «Общество выходцев из Фарас» не станет содействовать тому, чтобы чудеса святого Арсения стали известны людям. Это Общество старалось сделать известным другое имя — митрополита Кесарийского Паисия II. Уехав из Афин в расстроенных чувствах, преподобный отправился в Драму, где в нескольких сёлах тоже жили его бывшие земляки. Там он встретил ещё нескольких выходцев из Фарас, которые «хранили всё благоухание анатолийского благочестия»[1].

«Буду каждый год тебя навещать»

В сентябре 1971 года произошло первое посещение отца Паисия его старцем — батюшкой Тихоном, который незадолго до своей кончины пообещал, что будет каждый год приходить и навещать своего послушника. Однако прошло уже целых три года, а батюшка Тихон не приходил. Из-за этого у преподобного Паисия начались помыслы, что, наверное, он в чём-то провинился перед старцем. И вот 10 сентября, около полуночи, отец Паисий, творивший в это время молитву Иисусову, увидел, как в келью входит отец Тихон. Отец Паисий подбежал к старцу, обнял его, затем упал перед ним на колени и стал с благоговением целовать его ноги. Однако батюшка высвободился из его рук, вошёл в церковь и исчез.

Отец Паисий тут же зажёг свечу, желая отметить в календаре дату явления старца. Увидев, что уже наступило

---

[1] См. *Старец Паисий Святогорец. Святой Арсений Каппадокийский.* С. 21.

10 сентября, дата блаженной кончины отца Тихона, он очень расстроился из-за того, что эта годовщина вылетела у него из головы. Накануне у преподобного с самого утра было очень много посетителей, а вечером он, очень уставший, даже не отдохнув, начал всенощное бдение. Но после посещения небесного гостя отец Паисий провёл остаток ночи, благодаря и славословя Бога.

Возможно, что блаженный старец Тихон посещал преподобного и позже, но отец Паисий об этом не рассказывал. Упоминал он только об одном диавольском искушении, когда вид старца Тихона принял диавол, который хотел обмануть преподобного. Но отец Паисий, внимательно всмотревшись, почувствовал в образе «батюшки» что-то неестественное, что-то отталкивающе холодное и сказал: «Нет, ты не мой старец».

В Афинской Народной больнице

Великим постом 1972 года отец Паисий поехал в Афины. Там в Народной больнице лежал отец Афанасий (Склирис) из монастыря Ставроникита. Ещё раньше у отца Афанасия был рак глаза, его прооперировали и глаз удалили, а теперь обнаружили обширные метастазы в лёгких. Врачи колебались, не зная, стоит ли ему об этом говорить, и спрашивали отца Паисия:

— Что будем делать, отче? Говорить брату о том, что с ним на самом деле?

— Говорить, — ответил отец Паисий. — Так или иначе мы, монахи, уходя из мира, умираем для мира. Нас здесь и так уже нет.

Не отходя от тяжело больного брата, преподобный поддерживал его и помогал относиться к страшному недугу по-монашески, абсолютно доверяя Богу и не ища человеческой поддержки от родственников, которые часто навещали его в больнице. «Ты монах, — говорил отцу Афанасию преподобный. — Поэтому ждать помощи от родных тебе не годится». И отец Афанасий терпел свой тяжёлый недуг без ропота. Он так очистился, настолько изменился духовно, что светился от радости, видя перед собой не смерть, а то, что начинается за ней и простирается в бесконечность — истиную, вечную жизнь.

По Промыслу Божию, когда преподобный Паисий находился в больнице и ухаживал за отцом Афанасием, он помог духовно не только ему, но и многим другим. Каждый день холл и коридор перед палатой отца Афанасия были полны народу: врачи, студенты, родственники больных — все ждали возможности увидеть отца Паисия и поговорить с ним.

Однажды пятеро вызывающе одетых молодых людей, проходя по коридору, увидели толпу народа вокруг невысокого худого монаха. От любопытства они остановились, подошли поближе и начали перебивать речь отца Паисия своими дерзкими комментариями:

— Вы, монахи, — лодыри и бездельники! — выкрикнул один из них, надеясь затеять скандал.

— Вы правы, ребята, — ничуть не смутившись, ответил преподобный.

— Ну а мы, а мы... — наперебой продолжили они, размахивая руками, — да ты хоть знаешь, кто мы? Мы — крутые подонки, настоящее отребье! Бороды видишь какие у нас? Видишь, патлы какие длинные? Это значит что? Мы тебя спрашиваем! Да то, что мы а-нар-хи-сты!

— Что ж, теперь понятно, — уважительным, спокойным тоном сказал преподобный. — А вы мою бороду видели? Я её ради Христа отрастил. Выходит, что и я — настоящее отребье Христово.

Юноши растерялись, не ожидая, что монах отреагирует на их выпады с таким спокойствием и достоинством. Отец Паисий отвёл их в сторонку и о чём-то долго с ними полушёпотом разговаривал. Свидетели этой сцены слышали, как, прощаясь с преподобным, молодые люди спрашивали: «А где Вы там на Афоне живёте, как Вас разыскать? Можно мы к Вам туда приедем?»

А в другой раз, когда отец Паисий разговаривал с людьми, к ним подошли два студента в странной одежде и тоже с длинными волосами. Поняв, что у одного из этих молодых людей добрая, искренняя душа, отец Паисий на полуслове сменил тему разговора и заговорил о молитве. Тогда этот юноша, перебив его, сказал:

— Вы знаете, отче, а я ни разу в своей жизни не молился. И никто другой за меня тоже никогда не молился.

— Не беда, Христо́с, — ответил преподобный. — Теперь молиться за тебя буду я.

Через какое-то время Христо́с приехал на Святую Афонскую Гору, разыскал отца Паисия и получил от него огромную пользу.

Исходя из опыта только что описанных, да и многих других встреч с молодёжью, преподобный Паисий однажды скажет: «Молодёжь — это люди, у которых есть идеалы, но нет живых примеров и нет узды. Видя, как многие из людей церковных „застёгивают себя на все пуговицы", пытаются действовать по шаблонам или втискиваться в неестественно узкие рамки, молодые люди обострённо на это реагируют и встают на дыбы. Они хотят сбросить с себя всякую фальшь, но при этом отбрасывают и истину. Некоторые миссионеры и проповедники пытаются накинуть на них то ли узду, то ли петлю, на словах объясняя нравственные заповеди и нормы. Только вот нужны не слова, а нечто качественно другое. Надо разбудить в молодых людях любочестие, надо, чтобы Христа и Евангелие возвещали не слова, а простая, евангельская жизнь самого проповедника. Не знаю, кому как, но лично мне представляется, что последняя уличная шпана с бесхитростной, искренней душой и готовностью пойти на жертву лучше, чем человек церковный, но при этом фальшивый и лицемерный».

В Афинах отец Паисий пробыл около месяца. В Неделю Фомину из Ставроникиты приехал один брат, который заменил его в больнице и стал ухаживать за отцом Афанасием.

«Полетели!»

Перед возвращением на Святую Гору отец Паисий решил ещё раз посетить шесть сёл рядом с городом Драмой, чтобы застать в живых нескольких благоговейных стариков из Фарас, помнивших святого Арсения. В Драму его вызвался отвезти на своей машине один знакомый по имени Елевферий, человек очень простой и добросердечный. Преподобный заночевал в доме Елевферия в Салониках, на рассвете они должны были отправиться в путь. И вот под самое утро Елевферий видит такой сон. Подходит к нему отец Паисий и спрашивает:

— Вера у тебя есть?

— Есть, — отвечает Елевферий.

А отец Паисий снова спрашивает то же самое:

— Вера у тебя есть?

— Да! Есть! — снова отвечает тот. Тут отец Паисий ему и говорит:

— Ну, тогда полетели!..

Он посадил Елевферия себе на плечи, и они полетели — прямо в небо полетели! Небо было тяжёлое, свинцового цвета, и они летели сквозь облака. Отец Паисий кричал, разгоняя тангалашек, но сам Елевферий тангалашек не видел. Потом они оказались в каком-то небесном храме, там служили Литургию. В храме молилось много монахов, а служил сам святой Арсений. Лицо у него было прекрасного цвета тёмного золота, а сам он излучал благодать, просто сиял весь. Когда они спустились на землю, Елевферий почувствовал, что его душа снова «обувается» в тело — прямо как нога лезет в ботинок. Он открыл глаза, увидел, что за окном светает, а сам он лежит на кровати. Он не мог понять, сон это был или не сон — настолько живо, настолько тепло в нём отзывалось всё, что он только что видел. Елевферий поспешил в комнату, где спал отец Паисий, но не успел даже постучать, как тот сам открыл дверь и, улыбаясь, спросил: «Правда, хорошо полетали?»

Елевферий так растерялся, что упал перед преподобным на колени и стал целовать ему руки. Тогда отец Паисий строго сказал: «Ты никому об этом не рассказывай!» Но позже, всякий раз встречаясь с Елевферием, отец Паисий улыбался и спрашивал его: «Ну что, полетаем?»

Улыбка «принца в изгнании»

Как только отец Паисий вернулся на Афон, он сразу же написал письмо больному отцу Афанасию, где, помимо прочего, говорилось: «Радуюсь, видя, сколь радостно ты проповедуешь жизнь. Она обёрнута смертной плотью, но тем, кто остаётся плотью, понять эту великую тайну нелегко». Только письмо это получить отец Афанасий не успел, потому что отошёл уже в вечную, истинную жизнь.

Когда усопшего привезли на Святую Гору, отец Паисий и другие отцы спустились на пристань, чтобы отслужить там заупокойную литию и отнести тело в монастырь для отпевания. На пристани преподобный увидел отца Афанасия в таком сиянии, что только присутствие рядом других людей удержало его от того, чтобы закричать от радости. А когда в конце отпевания братия по очереди подходили, чтобы дать усопшему последнее целование, отец Паисий со слезами на глазах, наклонившись над телом, прошептал: «Ну что, принц в изгнании?..» — слова, которые он в шутку говорил отцу Афанасию на Синае. Некоторые из стоявших рядом братий увидели, как на лице усопшего появилась улыбка.

Поездка в Константинополь и Фарасы

После последней поездки в Драму отец Паисий почувствовал острое желание посетить Фарасы[1]. И Благой Бог помог этому желанию быстро осуществиться. В октябре 1972 года игумену монастыря Ставроникита понадобилось поехать в Константинополь и Анкару́, чтобы найти в турецких архивах правоустанавливающие документы на монастырские земли. Игумен Василий решил взять отца Паисия с собой, чтобы, сделав все дела, вдвоём съездить в Фарасы.

В Константинополе преподобный был поражён красотой, величием и благодатью храмов, но тот упадок, в котором они находились, больно ранил его сердце. В Святой Софии он встал за колонной и со слезами начал молиться. Сторож, который его заметил, со злобой толкнул преподобного в спину, сказав: «Здесь вам молиться нельзя». Тогда отец Паисий схватил его за руку и, отведя к другой колонне, за которой

---

[1] См. *Старец Паисий Святогорец*. Святой Арсений Каппадокийский. С. 79.

были лужи мочи, гневно спросил: «А это вам здесь делать можно?!»

Из Константинополя отцы поехали в Анкару и оттуда, сделав все дела, направились в Кесарию. Не найдя на картах дорогу в Фарасы (село было переименовано), они стали спрашивать местных жителей. Один пожилой турок объяснил, как доехать, и рассказал, что давным-давно жил в этом селе один святой иерей, который исцелял страждущих своей молитвой, и звали его Хаджефенди.

Несколько раз сбившись с пути, они приехали в Фарасы, где жили одни турки. С тех трагических дней, когда из этих мест были с корнем вырваны сотни греческих семей, прошло 48 лет. Ничто уже не напоминало некогда богатое и ухоженное большое греческое село. Дома были неряшливыми, с замусоренными дворами и покосившимися заборами, дороги были разбиты и загажены, храм святых Ионы и Варахисия превратили в мечеть, кладбищенский храм святого Георгия почти разрушился. Кладбище тоже было разорено, а многие останки были разбросаны вдоль дороги, которая проходила рядом. Отец Паисий и отец Василий с болью в сердце собрали кости и, попросив у местных жителей лопату, вырыли могилу, чтобы предать останки земле. Один старик, который жил в Фарасах до обмена населением и не забыл ещё фарасиотский диалект, показал им пустырь, где когда-то стояла келья Хаджефенди. Скоро почти все не занятые на работе сельчане, от мала до велика, стали толпой ходить за монахами по деревне. Даже местный учитель, оставив класс, прибежал из школы. Из толпы раздавались голоса: «Ой, недаром они сюда приехали и землю роют. Наверно, их родители рассказали им, где зарыли клад!» И народ был недалёк от истины: отец Паисий действительно нашёл в Фарасах сокровище. Только это было не золото, о котором грезили турки, а священная земля, по которой ступали ноги святого Арсения Каппадокийского.

Преподобный возвратился из путешествия, просветлённый паломничеством, но и огорчённый тем, что увидел. «Насколько же величественной, — рассказывал он, — была Святая София тогда, в византийские времена! Ведь и русские, войдя в храм, воскликнули: „Здесь небо на земле!" — и замерли в изумлении. И во что же превратилась Святая София сейчас! Моё сердце обливалось там кровью. — И добавил: — Разве Бог не хотел, чтобы жила Византия? Хотел. Но из-за грехов народа и его правителей она погибла».

Богоданная пища

В 1973 году у отца Паисия обострились проблемы с кишечником, возникшие после операции[1]. Его измучили боли и непрекращающаяся диарея. Он дошёл до того, что даже воду пить не мог. Организм требовал нормальной, «человеческой» пищи. В одном из отправленных тогда писем он рассказывал: «Я заметил, что когда схожу в монастырь и поем хоть немного „человеческой" пищи, выпью несколько глотков терпкого вина, то потом кишечник меня совсем не беспокоит. Короче говоря, организм мой требует приятного времяпрепровождения».

Монастырь Ставроникита снабжал преподобного сухарями, орехами и вином, которое в то время было для него лекарством. Но однажды по ошибке келарь вместо вина прислал в келью Честного Креста бутыль, в которой был уксус. Преподобный, решив, что так захотел Бог, не стал говорить об ошибке и не попросил поменять уксус на вино. Он пил воду, но состояние его день ото дня ухудшалось — после нескольких глотков воды почти сразу крутило живот с сильными болями и начиналось расстройство желудка. В таких страданиях прошло сорок дней, и преподобный, измучившись, решил совсем прекратить пить воду. И тут произошло чудесное событие. Однажды отец Паисий, чуть не теряя сознание от боли и жажды, вошёл в келейный храмик, чтобы перед службой добавить масла в лампадки. И что же он увидел? Возле иконостаса на полу, прямо под иконой Божией Матери, стояла бутыль с вином! «Бутыль-то была моя, я её признал, — рассказывал преподобный в одном из писем. — Но вот кто мог её наполнить? У меня в те несколько дней ни одного посетителя не было. В храм я по нескольку раз в день заходил, и ничего

---

[1] Кишечник старца Паисия был тогда повреждён сильными антибиотиками. — *Прим. греч. изд.*

там под иконой не стояло. И ведь вино оказалось точно моим лекарством — очень терпким, таким, как надо».

Подобные чудесные случаи происходили и потом. В Неделю о слепом 1973 года отец Паисий болел и не пошёл в Ставроникиту. Около полудня он почувствовал себя очень истощённым и подумал, что если бы поел рыбы, то она бы его укрепила. Некоторое время спустя он вышел во двор и увидел в небе какую-то приближающуюся к нему птицу. Оказалось, что это был огромный орёл, который спустился низко-низко и, оказавшись над головой преподобного, выпустил из когтей большую живую рыбу, которая упала прямо под ноги отца Паисия и стала трепыхаться на земле. Достойно внимания, что орёл прилетел не со стороны моря, а со стороны горного хребта. Испугавшись, что это искушение, отец Паисий быстро вошёл в келью и начал молиться. Но поняв, что это чудо от Бога, вновь вышел во двор. Рыба ещё была живой и продолжала биться. «Благой Бог, — рассказывал потом преподобный старец, — принёс мне морскую рыбу, которую орёл поймал для меня высоко в горах, — то ли потому, что я болел, то ли потому, что я был сильно истощён постом». Чудо так укрепило преподобного, что даже есть эту рыбу ему не пришло в голову. «Да что ты! Разве после такого про еду будешь думать?» — говорил он. Преподобный надел ботинки и отнёс богоданную рыбу в благословение старцу Филарету и отцу Варфоломею.

В воспоминание этого чудесного события преподобный нарисовал на одной из досок, закрывавших кровать от сквозняков, орла, который держит в когтях рыбу, а в Цветной Триоди на страницах со службой Недели о слепом сделал заметки об этом чуде. Но потом преподобный вырезал из книги кусок страницы с описанием чудесного события, однако не полностью — иначе повредился бы текст тропарей на оборотной стороне листа. Поэтому некоторые слова из оставшихся он зачеркнул, чтобы никто не понял их смысл. И всё-таки кое-что разобрать можно. Сохранившийся отрывок выглядит так: «Слава Богу и благодарение тем, кто молится и без шума с птицами Божиими посылает милостыню Божиим созданиям». А сёстрам из Суроти преподобный говорил, что якобы это они «послали ему в милостыню горную рыбу».

А однажды, когда преподобный шёл служить вечерню на склон одного холма неподалёку, он увидел большой гриб. Он поблагодарил Бога за эту редкую в афонских горах находку и решил срезать его на обратном пути. Но возвращаясь в келью перед закатом, старец увидел, что гриб обгрызло какое-то животное и осталась только половина. Он забрал эту половинку, подумав: «Слава Богу. Значит, столько мне надо съесть». Чуть подальше преподобный заметил ещё один гриб, целый, но срезав его, увидел, что он испорчен. Оставив гриб, отец Паисий поблагодарил Бога за то, что Он, возможно, уберёг его от отравления. Тем вечером преподобный поужинал половинкой гриба, благодаря Бога за посланную ему царскую трапезу. А когда на следующее утро он вышел из кельи, глазам его открылось удивительное зрелище: и весь двор, и тропинка, и всё вокруг было усыпано прекрасными грибами. Преподобный не смог сдержаться и стал славословить Бога. Отец Паисий любил рассказывать об этом случае, но в третьем лице, как будто это произошло с одним его знакомым монахом. «Этот монах, — говорил преподобный, — благодарил Бога и за целый гриб и за половинку, и за хороший и за плохой, и за один и за много. Он был благодарен Богу за всё».

Паломничество на Тинос и Эгину

После смерти отца Афанасия (Склириса) прошёл год, а его братья так ничего и не сказали пожилой матери. Боясь убить её этим известием, братья попросили отца Паисия сообщить их матери эту скорбную весть. По любви он согласился, и в июле 1973 года приехал в село Ве́лос, недалеко от Коринфа, чтобы с ней встретиться. Преподобный проговорил с пожилой женщиной более четырёх часов и, объясняя то, что отец Афанасий не приезжает и не пишет, сказал: «Видите ли, мы с отцом Афанасием монахи и отреклись от мира и родных. Поэтому мы с ним договорились так: он будет навещать моих родителей, а я — его». Тогда мать успокоилась и сказала: «Ну и слава Богу! Мне до конца моих дней достаточно просто знать, что мой сын на Святой Горе». После этого преподобный сказал братьям отца Афанасия, чтобы они ничего не говорили ей о смерти сына.

Воспользовавшись случаем, знакомые предложили отцу Паисию посетить остров Ти́нос и поклониться чудотворной иконе Пресвятой Богородицы Мегалоха́ри[1]. Он согласился. Когда корабль подплывал к благословенному острову, преподобный отчётливо почувствовал благоухание, а приложившись к иконе, испытал безмерную благодать. Преподобный отошёл в сторону, чтобы не мешать другим паломникам, но не мог оторвать взгляда от лика Божией Матери. Он со слезами вглядывался в Её образ, умом и сердцем впитывая Её великую благодать. «Такая маленькая икона, а источает столь великую благодать!» — говорил он.

В одном из писем, написанных вскоре после этой поездки, отец Паисий говорит: «Слава Богу, что Он удостоил меня поклониться иконе Своей Пречистой Матери. Не знаю, как Его благодарить. Мне хватит и того, что я увидел Её здесь, и будет вполне справедливо, если на Небе я не сподоблюсь Её лицезреть. Я очень Ей признателен, благодарю Её и буду благодарить Её всю оставшуюся жизнь».

Затем вместе с теми же спутниками отец Паисий отправился на остров Э́гина, поклониться святителю Нектарию Эгинскому. Там он тоже ощутил сильное благоухание. Из этой паломнической поездки преподобный вернулся с необыкновенно светлым, одухотворённым лицом. Через несколько лет, встретив священника с Эгины, преподобный сказал ему:

— Как же у вас там благодатно!

— Как, геронда? — спросил священник.

— Весь ваш остров благоухает. Как только нога моя ступила на эти два острова — Тинос и Эгину, я почувствовал неизреченное благоухание.

---

[1] *Тино́сская икона* Матери Божией, называемая *Мегалоха́ри* (что значит «Великое Радование»), — это древний образ Благовещения размером примерно 25×35 см. В X веке икона была погребена под руинами храма и обретена в 1823 году. От иконы происходит множество чудес, а построенный для неё Благовещенский храм принимает более миллиона паломников в год.

А в другой раз священник родом с острова Тинос спросил отца Паисия:

— Геронда, что Вы испытали на Тиносе? Расскажите, пожалуйста. Я как раз пишу книгу о нашей чудотворной иконе.

Преподобный ответил:

— То, что я испытал, нельзя описать земными, человеческими словами. Это *неизречённые глаго́лы*[1]. Одно могу тебе сказать: Матерь Божия — совсем как живая!

Житие и икона святого Арсения

В феврале 1974 отец Паисий закончил составление жития святого Арсения Каппадокийского и приехал в обитель святого Иоанна Богослова, чтобы сёстры помогли ему отредактировать рукопись. Однако он принимал не все исправления, которые предлагали сёстры. Подобно тому, как в его собственной жизни главным было благоговение, так и в работе над книгой он руководствовался не столько правилами грамматики, сколько благоговением и духовной чуткостью. Например, когда речь шла о Ке́ркире, слово «остров» он писал с заглавной буквы. «На этом Острове покоятся нетленные святые мощи[2], а мы будем его с маленькой буквы писать?» — говорил он. Так же, с большой буквы, преподобный хотел писать слово «кладбище». «Вы сами подумайте: сколько на кладбище крестов!» — убеждал он сестёр. А когда в отрывке: «Да упокоит Благой Бог и души всех тех верующих, кто с благоговением хранил традиции Святых Отцов нашей Церкви и сберёг в своей чистой памяти свидетельства о жизни Святого Отца…»[3] — сёстры предложили ему убрать союз «и» между словами «Бог» и «души», преподобный очень расстроился. Он говорил: «Меня этот союз волнует! Я ведь его не случайно поставил. Неужели вам непонятно? Что же мы, всех остальных людей выбросим

---

[1] См. 2 Кор. 12:4.

[2] На острове Керкира находятся нетленные мощи святителя Спиридона Тримифу́нтского и святой царицы Феодо́ры, восстановившей почитание икон.

[3] См. *Старец Паисий Святогорец*. Святой Арсений Каппадокийский. С. 129.

из молитвы и будем молиться только о тех, кто делился со мной свидетельствами о жизни святого Арсения?»

Во время работы над текстом отец Паисий часто делал перерывы, чтобы дать сёстрам отдохнуть. На одной из таких «переменок» он рассказал им историю из своего детства. В Конице жил один дед, который любил, встретив маленького Арсения, затевать с ним один и тот же разговор. Обычно он ещё издалека приветствовал мальчика:

— Привет, земляк!

— Здравствуйте, дедушка, — уважительно отвечал ребёнок.

— А помнишь ли ты, земляк, как мы в Фарасах задали туркам жару?

Естественно, маленький Арсений, которого увезли из Фарас грудным ребёнком, отвечал: «Не помню», но старик подолгу его не отпускал и, притворяясь удивлённым, «пытал»:

— Как же не помнишь? А почему не помнишь?

Сёстры улыбались, вспоминая эту историю. Позже, когда преподобный хотел привести какой-нибудь поучительный пример из своей жизни, он начинал с присказки: «А помнишь, земляк…» Сёстры отвечали: «Нет, не помним, геронда». На это он иногда говорил: «Ну, раз не помните, то послушайте» — и принимался подробно рассказывать, а иногда вздыхал: «Ну, раз не помните, то и рассказывать незачем». Так и не пришлось сёстрам узнать продолжения следующих историй: «А помнишь, что случилось в церковке святой Варвары в 1948 и 1958 году?», «Помнишь, что произошло на вершине Святой Екатерины?», «Не помнишь, кто похоронил бедуина?», «Помнишь, земляк, сколько нужно времени, чтобы облететь вокруг Земли?» Эти чудесные события так и остались нерассказанными.

Все правки в текст преподобный внимательно вносил своей рукой. Как только весь текст был отредактирован, отец Паисий начал с первой страницы переписывать его на чистовик. В Неделю Торжества Православия 1974 года он дошёл до эпилога и стал писать слова: «Святой Арсений как сослужитель у престола просиял в мире»[1]. На слове «просиял»

---

[1] Там же. С. 116.

из-под ручки разбежались искорки, словно от электрического разряда. Преподобный ещё острее почувствовал живое присутствие святого, и сердце его преисполнилось великой радостью.

Несколько часов спустя преподобный Паисий воскликнул: «И снова на Торжество Православия! И снова на Торжество Православия!» Именно с этой фразы начинается повествование отца Иоакима (Специериса)[1] о том, как в Неделю Торжества Православия просияло лицо отца Арсения Хаджефенди во время совершения Литургии в храме Воскресения Христова в Иерусалиме. Это свидетельство преподобный Паисий включил в житие святого Арсения.

В то время как одни сёстры работали над житием, другие трудились в иконописной мастерской обители над созданием образа святого Арсения. Отец Паисий часто заходил в мастерскую и давал сёстрам советы, стремясь к тому, чтобы образ был написан наиболее точно, таким, каким и сам он запомнил преподобного в своём ви́дении и каким описывали его пожилые фарасиоты. Особенно отец Паисий просил сестёр постараться сделать так, чтобы скулы святого Арсения имели оттенок спелой айвы и были переданы не яркими и жёсткими красками, а приглушёнными и смиренными. «Борода должна быть нежной, как пух; куколь не должен быть остроконечным; а нимб пока изображать не нужно, ведь святой Арсений ещё не канонизирован», — наставлял сестёр отец Паисий.

Посещение святой Евфимии

26 февраля 1974 года отец Паисий вернулся на Святую Афонскую Гору. На следующий день, около десяти утра, он был в келье и совершал по чёткам часы. Вдруг в дверь кто-то постучал и послышался мягкий женский голос: «Молитвами святых отец наших…» Преподобный не поверил своим ушам и спросил: «Кто там?» Тот же голос ответил: «Это я, Евфи́мия». «Какая тут может быть „Евфимия"? — подумал преподобный. — Неужели какая-нибудь сумасшедшая выкинула номер

---

[1] В брошюре «О Божественном Причащении».

и приплыла на Афон?» Стук повторился трижды, а на четвёртый раз дверь, закрытая изнутри на защёлку, открылась сама и в келью вошла святая великомученица Евфимия[1]. Её сопровождал святой апостол и евангелист Иоанн Богослов, но он не вошёл вместе с ней внутрь, а тут же исчез.

Святая сияла. Её одежды и обувь из холстины были небесно-голубого цвета. С приходом сей чудесной гостьи отец Паисий почувствовал мир, который переходил в божественное радование. Но, желая окончательно убедиться в том, что это действительно святая, а не бесовское наваждение, он попросил её поклониться Святой Троице и сказал: «Повторяй за мной: во Имя Отца…» Святая тихим, мягким голосом повторила эти слова и одновременно сделала земной поклон. Но кланялась она не в сторону храма, а в сторону кельи преподобного, над входом в которую висела иконка Святой Троицы. «Громче, — попросил преподобный. — Говори, пожалуйста, громче». Святая чуть громче произнесла: «Во Имя Отца…» — «Ещё громче!» — сказал отец Паисий. «Во Имя Отца», — послушно повторила святая Евфимия. «И Сына», — сказал преподобный. «И Сына», — повторила святая. «И Святаго Духа», — сказал отец Паисий. Великомученица смиренно повторяла за ним каждое слово, делая земные поклоны. «А теперь я тебе поклонюсь», — сказал тогда отец Паисий и с благоговением пал перед ней ниц.

Он благоговейно поцеловал её ноги и руки, а поднявшись на ноги, целомудренно, как сестру, поцеловал святую великомученицу в кончик носа. После этого они сели в коридорчике: святая Евфимия — на сундук, а преподобный Паисий — на

---

[1] *Святая великомученица Евфимия Всехвальная, Халкидонская*, была самой юной из 49 христиан, схваченных в Халкидоне в 304 году во время гонений императора Диоклетиана. За исповедание Христа она претерпела многочисленные мучения: её колесовали, бросили в раскалённую печь, отдали на съедение диким зверям. Впоследствии на её могиле был возведён величественный храм, в котором проходили заседания IV Вселенского Собора в 451 году, во время которых святая великомученица чудесным образом подтвердила православное исповедание. Память святой великомученицы совершается 16 (29) сентября, воспоминание о чуде на Вселенском Соборе — 11 (24) июля.

Святая великомученица Евфимия Всехвальная

скамеечку. Святая рассказывала отцу Паисию о своей жизни и о мучениях за Христа. Её рассказ преподобный не просто слушал, а словно видел всё своими глазами и переживал события на самом деле.

— Но как ты перенесла такие мучения? — спросил он.

— Если бы я знала, какая великая слава ждёт святых на Небесах, — ответила святая, — то стремилась бы перенести ещё больше страданий.

Потом она разрешила его недоумение в трёх серьёзных вопросах, ответы на которые преподобный искал в последнее время. Первый вопрос касался Церкви. Какое-то время назад у преподобного спросили мнение по одной из церковных проблем. Он ответил, но потом сомневался, насколько правильными были его слова. И вот святая Евфимия подтвердила, что ответ его был абсолютно верным. Второй вопрос был про издание жития святого Арсения, а третий состоял из двух частей и имел отношение к сёстрам исихастирия святого Иоанна Богослова в Суроти.

Святая ушла, оставив преподобного в состоянии «божественного сумасшествия». Он несколько дней потом не выходил из каливы, дыша тем райским воздухом, который принесла туда небесная гостья. Каждый уголок каливы был наполнен небесным благоуханием. Ум преподобного был не в силах оторваться от отпечатавшегося в нём священного образа великомученицы, сердце его едва-едва не разрывалось от сладкой любви и непередаваемой словами радости. «Да ты просто свела меня с ума, ты свела меня с ума, святая Евфимия, — повторял он. — Знаешь, что́ ты для меня сделала? Какое утешение, какое дивное утешение!»

Спустя двенадцать дней отец Паисий приехал в Суроти, чтобы сделать сестёр сопричастницами переживаемой им небесной радости. В те несколько дней, что он прожил в монастыре, было очевидно, что он продолжает находиться в состоянии Божественного посещения. Как-то вечером одна из сестёр случайно стала свидетельницей того, как преподобный лобызает икону святой великомученицы. Он прикладывался к иконе очень горячо и эмоционально, явно пребывая божественно изменённым. Было заметно, как божественная любовь в нём кипит и вырывается наружу словно пар — через его шумное и прерывистое дыхание. Состояние преподобного было похоже на то, что сам он описал четырьмя месяцами ранее в одном из писем: «Подлинная любовь к Богу своими жертвами сладко разогревает сердце и доводит его до духовного кипения. Божественное рачение вырывается тогда из сердца, как струя пара, сдержать которую невозможно. И человек соединяется с Богом»[1].

Позже в воспоминание божественного посещения преподобный напишет тропарь, который всем сердцем будет петь келейно, наедине: «Ки́ими похва́льными пе́сньми восхва́лим Евфи́мию, с высоты́ снизше́дшую и посети́вшую мона́ха окая́нного, на Капса́ле живу́щаго? Три́жды в две́ри его́ толкну́, четве́ртою же две́ри са́ми о себе́ ди́вно отверзо́шася, и воше́дшая со сла́вою небе́сною му́ченица Христо́ва, вку́пе со и́ноком Тро́ице Святе́й поклони́ся, в тве́рдое утвержде́ние ми́ра и боже́ственнаго весе́лия».

Преподобный помог сёстрам написать икону святой Евфимии. Он попросил, чтобы они изобразили её с поднятой рукой, готовящейся постучать в дверцу его каливы. Фотографию этой иконы отец Паисий наклеил на дощечку и поместил в изголовье своей кровати на Святой Горе. Там она провисела несколько лет. От частых горячих лобзаний этой иконы изображение стёрлось и лика святой уже не было видно. Но лучше будет сказать, что священный образ ушёл с бумаги и отпечатался в сердце преподобного отца. В одном из писем он пояснит: «Святые радуются, отпечатываясь в человеческих сердцах. Если у христианина, который прикладывается к святым иконам и просит о помощи, есть благоговение, то, лобызая священные образы и устами и сердцем, он впитывает в своё сердце не только благодать Христа, Пресвятой Богородицы или святых, но целиком Христа, целиком Матерь Божию и святых — и они живыми образа́ми встают в иконостас его внутреннего храма. Человек есть *храм Свята́го Духа*[2]».

---

[1] См. *Старец Паисий Святогорец*. Письма. С. 201.
[2] См. 1 Кор. 6:19.

Великая любовь преподобного отца к этой «великой святой, которая, хотя и была ему незнакома, оказала ему столь великую честь», горела в его сердце всю оставшуюся жизнь, пока в 1994 году в день, следующий за днём её памяти, он не поспешил на Небо, чтобы встретиться с ней там[1].

«Угощение» от святого Арсения

После посещения святой Евфимией преподобный продолжал время от времени навещать обитель в Суроти. И в один из этих приездов произошло вот какое чудесное событие. Однажды вечером отец Паисий вместе с несколькими сёстрами вносил последние исправления в житие святого Арсения. Внезапно келья, в которой они работали, наполнилась сильным благоуханием. Аромат был таким сильным, словно кто-то вылил прекрасные духи из дюжины флаконов одновременно. Ароматы этого небесного мира волнами накатывали на лица старца и сестёр. Они сразу поняли, что благоухание исходит от святой главы преподобного Арсения, которая находилась в келье, где они работали. Приложившись к святым мощам, отец Паисий выглянул в окно и стал звать остальных сестёр: «У нас тут ароматы, мы ладан делаем! Идите скорее к нам!» Все сёстры поспешили прийти и тоже приложились к святой главе. А преподобный радостно говорил: «Это святой Арсений вас угостил. Так он наградил вас за труд, который вы подъяли», — имея в виду помощь сестёр в работе над житием преподобного Арсения.

Помощь усопшей

Утром 30 ноября 1974 года, в день памяти святого апостола Андрея, преподобный был в своей келье на Святой Афонской Горе и, как обычно, стоя на коленях на кровати, творил молитву Иисусову. Внезапно перед ним предстал светлый юноша и сказал:

---

[1] 12 июля по новому стилю.

— Нам пора. Ты ведь назначен в свидетели.

— В свидетели? — переспросил преподобный с удивлением.

— Так точно. В свидетели на суде.

Тут же отец Паисий вместе с юношей оказался на коницком кладбище, возле одной из могил. Юноша лёгким движением сдвинул могильную плиту — и преподобный увидел старуху, которую знал, когда жил в монастыре Стомион. Несмотря на то что тело уже было тронуто тлением и испускало зловоние, преподобный без малейшей брезгливости шагнул в могилу и с болью обнял пожилую женщину. Она закричала:

— Калугер, помоги мне! Калугер, спаси меня! — А потом попросила: — Ты можешь подтвердить, что когда ты ко мне обращался, я всегда давала то, чего ты хотел?

— Конечно, — ответил отец Паисий. — Всегда давала, и даже намного больше того, что мне было нужно.

Тогда светлый юноша, её ангел-хранитель, который знал всё об этой душе, сказал ей: «Покойся в мире» — и, снова покрыв могилу, обратился к отцу Паисию: «Пойдём». После этих слов отец Паисий снова оказался на коленях в своей келье на Афоне. Преподобный понял, что эта женщина нуждалась во многих молитвах, так как, будучи зажиточной и живя в изобилии, она ни разу не помогла никому из своих земляков. Единственным исключением был отец Паисий, которого она очень любила и уважала.

Преподобный много молился об упокоении этой души, и через два месяца, 30 января 1975 года, Благой Бог известил его о том, что молитвы услышаны. Творя, как обычно, молитву Иисусову, отец Паисий увидел перед собой глубокую воронку, которая уходила в бездну. Внутри было много людей, которые мучились и отчаянно кричали. Среди них преподобный заметил нескольких архиереев. У края этой ужасной воронки преподобный увидел свою давнюю знакомую, которая сидела на белом облаке. Тот же самый светлый юноша омывал её лицо, которое теперь было ясным, как у маленькой девочки. Тогда преподобный снова обнял её и ощутил большую радость. Отойдя чуть в сторону, чтобы своим присутствием не усугублять страдания мучающихся людей, преподобный начал петь «Святый Боже…» — как благодарение Богу.

Нет сомнений, что с отцом Паисием бывали и другие подобные случаи. Двумя годами ранее преподобный писал: «Благой Бог помогает усопшим и одновременно извещает об этом монахов, которые возносят за этих усопших молитвы. Это извещение — та неизреченная радость, которая появляется в их исполненной боли молитве о наших усопших братьях. Бог словно говорит им: „Не расстраивайтесь, дети Мои. Усопшим Я тоже помог!"»[1]

Явление святой Екатерины

Безусловно, в жизни преподобного было много чудесных путешествий и святых небесных посетителей. Скорее всего, нам известно лишь о малой доле этих случаев. В одном письме преподобный говорил: «Удаление не только от материальной, но даже и от духовной человеческой помощи, лишение себя её возводит душу высоко в рай и низводит с неба святых и ангелов, которые посещают образ Божий — человека, чтобы составить ему компанию».

В мае 1975 года преподобного посетила и святая великомученица Екатерина. Тогда отец Паисий находился в своей каливке в обители святого Иоанна Богослова в Суроти. Святая Екатерина предстала перед ним сидящей на троне, весь её образ дышал жизнью, и преподобный с лобзанием припал к её ногам. Рассказывая об этом случае, он добавлял: «Святая Екатерина совсем не такая, какой её иногда изображают на иконах. Она высокого роста, очень стройная».

Восходящие на небо души

30 мая 1975 года отец Паисий возвратился из исихастирия на Святую Гору. На следующий день он пошёл навестить старца Филарета и отца Варфоломея. Подходя к их келье, он почувствовал благоухание. Открыв дверь, преподобный ощутил его ещё сильнее. Внутри он увидел лежащего на полу отца Филарета. Старец уже несколько часов назад упал, подняться

---

[1] См. *Старец Паисий Святогорец*. Письма. С. 27.

не было сил, а отец Варфоломей сам еле ходил и поднять старца не мог. Из загноившихся язв на распухших ногах старца Филарета текла кровь. Но не смрадом веяло от него, а благоуханием. Благоухала его прекрасная душа, передавая свой аромат и его подвижническому телу, и всему, что его окружало. Отец Паисий перенёс старца Филарета на кровать, напоил водой и, как мог, промыл и осушил язвы. Он спросил у отца Варфоломея разрешения остаться на случай, если ночью им понадобится помощь, но тот отказался, и отец Паисий вернулся к себе в келью. В полночь, совершая по чёткам полунощницу, преподобный увидел в луче небесного света отца Филарета, с детским лицом возносящегося в небеса, и понял, что душа старца упокоилась в Господе.

А в другой раз, молясь в своей афонской келье, он, «как по телевизору», увидел, что происходит в исихастирии. Там в это время отпевали одну из сестёр. Преподобный увидел, как душа усопшей, подобная двенадцатилетней девочке, восходит на небо и без задержек вступает в небесный монашеский лик. Он только не мог узнать лица этой сестры. «Кто бы это мог быть? — размышлял отец Паисий. — Она и не из молодых, и не из старых. Какая-то незнакомая». Это была одна пожилая женщина, которая поступила в обитель, уже будучи тяжелобольной, и через двенадцать дней после пострига отошла в истинную жизнь.

Издание жития святого Арсения

В сентябре 1975 года житие святого Арсения Каппадокийского было готово. После многих молитв отец Паисий решил, что книгу должен издать исихастирий и что имя составителя нигде не должно быть указано. Отец Паисий скрупулёзно отнёсся ко всем деталям: сделал окончательную сверку текста со своими рукописями, выбрал шрифт, декоративные элементы и иллюстрации, внимательно проверил географические карты, приложенные в конце издания, и попросил указать все населённые пункты, упомянутые в книге. Обложку для книги он выбрал самую простую и скромную, с лаконичным рисунком: ему понравился кораблик, который, будучи символом

Церкви, напоминал и о фарасиотском переселении в Грецию. Также преподобный настоял на том, чтобы в книге не было ни одной пустой страницы, для того чтобы снизить цену и без того недорогой книги. Житие было напечатано в феврале 1975 года.

Брани бесовские

В следующем, семьдесят шестом году преподобный Паисий долго пытался помочь одному шестнадцатилетнему юноше, который находился под сильнейшим бесовским воздействием. Паренька этого звали Георгий, а отец Паисий называл его Георгáкис[1]. У Георгакиса, несмотря на юный возраст, была необычная и насыщенная судьба. Вырос он в Китае, где с раннего детства преуспевал в познании магии и боевых искусств. Потом его занесло в Швецию, где он познакомился с православным священником. Тот помог ему понять, что сила бесовская — ничто по сравнению с силою Истинного Бога. Георгакис попросил научить его основам православной веры и в конце концов оказался на Святой Афонской Горе. И один монах привёл его в келью Честного Креста.

Увидев отца Паисия, Георгакис надменно ему сказал: «Я приехал сюда, чтобы кое-что с тобой обсудить». Но отец Паисий сначала захотел побеседовать с монахом, который привёл к нему юношу, и попросил Георгакиса войти в келью и подождать. Уже через пару минут Георгакис как ошпаренный вылетел из каливы с перекошенным от злобы лицом, изо рта у него текла пена.

— Всё равно все вы тут по сравнению со мной слабаки! — кричал он. — Вот вы здесь камни как разбиваете?

— Мы — кувалдой, — спокойно ответил преподобный.

— Ну а я ломаю их рукой! — крикнул юноша, и сделав едва уловимый взмах, ударил кулаком по толстой каменной плите — одной из тех, что были сложены во дворе. Плита рассыпалась на множество кусков. Тогда преподобный склонил голову и начал творить Иисусову молитву. Георгакис

---

[1] Уменьшительное от «Георгий».

попытался разбить ещё одну плиту, но на этот раз безуспешно: ему мешала сила молитвы.

— Не гляди в мою сторону! — кричал юноша на преподобного. — Ты мне всё дело портишь!

— Да это тебе плита, наверно, крепкая попалась. Попробуй вот эту, — мягко ответил преподобный и протянул ему осколок плиты размером с блюдце.

Георгакис положил камень поудобнее и начал изо всех сил бить по нему ребром ладони, потом кулаком, потом локтем — но тонкий камень оставался целым.

— Погоди, Георгакис, дай мне-то хоть разок попробовать, — попросил отец Паисий.

Он перекрестил камень, и тот тут же раскололся ровно на четыре части — по форме креста.

Бесы, придя в неистовую ярость, невидимо схватили Георгакиса и швырнули его в канаву в нескольких метрах ниже кельи. Сверху на него посыпались обломки от плиты, которую сам он незадолго до того разбил — словно кто-то невидимой лопатой сгрёб этот мусор и со злобой высыпал на голову юноше. Несчастный стал звать: «Геронда, спаси меня! Геронда, спаси меня!» — и преподобный поспешил к нему, помог подняться, с любовью отряхнул его одежду и отвёл умыться. Он посоветовал юноше пожить несколько месяцев в монастыре, где он остановился, и раз в неделю приходить к нему в келью Честного Креста.

В тот же самый вечер диавол захотел отомстить отцу Паисию за Георгакиса. Около десяти часов вечера, выйдя из каливы во двор, преподобный услышал, как кто-то его зовёт из-за забора, и ответил: «Иду!» Но за забором никого не оказалось. Отец Паисий повернулся и пошёл к келье. Возле порога он увидел страшного беса — уродливого карлика с огромной головой и желтушной кожей цвета серы. Рожу беса перекосила уродливая гримаса, и он мерзким голосом пропищал: «Точное афонское время: без четверти полночь!» А перед тем как выйти во двор, отец Паисий как раз бросил взгляд на часы и помнил прекрасно, что было десять. Он вбежал в келью, закрыл за собой дверь и машинально посмотрел на часы — они показывали без пятнадцати двенадцать! Хотя преподобный имел немалый опыт встречи с бесовскими искушениями, от этого вражьего действия, изменившего время на часах, у него побежали по коже мурашки. Когда на следующее утро к нему пришёл один монах, отец Паисий выглядел очень встревоженным. Монах не успел даже спросить, что случилось, как отец Паисий сам сказал ему: «Боже нас упаси от того, чтобы попасть в бесовские лапы! Горе человеку, с которым это произойдёт». В память об этом случае преподобный на стене у входа в келью нарисовал стрелки часов, которые показывали истинное время в тот вечер: десять ровно.

А когда Георгакис посетил преподобного старца в следующий раз, вечером бесовское искушение повторилось, но по-другому: судя по доносившимся звукам, бесы катали на чердаке какие-то пни и стучали кувалдой. Преподобный крестил потолок и пел: «Кресту́ Твоему́ поклоняемся, Влады́ко…» и «Го́споди, оружие на диа́вола Крест Твой дал еси́ нам…». Когда он пел, бесы утихали, а как только прекращал пение, они опять устраивали наверху вакханалию. Потом преподобный говорил, что «провёл тогда прекрасную ночь — с церковными песнопениями и милыми развлечениями».

Так с тех пор и пошло: каждый раз, когда днём отца Паисия посещал Георгакис, ночью к преподобному приходили бесы. Проявлялись они по-разному: то шумом и криками, то сильными стуками в дверь, то разливавшимся по келье зловонием. «Каждый раз придумывают что-то новенькое», — говорил преподобный. Всё это время он очень много молился за несчастного юношу, духовная болезнь которого была очень тяжёлой. В одном из отправленных тогда писем он просил: «Молитесь, пожалуйста, за Георгакиса, потому что бесы всем скопом навалились на него и ведут против него брань. Раз уж они на меня — человека, который просто взялся ему немного помочь, — так нападают, то ему достаётся от них намного сильнее».

Однажды, когда отец Паисий, сидя во дворе кельи, что-то рассказывал Георгакису, тот внезапно изменился в лице, почернел, вскочил и, схватив преподобного за руки, заломал их ему за спину. Не давая отцу Паисию вырваться, он дерзко сказал: «Пусть придёт Хаджефенди и тебя освободит!» Эти слова обожгли отца Паисия как богохульство. Он с лёгкостью высвободил руки, а Георгакис повалился на землю. Вскочив, он в ярости подпрыгнул, собираясь в прыжке ударить отца Паисия ногой в голову. Но возле лица старца нога наткнулась на некую невидимую стену, Георгакис упал, а преподобный повернулся и ушёл в келью. Выглянув через какое-то время в окно, он увидел, как юноша поднимается из оврага. Всё его лицо, руки и одежда были изодраны колючками. Преподобный вышел ему навстречу и с болью спросил:

— Ну, и что на этот раз с тобой случилось?

— Сатана наказал, — ответил юноша, опустив глаза, — за то, что я не смог тебя победить.

— Эх, Георгакис, Георгакис… — с отцовской любовью покачал головой преподобный. — Что ж ты как волчонок себя ведёшь, а уж тем более со мной? Я ведь даже последнего червяка — и то люблю.

Так прошло полгода или чуть больше. У Георгакиса начало получаться осенять себя крестным знамением — до этого бесы не давали ему этого делать. Когда он немного укрепился духовно, отцы помазали его святым миром (крещён он был в младенчестве) и причастили его Святых Христовых Таин. В день причащения Георгакис пришёл к отцу Паисию. Лицо юноши сияло, он был очень радостным и исполненным благодарности. «Любочестие, которое я увидел в душе этого мальчика, меня очень-преочень обрадовало, — рассказывал преподобный в одном из писем. — Это знак того, что он весьма преуспевает духовно. Несмотря на то что с младенчества он находился в руках колдунов и злодеев, благодать Божия его не оставила. Она сохранила его чистым и с благородным сердцем».

К несчастью, прошло какое-то время, и Георгакис снова дал диаволу права над собой. Он перестал оказывать послушание отцу Паисию, и преподобный перестал ему помогать. «Я оставил его на волю Божию, — писал он в следующем письме. — Сам он освободиться не хочет. Полагаю, что он порядком помучается, потому что сам к этому стремится, а потом возьмётся за ум. Сейчас он хулит Бога и не хочет никого и ничего слышать. Я сказал, чтобы больше он ко мне не приходил, потому что он пользуется моей добротой, а люди, видя и слыша это, повреждаются». Если любому человеку требовалась помощь, отец Паисий делал всё возможное и отдавал ему всего себя без остатка. Однако когда преподобный видел, что человек настаивает на своей ошибке, причём делает это с дерзостью и хамством, или становилось понятно, что кто-то использует общение с ним, чтобы и дальше своевольничать, ссылаясь на якобы «благословение старца Паисия» и вводя в заблуждение других, — в этих и подобных случаях преподобному приходилось, как он сам говорил, «сжимать сердце в кулак» и прекращать общение с таким человеком.

Однажды преподобный увидел за калиткой своей кельи одного бесноватого, за которым вился целый рой — тысячи тангалашек. Преподобному стало очень больно за человека, который, будучи образом Божиим, довёл себя до того, что за ним следует целое бесовское полчище. И тем не менее открывать этому человеку он не стал, понимая, что помочь он ему ничем не сможет и нет никакого смысла понапрасну подвергать себя тяжёлым искушениям.

Однако многим бесноватым преподобный старец помог освободиться от владевшего ими нечистого духа. Однажды в келью Честного Креста привели бесноватого юношу. Привели его в наручниках, потому что бес давал ему такую силу, что он мог легко покалечить себя и других. Одержимый бился, рычал, пытался укусить сопровождавших его. Отец Паисий какое-то время молча, с болью в глазах смотрел на несчастного, потом вошёл в келью и вынес ковчежец со святыми мощами преподобного Арсения Каппадокийского[1]. Как только он перекрестил юношу святыми мощами, тот, к изумлению всех присутствующих, немедленно успокоился.

А в другой раз преподобному стало так больно за одного одержимого, что он со многой любовью и состраданием с силой сжал его в своих объятиях. Несчастный почувствовал Божественное утешение и то, как объятия любви преподобного отца словно тисками душат беса. Так бесноватый

---

[1] Часть мощей преподобного Арсения старец Паисий забрал из исихастирия святого апостола Иоанна Богослова на Афон.

освободился от одержимости. «Тиски любви с болью, — писал преподобный, — душат бесов и освобождают души»[1].

«Горение сердца обо всей твари»

Однако и за бесов у преподобного тоже болело сердце. Однажды ночью он, стоя на коленях, молился: «Боже Мой! Ты — Бог, и если захочешь, то можешь найти способ, чтобы спасти и этих несчастных бесов. Ведь прежде они были носителями такой великой славы! А сейчас впитали в себя всю злобу и дьявольщину мира. И если бы Ты не защищал нас, то они стёрли бы всех людей в порошок». Произнеся эти слова, преподобный увидел рядом с собой пёсью морду с высунутым языком и глумливым оскалом. Бог попустил это для того, чтобы известить отца Паисия, что Он готов принять даже бесов, если они покаются, только вот сами они не хотят своего спасения.

Милующее сердце преподобного Паисия можно описать только словами святого Исаака Сирина: «И что есть сердце милующее? Горение сердца у человека о всём творении: о человеках, о птицах, о животных, о демонах и о всякой твари»[2].

Любовь к животным

«Человек духовный, — говорил преподобный, — отдаёт свою любовь сначала Богу, потом людям, а избыток — животным и всему творению». В одном из писем он писал так: «Вокруг моей кaливы живут шакалы, зайцы, ласки, черепахи, ящерицы, змеи… А птиц даже не перечесть. Всем им хватает *от избы́тков укру́х*[3], а я насыщаюсь тем, что сыты они. И все мы вместе, *звѣ́рiе и вси ско́ти, га́ди и пти́цы пернáты*[4], „хва́лим, благослови́м, покланя́емся Го́сподеви“[5]».

---

[1] См. *Старец Паисий Святогорец*. Письма. С. 109.

[2] *Исаак Сирин, прп.* Слова подвижнические. Слово 48. Свято-Троицкая Сергиева Лавра, 2008. С. 253.

[3] См. Мф. 15:37.

[4] Пс. 148:10.

[5] Последний стих восьмой песни канона на утрене.

«Голодные шакалы, — говорил отец Паисий, — плачут, как дети малые». Они трогали его чуткое сердце. Часто преподобный подкармливал их, оставляя за забором немного сухарей и овощей. Шакалы приходили поесть, а самые голодные иногда пробирались во двор, и тогда отец Паисий высыпа́л им горсть сухарей из окна каливы. Шакалы оказывали преподобному послушание. Так, однажды днём отец Паисий велел одному шакалу напугать паренька, который часто богохульствовал, матерясь[1]. Этот паренёк помогал лесорубу, который работал на Святой Горе. В тот день во время погрузки тяжёлых брёвен на мулов юноша рассердился и начал громко богохульствовать. А мимо проходил монах, который, сделав вид, что ничего не слышал, ускорил шаг. Лесоруб, испугавшись, что монах пожалуется на паренька и того выгонят с Афона, решил пойти за помощью к отцу Паисию. «Попрошу разрешения набрать воды из его колодца, а там уж, за разговором, и попрошу вступиться за моего помощника. Ведь он, бедолага, без родителей растёт», — подумал лесоруб, вылил на землю воду из фляги и спустился в келью преподобного.

— Здравствуй, дядя Я́нис, заходи! Воду-то выливать было не обязательно, — с улыбкой встретил его отец Паисий.

— Геронда, — ответил тот, — один монах услышал, как мой помощник богохульствует. Можешь замолвить за него словечко перед игуменом? Жалко парня — круглый сирота.

— Приводи его сюда, — сказал отец Паисий.

Как только паренёк пришёл, преподобный сказал:

— Зачем же ты богохульствуешь, дурачок? Ты что, в Бога не веришь?

Но паренёк начал огрызаться, и тогда преподобный сказал:

— Что ж, придётся вызвать шакала. Посмотрим, что ты ему скажешь.

Не прошло и минуты, как из оврага выскочил большой шакал, подбежал к подростку и, злобно ощерясь, громко зарычал. Паренёк с криком «Матерь Божия!» вскочил и спрятался за спину преподобного.

---

[1] См. сноску 1 на стр. 275.

— А, сразу Матерь Божию вспомнил! — сказал отец Паисий, лёгким движением руки прогнав шакала.

С тех пор подросток больше не богохульствовал.

Преподобный очень жалел и зайцев — ведь они живут в вечном страхе. «Заяц, — говорил он, — постоянно озирается и от страха даже не может уснуть. Как можно охотиться на такое невинное существо, убивать его и есть? В голове не укладывается!» Иногда, как и в монастыре Стомион, преподобный ловил зайцев, рисовал им на лбу крест и благословлял их, чтобы никто не смог их убить.

Такое же благословение он давал и диким кабанам. Однажды, спускаясь в монастырь Ставроникита, он увидел стадо кабанов и охотника, который в них целился из ружья. Преподобный перекрестил их и помолился, чтобы охотник промахнулся. С тех пор, когда он проходил мимо этого места, там почти всегда стоял большой кабан, который приветствовал его громким хрюканьем, словно благодарил.

Однако больше всех живых существ преподобный жалел змей. «Они, бедолаги, — говорил он, — как забьются осенью в какую-нибудь дыру, так и сидят в ней всю зиму. А весной, когда начинает пригревать солнышко, стоит им высунуть голову — подбегает человек с камнем или палкой и убивает их. Всем они неприятны, но если проявить к ним любовь, то они чувствуют её и не причиняют человеку вреда». Местность вокруг кельи Честного Креста кишит змеями. Поэтому часто во время бесед старца с посетителями во дворе появлялись змеи. Отец Паисий спокойно их прогонял. «Не видите, — говорил он, — что у меня люди? Ползите в другое место». Изумлённые посетители видели, как змеи слушаются старца и уползают. Однажды, когда преподобный разговаривал с очередным посетителем, он на минуту отвлёкся и, всматриваясь в кусты, сказал: «Ну, давай, и ты сюда ползи». Собеседник преподобного с ужасом увидел, как к ним подползла большая змея. От страха он вбежал в келью и захлопнул за собой дверь. Из окна он увидел, как змея подползла совсем близко к отцу Паисию и положила перед ним поклон, подняв своё туловище и склонив головку. С опаской посетитель выглянул в дверь, а отец Паисий сказал змее: «Ну, поклонись теперь и ему и ползи дальше. Не отвлекай нас, пожалуйста, от дел». Змея поклонилась и уползла.

Однако если отец Паисий видел, что человек пришёл к нему из праздного любопытства, чтобы «посмотреть, как старец змей заговаривает», то он вёл себя по-другому. Один человек спросил его:

— Геронда, а правда, что у вас тут змея дрессированная живёт?

— Вот здесь у меня змеи живут, — ответил преподобный, постучав себя по груди, имея в виду страсти человеческие.

А одному юному диакону, который задал тот же вопрос, старец, показывая на своё сердце, сказал: «Змеи у меня здесь — целый серпентарий. Когда станешь духовником, приходи, я тебе их покажу».

Но из всех *зверей и скотов, гадов и птиц пернатых*[1] преподобный выделял одну любочестную птичку. Это была зарянка, которая однажды, когда отец Паисий занимался рукоделием, сидя под масличным деревом, прилетела и стала порхать вокруг с весёлым щебетанием. Старец дал ей имя О́лет, что на арабском значит «малыш». И каждый раз, стоило отцу Паисию позвать: «Олет! Олет!» — птичка сразу прилетала. Вскоре старец перенёс место встречи на ближайший склон, где выложил на земле камни в форме креста. Птичка всегда прилетала на зов и клевала из его рук изюм, крошки от сухарей и толчёные орехи. Но если преподобный приходил после долгого перерыва, она, не притрагиваясь к лакомству, начинала громко щебетать и, как маленькая задорная молния, стремительно летать вокруг него. Она просто с ума сходила от радости! А когда преподобный уходил, птичка долго летела следом, порхая вокруг его головы. «Ко мне приходят и другие звери и птицы, но только для того, чтобы поесть, тогда как Олет — птица любочестная! Он прилетает и сидит рядом, как самый настоящий послушник», — писал преподобный в одном из писем к монахиням. Этим примером он хотел научить сестёр благородному поведению доброго послушника.

---

[1] См. Пс. 148:10.

«Всё это сотворено ради тебя»

Зимой 1976/77 года несколько дней и ночей подряд шёл очень сильный снегопад. Отец Паисий во время снегопада болел и лежал в кровати. Когда снег пошёл потише, оказалось, что каливу преподобного завалило столь сильно, что даже выйти из неё было невозможно. Спички отсырели — огонь развести было нечем. Чтобы попить, старец приоткрывал окно и набирал снег в консервную банку. Так в холоде и без еды он пролежал двое суток. На третий день он подумал: «Наверное, я умру». Лёжа, он протянул руку и снял висевшую у изголовья схиму батюшки Тихона. Надев её, он стал творить молитву Иисусову, с радостью ожидая смерти. И вдруг он почувствовал, как некая Божественная сила неописуемым способом выносит его за стены каливы. Всё вокруг светилось каким-то необыкновенным светом. В этом сладком свете преподобный увидел всё творение: деревья, животных, птиц, море с рыбами и небо со звёздами… Они славословили Сотворившего их Бога. Одновременно преподобный услышал обращённый к нему голос: «Смотри, всё это сотворено ради тебя — человека». Когда он вернулся в своё естественное состояние, то почувствовал в себе столько сил, что смог пробыть без огня и пищи ещё несколько дней, пока снег не стаял.

В эти дни преподобный пережил совершенную оставленность людьми и самое горячее присутствие Божие. Тогда у него родилось желание умереть одному, без всякой человеческой помощи и утешения. Он говорил: «У меня есть одно заветное желание. Когда я начинаю думать о том, что Бог его исполнит, меня переполняет необыкновенная радость. Желание это заключается в том, чтобы в мой смертный час рядом не было человека, который помогал бы мне и утешал меня. Когда я лежал в больнице после операции на лёгких, моя палата стала похожа на бакалейную лавку — столько туда всего нанесли. Все хотели что-то для меня сделать, каждый вызывался чем-нибудь мне помочь. Я тогда был всецело окружён человеческой любовью, помощью и заботой. А через несколько лет я оказался в прямо противоположной ситуации: один, беспомощный, голодный и больной, лежал несколько дней в

Преподобный Паисий кормит Олета

промёрзшей и заваленной снегом каливе. И вот, вспоминая два этих состояния, могу сказать, что утешение от людей даже близко не может сравниться с утешением от Бога. Бог утешает человека несравненно сильнее».

Один человек спросил:

— Отче, а что Вы тогда чувствовали? Поподробней можете рассказать?

Преподобный ответил:

— Я себя тогда чувствовал как младенец в объятиях матери. Или как та крохотная птаха, которая дрожит от мороза, замерзает уже — и вдруг чувствует, как её охватили две большие, горячие ладони человека, который её любит и отогревает. Вот это я и чувствовал. Блаженство. Покой. Мир.

А ещё одному человеку преподобный по секрету рассказал:

— Знаешь, когда я думаю о том, что состарюсь и останусь совсем один, так что совсем ничего не смогу для себя сделать, даже огня буду не в силах развести, мне становится так сладко!.. Ведь в те моменты, когда я был совсем лишён человеческой помощи, я переживал Божественное вмешательство. Больше рассказать не могу...

Поездка в Австралию

Перед Великим постом 1977 года архиепископ Австралийский Стилиа́н пригласил игумена монастыря Ставроникита отца Василия вместе с отцом Паисием приехать на далёкий континент, чтобы духовно помочь находящимся на чужбине грекам приготовиться к Пасхе покаянием и исповедью[1].

---

[1] Греческая диаспора в Австралии насчитывает около 500 тыс. человек и является одной из крупнейших греческих диаспор в мире. Она сформировалась преимущественно с конца 1940-х до начала 1970-х годов, с одной стороны, по причине бедности и безработицы в послевоенной Европе, с другой — благодаря проиммигрантской политике Австралии. Основными городами поселения греческих мигрантов стали Мельбурн, Сидней и Аделаида. Австралийцы греческого происхождения в большинстве своём сохраняют верность Православию, национальным традициям и языку.

Весь перелёт с пересадкой занял двадцать шесть часов. И всё это время старец не выпускал из рук тяжёлую сумку с иконками, которую вёз в благословение братьям во Христе. Из благоговения преподобный не счёл возможным поставить её на пол или тем более сдать в багаж.

В какой-то момент отец Паисий духовным зрением увидел, что от земли восходит некий свет и освещает самолёт изнутри. Одновременно он почувствовал обильную благодать Божию. Преподобный узнал у стюардессы, что самолёт пролетает над Сирией. Он понял, что это произошло потому, что эти места освящены подвигами многих преподобных и мучеников. А когда самолёт пролетал над Индией и Тибетом, он почувствовал некий сатанинский холод. Об Австралии преподобный сказал, что эта земля ещё не освящена подвигами местных святых, но придёт время — и они обязательно появятся.

В Австралии отец Василий и отец Паисий провели целый месяц, посещая приходы в разных концах страны. Игумен исповедовал людей, а преподобный вёл с ними духовные разговоры и готовил к исповеди. Весь облик святого излучал благоговение и глубокое смирение. Преподобный ходил склонив голову и каждого встречного приветствовал лёгким поклоном. Когда рядом находились архиепископ и игумен, отец Паисий почти ничего не говорил. Если в их присутствии к преподобному обращались с вопросом, он смиренно указывал на них: «Что я вам могу сказать? Я простой монах и ничего не знаю. Спросите лучше у владыки или у отца игумена». В беседах с людьми он отвечал на вопросы просто, почти односложно. Преподобный в каждом разговоре подчёркивал важность трёх вещей: терпения в искушениях, веры в Бога и доверия Божественному Промыслу. Один юноша спросил старца:

— Отец Паисий, наша вера в Бога должна быть слепой?

— Наша вера в Бога должна быть не слепой, а любочестной, — ответил преподобный и рассказал молодому человеку, как ему самому, когда он был в пятнадцатилетнем возрасте, явился в церкви святой Варвары Христос. После того как юный Арсений принял любочестный помысел о том, что стоит даже жизнь свою принести в жертву ради Христа, не желая ничего получить взамен, ни рая, ни чего-либо другого, он увидел пред собой Христа живым.

Одна женщина просила преподобного убедить её супруга пойти поисповедоваться. Отец Паисий заверил её, что волноваться не стоит, потому что муж пойдёт на исповедь, когда сам будет готов. Но она была очень настойчива и даже повторила свою просьбу в присутствии мужа: «Нет, батюшка, Вы скажите ему, чтобы он пошёл на исповедь!» Тогда отец Паисий отвёл её в сторону и строго сказал: «Вы, женщины, должны понимать, что мужским самолюбием пренебрегать нельзя! А таким поведением, как сейчас, ты приносишь один только вред. Следи-ка лучше за своей душой, а мужа оставь в покое. Муж твой поисповедуется, когда придёт его время». В конце концов именно так и произошло.

В одном из приходов священник попросил отца Паисия побеседовать сначала со взрослыми прихожанами, а потом с детьми. Дети не знали греческого языка, и священник был переводчиком. Отец Паисий сказал детям, что человек должен быть простым и жить, довольствуясь малым. Также преподобный сказал, что благословенно каждое творение Божие и мы должны с уважением относиться не только к людям, но и к животным, и к растениям. На этом отец Паисий замолчал. Дети в ожидании смотрели на него. Священник попросил преподобного сказать ещё несколько слов, но преподобный старец только молча, с тихой и глубокой нежностью и любовью смотрел на детей. А потом поднялся и, положив перед детьми земной поклон, сказал: «Прощаюсь с вами. Да пребудет с вами всегда Христос!» Этот поступок произвёл сильное впечатление на благоговейного священника, который впоследствии говорил: «Дети быстро бы забыли любые сказанные им слова. Но теперь они точно не забудут отца Паисия: это прощание, этот земной поклон и это смирение».

В первый день Великого поста отец Паисий, игумен и духовенство из архиепископии приехали в Горный монастырь святого Георгия, который находится в предгорьях, недалеко от Сиднея. Преподобный, обыгрывая название монастыря, сказал: «Те, кто просто сходит с ума, бегут из городов в горы. Если же людьми овладевает божественное сумасшествие,

Преподобный Паисий в Австралии

то они уходят в горные монастыри, а оттуда — прямиком на небо». А когда священники ехали из Сиднея в сторону Канберры, преподобный, указав архиепископу на небольшую рощу, сказал: «Вот хорошее место для монастыря. Вам нужно строить монастыри, чтобы разные приезжие сектанты, пятидесятники и буддисты не начали прельщать людей своим ложным светом». Из Канберры они поехали в Мельбурн, где им оказал гостеприимство настоятель храма святого Нектария. Каждый день один местный батюшка возил гостей по разным приходам. В один из дней он привёз отца Паисия в центральную больницу Мельбурна, где после тяжёлого инсульта лежал тридцатидвухлетний мужчина родом с острова Закинф — Дионисий Спилеотис, которого дома ждала семья. Он перенёс пять операций и уже несколько месяцев не приходил в сознание. Отец Паисий перекрестил его святыми мощами преподобного Арсения — и вскоре больной начал приходить в себя. На следующий день он смог поцеловать руку пришедшему навестить его священнику и прошептать: «Чудо».

Выходцы из Коницы, жившие в Мельбурне, тоже в один из дней собрались в храме святого Нектария, чтобы встретиться с отцом Паисием. «Как там наша Коница? А как Ваши-то родные поживают? Часто Вы их навещаете?» — засы́пали его вопросами земляки. Преподобный улыбнулся и ответил: «В Конице я был последний раз в семьдесят первом году, да и то заезжал за одной книгой[1], а не родственников проведать. Все люди на свете — моя родня. Ко всем я отношусь как к братьям».

Супруга священника, в доме которого гостил отец Паисий, глядя на то, как старец неслышно ходит и тихо говорит, как он ест только сухари с чаем, как смиренно себя ведёт, говорила: «Дети, у нас в доме живёт святой человек!» Когда преподобный уехал, матушка благоговейно спрятала одеяло, на котором он спал, храня его, как благословение. Через три года её начали мучить головокружения. Женщина достала из

---

[1] Преподобный имел в виду книги, принадлежавшие святому Арсению Каппадокийскому. — *Прим. греч. изд.*

шкафа одеяло, покрыла им голову и стала молиться: «Отец Паисий, ты человек святой. Я тебя в своём доме принимала, на этом одеяле ты спал. Помоги мне, вылечи меня, пожалуйста». И действительно, головокружения прекратились.

После Мельбурна отец Паисий и отец Василий с сопровождающими поехали в Аделаи́ду. В храме святителя Спиридона после Литургии состоялась встреча с прихожанами, на которой попросили, чтобы и отец Паисий, как обычно молчаливый, тоже что-то сказал. Он стал отказываться, но всё же ответил на несколько вопросов. Один из них был про разногласия в семье. «Нет таких разногласий, которые нельзя разрешить терпением и любовью», — таков был ответ преподобного. В конце он дал собравшимся такой совет: «Вокруг вас столько народа! Вы должны благовествовать о Христе своей жизнью. Ведь все эти люди могут стать православными».

С печалью старец наблюдал, что австралийское общество заражено западноевропейским мирским духом. «В Австралии, — рассказывал он, — я понял, что такое дух Запада. В одном парке я увидел, как дама кормила свою собаку шоколадом, а из-за кустов на неё смотрел голодными глазёнками оборванный мальчик. „Ведь это не мой ребёнок, почему я должна его кормить?“ — так, наверное, думала она. Вот этим-то духом и заразилась Европа». Также его огорчало то, что многие женщины ходят нескромно одетыми. Он говорил: «Они похожи на прекрасные византийские иконы, выброшенные в помойное ведро. Разница лишь в том, что в помойку они выбросили себя сами». А в одном храме преподобный увидел пономаря в шортах. Не смутившись замечанием старца, тот ответил, что так удобнее в жаркую погоду. Тогда отец Паисий даже отругал его: «Иди на море купаться! В такой одежде не ходят в храм!»

С радостью преподобный видел, что в сердцах большинства его земляков укоренена православная вера, они горячо расположены услышать Слово Божие и духовно подвизаться. «Греки в Австралии сильнее приблизились к Богу, чем те, которые живут не так далеко от Родины. Ведь они одни-одинёшеньки, без помощи, за тысячи километров от родных.

Эта оторванность от корней помогла им крепче уцепиться за Бога». Также отец Паисий сказал: «В Австралии я познакомился со святыми людьми, которые подвизаются, испытывая серьёзные искушения, и очень много терпят».

Перед отъездом святогорцев архиепископ пригласил к себе духовенство епархии и представителей местной власти. Владыка Стилиан торжественно поблагодарил отцов, отец Василий произнёс ответную речь. Архиепископ попросил и отца Паисия что-то сказать, но старец лишь поклонился, приложив правую руку к груди. Несмотря на повторные просьбы архиепископа, преподобный молча сидел, склонив голову, и перебирал чётки. Тогда владыка сказал: «Видите, святогорские отцы проповедуют своим молчанием».

Посещение Австралии отцом Паисием стало поистине историческим событием. Двадцать лет спустя один греческий эмигрант на торжестве, посвящённом столетию греческой общины Святой Троицы в Сиднее, сказал: «Все греки, которые приезжают в Австралию, хотят от нас что-то получить. Они думают, что мы тут деньги лопатой гребём, и не знают, каким огромным трудом нам всё достаётся. И только один — монах, отец Паисий, — на вопрос: „Что мы можем Вам дать?" — ответил: „Мы приехали сюда, чтобы взять немного вашей боли"».

Греки Австралии почувствовали, что их землю посетил и благословил святой человек. Сегодня они уверены в том, что, возможно, посещение преподобного — это самое большое благословение, которое принимал когда-либо австралийский континент. Однако сам отец Паисий, вернувшись на Святую Гору, сказал: «Лучше бы вместо меня отправили в Австралию пару духовников. Епитрахиль священника — вот что нужно человеку, который оказался на чужбине, вдали от Родины».

Явление Христа

Вернувшись из столь далёкого путешествия, преподобный почувствовал острую необходимость какое-то время побыть в келейном затворе. «Находясь в келье, — писал он, — я чувствую такое утешение, что даже в храмик, который у меня за стенкой, не выхожу. И во двор мне выходить не хочется, хотя там можно порадоваться и солнцу, и прекрасным видам. Зато внутри кельи можно жить в раю и питаться небесной пищей».

Чем меньше дней оставалось до Пасхи, тем в более насыщенной духовной атмосфере жил преподобный старец. В Вербное воскресенье с ним «произошло одно событие», однако что именно это было, он никому не рассказал, объяснив это так: «Мне об этом рассказывать духовно невыгодно». А вернувшись после ночного пасхального богослужения из Ставроникиты в келью, он снова закрылся изнутри и продолжил затвор. «Пасхальную вечерню я отслужил один, но вместе со многими», — рассказывал он потом. Всю Светлую седмицу отец Паисий никого принимал, и после Светлой седмицы затвор продолжился. Длительное время окружающим было заметно, что преподобный переживает какое-то необычное состояние. В письме, отправленном в начале мая 1977 года, он рассказывал: «Я понимаю, что такое великая любовь Божия, которая делает мягкими твёрдые кости, просвещает внешнего человека и изменяет человека внутреннего. В таком состоянии человек с благоговением поклоняется не только Богу и Его святым, но и Его живым иконам (людям), и всему Его творению: большому и малому, драгоценному и ничтожному, камушкам и щепочкам. Всё он берёт в руки с благоговением и целует как благословение, полученное из рук Того, Кто всё это сотворил».

Вечером 25 мая, накануне дня памяти святого апостола Карпа, преподобный Паисий почувствовал себя, как сам он потом рассказывал, в «ином, неописуемом» духовном состоянии. Как обычно, он совершил всенощное бдение. Но спать после бдения не хотелось, преподобный чувствовал себя очень легко и «невесомо». Поэтому он решил записать некоторые события из жизни батюшки Тихона. Исписал он несколько страниц, а необъяснимое внутреннее состояние становилось всё более и более сильным. Уже рассвело, но спать по-прежнему совсем не хотелось. Он перестал писать и начал творить молитву Иисусову.

И вдруг около половины шестого утра западная стена кельи как будто сдвинулась, словно штора. В пяти-шести метрах от себя преподобный в разливающемся свете увидел Христа—

молящегося, как Его изображают в Гефсиманском саду. «Лик Его сиял, — рассказывал преподобный в письме, — и от созерцания этого сладчайшего лика я буквально рассыпа́лся в прах. Конечно, я не мог засечь, сколько времени я Его видел, возможно, минуту или две. Потом мои глаза перестали Его видеть, но я видел Его очами души. Как я убедился из опыта, надеяться на телесное зрение в таких случаях бесполезно. Во мне отпечатался Его сияющий облик, Его сладкая Божественная красота, как написано в одном псалме: *Красе́н добро́тою па́че всех сыно́в челове́ческих*[1]. И у меня в голове не укладывается: как же люди дерзнули настолько бесчеловечно отнестись к Богочеловеку Иисусу, Который не только как Бог, но и как человек был безгрешен? А от Его прекраснейшего облика и необыкновенной благости могли бы рассыпаться в прах даже камни! Кроме того, я не могу понять, что „подвигло" Христа на это явление. Я не вижу в себе ничего доброго — одни лишь страсти и грехи… Думаю, что если бы человек смог, ему стоило бы подъять все подвиги всех подвижников от первого века до двадцатого даже не ради того, чтобы всегда лицезреть Его в раю, а хотя бы ради того, чтобы посмотреть на Него всего лишь одну минутку. Я, окаянный, всего пару минут Его видел и теперь, как бы ни подвизался всю свою оставшуюся жизнь, расплатиться с Ним за эту милость всё равно не смогу. Да помилует меня Бог. Молитесь».

Письмо это преподобный, если можно так выразиться, был вынужден написать, потому что через несколько дней после Божественного явления он получил от одной из сестёр исихастирия записку, в которой было написано: «26 мая. Половина шестого утра. Остальное Вы нам сами расскажете». Однако когда позже другая сестра попросила у старца и ей описать это Божественное явление, он ответил: «Это о посещении святой Евфимией я стараюсь не забывать, а о явлении Христа, наоборот, стараюсь позабыть и уже забыл его совершенно, потому что вспоминать об этом считаю бесстыдством. Меня обличает совесть, и я чувствую себя великим должником за это неизречённое снисхождение Господне. Ситуация

---

[1] Пс. 44:3.

похожа на ту, когда человек должен кому-то преогромную сумму денег и, понимая, что и во всю жизнь ему этого долга не отдать, пытается, по крайней мере, не вспоминать об этом долге, чтобы не мучить себя понапрасну».

Когда преподобный в следующий раз приехал в исихастирий, то он помог сёстрам написать икону Христа, Каким он Его видел. Отец Паисий старался добиться от сестёр того, чтобы в Божественном лике Господа присутствовало выражение Божественной тихости[1] и великого Божественного благоутробия. «Господь на нашей иконе не должен выглядеть как строгий Судия, — объяснял преподобный. — Образ Его должен быть таким, чтобы человек страдающий или даже грешный не боялся смотреть на Него, но, уповая на Его благоутробие, поклонялся Ему как Богу».

Пресвятая Богородица заходит в храм

В письме, где преподобный описывает явление Христа, есть и такие строки: «Молясь Христу и понимая, что молюсь Самому Богу, я по причине священного трепета и глубочайшего почтения всегда чувствовал некую скованность. И когда мой ум иногда отвлекался от молитвы, меня это не расстраивало. Я говорил себе: „Неудивительно: такой грязный ум, как у тебя, и не может находится в Боге". А вот молясь Пресвятой Богородице, я чувствовал, что Она моя Мама. И поэтому часто я мог очень просто и непосредственно, как ребёнок, что-то просить у Неё». А ещё в одном письме[2] преподобный написал о Матери Божией так: «Когда я слышу либо сам читаю или пою: „Вы́шняго освящéнное Божéственное селéние..."[3] или „Мари́е, Ма́ти Бо́жия, благоуха́ния честно́е селéние..."[4], то моё сердце прыгает от радости, хочет сломать окружающие его

---

[1] Как Церковь воспевает Сына Божия в песнопении «Свете Тихий».
[2] 1975 год.
[3] Часы Святой Пасхи.
[4] Канон ко Святому Причащению, песнь пятая, богородичен.

тонкие прутики рёбер, вырваться на свободу и отправиться искать Пресвятую Богородицу».

Через несколько месяцев после явления Христа с преподобным произошло ещё одно божественное событие, и причём как раз в тот момент, когда читался богородичен «Мари́е, Ма́ти Бо́жия, благоуха́ния честно́е селе́ние…». Случилось это так. Накануне праздника Воздвижения Честного Креста к преподобному пришёл один молодой иеродиакон. Увидев его, отец Паисий в шутку сказал: «Добро пожаловать, Ваше преподобие, отец диакон. Ты ко мне на панигир? Владыка едет, самые голосистые певчие соберутся, рыбу для трапезы в море уже ловят — я заказал. Килограммов сто — не знаю, хватит ли… Только вот дьякона позвать забыл, а ты и сам тут как тут. — А потом всерьёз добавил: — Оставайся сегодня здесь. Совершим бдение, а утром придёт из Ставроникиты иеромонах и отслужит Литургию». Они навели в каливе порядок, а около пяти вечера начали бдение по чёткам. Отец Паисий молился у себя в келье, а иеродиакон — за стенкой, в маленьком архондарике. Примерно раз в час преподобный стучал в стенку и спрашивал: «Дьякон, ты там как? Спишь или молишься?»

Около часа ночи отец Паисий позвал иеродиакона в храм — читать последование ко Святому Причащению. Преподобный поставил гостя в единственную стасидию, которая помещалась в храмике, дал ему в руки свечу, а сам встал рядом. Диакон читал канон, а преподобный перед каждым тропарём с умилением произносил стих: «Слава Тебе, Боже наш, слава Тебе», воздевал в молитве руки и клал земной поклон. А когда диакон начал читать богородичен пятой песни: «Мари́е, Ма́ти Бо́жия, благоуха́ния честно́е селе́ние…», началось что-то необъяснимое. Сначала послышался тихий шум, словно вокруг поднялся несильный, нежный ветер. Одновременно в храмике, где было совсем темно — только свет от лампадок и свечи, — стало светлее, чем днём. А лампада перед иконой Пресвятой Богородицы начала размеренно качаться, как маятник. Остальные лампады висели как обычно. Диакон, не зная, как ему реагировать на происходящее, повернулся к отцу Паисию, но тот сделал ему знак молчать.

Диакон молча стоял в изумлении. Лампада продолжала красиво раскачиваться, церковка была залита Светом, а преподобный, скрестив на груди руки, замер в земном поклоне, касаясь лбом пола. Через полчаса с небольшим диакон сам решил продолжать чтение последования. Вскоре тихо угас Свет, остановилась и лампада.

Закончив читать последование, они вышли из храма и молча сели в коридорчике. Преподобный был очевидно духовно преобразившимся и ничего не говорил. Наконец диакон набрался духу и спросил:

— Геронда, что это было? Что сейчас произошло?

— Ничего такого не произошло, — ответил старец.

— Как «ничего такого»? Я же сам видел!

— Ничего такого не произошло, — повторил отец Паисий. — Ты что, не знаешь, что Матерь Божия каждую ночь проходит по монастырям и кельям и смотрит, что делают монахи? Ну вот и сюда решила заглянуть. Видит — двое ненормальных правило читают. «Дай, — думает, — их поприветствую», — вот и покачала лампадкой.

Пока не пришёл священник, преподобный рассказывал иеродиакону и о других божественных событиях из своей жизни. А через несколько месяцев по секрету поведал ему и о том, что в ту ночь видел не только Свет и раскачивающуюся лампаду, но и Саму Пресвятую Богородицу.

Землетрясение в Салониках и пожар в исихастирии

В июне 1978 года в Салониках и вокруг произошла серия сильных землетрясений. Преподобный в те дни находился в исихастирии, и многие спрашивали его:

— Геронда, чем всё это закончится? Прекратятся землетрясения?

— Давайте молиться, — отвечал он. — Особенно важно, чтобы дети молились о том, чтобы Бог помиловал людей. Если и дети будут молиться, то Бог поможет и всё будет хорошо.

20 июня старец выглядел очень обеспокоенным. «Землетрясения ещё не закончились», — говорил он.

И действительно, вечером того же дня произошло самое сильное землетрясение. Было много разрушений и человеческих жертв[1]. Испуганные сёстры собрались в храме, и старец сказал: «Сейчас, пережив от Бога крепкую встряску, давайте от сердца молиться за всех, кто попал в беду». На следующий день отец Паисий был более спокоен. Он старался успокоить и народ, собравшийся в обители. «Не бойтесь, — говорил он. — Когда вы были младенцами, разве мама вас в люльке не качала? А сейчас вас качает Сам Бог — чего ж вы боитесь?» А про разрушения зданий в Салониках сказал: «Салоники сейчас, после землетрясения, похожи на калеку. А город-калека нашим „добрым соседям" ни к чему».

Вечером в тот же день сёстры заметили, как с западной стороны к монастырской ограде приближается огненная полоса. На соседнем поле жгли заросли высокой сухой травы и кустарников, но потом подул сильный ветер, и огонь стеной понёсся на монастырь. Сёстры побежали к ограде кто с вёдрами, кто с лейками, кто-то начал тянуть туда шланги для полива огорода. А преподобный старец, взяв в руки честную главу преподобного Арсения, пошёл за ними.

— Не бойтесь, — успокаивал он сестёр. — Сейчас попросим Хаджефенди, и он всё потушит.

Поднявшись на пригорок, откуда открывалась вся округа, он перекрестил честной главой четыре стороны света, потом повернулся к одному стоявшему рядом паломнику и сказал:

— Дунь-ка в ту сторону. Ну же, сделай так: «Фу-у-у!»

Тот, подумав, что старец шутит, засмеялся:

— Да что Вы говорите, геронда? Дуй не дуй — пожар-то не потухнет!

Тогда старец сам дунул в сторону огня, и тут же ветер, словно живой, сменил направление и стал дуть в противоположную сторону, туда, где было выжженное поле. И вскоре огонь погас сам по себе.

В то лето многие паломники, приезжая к отцу Паисию на Святую Гору, только и говорили, что о страшном землетрясении. Желая привести их к покаянию, преподобный давал

---

[1] Это землетрясение (силой 6,5 баллов) унесло 47 человеческих жизней.

им читать тропарь из канона 26 октября: «Земля́ безъязы́чне вопие́т стеня́щи: почто́ мя злы́ми оскверня́ете мно́гими, вси челове́цы? Вас бо Влады́ка щадя́, еди́ну мене́ уязвля́ет. Приими́те чу́вство и покая́нием Бо́га уми́лостивите»[1].

Свет от иконы Христа

19 октября 1978 года с преподобным произошло ещё одно чудесное событие. Поздно вечером, стоя на коленях на кровати, он по чёткам начал совершать повечерие. В изголовье кровати он поставил бумажную репродукцию с иконы Христа, которую сёстры написали по его указаниям. И вот, как только он начал молиться, икона стала лучиться светом. Отец Паисий взял её в руки и стал лобызать с глубоким благоговением, а она продолжала мерцать. Когда преподобный ставил её обратно в изголовье и дотрагивался до того места на иконе, где рука Христа держит Евангелие, она тоже переливалась светом.

В тот вечер в келье преподобного оставался ночевать один монах. Он в это время тоже читал повечерие, стоя в церковке. Преподобный позвал его к себе в келью и показал, как от иконы исходит Божественное сияние. «Погладь её своей рукой», — сказал старец. Но монах от стеснения и страха сильно надавил на икону рукой. «Не надавливай, — сказал преподобный, — а просто нежно погладь». Монах чуть прикоснулся к иконе рукой — и она тут же начала переливаться светом, который просвечивал сквозь его пальцы, как бывает, когда смотришь сквозь ладонь на солнце. И потом это чудесное свечение повторялось всякий раз, когда преподобный касался иконы или прикладывался к ней. Многие монахи подтверждают это своими свидетельствами. Однако,

---

[1] 26 октября Церковь вспоминает великое и страшное землетрясение, бывшее в 740 году в Константинополе и окрестных странах и продолжавшееся почти год. По-русски этот тропарь из девятой песни канона трясению можно перевести так: «Земля, стеная, взывает без слов: „Люди все, почему вы оскверняете меня множеством своих злых дел? Щадя вас, только меня одну Владыка подвергает наказанию. Придите в чувство и умилостивите Бога покаянием!"»

не желая, чтобы о чуде стало широко известно и этим не воспользовался диавол, преподобный отдал икону кому-то в благословение. «Озарённый светом духовного различения»[1], он предпочёл лишиться светоносной иконы, дабы не дать места искушению.

«Письма без марок»

«Когда с человеком происходят божественные события, — писал преподобный старец, — сначала маленькие, потом более серьёзные и частые, — тогда всё сильнее и сильнее укрепляется его вера, согревается его душа, пламенеет любовь. Такой человек выходит из пределов мелочности и поднимается к Небесам. Он сходит с ума, всё время благодарит Бога, и Бог благоволит к нему. Такой человек может попросить у Бога, что захочет, но уже не для себя, а для других, потому что, сойдя с ума и взлетев к Небу, его душа „отбрасывает саму себя в сторону"». Так жил и сам преподобный Паисий: отбросив самого себя в сторону, он просил Бога только о других. И Бог отвечал на его просьбы о людях.

Как-то раз один полицейский отправил отцу Паисию письмо с просьбой помолиться о его матери. Женщина лежала в больнице с опухолью в лёгком и страдала, едва не задыхаясь. Через несколько дней после отправки письма больная, находясь между сном и бодрствованием, увидела, что к ней в палату входят два посетителя: Женщина в чёрных одеждах и монах. С большой добротой и тёплым участием они сказали: «Не переживай! Мы уже здесь и сейчас тебе поможем». Подойдя к её кровати, они положили свои руки на её тело. Послышался такой звук, словно ткань режут бритвой. После этого гости исчезли, а женщина почувствовала, что больше не задыхается. При этом её переполняла необыкновенная радость. На следующий день врачи, проводя её плановое обследование, с изумлением констатировали, что никакой опухоли у неё в лёгком нет — без следа рассосалась. И вот в один

---

[1] *Феолипт Филадельфийский, прп.* Слово о посте, произнесённое в Неделю сыропустную // *Альфа и Омега*, № 2 (46), 2006.

из приездов отца Паисия в Суроти полицейский с матерью приехали туда взять его благословение и поблагодарить за молитвы. Увидев преподобного, женщина воскликнула: «Это он, он! Это и есть тот монах, который вместе с Женщиной в чёрном приходил ко мне в больницу!.. Они меня вылечили!»

Владелец бакалейной лавки из Ксанти[1] сильно заболел. Местные врачи, будучи не в состоянии поставить точный диагноз, порекомендовали ему лечь в больницу в Салониках. Однако больной колебался. С каждым днём ему становилось хуже и хуже. Не зная, что ему делать, из госпиталя в Ксанти он отправил письмо отцу Паисию, спрашивая совета — а через несколько дней вдруг почувствовал себя совсем здоровым. Врачи не могли понять, в чём причина выздоровления, но тщательно обследовав его, отпустили домой. Месяца три спустя бакалейщик приехал на Святую Гору и пришёл к преподобному. Увидев его, отец Паисий очень обрадовался и сказал: «Как твои дела, Феодор? Ты ведь письмо моё получил? Нет, я тебе не писал, но ведь дошло моё „письмо", правда?» Бакалейщик понял, о чём идёт речь, и очень расчувствовался.

Один православный француз никак не мог решиться, какой путь ему выбрать: монашество или брак. Преподобный сказал: «Вернись пока во Францию, а через пару месяцев я пришлю тебе письмо, только без марок». Так и произошло. Молодой человек вернулся во Францию, а через два месяца «получил письмо без марок» — познакомился с замечательной девушкой. Она согласилась принять Православие, и вскоре они повенчались.

Преподобный отец наш Паисий, будь у него такая возможность, молился бы о каждом человеке на земле, нуждающемся в помощи. Одно время, желая молиться о конкретных бедах и страданиях людей, старец попросил своего знакомого присылать ему вырезки из газет с сообщениями о трагических событиях. Однако вскоре отменил свою просьбу, сказав: «Хватит. Боль через край уже льётся. Больше я понести не в силах».

Но даже не получая от других сигнал «SOS», преподобный Паисий, как настоящий радист Божий, мог направлять

---

[1] *Ксанти* — город в Греции, в области Восточная Македония и Фракия.

Божественную помощь людям, терпящим бедствие на другом краю земли. Летом 1971 года, беседуя с одним профессором теологического факультета о молитве, преподобный привёл ему в пример «некоего монаха», который вдруг почувствовал острую необходимость помолиться о совсем неизвестном ему моряке, терпящем бедствие. После нескольких часов усердной молитвы этот монах ощутил радость и таким образом понял, что Бог помог этому человеку. Вскоре монах совсем забыл об этом случае. Однако прошло несколько месяцев, и пришлось снова вспомнить о нём. К нему вместе с другими паломниками приехал один молодой парень. Вглядевшись в лицо монаха, он вдруг обнял его и со слезами на глазах сказал: «Это ведь ты, да? Ты ведь о нас молился, когда наш сухогруз угодил в Южно-Китайском море в сильный шторм и мы чуть не пошли ко дну? Да весь экипаж тебя видел! Ну как же, как же: ты ещё на баке стоял с простёртыми к небу руками!.. Нет, точно я не ошибаюсь! Это был ты, и нечего отпираться!» По манере рассказа и некоторым подробностям профессор догадался, что «неким монахом» был сам преподобный Паисий.

Духовный радар

Итак, преподобный отец наш Паисий постоянно находился на боевом дежурстве, на одной частоте с Богом. И Бог извещал его о том, что та или иная душа нуждается в помощи. Однажды, беседуя во дворе с юношей-паломником, он вдруг прервался и сказал:

— Никос идёт. Давай закругляться, а то он через полчаса уже здесь будет.

— Геронда, что за Никос? Куда идёт, откуда? — спросил юноша.

— Да вон оттуда, из-за горы, — ответил преподобный. — За полчаса дойдёт. Это ты тут гор не знаешь, а я — каждый холмик.

Через полчаса от калитки раздался звон колокольчика. «А вот и он, — сказал старец и попросил. — Пойди, открой ему».

Открыв калитку, юноша увидел за ней своего сверстника и спросил:

— Ты Никос?

— Никос, — удивился тот. — А откуда ты меня знаешь?

— Я-то тебя не знаю. А вот старец Паисий тебя знает.

— Не знает он меня, — возразил пришедший. — Я вообще сюда первый раз приехал и нигде с ним раньше не пересекался. Я и в Бога-то не особо верю. Приехал на Афон на экскурсию, услышал, что здесь какой-то монах чудеса творит — вот и пришёл от любопытства.

А преподобный, стоя у каливы, позвал его:

— Эй, Никос, иди-ка сюда! Я тебя знаю, просто ты меня не помнишь.

Улыбаясь, отец Паисий завёл юношу в каливу. Через час Никос вышел с изменившимся лицом, весь в слезах. Он с сокрушением, но в то же время и с радостью сказал юноше, который ждал его во дворе:

— Сейчас я понял, что на самом деле есть на свете святые. И то, что Бог есть, тоже понял.

В декабре 1974 во двор каливы отца Паисия зашёл один молодой человек. Он был измучен долгим пешим путешествием. Преподобный, хотя и видел его впервые, поприветствовал его, назвав по имени, принёс воды и сказал:

— Ну-ка, разувайся, сынок. Давай я тебе ноги помою.

Пришедший смутился и стал отказываться, но старец с напускной строгостью сказал:

— Послушание!

И вот, моя паломнику ноги, отец Паисий стал ему рассказывать:

— Маму твою зовут Па́гона, а отца — Нико́ла. Отец твой играет в карты. Играет и не может остановиться.

Потом преподобный в подробностях рассказал юноше, как его отец пристрастился к этой дурной привычке, о которой ничего не знает их страдающая семья. Когда молодой человек вернулся домой, то убедился в истинности слов святого, познакомиться с которым его удостоил Бог.

Летом 1975 года отца Паисия посетил один учитель, сестра которого хотела стать монахиней. Учитель был против.

Увидев его издалека, отец Паисий громко сказал:

— Добро пожаловать, учитель Ни́кос! Как поживает твоя сестра Васили́я?

Изумлённый таким неожиданным приветствием, учитель прошёл во двор и, не зная куда себя деть от смущения, сел рядом со старцем. Отец Паисий начал с ним разговаривать — со строгостью, но одновременно с уважением и любовью.

— Скажи мне, пожалуйста, учитель, — спросил преподобный, — ты что, нашёл сестре лучшего свёкра, чем Бог? Нашёл ей лучшего жениха, чем Христос? И ещё: имей в виду, что если сестра станет монахиней, то весь ваш род обретёт бойца спецназа, который будет сражаться с врагом лицом к лицу за тех, кто в тылу.

Учитель, так и не высказав старцу своих возражений, выслушал его советы и ушёл в мирном расположении духа.

В 1978 году один паломник с острова Крит шёл по афонской тропе в сторону кельи Честного Креста. Он сомневался, по правильной ли тропе пошёл. Вдруг ему навстречу вышел пожилой монах очень аскетичного вида, в заплатанном подряснике и с торбой за плечами. Поклонившись монаху, паломник спросил:

— Отче, я иду к старцу Паисию, но не знаю, это правильная тропинка?

— Благословенная душа!.. — ответил монах. — Ну зачем тебе этот окаянный Паисий? В саду Пресвятой Богородицы так много добродетельных отцов, от которых ты можешь получить духовную пользу! А ты Паисия ищешь!..

Но критянин настаивал. Мало того, поняв по внешнему виду и интонации, что ему встретился человек духовно не простой, критянин уже не хотел его отпускать. Тогда монах сошёл с тропинки, сел под деревом и пригласил собеседника сесть рядом. А тот уже не сомневался, что разговаривает с самим старцем Паисием.

— Благословенный Божий человек, — говорил ему преподобный. — Мы должны веровать в Бога! Если есть вера, то все наши проблемы придут к разрешению. Ведь Бог заботится о всех и обо всём. Вот, например, сегодня утром я ведь шёл не сюда, а в лес, чтобы нарезать заготовок для рукоделия. Не успел я далеко отойти от кельи, как мне пришёл помысел, что надо идти в противоположную сторону. Я рассмотрел внимательно этот помысел и, хотя подробности мне не были открыты, убедился, что он от Бога. Так я пошёл тебе навстречу — и мы с тобой встретились.

Они долго разговаривали, потом встали, потому что пора было расходиться. Не успел отец Паисий сделать и шага, как у него неожиданно заплелись ноги и он чуть не упал — даже схватился за ветки, чтобы устоять.

— Не понравилась диаволу наша с тобой встреча, — засмеялся он. — Хотел, чтобы мы разминулись, а видишь — не вышло у него! Вот и злится теперь.

Научение от Духа Святого

«Истинные и праведные отцы, — говорил преподобный, — произносят не такие слова, которые спускаются на язык из ума, а те, что Бог даёт им свыше. Либо они делятся опытом из собственной жизни. Они говорят лишь о тех истинах, которые пережили сами, об истинах живых и подающих жизнь людям». И сам преподобный, рассказывая о чём-то людям, делал это просто, *не в словах, изученных от человеческой мудрости, но в словах, которым он научился от Духа Святого*[1].

Многих образованных людей, интеллигенцию восхищали его афористичные ответы. Некоторые, полагая, что старец просто много читал, спрашивали, откуда взят тот или иной его афоризм. Однажды такой вопрос задал преподобному профессор психиатрии Аристос Аспиотис.

— Геронда, — спросил профессор, — а как называется книга, отрывок из которой Вы нам только что процитировали?

— «Пятидесятница», — ответил преподобный, имея в виду просвещающего Своих святых Духа Святого.

А другому человеку, задавшему тот же вопрос, ответил:

— Это цитата из книги «Море Тивериадское», — имея в виду Того же Святого Духа, «И́же ры́бари богосло́вцы показа́»[2].

---

[1] Ср. 1 Кор. 2:13.
[2] Великая вечерня Пятидесятницы, третья стихира на «Господи воззвах».

Как-то раз один молодой человек, знакомясь с преподобным, отрекомендовался: «Господин такой-то, богослов». Старец засмеялся и сказал: «Да неужели! Я-то, темнота, всего трёх Богословов знаю[1]. Видно, довелось на старости лет познакомиться и с четвёртым». А потом серьёзным тоном добавил: «Смотри, ты пока просто дипломированный выпускник богословского факультета. Богословом тебя может сделать только твоя православная жизнь, согласная со святыми отцами». Сам преподобный Паисий, пройдя через святоотеческие подвиги, получил благодать Духа Святого и стал «богословом опыта». Он мог разрешать недоумения даже профессоров богословия, которые часто к нему приезжали. Беседуя с преподобным, профессора научались тому, что истинное богословие — это «слово Бога, которое воспринимают чистые, смиренные и духовно возрождённые души»[2], что истинным богословием «нельзя называть то, что как дисциплина преподаётся на теологических факультетах. Предмет исследования „школьного богословия" — это обычно исторические аспекты церковной жизни, и значит, эта наука понимает вещи поверхностно и вся полна сомнений и вопросительных знаков»[3].

Однажды студент богословского факультета спросил:

— Геронда, а как Моисей написал Пятикнижие[4]?

— Да очень просто, благословенная душа, — ответил старец. — Бог показал ему всё, как по телевизору.

Ответ преподобного прозвучал очень просто и естественно, потому что и ему самому по «духовному телевизору» тоже довелось увидеть многое.

А в другой раз выпускник теологической школы из Франции в разговоре со старцем стал настаивать, что авва Исаак Сирин не был православным, поскольку он нёс архиерейское

---

[1] Наименование «Богослова» имеют всего три святых нашей Церкви: святой апостол и евангелист Иоанн Богослов (I в.), святитель Григорий Назианзин (IV в.) и преподобный Симеон Новый Богослов (X–XI вв.). — *Прим. греч. изд.*

[2] См. *Старец Паисий Святогорец*. Письма. С. 124.

[3] См. там же.

[4] *Пятикнижие* — первые пять книг Библии, в которых историческое повествование ведётся от момента сотворения мира.

служение в местности, где преобладали несториа́не[1]. Отец Паисий пытался убедить его, что святой авва Исаак находится в самом сердце Православия, но тот стоял на своём. Преподобный очень расстроился. «Стало так больно, — рассказывал он, — что если бы меня топором по голове ударили, было бы легче. А потом я кое-что увидел. Ведь когда человеку за что-то больно, то Бог извещает его в точности. Если же сердце не болит, то и Бог оставляет в неведении. Вся причина — в боли».

Итак, Бог, и именно в точности, известил преподобного старца о святом Исааке. Ему было видение: перед ним проходили церковные иерархи, а среди них — авва Исаак, который повернулся в его сторону и сказал: «Да, я действительно жил в несторианском окружении, и правда в моей епархии были еретики. Но я хранил Православие и с ними боролся». После этого видения, когда заходила речь о святом Исааке, преподобный горячо говорил: «Авва Исаак был не просто православным, а православнейшим иерархом!» Отец Паисий рассказывал и о том, как на Западе оклеветали святого авву, выставив его якобы неправославным за то, что он возделывал исихазм. В синакса́ре[2] январской Минеи под 28 числом, после слов «память преподобного отца нашего Ефрема Сирина», старец Паисий своей рукой дописал: «и Исаака, великого исихаста, с которым поступили очень несправедливо».

Ревнитель отеческих преданий

Отец Паисий был против того, чтобы православные учились в западных богословских школах. Он видел опасность того, что, отучившись там, выпускники заразятся «духовными

---

[1] *Несториа́нство* — ересь, утверждающая, что Дева Мария родила Человека, в Которого впоследствии вселилось Божество и обитало в Нём, как в храме. Согласно православному учению, Божество и человечество во Христе соединились нераздельно и неразлучно с момента зачатия. После осуждения ереси на III Вселенском Соборе в 431 году бо́льшая часть её последователей переселилась в Персию.

[2] *Синакса́рь* — краткое житие или повествование о празднуемом Церковью событии, предназначенное для чтения на богослужении после шестой песни канона.

микробами» и осквернят непорочную православную веру. «Чего вы там хотите получить? — спрашивал он молодых людей, просивших его совета об учёбе за границей. — У них же там пустота. Они камня на камне не оставили».

Один православный иеромонах французского происхождения спросил у старца, чем отличаются католики и протестанты от православных. Преподобный ответил: «Предположим, что православная вера — вот эта калива. Видишь, как она построена? Камни, между ними глина и кое-где деревянные балки для крепости. Католики выковыряли глину, а протестанты вытащили балки. Как думаешь, устоит стена из одних камней?»

Преподобный старец расстраивался, когда узнавал, что некоторые православные богословы вместо того, чтобы питаться «калорийной духовной пищей православных святоотеческих текстов» и утолять свою жажду кристально чистыми водами святоотеческого богословия, изучают еретических западных богословов и пьют из их мутных источников. Преподобный говорил, что результатом этого могут стать неверные выводы о святых отцах и их учении.

С проведением различных межконфессиональных диалогов преподобный тоже не мог согласиться. Он прекрасно видел, что православным радетелям диалогов, межконфессиональных конференций и христианского единства самим ещё ох как далеко до того, чтобы соединиться с Богом, и, следовательно, известить других о подлинном, православном святоотеческом опыте они не способны. А в инославных участниках подобных мероприятий преподобный старец не находил искреннего расположения. В одном из писем, отправленных в 1978 году, он пояснял: «Европейский дух полагает, что духовные вопросы тоже можно выложить на прилавки Общего рынка. Стремятся уравнять всё что можно. Недалёкого ума те православные, которые, желая покрасоваться, „помиссионерствовать", созывают какие-то конференции, трезвонят об этом, чтобы все газеты о них написали. Думают, что смешавшись с инославными в один винегрет, они тем самым „продвинут Православие". А за их потугами из своего угла наблюдают „суперправославные суперзилоты", и

Преподобный Исаак Сирин

их бросает в противоположную крайность: они изрыгают хулу на таинства Церквей, которые живут по новому стилю, уходят в раскол, говорят много зилотских глупостей… Души людей, имеющих благоговение и духовно чутких, очень сильно от всего этого соблазняются. А инославные преспокойненько приезжают на конференции и диалоги, поднимаются на кафедры, читают лекции, отвечают на вопросы. Найдя у православных что-нибудь духовно хорошее, они тут же присваивают это себе, переделывают на свой вкус в своей мастерской, перекрашивают в свой цвет, приклеивают свою этикетку — и представляют людям как своё оригинальное изделие. А странные нынешние люди принимают подделку за чистую монету, удивляются, восхищаются и в конце концов разрушают себя духовно».

Столь строго относясь к межконфессиональным диалогам, сам отец Паисий умел инославным говорить истину, никого не унижая и не оскорбляя. В 1978 году католики выбирали нового Папу. Один католический монах приехал на Афон, пришёл на Капсалу и попросил старца помолиться, чтобы Папа, которого изберут, оказался хорошим. Преподобный дружески похлопал его по плечу и, улыбаясь, сказал: «Не волнуйся, сынок. Хорошим окажется ваш Папа или плохим — в любом случае будет непогрешимым!»

В семидесятые годы предпринимались неоднократные попытки на церковном уровне отменить ношение духовенством рясы. Многие спрашивали у отца Паисия мнения на этот счёт. Тогда он ободрал кору со ствола одного масличного дерева, обрезал все толстые сучья, с тонких веток оборвал все листья, оставив всего несколько на самых кончиках. На ободранном стволе ножиком вырезал:

    Древа свой сбросили наряд —
    Посмотрим, сколько уродят.

А чуть пониже — ещё один стишок:

    Поп безрясственный —
    Видать, безнравственный.

Дерево, понятное дело, вскоре совсем засохло.

В те же, семидесятые годы шла активная подготовка к Всеправославному Собору и проходили разные предсоборные совещания. Среди тем, которые предполагалось обсудить на Всеправославном Соборе, было много такого, что шло вразрез с православным Преданием. Когда преподобный старец узнал о том, что замышляют на Соборе, он очень заволновался. С болью в душе он говорил: «Неужели вы не понимаете, что они хотят сделать? Они хотят, чтобы ушло Предание и осталось предательство. Не понимаете, насколько это серьёзно? Всё равно что вытащить из стены дома всего один кирпич. Сначала кажется: „Ну подумаешь, какой-то там кирпичик. Дом как стоял, так и будет стоять". А потом в дыру начинает попадать дождь, снег, постепенно выпадают другие кирпичи, и в конце концов дом превращается в руины». А когда один человек поведал, что в числе тем, которые будет обсуждать Всеправославный Собор, сокращение установленных Церковью постов, преподобный сказал: «Если кто-то болеет и не может поститься, у него есть оправдание. Если кто-то здоров, но съел в пост что-то скоромное, поддавшись искушению, то у него есть повод для покаяния и исповеди, и Христос его за это казнить не будет. С тем, кто может держать пост, тоже всё понятно: он будет его держать. Однако если мы хотим отменить посты по той причине, что „большинство их и так не держит", если хотим идти на поводу у этого большинства, то мы словно даём этим людям благословение быть расхлябанными, словно даём им благословение на падения. Да кто давал нам право всё это отменять?! Откуда мы знаем — может быть, следующее поколение будет лучше, чем мы, и жить оно будет без компромиссов?»

Преподобный Паисий был ревнителем[1] отеческих преданий. В вопросах веры он не допускал никаких компромиссов и уступок. В своей собственной жизни он применял

---

[1] В правильном смысле этого слова, так как ревнителями называли себя и зилоты — см. сноску 1 на стр. 100.

святоотеческий принцип акри́вии[1], причём не только во внешнем поведении, но главным образом в своей внутренней жизни. Его побуждал к этому императив божественной ревности. Высказывая своё мнение по какому-то вопросу, особенно церковному, преподобный говорил с рассуждением, взвешивая каждое из своих слов на точных весах акривии. Однако если его собеседником был человек слабый, он давал ему подходящую порцию необходимого лекарства, с любовью и состраданием взвешенную на тех же самых точных весах. Пропитав себя страхом Божиим, преподобный отец мог проникнуть в глубину Божественных законов. Он весь был любовью, *утро́бою щедро́т*[2], и потому из собственного опыта знал не просто церковные каноны, а нечто большее: то, что Церковь — это любящая Мать, а священные правила Её пропитаны нежной, материнской любовью.

Однажды отцу Паисию рассказали про архиерея, который рекомендовал священникам буквально придерживаться указаний «Ко́рмчей книги»[3] в том, что касается епитимий за разные грехи. Когда спросили мнение преподобного, он ответил: «По-моему, жестковато. Я, окаянный, знаю только то, что хороший капитан не держит руль в одном положении, а поворачивает его в разные стороны, в зависимости от конкретной ситуации. Если не крутить штурвал, а зафиксировать его в одном положении, то корабль рано или поздно на рифы налетит». А ещё так говорил: «Каноны — не для канонады, не надо из них стрелять по людям».

Часто преподобного старца спрашивали и о различного рода соблазнах и скандалах[4], которые сотрясали Элладскую

---

[1] *Акри́вия* (греч. ἀκρίβεια — точность, строгость) — принцип отношения к священным канонам, монашеским правилам и вообще к Преданию Церкви с позиции строгого соблюдения, не допускающего нарушений.

[2] Ср. Кол. 3:12.

[3] *Ко́рмчая книга, или Пида́лион* (греч. πηδάλιον — кормовое весло, руль), — сборник церковных канонов и светских законов, руководство при управлении Церковью. Прописанные в нём епитимии, например, таковы: за прелюбодеяние — отлучение от Причастия на 7 лет, за аборт — на 10 лет, за умышленное убийство — отлучение вплоть до смертного одра.

[4] Они были связаны с поведением некоторых иерархов.

Церковь в 1970-е годы. Он отвечал: «Не надо в этом рыться и ковыряться. У нас для ответов на такого рода вопросы недостаточно духовной ясности зрения, и проникнуть в глубину происходящего мы не можем. Бог — Отец всех. Он создал Церковь Свою, Он Ею управляет, и всё, что Он попускает, рано или поздно послужит к Её благу». Преподобный был также против того, чтобы такого рода скандалы и соблазны обсуждались в церковной прессе. Тем, кто говорил ему о необходимости «очищения Церкви», он смиренно советовал: «Если ты очистишь собственную душу, то этим ты очистишь и часть Церкви». Как-то паломники рассказали ему о наделавшем много шума скандале, который спровоцировал один архиерей. Выслушав их со вниманием, преподобный смиренно ответил: «Благословенные люди, что вы хотите от меня услышать? Я ничего обо всём этом не знаю. Но если дело обстоит действительно так, как вы рассказали, то, скорее всего, этот человек возгордился. — И, склонив голову, добавил: — А Благой Бог попустил этот скандал для того, чтобы не погибла его душа». Когда преподобный узнавал, что в тяжёлых грехах несправедливо обвиняют благоговейных священников или епископов, ему становилось очень больно. И с особенным уважением он относился к тем, кто переносил клевету без ропота. «Эти люди, — говорил преподобный, — самые любимые из всех Божиих детей».

Общение со студентами

К старцу приезжало много студентов, особенно в каникулярные месяцы. Преподобный, видя в них «добрую обеспокоенность», не жалел для них времени. Он советовал им простые, практические вещи, словно сам жил с ними в миру, словно разделял их радости и беды. Например, он давал такие советы: «Сначала нам надо стать хорошими людьми, а уже после этого — хорошими христианами. Вы ведь не можете дома пообедать и не сказать „спасибо" маме, которая вам этот обед приготовила. Так и с преподавателями в университете: разговаривайте с ними с уважением и почтительностью. Даже если профессор „завалит" вас на экзаменах, разговаривайте с ним смиренно. Скажите: „Благодарю Вас, господин профессор, наверное, мне надо было подготовиться к экзамену получше"».

Часто поводом для начала разговора с молодёжью становилось что-то из изучаемой ими специальности. Например, однажды старец загадал студентам физико-математического факультета такую загадку: «А ну-ка, ответьте мне, какое число больше — два или девять?» Студенты начали спрашивать, положительные это числа или отрицательные, но преподобный их мягко прервал: «Ребята, я в этом „положительно-отрицательном" не разбираюсь. Я если что-то говорю, то беру это из Евангелия». И объяснил: «Предположим, что человек получил от Бога одно дарование и его удвоил. А другой человек, получив от Бога пять дарований, удвоить их не смог. Увеличил до девяти и на этом остановился[1]. Разве в этом случае два не будет больше девяти?»

Многие молодые люди спрашивали о женитьбе. Тем, кто ещё учился, преподобный советовал «положить этот вопрос в морозилку» и до окончания учёбы семью не создавать. А вот тем, кто уже получил диплом, он рекомендовал с созданием семьи не затягивать. Старец советовал ребятам выбирать будущую супругу, глядя на её духовные дарования, простоту и смирение.

Нередко студенты, приходившие к преподобному Паисию, были с замороченной головой и жаловались на то, что запутались в себе. Старец «находил конец нитки» и с большим терпением распутывал их «клубки». Когда некоторые молодые люди от эгоизма спорили с ним или даже огрызались, он смирял их, но делал это мягко — не ломая, не нанося им травмы. Он никогда не говорил: «Ты эгоист» или «Ты зелёный юнец и ничего не понимаешь». Нет, преподобный мог сказать юноше, например, так: «Знаешь, пока фрукт не созреет, он кислый, терпкий и есть его невозможно. Чтобы стать сладким, ему надо ещё повисеть на ветке, дозреть… Так и человек молодой: есть какие-то вещи, которых он в силу возраста не понимает. Однако годы идут, человек зреет

---

[1] Ср. Мф. 25:14-30 и Лк. 19:12-27.

духовно, становится „слаще и слаще" и понимать начинает больше и больше».

Бывали и случаи, когда исполненный любви и доброты старец мог разразиться гневом. Обычно такое происходило, когда он сталкивался с вопиющей наглостью, бесстыдством или с богохульством. Например, как-то раз студент духовной семинарии с глупым смешком сказал: «Да Богу просто заняться было нечем, вот Он и решил человека сотворить!» Услышав это богохульство, преподобный тут же размахнулся и отвесил шутнику крепкую оплеуху. Семинарист разревелся, как пятилетний ребёнок. Старец дал ему поплакать, долго сидел с ним рядом и ничего не говорил. Потом с любовью взял его за руку, как мама малыша, отвёл к рукомойнику и сам умыл, приговаривая: «Благословенная душа, да что же это такое было? Да как же тебе пришло в голову такое сказать?» Преподобный сходил в келью, вынес полотенце и вытер юноше лицо. Потом они долго сидели и разговаривали. Старец говорил, что нечестиво говорить о Боге и Его творении нельзя. Таким образом неподдельная любовь преподобного отца нашего Паисия сама знала, когда и кого надо погладить по голове, а когда и кому стоит дать оплеуху. Хотя и оплеуха-то, по сути, была не чем иным, как проявлением той же самой любви, разве что немного поувесистей и пожёстче.

Монахов опытный наставник

С рассуждением преподобный Паисий относился и к юношам, которые хотели стать монахами. Чаще всего он не давал благословения уходить в монастырь тем, кто ещё учился. «Лучше уж один раз пожалеть, что ты получил свой диплом, — говорил он, — чем сто раз пожалеть, что ты его не получил». А ещё он часто советовал собирающимся в монастырь сначала отслужить срочную службу в армии или даже какое-то время поработать в миру, чтобы дать решению «дозреть».

Как-то раз один молодой человек, получив университетский диплом, приехал на Афон и пришёл к старцу.

— Геронда, — сказал он, — хочу взять у Вас благословение на монашество.

— Благословения игумены дают, — ответил преподобный. — А я кто? Простой монах. Но если хочешь услышать моё мнение, то оно такое: отслужи сначала в армии. А как демобилизуешься, приходи — и ещё раз всё обсудим.

— Геронда, но ведь в армии я могу в какое-нибудь искушение впасть... — расстроился юноша.

— Э-э-э... — покачал головой старец. — Даже этих слов уже хватит для того, чтобы я настаивал на своём совете.

Преподобный сказал так, поскольку видел, что юноша для монашества ещё не готов.

Он сострадал желающим стать монахами молодым людям, которые не могли найти подходящий монастырь или старца, пытался им помочь. Также он ставил себя на место родителей, которые, узнав, что их ребёнок хочет уйти в монастырь, с этим не соглашались. Одному юноше, родители которого были против его монашества, преподобный сказал: «Ты должен дать родителям проникнуться твоим решением уйти в монахи. Ведь они такие же чада Божии, как и ты».

Многим новоначальным монахам преподобный помог заложить прочный фундамент монашеской жизни. Когда его спрашивали, какими качествами должен отличаться монах, он отвечал: «Смирением и подвижническим духом». А вот основанием монашеской жизни преподобный считал откровение помыслов и послушание. «Открывая свои помыслы старцу и оказывая ему послушание, ты ломаешь планы диавола», — говорил он. Одному юноше, который зашёл к нему в тот день, когда поступал в один из святогорских монастырей, старец сказал: «Рассказывай старцу всё, что ты думаешь, и делай всё, что тебе говорят».

Преподобный очень расстраивался, когда кто-то из монахов говорил ему, что собирается на некоторое время оставить обитель и выйти в мир, чтобы помочь родственникам. «Родителей и родственников, — говорил он, — мы, монахи, должны с доверием вручить Богу. Я и сам так сделал: оставил всю свою родню на Бога и стал свободным. Это не значит, что я своих родных не люблю — очень люблю. Но если ты кого-то любишь, то на кого будешь его оставлять? На Бога, конечно. Ведь Он позаботится о них и защитит их лучше, чем это получилось бы у тебя». А в письме к одной монахине преподобный написал так: «Это правда, что я настолько сильно чувствую любовь Божию и нежную заботу Пресвятой Богородицы, а одновременно — обильную любовь ко всем людям, что как свечка таю от божественного радования. Верю, что это от Бога, потому что, вверив Ему своих родных, я их совершенно позабыл. Когда приезжают паломники из Эпира, я не спрашиваю о том, как там поживают мои родные. Люди сами начинают мне рассказывать о них. Так и узнаю́ о том, что родня моя живёт нелегко. Испытания у них разные, болезни, аварии — чего они только не терпят. Но что бы я о них ни услышал, меня это не тревожит, потому что я вверил своих родных в руки Божии, и в этих самых руках они и находятся».

Отец Паисий радовался тому, что в семидесятые годы многие монастыри — как на Святой Горе, так и вне её — начали заполняться монахами и монахинями: молодыми, образованными, с приверженностью монашеским идеалам. Однако одновременно он тревожился, потому что видел, как в монашество проникает мирской дух с его человеческой логикой, солдатской дисциплиной, интересом к вещам «околодуховным» и внешним, которые не дают покоя душе, а наоборот — подвергают её новым и новым страданиям.

В те годы преподобного приглашали в некоторые святогорские монастыри, в которые пришли молодые братия. Беседуя с монахами, преподобный всем говорил примерно одно и то же: «Вы, братья, — молодые монахи. Постарайтесь же подвизаться насколько возможно сильнее, потому что мы с вами живём в такую эпоху, когда люди, устав от мира, найдут утешение только в монастырях. Учтите, что следующее поколение будет не таким, как нынешнее, — это будут люди, уставшие от греха и измученные им. Они будут приходить к вам и искать такую духовность, которую можно было бы „пощупать своими руками". Поэтому если сегодня вы не будете подвизаться и не приобретёте личный духовный опыт, то завтра ничем помочь этим несчастным не сможете».

Желая помочь молодым монахам, преподобный начал писать небольшие биографии-жития святогорских отцов, которых удостоился знать сам или слышал об их подвигах от других. В этих рассказах, исполненных простоты, подвижнического духа и аскетизма, была «духовная закваска», проникающая в души читателей и вдохновляющая на подвиги. Так были написаны жития батюшки Тихона, старца Петра, старца Августина, иеромонаха Саввы из Эсфигмена, отца Кирилла — духовника из Кутлумушского скита и многих других преподобных отцов, которые «подчас даже читать плохо умели, однако, отличаясь смирением и подвижническим духом, постоянно принимали Божественное просвещение»[1].

За те десять лет, что отец Паисий прожил в келье Честного Креста на Капсале, его глаза увидели немало происходивших на Святой Афонской Горе изменений. Одно из первых — это автомобильные дороги, которые начали активно прокладывать в Саду Пресвятой Богородицы в те годы. Вслед за дорогами появились первые автомобили, тракторы, другая техника, и всего этого с каждым днём становилось всё больше и больше. Отец Паисий, как и многие другие святогорцы[2], не мог согласиться с этим обмирщением. Он говорил: «С того момента, как по Саду Матери Божией поехали первые машины, это священное место утратило лицо». На ответственных за происходящее преподобный даже кричал: «Вы же наносите бесчестие девственному уделу Пресвятой Богородицы! Святые отцы сделали пустыню духовным царством, а мы будем превращать её в царство мирское?» Преподобный видел, что за проведением на Афоне дорог кроется опасность «вползания» на Святую Гору мирского духа, который комфортом, удобствами, отсутствием телесного труда и усталости будет потихоньку изгонять безмолвный дух и аскетическое предание.

Желая, чтобы его дела соответствовали словам, преподобный ездил из Дафни в Кариес и обратно только на рейсовом

---

[1] Впоследствии эти рассказы были изданы в 1993 году в книге «Ἁγιορεῖται Πατέρες καί Ἁγιορείτικα», а русский перевод под заголовком «Отцы-святогорцы и святогорские истории» — в 2009 году.

[2] См. Обращение святой обители Ставроникита к экстренному Двойному Священному Собору в апреле прошлого, 1979 года: Святая Гора и дороги // Ὁ Ὅσιος Γρηγόριος. Период 2, № 4 (1979). С. 36–42. — *Прим. греч. изд.*

автобусе. В другие транспортные средства он на Афоне никогда не садился. Когда автобус был сломан, старец шёл в Дафни или в Кариес пешком — около трёх часов. Однажды, когда он возвращался из Суроти, выпало очень много снега, и рейс автобуса отменили. Монахи-водители разных монастырей наперебой предлагали старцу отвезти его на своих автомобилях, но он, вежливо отказываясь, пошёл через заснеженный перевал пешком, больной, с тяжёлым рюкзаком за плечами. За ним пошёл один юноша. Они шли по колено в снегу часов шесть и в тот день до Панагу́ды[1] так и не смогли дойти. Им пришлось заночевать в одной келье, неподалёку от Кариес.

Последнее божественное событие в келье Честного Креста

Так вот и прошли десять лет жизни преподобного старца Паисия на Капсале, в келье Честного Креста. В последние годы он понимал, что если продолжать безмолвную жизнь, то надо искать для этого какое-то другое, более подходящее место. Возникли и серьёзные духовные причины, побуждавшие преподобного к поиску другой кельи. Он много думал, сомневался и молился о том, куда ему пойти. 4 февраля 1979 года, около девяти часов вечера, он никак не мог успокоиться. Голова не просто болела, а раскалывалась — словно кто-то взял молоток со стамеской и раскалывал ему череп. Глаза чуть не вылезали из орбит, особенно правый. От невыносимой боли по телу отца Паисия стали пробегать судороги. «Такой боли, — рассказывал он потом, — я в жизни не испытывал». Даже молитву творить он не мог, только повторял: «Христе мой! Матерь Божия!» Становилось хуже и хуже, но вдруг он увидел за своим правым плечом своего ангела-хранителя. У ангела был вид двенадцатилетнего ребёнка, очень радостного и исполненного светом. Ангел ничего не сказал преподобному — только молча на него посмотрел. Но этого взгляда оказалось достаточно, чтобы рассеять боль, а вместе с ней

---

[1] *Панагу́да* — келья Кутлумушского монастыря, находящаяся по дороге от Кариес к Иверскому монастырю.

всякое сомнение и расстройство. Всё плохое и тревожное тут же исчезло, но не от радости, а от Божественной благодати.

«Радость, — говорил преподобный, рассказывая об этом случае, — не прогоняет боль. Да, ты радуешься, но одновременно тебе больно. А вот Божественная благодать — это совсем другое дело! Описать её невозможно. „Если так, — решил тогда я, — то пусть мне не стамеской, а хоть кувалдой по голове бьют, хоть голову расколют, только бы благодать не отступала"».

Прошло несколько дней, и преподобный старец принял окончательное решение уходить. Ему было тогда 55 лет.

Келья Панагуда

В келье Панагуда

ГЛАВА XII

Итак, отец Паисий начал искать себе новую келью. Но найти её оказалось не так просто. Вечером 26 февраля преподобный совершал всенощное бдение и горячо, со многой болью молился: «Святая Евфимия! Святой Арсений! Куда мне идти? Помогите мне!» Также он молился о помощи святым Богоотцам Иоакиму и Анне, перед которыми особенно благоговел. И действительно, все эти святые ему помогли. На следующий день, 27 февраля (в этот самый день пятью годами ранее его посетила святая Евфимия), он с утра обходил разные места вокруг Кариес, ища себе келью, — но безрезультатно. Вечером, очень уставший, он пришёл в келью Вознесения Господня в Кариес, где жил старец Иоаким с послушником. Послушник занимался резьбой по дереву, и старец попросил отца Паисия зайти и посмотреть, как тот вы́резал две иконы святого Арсения, и дать юноше опытный совет. Когда отец Паисий сказал, что ищет келью, старец Иоаким, не задумываясь, воскликнул: «Так ведь Панагуда пустая стоит и тебя ждёт!»

«Панагуда» дословно значит «маленькая Панагия». Тогда это была заброшенная келья с храмиком в честь Рождества Пресвятой Богородицы. Эта келья принадлежит монастырю Кутлумуш, и до старца Паисия по бумагам считалась «постройкой с храмом на монастырском винограднике», хотя никакого виноградника там уже много лет не было — только множество кипарисов да густой лес вокруг. Как «виноградник» уступить её монаху-келиоту было нельзя, поэтому, когда отец Паисий обратился в Кутлумуш, отцы обители быстро вывели её из списка монастырской недвижимости, оформили как отдельную келью и с радостью отдали преподобному.

Возле калитки у входа в Панагуду, как и в келье Честного Креста, росло масличное дерево, а внутри за дверью располагался маленький коридорчик. Справа от него был храмик Рождества Пресвятой Богородицы, слева — келейка, где стал жить старец. В глубине коридорчика были ещё две кельи. Одну из них старец использовал как мастерскую, другую — как архондарик. Эти две кельи окнами выходят на огороженную деревянными перилами галерею. Панагуда построена на склоне холма, так что эта галерея оказывается высоко над землёй, на уровне второго этажа.

Простота и скромность Панагуды были преподобному по душе. Новая келья подходила ему и ещё по одной важной причине: она располагалась в двадцати минутах ходьбы от Кариес и в пешей доступности от трёх монастырей: Кутлумушского, Ставроникиты и Иверского[1]. Так бремя приёма приходивших к старцу паломников, число которых с каждым днём становилось всё больше и больше, падало не на один монастырь, а распределялось между несколькими обителями равномерно.

В Панагуде много лет никто не жил, и она требовала ремонта. Поэтому сразу в ней поселиться отец Паисий не мог. Двери и окна почти сгнили и требовали замены. Крыша была дырявая, пол и потолок тоже надо было менять. Одна из стенок, поддерживавших галерею, почти обвалилась. Так что преподобному пришлось засучить рукава и снова начать утомительные строительные работы.

Посещение святых Лукиллиана и Пантелеимона

Приведя келью в некоторый порядок, преподобный Паисий переселился туда в конце мая 1979 года. Через несколько дней с ним произошло одно чудесное событие. 2 июня он собирался совершить по чёткам вечерню. Коробки с Минеями он после переезда ещё не разбирал, и поэтому решил посмотреть, чья завтра память, в маленьком нагрудном календарике. Но буквы там были очень мелкие, а очки преподобный тоже не мог найти: искал, искал, но так и не нашёл. Тогда старец начал вечерню, а когда пришло время поминать святых дня, произносил такую молитву: «Святые дня, молите Бога о нас».

---

[1] Идти от Панагуды до Кутлумуша примерно 15 минут, до Ставроникиты — полтора часа, до Иверского — час.

Панагуда. Вход в келью

И вдруг пред отцом Паисием предстал сияющий муж в воинских одеждах, выдававших высокое звание. Он приблизился к старцу, вид его излучал доброту и отеческую любовь. Отец Паисий почувствовал неизреченное радование, собрался с духом и спросил:

— Где Вы служили и как Вас зовут?

— Я святой Лукиллиа́н[1], — ответил светлый муж.

Отец Паисий, не расслышав, переспросил:

— Святой Лонгин?

— Нет, святой Лукиллиан, — ответил святой.

А отец Паисий не помнил, что есть такой святой, и опять спросил:

— Святой Лукиан?

— Нет, святой Лу-кил-ли-ан, — по слогам произнёс святой.

— А я вот, — неожиданно для себя вдруг сказал отец Паисий, — тоже воевал. И ранен был несколько раз.

Тогда святой Лукиллиан повернулся вглубь кельи, и оттуда вышел молодой врач в белом халате. Этот врач был высокого

---

[1] Память святого мученика Лукиллиана Византийского совершается 3 (16) июня.

роста, с ясным, сияющим ликом. Преподобный Паисий узнал в нём святого великомученика Пантелеимона, как он изображён на иконе в соборном храме Кутлумушского скита, напротив Панагуды. Святой Лукиллиан сказал великомученику Пантелеимону: «Обследуй его», и тот внимательно осмотрел преподобного с ног до головы. Потом повернулся к святому Лукиллиану и сказал: «Всё в порядке, раны затянулись. Но для послужного списка надо их учесть». После этого оба святых ушли, а преподобный почувствовал необыкновенную радость и огромный прилив сил. Наконец он отыскал очки, открыл календарик и увидел, что завтра — память святого мученика Лукиллиана. «Присутствие святых живо, — написал он вскоре в одном из писем. — И если мы не можем их найти, то они находят нас сами. До сих пор святой Лукиллиан насыщает меня своей любовью, а полученная от него райская радость наполняет меня душевными и телесными силами».

Работы по ремонту кельи

Всё лето 1979 года отец Паисий ремонтировал келью. Начал он с крыши, которая прогнила и местами провалилась. Но работа шла медленно, потому что не успевал преподобный подняться на крышу — приходилось спускаться к паломникам, которые, узнав о том, куда он переселился, с первых же дней стали приходить в Панагуду. Один монах, помогавший отцу Паисию, даже сказал ему с тревогой:

— Геронда, осень не за горами, а народ Вам даже крышу не даёт доделать. Давайте мы будем говорить людям, что сейчас Вы их принимать не можете?

— Ну и как ты себе это представляешь, благословенная душа? — ответил старец. — Один со своей болью с Крита приехал, другой со своими страданиями — из Комотини[1], а я на крыше сижу и гвозди заколачиваю?

---

[1] *Комотини́* — город в одном из самых северо-восточных районов Греции, в то время как Крит — один из самых южных островов Греции.

Он работал не покладая рук, не прося ни у кого помощи. Даже когда кто-то приходил, чтобы ему помочь, преподобный всё равно старался самую тяжёлую работу делать сам.

— Геронда, что же ты сам всё делаешь? — спрашивал один юноша, пришедший ему помочь. — Мне-то что делать?

— Это монашеская жизнь, сынок, — отвечал преподобный. — Монах — он помощи от других не ждёт. Если хочешь помочь — сделай сам, что глаза подсказывают, а рукам по силам.

Резервуар для сбора воды тоже требовал ремонта. Надо было спуститься на дно и ладонью штукатурить цементным раствором каменистые стены резервуара. А горловина резервуара в Панагуде такая узкая, что даже лестницу через неё не опустишь. Тогда преподобный взял длинное бревно и вырубил на нём выемки, на которые можно было опираться ногами. Вчетвером (помогать в тот день пришли два мирянина и один монах) они опустили бревно в резервуар. Отец Паисий спустился вниз, а помощники разводили раствор и опускали ему на верёвке в маленьком ведёрке. Закончив работу, старец стал выбираться наверх, но нога соскользнула с бревна, он упал и ударился. Когда он наконец выбрался наружу, монах сказал ему:

— Видите теперь, геронда, что Вам тут нужен послушник? А если бы Вы сейчас покалечились? Или вообще лежали бы там один, и никто бы не знал, где Вы и что с Вами?..

— Когда рядом с нами нет людей, о нас заботятся ангелы, — ответил ему преподобный.

До конца лета отец Паисий закончил самые необходимые работы. Участок вокруг кельи он огородил забором из сетки-рабицы. Ничего нового для кельи он покупать не стал, только для церковки принял в дар новое окошко, а ещё заказал доски, чтобы перестелить в церкви пол. Если в ремонте чего-то не было абсолютной необходимости, он оставлял всё как есть либо довольствовался минимальными изменениями. Так, разбитые стёкла он затянул полиэтиленом и закрыл жестью. Сгнившие доски на полах просто застелил оргалитом. Полуобрушившуюся стену под галереей он тоже восстанавливать не стал — лишь прикрыл кладку листами оцинковки.

«Чем зарабатывать рукоделием на то, чтобы купить кирпичей и выложить новую стенку, — говорил он, — лучше потратить деньги на какой-нибудь лишний крестик и дать его в благословение человеку, которому больно, или сироте какому-нибудь помочь. Когда я вижу, что столько людей вокруг нуждается, как я буду тратить деньги на себя? На пользу мне это не пойдёт».

Днём преподобный много трудился и очень уставал, а каждую ночь бодро и неустанно совершал бдение и славословил Бога, как птица, которая свила себе новое гнездо. А однажды ночью его «духовный радиоприёмник» поймал «сигнал молитвы» одной монахини, которая, борясь с помыслами, просила его о помощи. На следующий день он написал ей: «Вчера, в субботу, 21 июля, получил твою „радиограмму". Со мной-то всё понятно: занимаюсь сейчас вещами земными — стройками, ремонтами и тому подобным. Но вот ты-то почему увлеклась всякой ерундой вместо того, чтобы взять да и помочь мне молитвой?»

В исихастирии. Октябрь 1979 года

В начале октября 1979 года преподобный старец приехал в исихастирий святого Иоанна Богослова в Суроти, где прожил около месяца. В один из дней он принял в своей каливе посетителя с очень серьёзной проблемой. Когда этот человек ушёл, старец молился о нём в келье. Выйдя в коридор, он увидел перед собой святого Арсения Каппадокийского, который с любовью взглянул на него и рассказал, как решить проблему этого человека. Отец Паисий с благоговением поклонился святому Арсению, однако в этот момент в дверь постучала одна монахиня, и святой Арсений исчез.

26 октября, после всенощного бдения святому великомученику Димитрию Солунскому, было видно, что преподобный находится в иной, райской атмосфере. «Ах, как же хорошо в раю! — повторял он. — Там ангелы ликуют и машут крылами от радости. Они всё время поют: „Свят, Свят, Свят…", все вместе взмахивая крыльями, как ласточки». И говоря эти слова, преподобный сам запел медленным распевом: «Свят, Свят,

Свят Госпо́дь Савао́ф». Преподобный пел с таким чувством, что было понятно — внутри он тоже «взмахивает крыльями». Да он ведь и всегда «ангельски взмахивал в себе крылами, денно и нощно славословя Бога»[1].

На следующий день, 27 октября, к преподобному приехало несколько монахинь из Сербии. Во время беседы они попросили его истолковать смысл одного божественного события из тех, что он пережил сам. Избегая такого рода расспросов, преподобный ответил: «Что я вам истолкую? Помолитесь лучше обо мне. А если что-то увижу, обязательно вам расскажу». И ушёл в свою каливку.

Прошло около двух часов. Преподобный сидел на кровати и творил молитву Иисусову. Вдруг одна из стен каливы исчезла, и он увидел большое светлое облако, которое покрывало маленьких, похожих на ангелов, детей. Потом от большого облака стали отрываться маленькие светлые облачка. Каждое облачко подхватывало и уносило вдаль одного из ангельских деток. Это небесное видение продолжалось около получаса. Потом начали звонить к вечерне, и одна из сестёр постучала в дверь.

— Какой завтра праздник? — спросил её преподобный.
— Покров Пресвятой Богородицы[2], — ответила монахиня.

После вечерни преподобный рассказал сёстрам о своём виде́нии, которое, очевидно имело отношение к Покрову Пресвятой Богородицы, покрывающему весь мир, словно благодатное облако.

В этот приезд в Суроти преподобный Паисий впервые стал говорить с сёстрами о грядущих тяжёлых временах. «Дьявол, — говорил он, — собрал все свои силы и всех своих слуг для того, чтобы разрушить мир. Вам надо быть очень

---

[1] См. *Старец Паисий Святогорец*. Письма. С. 103.
[2] 28 октября в Греции празднуются одновременно и национальный праздник День «О́хи», и Покров Пресвятой Богородицы. В 1940 году в этот день греческий премьер-министр Иоа́ннис Метакса́с отклонил ультиматум Муссолини коротким ответом «Нет» (греч. όχι), и Греция вступила во Вторую мировую войну. По окончании войны 28 октября стало национальным праздником Днём «О́хи», а в 1960 году на этот день с 1 октября было перенесено и празднование Покрова Богородицы.

внимательными. Изживайте свою мелочность, работайте духовно, чтобы быть в состоянии помочь людям». А одной приехавшей в исихастирий учительнице он предрёк: «Наступают времена, когда дети сначала будут кидать камни в своих родителей, а потом в вас — учителей». Учительница вспомнила его слова через десять лет, когда ученики школы, где она работала, захватили школьное здание и кидались камнями в учителей[1].

Начинались восьмидесятые годы. Преподобный Паисий видел, что начинается новая эпоха, «антидуховные времена», как он её называл. Однако по Божественному Промыслу именно в эту эпоху его имя становилось с каждым днём известней и известней людям. Преподобный стал светильником, которым Бог, «Свет истинный, просвещал»[2] и спасал человеческие души.

Людские караваны

Большинство паломников, которые в те годы приезжали на Святую Гору, ехали именно в Панагуду. На кораблике, который курсировал между Уранополем и Дафни, была только одна главная тема для разговоров — старец Паисий. Когда автобус приезжал из Дафни в Кариес, почти все люди, получив в Протáте[3] разрешение на посещение Святой Горы, шли в сторону Панагуды. Невиданное ранее зрелище для Святой Горы: толпа людей разного возраста, растянувшись по дороге, движется в одном направлении.

Спускаясь по тропинке, которая от множества ног стала широкой и утоптанной, люди видели таблички. На одних было написано: «К старцу Паисию», а на других — «Не беспокойте другие кельи». Эти таблички был вынужден поставить сам преподобный, так как в поисках Панагуды паломники

---

[1] Школьники хулигански воспользовались тем, что греческая полиция не имеет права вторгаться в учебные заведения. Это правило возникло после событий 1973 года, когда «чёрные полковники» жестоко подавили студенческое восстание в Афинском политехническом университете.
[2] См. Часослов, молитва в конце первого часа.
[3] *Протáт* — см. сноску 1 на стр. 299.

иногда заходили в другие кельи и беспокоили отцов. Некоторые монахи возмущались и даже злословили отца Паисия. Преподобный расстраивался, что дал повод к пересудам, но всегда подчёркивал: «Они с добрым помыслом это говорят, чтобы меня народ не беспокоил. Они это делают по любви».

Когда паломники приходили в Панагуду, то шли к забору из рабицы, дёргали за нейлоновый шнур, который тянулся к галерее на втором этаже, и звонили в колокольчик. Те, кто посещал преподобного и раньше, когда он жил в келье Честного Креста, видели на заборе знакомую табличку, на которой было написано: «Напишите, что Вам нужно, бросьте записку в ящик, и больше, чем словами, я помогу Вам молитвой. Так у меня будет больше времени помочь тем, кто страдает». Рядом стояла стеклянная банка с карандашами и бумагой и ящик для записок. Однако людям было недостаточно просто оставить записку, все хотели встретиться с человеком Божиим. Одни ждали внизу, а другие поднимались вверх по тропинке вдоль забора и ждали у другой калитки, напротив двери в келью. С этой тропинки было видно, есть ли замок на двери, и можно было понять, в келье ли преподобный или ушёл. Рядом с верхней калиткой висел обломок бороны и большой болт, которым можно было звонить в «било». Поблизости стояла большая коробка с лукумом и табличка: «Благословение. Ешьте». Преподобный подумал и о воде — к калитке был протянут шланг с краном, рядом стояли металлические кружки.

Вот за этими-то двумя калитками народ терпеливо, иногда и целыми часами, ждал встречи с преподобным: одни — привалившись к проволочному забору, другие — стоя, третьи — сидя на земле, четвёртые — прохаживаясь по тропе. Время от времени люди дёргали за шнур или били в било; глаза всех были обращены к нищей каливе, которая скрывала в себе великое сокровище. В ожидании встречи со старцем у большинства людей были радостные лица, они рассказывали друг другу истории о чудесах преподобного; иногда в нетерпении люди начинали кричать: «Геронда, пожалуйста, выходи, нам очень надо! Нам очень надо, геронда!»

Иногда Бог Сам извещал преподобного о людях, которые его ждали. «О некоторых, у которых серьёзные проблемы,

Бог с точностью извещает заранее, — говорил он. — С чем пришли другие, я понимаю, увидев их издалека. Это просто опыт, а ещё — немного благодати. Бог дал человеку мозги, для того чтобы он мог что-то понимать, тогда как в серьёзных вопросах Он помогает Сам — Божественным просвещением».

Иногда, глядя на людей, которые ждали за забором, преподобный старец мог сказать тому, кто был рядом с ним в келье: «Вот у этого человека большая беда, давай ему откроем», или: «У этих нет никакой нужды. На представление приехали». Он имел в виду, что люди приехали не ради духовной пользы, а из пустого любопытства. Или он говорил: «Вон тот человек превратил своё сердце в хлев. Что бы я ему ни сказал, ничего хорошего не выйдет. Нет, пусть идёт себе с миром». Иногда преподобный открывал дверь сразу, иногда — немного повременив, а иногда и совсем не открывал, но такое случалось очень редко. А уж когда отец Паисий открывал калитку, она не закрывалась до позднего вечера.

«Если бы я был священником и духовником, — говорил старец, — у меня бы не могло быть забора вокруг каливы. Я был бы обязан принимать людей круглые сутки. Однако я монах и поэтому имею право закрывать свою дверь, потому что служение монаха — молитва. Но уж если я открыл дверь, то должен отдать себя без остатка». Старец принимал всех посетителей с доброй улыбкой и приветствовал их такими словами: «Добро пожаловать, парни!» Добрый взгляд преподобного, то, как он протягивал руку, как участливо мог похлопать по плечу паломника, — во всём была видна любовь, которая изливалась из его благородного сердца. «Проходите, рассаживайтесь в мои кресла», — говорил он, показывая на самодельную скамейку и несколько пеньков, которые стояли рядом. Это был его «малый архондарик»; в двадцати метрах был «большой архондарик», где самодельные лавки стояли буквой «Г» и было несколько десятков пеньков.

Угощения и благословения

Первым делом преподобный угощал посетителей лукумом или другими сладостями и фруктами, которые приносили в келью паломники. Также он предлагал утолить жажду водой из его бочки с краном. Рядом с бочкой было несколько металлических кружек. Тем, кто боялся пить из одной кружки со всеми, преподобный говорил: «Перекрести и пей. Бог поможет».

Часто в угощении была сокрыта духовная или телесная помощь. Например, однажды к преподобному пришёл человек, который много лет страдал язвой желудка. Придя к преподобному, он сидел, скорчившись от боли. Преподобный принёс ему тарелку, в которой лежал спелый персик и ножик. Посетитель, измученный болями, боялся есть фрукты. «Бери, благословенная душа, ешь и не бойся»,— сказал ему преподобный. Паломник отрезал маленький ломтик, но отец Паисий настоял: «Не бойся, ешь весь! Ничего у тебя болеть не будет». Гость съел персик и с тех пор никогда больше не страдал от проблем с желудком.

Однажды преподобный угощал паломников сладостями. Он раздал всем по печенью, а одному паломнику не дал его в руку, а бросил на землю и, изрядно поваляв, сказал:

— На, угощайся!

— Как же я буду его есть, отче, когда оно в грязи? — ответил гость, думая, что старец шутит.

— А сам ты разве не кормишь людей грязью? — спросил преподобный.

Тот так и не понял, что имел в виду старец, пока по дороге из Панагуды его двоюродный брат не сказал:

— Что же тут непонятного? Отец Паисий имел в виду те грязные видеокассеты, которые ты продаёшь.

На следующий день этот человек снова пришёл к преподобному очень обеспокоенный, и они долго беседовали.

— Что мне теперь делать? — спросил паломник преподобного.

— Перво-наперво оставь эту работу, а потом приезжай. Тогда мы всё и обсудим,— сказал отец Паисий.

Человек вернулся в родной город, закрыл лавку с порнокассетами и стал искать другое занятие. Потом он снова приехал к преподобному. Старец посоветовал ему поисповедоваться, и вскоре человек этот начал жить духовной жизнью.

Он занялся производством железобетонных плит и начал много помогать в строительстве храмов.

Были случаи, когда посетители преподобного переживали и чудо умножения хлебов[1]. В 1980 году, на Светлой седмице, к преподобному пришла группа паломников. Отец Паисий хотел подарить им пасхальные крашеные яйца, но, к его огорчению, у него оставалось только одно. Преподобный вошёл в келью и попросил о чуде святого старца Хаджи-Георгия[2], который, живя в строгой аскезе, красил на Пасху клубни картофеля. Отец Паисий вышел на крыльцо и воскликнул: «Христос воскресе, парни! Давайте похристосуемся!» И — о чудо! — в ту же секунду у каждого посетителя в руке оказалось по красному пасхальному яйцу[3].

На Светлой седмице в 1992 году преподобный принимал у себя около тридцати человек. Он начал отрезать от пасхального кулича[4] по кусочку, и, на удивление, всем посетителям хватило и ещё осталось.

Был ещё и вот какой случай. Однажды в дождливую погоду к преподобному пришли восемь паломников, среди которых были двое детей. Отец Паисий пригласил их в каливу и сказал: «Вот только угостить мне вас особо нечем». Он нашёл початую коробку с печеньем, открыл её, и все увидели, что в ней лежат всего два курабье. «Сначала — ребятишкам», — сказал отец Паисий и протянул коробку мальчикам. После этого передал её взрослым, и когда она дошла до последнего гостя, отец Паисий сказал ему: «Вот и для тебя одно осталось!» На обратном пути с Афона эти люди только и говорили о том, что отец Паисий сотворил чудо и два курабье превратил в восемь.

---

[1] См. Мф. 14:14-21 и др.

[2] См. о нём: *Старец Паисий Святогорец*. Афонский старец Хаджи-Георгий. 1809–1886. М.: Святая Гора, 2009.

[3] Этот случай засвидетельствовали сами паломники, а потом и сам преподобный подтвердил сёстрам исихастирия, подчеркнув, что чудо произошло благодаря помощи святого старца Хаджи-Георгия. — *Прим. греч. изд.*

[4] Пасхальный кулич в Греции называется *цуре́ки*. Он представляет собой плетёнку в форме косички из сдобного дрожжевого теста с добавлением ванили, корицы, миндаля и цедры.

Неисчерпаемой часто была и вода в Панагуде. Почти каждое лето вода, которая стекала с горы, иссякала[1]. Тогда отец Паисий брал два бидона и шёл за водой в соседнюю келью. Принесённую воду он выливал в свою бочку. Этой воды хватало приблизительно для ста пятидесяти человек, которые каждый день проходили через Панагуду. «Столько людей пьют, умываются, а вода не заканчивается, — говорил преподобный. — Опускается всего на четыре-пять пальцев, и всё. Настоящее чудо!»

Часто отцу Паисию приносили что-либо в благословение. Преподобный ничего себе не оставлял, кроме свечей, которые горели «обо всём мире» в его келье днём и ночью. Отец Паисий хотел, чтобы эти свечи были из чистого воска.

Если преподобному приносили фрукты, пироги или сладости, он всё раздавал посетителям. Некоторые противились этому, говоря:

— Мы тебе принесли, а ты нам же всё и отдаёшь!

— Ну и ничего страшного, парни, — говорил отец Паисий. — Когда человек отдаёт, он чувствует двойную радость: одну — оттого, что отдаёт, а вторую — оттого, что радуется другой, что-то от него получивший.

Многих посетителей преподобный посылал, чтобы они отнесли свои дары другим монахам.

— Видишь вон ту каливку в скиту напротив? Там живёт один старенький монах. Отнеси это и оставь у двери, — говорил он.

Благословения, которые посетители наотрез отказывались относить куда-то ещё или оставляли тайно, преподобный раскладывал в разные свёртки и коробки, с любовью и рассуждением собирая посылки таким образом, чтобы дать человеку именно то, в чём он нуждается. При первой же благоприятной возможности отец Паисий отправлял эти посылки и испытывал огромное облегчение, как только они покидали его келью.

---

[1] Вода поступала в каливу через шланг, который тянулся сверху за несколько сотен метров из водозаборника, который, в свою очередь, наполнялся из небольшого ручья, пересыхающего в жару. — *Прим. греч. изд.*

Как говорили святые отцы, «нестяжательный монах — орёл, высоко парящий»[1].

Деньги, которые многие хотели оставить преподобному, он даже в руки брать не хотел. Однажды богатый судовладелец, ребёнок которого исцелился от тяжёлой болезни, очень хотел отблагодарить отца Паисия за его молитвы крупной суммой денег.

— Возьми их, сделаешь себе в каливке хороший ремонт! — уговаривал посетитель.

— Моя калива — это дворец. А дворцам ремонт не требуется, — ответил преподобный.

Из денег, которые ему оставляли тайно, отец Паисий откладывал небольшие суммы на случай, если у кого-нибудь будет срочная нужда. Остальные деньги он раздавал как милостыню, никогда не выспрашивая у просящих подробности.

Преподобный был готов раздать даже самое необходимое. Однажды в Панагуду пришёл отец Викентий, старенький монах, который с мешком ходил по кельям вокруг Кариес, выпрашивал вещи, а потом раздавал их нищим. И вот старец Викентий начал «экспроприацию»:

— Плащ есть?

— Есть, — ответил отец Паисий и сам положил в мешок отца Викентия новенькую плащ-накидку.

— Пятьсот драхм есть?

— Есть, — ответил преподобный и дал тысячу триста.

— А примус, посуда, одеяла, сапоги, тёплая одежда, фонарик, батарейки есть?

На все вопросы отца Викентия преподобный отвечал утвердительно, смиренно глядя на то, как по мере наполнения огромного мешка пустеет его келья. «Или старец Викентий достиг высокого духовного состояния, или Бог его посылает, чтобы проверить, не привязано ли моё сердце к чему-то материальному, пусть даже и очень нужному», — говорил потом отец Паисий.

Преподобный ничего не оставлял у себя и всё раздавал. Часто доходило до того, что он лишал себя даже самого необ-

---

[1] *Нил Синайский, прп.* О восьми лукавых духах. Глава 7.

ходимого. Но нередко и благословения прибывали к нему как дар Божий ровно тогда, когда в них была острая нужда. Например, он раздал все свечи, а к вечеру обнаружил за калиткой свёрток со свечами. Однажды, когда отцу Паисию была нужна крупная сумма денег, он открыл коробку с лукумом, чтобы угостить паломников, и увидел конверт ровно с этой суммой. В другой раз он заказал дрова на зиму. К тому моменту, когда дрова привезли, деньги у старца закончились. Он пригласил лесорубов к себе, угостил их и уже думал о том, как бы получше извиниться перед ними и попросить подождать, как в дверь постучали.

— Кто там? — спросил старец.

— Вам просили передать, — сказал незнакомый мужчина, протянул преподобному конверт и быстро ушёл. В конверте лежали деньги, именно столько, чтобы заплатить лесорубам.

Преподобный, провожая посетителей, всегда давал им какое-то благословение. Раньше это были иконки, которые он сам вырезал, но когда людей стало приходить всё больше, он стал дарить им чётки, говоря: «Держи оружие против диавола». Он плёл их непрерывно, не прекращая работу даже во время бесед с паломниками, но их всё равно на всех не хватало — и тогда он докупал недостающее у бедных монахов. Некоторые знакомые монахи отдавали ему часть своего рукоделия, но он брал с большой неохотой, так как не хотел давать благословение от труда других людей.

Многие паломники, увлечённые беседой с преподобным, даже забывали о просьбах, которыми их напутствовали друзья и родственники. Иногда «духовный радар» человека Божия это замечал. Однажды юноша забыл, что одна его знакомая попросила привезти с Афона чётки из рук отца Паисия. Когда гость уже уходил, отец Паисий потянул его за рукав и остановил, протянув двое чёток.

— Геронда, я возьму одни, — поблагодарил юноша.

— Возьми ещё, вдруг они пригодятся какой-то твоей знакомой, — с улыбкой сказал преподобный.

А некоторым паломникам преподобный напоминал о том, что они забыли передать ему записки с именами или письма. «Куда же ты? — обычно спрашивал он. — Не забыл мне ничего отдать?» В некоторых конвертах кроме писем были деньги, и преподобный, вскрывая конверт, возвращал их тем, кто передал письмо. «Разве можно молиться за деньги?» — спрашивал он в таких случаях. Одному человеку он сказал: «Передай тому, кто дал тебе это письмо: для того чтобы молиться, деньги не нужны».

Если кто-то из паломников просил старца побеседовать с ним наедине, он обычно отводил его в сторону от каливы. За редкими исключениями он избегал беседовать с людьми в храме, чтобы, прикладываясь к иконам, они не оставляли там тайком деньги. Обычно, беседуя с людьми наедине, он не садился, чтобы беседа не затягивалась надолго. Ведь многие говорили: «Геронда, у меня к тебе разговор на пять минут всего», а потом эти «пять минут» превращались в час или даже больше. Однако в любом случае преподобный старец, даже будучи сильно уставшим или больным, не давал своему собеседнику ни малейшего повода подумать, что он еле стоит на ногах или что ему больно.

Пребывая молитвой рядом с людьми

Преподобный старец старался побеседовать с каждым из паломников, так чтобы к заходу солнца они могли уйти. «Всё, вам пора, — говорил он. — Мне тоже надо протянуть чётку-другую». Однажды, когда уже начало смеркаться, во дворе было около сорока паломников, и приходили всё новые и новые. Один из только что пришедших настойчиво твердил, что ему надо обязательно прямо сейчас поговорить со старцем. «Не могу, брат ты мой, не могу, — устало и еле слышно, с болью повторял преподобный. — Аккумулятор разрядился».

— Нет, отче, пока вы со мной не поговорите, я не уйду, — настаивал паломник.

— Ну и что мне с тобой делать? — ответил тогда старец. — «Удели внимание тому», «удели внимание сему», теперь «удели внимание ещё и мне», а потом попробуй пойди в келью и внимай себе!

Часто паломники продолжали звонить в колокольчик и било, звать старца даже и после того, как он уже закрывал калитку. Тогда он выходил, шёл к калитке, но не открывал. «Мне надо хоть немножко и монашеское правило совершить, — говорил он. — Давайте мне записки с именами, пишите, что у вас случилось, а я за вас помолюсь. Так и вам самим будет намного лучше».

Неуступчив был старец и когда паломники просились переночевать у него в каливе. Некоторые шли даже на хитрость: нарочно приходили в Панагуду поздно вечером и жалобно просили: «Геронда, а можно мы у Вас переночуем? А то нам идти совсем некуда». Однако старец на ночлег никого из мирян не оставлял[1]. Кому-то из таких припозднившихся гостей он давал деньги и отправлял в гостиницу в Кариес, кому-то — фонарик, чтобы они могли дойти до одного из ближайших монастырей. Если люди говорили, что боятся заблудиться ночью среди горных тропинок, старец терпеливо одевался, обувался и сам провожал их до того места, где сбиться с пути было уже невозможно. Он говорил: «Хочу, чтобы ночь была только моя». Но ведь даже «свою ночь» он для себя не оставлял — раздавал её молитвой всем людям.

Однако перед тем, как приступить к молитве, ему нужно было навести порядок в своём архондарике под открытым небом. Часто уже в темноте при свете фонарика отец Паисий мыл кружки, собирал мусор, наполнял жестяную банку лукумом, разбирал забытые вещи и благословения, которые ему оставили. Зимой он выгребал золу из двух печек, приносил дрова, мыл полы от грязи и глины, которую несли на своих ботинках паломники. Всё это он делал с юношеским проворством и тщанием, не тратя много времени на хозяйственные дела, чтобы как можно быстрее начать своё главное дело — молитву.

После наведения порядка преподобный зажигал свечу и садился разбирать почту. Каким бы он ни был уставшим, старец принуждал себя прочесть все письма. «Отдыхать времени нет, — говорил он, — дел непочатый край. Все эти люди ждут

---

[1] Монахов и клириков старец Паисий в редких случаях оставлял ночевать в своём архондарике, например, накануне Литургии. — *Прим. греч. изд.*

помощи». Он читал все письма, раскладывая их на стопочки: в одну — разводы, в другую — душевные расстройства, в третью — наркотики, в четвёртую — рак… Соучастие в боли всех этих людей вырывалось из его груди вздохами и стонами, вытекало из глаз слезами сострадания, и его исполненная боли молитва восходила к Престолу Божию. Закончив с письмами, почти обессиленный, он ложился и спал около часа. Но и во сне преподобному не было покоя: боль, которую он днём забирал у людей, не давала ему отдыха ночью. И вскоре он снова вставал, чтобы начать всенощное бдение.

Его всенощное бдение занимало около семи часов. Преподобный много молился по чёткам с поясными поклонами, а в промежутках между чётками делал земные поклоны. Когда погода была хорошая, он совершал бдение во дворе, а поклоны совершал на «ковре Божием» — на траве. Бдение он начинал всегда со смиренной молитвы о себе самом, а затем молился обо всех людях — живых и усопших.

Нередко, когда старец молился, он получал извещение о молитвах других людей, которые в то же самое время просили помощи у Бога. Часто духовным зрением он видел молящихся Богу детей. Он гладил их по голове, целовал и молился за них. «По всей видимости, мамы просят их молиться, чтобы Господь помог и семейные проблемы разрешились. Детки „настраиваются на ту же частоту", и так мы выходим с ними на связь».

Часто молитвой преподобный сверхъестественным образом оказывался с людьми, которые подвергались опасностям и которым требовалась «скорая помощь»: в болезни, в путешествии, в критических ситуациях, когда они собирались свести счёты с жизнью. Подобный случай произошёл с одним юношей из Афин по имени Я́нис. В 1982 году этот юноша, разочаровавшись в жизни и отчаявшись, посетил старца, но все усилия преподобного отговорить молодого человека от мыслей о самоубийстве были безуспешны. Вскоре юноша вернулся в Афины, ночью сел на мотоцикл и разогнался на горной дороге, чтобы слететь в пропасть. За несколько десятков метров до обрыва мотоцикл заглох, и юноша увидел перед собой преподобного Паисия, который ему сказал: «Янис, остановись! Что это ты такое надумал?» Потрясённый произошедшим, юноша отменил своё решение. Он снова приехал на Святую Гору для того, чтобы поблагодарить преподобного, и рассказал обо всём монахам из монастыря Кутлумуш.

Тогда один монах пошёл к старцу и начал расспрашивать его о том, как это произошло. Вначале преподобный пытался избежать расспросов, отвечая: «Какой ещё мотоцикл, брат ты мой! Ты об этом чудике, что ли, из Афин? Да он ведь совсем не в себе!..» Но монах продолжал настаивать:

— Геронда, так что же всё-таки произошло? Ты знал о том, что он хочет умереть? Ты там правда оказался и остановил мотоцикл?

— Гляди, — ответил наконец преподобный. — О том, что этот парень в опасности, я не знал. Однако часто, молясь, я говорю так: «Боже мой, ты знаешь, что нужно каждому человеку. Позаботься же о каждом, как Добрый Отец». Молясь так, я оказываюсь в местах, где раньше никогда не был: в больницах, или в семьях, в которые пришла беда, или рядом с людьми, готовыми наложить на себя руки. Я вижу их перед собой или чувствую, что я сам рядом с ними. Так я оказался и рядом с этим парнем, который хотел разбиться.

Одна матушка (жена священника) написала как-то отцу Паисию письмо и отдала его человеку, который должен был на следующий день отправиться на Афон. А ночью во сне она увидела преподобного, который ей говорил: «Подъём! Горите!» Она не проснулась, но вскоре увидела, что он трясёт её за плечо и повторяет те же самые слова. Матушка снова не проснулась, и тогда увидела преподобного в третий раз. Теперь он тряс её изо всех сил и не говорил уже, а прямо во весь голос кричал: «Вставай! Сгоришь!» Тут уж она вскочила и видит: бачок керосинового обогревателя дал течь, керосин вытек на половики, и они загорелись. Женщина еле-еле смогла их потушить и прославила Бога, который через преподобного Паисия спас её и детей.

А в другую ночь преподобный «вышел на связь» с одной пожилой женщиной, у которой болел муж. Семь месяцев он лежал в разных больницах, но врачи так и не смогли поставить диагноз. В конце концов женщине сказали забирать мужа, чтобы он мог дома спокойно умереть. В тот вечер женщина, выбившись из сил, опустилась в кресло и попросила: «Боже, дай мне знать, что с моим мужем и что не могут найти врачи!» Стоило ей прикрыть глаза, как она увидела перед собой преподобного Паисия, который сказал: «Зубы ему проверь!» Наутро женщина повезла мужа в стоматологию, где у него обнаружили огромную кисту, наполненную гноем. Врач вскрыл её и очистил, и мужчине сразу стало лучше. Через неделю он полностью выздоровел и прожил ещё двадцать лет — до девяноста.

«Бог Сам знает, к чему я стремился»

«Когда заканчивается моё келейное всенощное бдение, — говорил старец Паисий, — разряжается и мой аккумулятор. Потом я валюсь, как сноп». Он падал на свою аскетическую кровать совершенно без сил, но спал не больше двух-трёх часов. Ну а как ещё? Ведь с первыми лучами солнца уже зазвонит колокольчик над калиткой, и значит, надо пораньше начать своё монашеское правило и богослужение суточного круга. «Утром, до семи часов, мне надо закончить всё, — говорил он. — Даже вечерню. Иначе у меня может не оказаться возможности до самого вечера, потому что я буду двенадцать-тринадцать часов разговаривать с людьми».

Каждое утро отец Паисий читал одну главу из Святого Евангелия. Если он видел, что остаётся время, то добавлял и ещё одну главу из Посланий святых апостолов, а чтобы не забывать о Страшном Суде — главу из Откровения святого Иоанна Богослова. Преподобный разделил Псалтирь на три части и неопустительно каждый день, стоя на ногах, прочитывал одну часть. Он говорил, что это самая мощная помощь людям. Перед каждым псалмом он читал соответствующее «обстоятельство» святого Арсения Каппадокийского[1]. Отец

---

[1] «Святой Арсений, не находя в Требнике соответствующих молитв для случаев, с которыми к нему обращались люди, для разных случаев использовал разные псалмы. В одной тетрадке он записал, при каких обстоятельствах какой псалом читать. Когда эта тетрадь попала мне в

Паисий совершал сердечную молитву об указанном «обстоятельстве», прибавляя к нему и другие прошения в соответствии с нуждами современных людей[1]. Также перед началом каждого псалма он говорил: «И помилуй, Господи, тех, кто страдает душевно и телесно», а в конце каждого псалма прибавлял: «Боже, упокой души усопших рабов Твоих». После этого он переходил к следующему псалму. Читая Псалтирь таким образом, старец совершал сердечную молитву о людях, находящихся в самых разных обстоятельствах, и вообще обо всём мире.

Летом, для большего безмолвия, он читал Псалтирь в лесу, где соорудил крохотный шалашик из стеблей папоротника. Но даже эта «военная хитрость» не всегда помогала избежать встреч с посетителями.

Однажды утром, около половины восьмого, когда преподобный собирался в лес, его остановил один знакомый, который попросил старца помолиться о его семье. Разговаривая, они шли по тропинке в сторону леса, когда им преградил путь незнакомый юноша.

— Мне нужен отец Паисий! Где мне его найти? — требовательно спросил он.

— Зачем тебе Паисий? — спросил преподобный. — Одному Паисий, другому Паисий, уж слишком вы его высоко цените!

И, повернувшись к своему знакомому, сказал:

— Видишь, что творится, Кóстас? Я пошёл в лес помолиться, ты меня встретил и попросил помолиться о своей семье. А где мне найти время для этой молитвы? Сейчас ещё пять человек придут, а за ними и другие подтянутся.

руки, я стал читать Псалтирь и молиться по этим указаниям» (*Паисий Святогорец, прп.* Слова. Т. 6, глава 4). См. там же приложение «Псалтирь с обстоятельствами преподобного Арсения Каппадокийского».

[1] Например, к «обстоятельству» 28 псалма, который святой Арсений Каппадокийский определил для чтения «О людях, которые страдают от морской болезни и боятся сильного шторма», преподобный Паисий добавил следующее прошение: «Боже Мой, спаси нас от шторма не только на море, но и на суше. Потому что твёрдая земля разверзлась глубже морской пучины, и люди тонут в ней духовно. Сколько молодых ребят мучаются в мирском море!» — *Прим. греч. изд.*

Преподобный Паисий в лесу

И действительно, через пару минут на тропинке показались пять человек, которые тоже искали отца Паисия.

Часто и по дороге к шалашику преподобный встречал людей, которые шли в Панагуду.

— А отец Паисий у себя в каливе? — спрашивали люди.

— Возможно, он немного опоздает, потому что его задерживают дела. Может, я смогу вам чем-то помочь? — участливо отвечал преподобный.

Ненадолго остановившись для разговора с паломником, сказав несколько богопросвещённых слов и оказав человеку помощь, он скрывался в лесу, чтобы оттуда помогать всему миру.

Иногда, находясь в лесу, он получал духовное извещение о том, что к нему идёт человек с серьёзной проблемой. Тогда он выходил на тропинку, чтобы его встретить. Из своего лесного уединения преподобный возвращался иногда в десять утра, чтобы принять людей, которые ночевали в близлежащих монастырях, а иногда — в час дня, когда автобус из Дафни приезжал в Кариес. Однажды, вернувшись из леса, отец Паисий увидел, что его уже ждёт толпа людей. Один из них побежал к преподобному навстречу и воскликнул:

— Геронда, вы так задержались! Вас же море людей ждёт.

— Там, на горе, я общался не с морем, а с целым океаном людей, — ответил старец.

Так преподобный и проводил день за днём в служении людям со многим терпением. В одном из писем он рассказывал: «А мои новости такие: людей всё больше и больше, они очень устали и измучены. Народу день ото дня всё больше и больше, а о моих телесных силах что говорить — молитесь лучше, чтобы они не иссякли. Приходится рассчитывать свои силы, потому что можешь или не можешь, а всегда надо смочь». Часто у преподобного не было времени даже поесть. Едва начав чистить картошку, он откладывал её, потому что пришли люди. Поставив варить на огонь рис, старец вспоминал о нём, только ощутив запах гари из кухоньки.

Но главное было даже не это. Он больше всего желал всецело отдать себя молитве о всех людях, но сами люди не давали ему это делать. «С первым лучом солнца народ уже собирается, — рассказывал он. — И обязательно кто-нибудь начинает кричать! Даже если я не открываю, он всё равно своим криком не даёт мне покоя». Некоторые звонили в колокольчик или стучали в било так долго и настойчиво, что преподобному приходилось идти и открывать. «Что же вы делаете, ребята! У меня сеанс связи, а вы прерываете», — говорил он людям, которые помешали ему читать Псалтирь. Преподобного не оставляли в покое даже в Великую Пятницу, когда он закрывался в келье и никого не принимал. Отец Паисий был вынужден выходить и говорить: «Возьмите благословение и уходите, потому что сегодня Христос висит на Древе Крестном».

Самые нетерпеливые перелезали через забор. Пару раз срывали замок с двери, кого-то преподобный находил забравшимися на галерею. С теми, кто вторгался в каливу подобным образом, отец Паисий обычно поступал строго. На многих он «накладывал епитимью» — не посещать его два или три года. Однако иногда строгость преподобного смягчалась, если он видел, что «нарушитель» имеет серьёзную проблему или он по-доброму обеспокоен. Как-то раз один юноша прополз под забором и оказался во дворе. Отец Паисий уже собирался его прогнать.

— Выйди-ка отсюда!.. — сказал старец. — Ты как вор сюда залез!

— Ты прав, геронда, — ответил он, — я как вор сюда залез. Но кроме твоих молитв ничего украсть не хочу.

Тогда преподобный смягчился и сказал:

— Ладно, благословенная душа, проходи, садись. Рассказывай, что у тебя случилось.

Но больше всего отец Паисий не хотел, чтобы забравшиеся тайком посетители увидели его во время молитвы. Он говорил: «Я бы предпочёл, чтобы меня ударили обухом по голове, чем увидели во время молитвы. Вы ещё не переживали подобные состояния и не можете понять, во что это обходится: как будто летишь, а тебе на лету ломают крылья».

Но однажды, и, возможно, по Промыслу Божию, приехавший в Панагуду священник увидел преподобного в сверхъестественном молитвенном состоянии. Этот священник вместе с другими посетителями ждал за забором, но потом, обойдя вокруг каливы, нашёл место, где часть сетки пригнулась, и вошёл во двор. Подойдя к келье, он услышал изнутри голоса́ и подумал, что отец Паисий беседует с посетителями. Священник пару раз постучал в дверь, и поскольку ему никто не ответил, заглянул в окно. С изумлением он увидел очень высокого монаха, который молился, стоя в столпе света голубоватого оттенка. Этот свет окружал монаха со всех сторон. Вскоре отец Паисий открыл дверь, и священник сказал ему:

— Мне бы отца Паисия.

— Хорошо, — ответил преподобный и через минуту вышел к посетителю.

— Я бы хотел повидаться с отцом Паисием, — вежливо, но твёрдо повторил священник. — Мне только он нужен.

Посетитель поначалу был уверен, что перед ним какой-то другой монах, потому что два дня назад уже встречал преподобного на тропинке. В ту встречу на вопрос священника: «У себя ли отец Паисий?» — преподобный ответил: «Нет, его у себя нет».

Когда недоумение разрешилось, отец Паисий усадил гостя и спросил:

— Ты один приехал или с кем-то?

— Со мной группа учителей, — ответил священник.

Преподобный сказал гостю позвать своих спутников и побеседовал с ними. Ничего не выдавало то небесное состояние, в котором он недавно находился. Когда отец Паисий пошёл провожать посетителей, он тихо сказал священнику:

— Я сегодня думал помолиться подольше, а ты мне всё испортил. Теперь три года не приезжай.

— Геронда, — ответил тот, — я ведь с добрым расположением это сделал!

— Ничего, — возразил преподобный, — теперь только через три года увидимся[1].

Божественная Литургия в Панагуде совершалась каждое воскресенье и по великим праздникам, а иногда и по

---

[1] Это произошло в 1981 или 1982 году. Свидетельство отца Иоанна Скиадаре́сиса. — *Прим. греч. изд.*

субботам. В субботы после Литургии совершалась заупокойная лития, на которую преподобный выносил блюдечко с ко́ливом об усопших. На одном из таких поминовений, когда священник читал имена усопших, преподобный видел, как они проходят перед ним, словно на экране, и при этом понимал, кто из них находится в добром состоянии, а кто нуждается в молитве.

На всенощные бдения перед большими праздниками он обычно ходил в келии знакомых отцов. Несмотря на то что весь день накануне преподобный не отдыхал, всю службу он стоял в своей стасидии, не показывая и следа усталости. Его лицо дышало радостным благоговением, которое передавалось и другим. Почти всегда преподобного просили что-то спеть, и он пел «Испове́дайтеся Го́сподеви…»[1] или причастный стих, подчёркивая голосом Божественную славу или «духовную нежность» священных песнопений.

Времени отдохнуть после бдения у преподобного обычно не оставалось: начинался новый день, а вместе с ним и новое служение людям. Однажды, около половины второго пополудни, пришедшие в Панагуду паломники застали старца умывающимся во дворе. «Добро пожаловать, парни! — жизнерадостно и бодро поприветствовал их старец. — Видите как: не успел утром с бдения вернуться, а паломники уже тут как тут — только десять минут назад ушли. Сейчас вы пришли, а вслед за вами — новая волна народу уже приближается. Вот, решил водичкой взбодриться. Умываюсь и прошу: „Христе мой, как Ты смываешь пыль с моего лица, смой и мою усталость, чтобы я был в состоянии помочь людям, которые ко мне уже идут"».

Запас сил преподобного старца иногда казался безграничным. Он мог совсем не спать двое суток подряд, и при этом никто его усталости не замечал. Благодать Божия давала ему силы, укрепляла, просвещала, вела отца Паисия по крестному пути служения. С детского возраста он попробовал на вкус радость жертвы, на собственном опыте узнал, какой покой приносит человеку отсечение своей воли. И вот сейчас, ста-

---

[1] Псалом 135, поётся на полиелее.

рый и больной, он ежедневно вкушал эту радость и покой. «Мою волю отсекают не один-два человека, — говорил он, — а все сразу. Каждый ведь приходит, когда ему удобно. Один от верхней калитки звонит, другой от нижней кричит… Я им говорю: „Ребята, обождите минут пятнадцать", а они отвечают: „Заканчивай молиться, геронда, Бог не обидится!.." Да-да, доходят даже до этого. Однако Бог не несправедлив — Он Сам знает, к чему я стремился, и Сам видит, как я вынужден жить сейчас. И я вижу, что Он меня не обижает: даёт мне сейчас, в совсем иных условиях жизни, намного больше того, чего я мог желать».

Так вот и проходил день за днём. Преподобный отец отдавал людям всё, что у него было, но сам при этом становился богаче и богаче. «Падал без сил, как сноп», и был преисполнен Божественной силы. Пил, как сам он говорил, «горькую чашу каждого», но Бог забирал из выпитого всю горечь и преисполнял его сердце сладостью Божественного утешения. А ещё его укрепляли Пресвятая Богородица, святые и ангелы. Причём иногда их помощь и явления были осязаемы.

Явление святого Власия

Вечером в Неделю о блудном сыне в 1980 году преподобный Паисий творил у себя в келье молитву Иисусову. Вдруг он увидел святого, которого раньше не знал. Святой был весь в небесном свете, высокий, худой, в монашеской мантии. Чем-то он напоминал авву Вениамина, как его изображают в издании «Эвергетина»[1]. Он стоял возле невысокой стены, в которой была апсида, а в ней — старинная фреска с его же образом. Чуть подальше виднелись какие-то руины, похожие на монастырские. Отец Паисий почувствовал неизреченное божественное радование. Он стал спрашивать себя, что это за святой, как вдруг услышал из церковки голос: «Это святой

---

[1] См.: Εὐεργετινός, τόμος 3ος, Ὑπόθεσις Κ΄, Α΄. Παλλαδίου, Περὶ τοῦ μακαρίου ἀσκητοῦ Βενιαμίν, ἔκδ. 6η, ἔκδ. Ματθαῖος Λαγγῆς, Ἀθῆναι 1988. Σελ. 244–246. — *Прим. греч. изд.*

Церковка святого Власия в Склавенах

Власий Скла́венский. Через несколько дней и книжка с его житием выйдет».

Тут преподобный догадался, в чём был смысл этого божественного видения. Дело в том, что некоторое время назад один его знакомый, иеромонах Августин из селения Скла́вена в Этолии и Акарнании, попросил его помолиться, чтобы удалось собрать побольше сведений о святом Власии — небесном покровителе тех мест. Известно об этом святом было совсем немного. Первый раз он явился одной благоговейной женщине в Склавенах в 1923 году. Тогда святой Власий сказал ей своё имя и потом отвёл её на место, где принял мученическую кончину за Христа. Он показал ей точное место, где покоятся его святые мощи, и попросил их обрести. И действительно, там были обретены святые мощи священномученика, потом на этом месте построили храм, а святого стали почитать как небесного покровителя Акарнании. Память его решили совершать 11 февраля, в день памяти священномученика Власия, епископа Севастийского (возможно, отождествив этих двух святых). Однако потом, узнав, что глава святого Власия Севастийского находится в монастыре Констамонит на Афоне, отец Августин понял, что это два разных святых. Тогда отец Августин начал просить многих отцов, и в их числе отца Паисия, помолиться, чтобы священномученик сам открыл какие-то подробности своей жизни и явился, чтобы можно было написать его образ. И молитвы эти были услышаны: святой Власий открыл одному иеромонаху, что он был игуменом Введенского монастыря в Склавенах и принял мучение за Христа от сарацинов вместе с другими пятью монахами. Вот после этого-то божественного извещения благоговейные люди из Акарнании и начали составлять житие святого.

Книгу эту преподобный Паисий получил уже через несколько дней[1]. А в мае того же года он посетил храм святого Власия в Склавенах, воздав таким образом «ответным визитом» на божественное посещение священномученика. С великим благоговением, со многими земными поклонами отец Паисий поклонился святым мощам священномученика. Посетил он и руины монастыря, которые были неподалёку, где и стеночку ту самую нашёл, и апсиду с остатками фрески. Потом он описал святого Власия местным иконописцам и посоветовал им писать его икону, ориентируясь на образ аввы Вениамина.

Божественный огонь и Небесный Свет

В Неделю Православия 1980 года преподобный пошёл на бдение в ставроникитскую келью Воскресения Христова на Капсале, которая отстоит от Панагуды примерно в часе пешего пути. После первой седмицы Великого поста старец был совсем без сил. Всю ночь он старался стоять на ногах. В храме Воскресенской кельи тогда не было печки, и преподобный всё бдение буквально дрожал от холода. Но как только он причастился Святых Таин Христовых, всё изменилось: его начала наполнять некая Божественная сила, тело начало постепенно

---

[1] Αὐγουστίνος (Κατσαμπίρης), ἀρχιμ. Ὁ Ἅγιος Ἱερομάρτυς Βλάσιος ὁ Ἀκαρνάν. Ἀθῆναι, 1990.

согреваться — как нагреваются на глазах спирали на электроплитке. И с каждой минутой этот сладкий огонь становился сильнее и сильнее. Даже после бдения, на обратном пути в Панагуду, ему было очень сладко и тепло.

А два года спустя, в 1982-м, и опять в Неделю Православия, преподобный пошёл на бдение в храм Протата. Там в тот день совершалась память преподобномученика Космы Про́та[1] и отцов, пострадавших с ним от латиномудрствующего Патриарха Иоанна Ве́кка[2]. Их могила в Протатском храме была открыта несколько месяцев назад. Тогда преподобный Паисий поклонился их святым мощам и почувствовал многую благодать. Во время бдения он стоял в стасидии в задней части храма и видел, как небесный, подобный огромному нимбу свет окружает святую главу преподобномученика Космы Прота.

Икона Пресвятой Богородицы Иерусалимская

В ту же самую Святую Четыредесятницу 1982 года преподобному Паисию было и явление Пресвятой Богородицы. Он увидел себя на пограничном пункте, где ему надо было подготовить документы для какого-то дальнего путешествия. Там было много сотрудников, но никто из них не обращал на него никакого внимания и не хотел помочь.

«Кто же мне поможет? — подумал старец. — Неужели никто так и не займётся моим делом?»

Вдруг перед ним явилась некая благородная Жена с сияющим ликом и в золотых одеждах. Вся Она излучала свет. Она взяла у него из рук документы, положила их Себе за

---

[1] *Прот* (греч. πρῶτος — первый) Святой Афонской Горы — первенствующий монах из наблюдающих за соблюдением монашеских порядков на Афоне.

[2] *Преподобномученик Косма* в 1280 году был повешен филокатоликами в Кариес, поскольку не пожелал покориться латинским догматам. Вместе с ним пострадали отцы из Кариес, Кутлумуша, Ивирона, Ватопеда, Зографа и Ксенофонта.

пазуху, мягко похлопала преподобного по плечу и с великой добротой сказала:

— Не волнуйся, Я тебе помогу. Мой Сын — Царь, — и добавила: — Вас ждут нелёгкие времена.

Потом Она сказала преподобному, что до́лжно делать ему лично.

Прошло несколько дней, и в одной брошюре отец Паисий увидел Иерусалимскую икону Пресвятой Богородицы, на которой узнал Ту Жену, что чудным образом видел несколько дней назад.

Поездка в Иерусалим и на Синай

А давний синайский знакомый преподобного Паисия — отец Дамиан — стал в 1973 году архиепископом Синайским. Он долго уговаривал отца Паисия приехать. И вот после Пасхи 1982 года преподобный в сопровождении одного своего знакомого поехал на Синай. Но сначала они решили поклониться святыням в Иерусалиме и на Святой Земле. У каждой из многочисленных иерусалимских святынь преподобный отчётливо переживал присутствие Христа. С губ его то и дело срывался шёпот: «Здесь ведь ступали ноги Самого Христа!..» Идя по Крестному пути, он сказал: «Даже если человек не знает, что это за дорога, идя по ней, он чувствует некое изменение, приходит в священный трепет». А одному монаху, который спрашивал потом, видел ли старец в Иерусалиме Благодатный Огонь, преподобный ответил: «Там всё в Благодатном Огне. Благодатный Огонь — везде, куда ни придёшь».

К некоторым святыням отца Паисия водили два иеродиакона из Иерусалимской Патриархии, которые были готовы стать для старца экскурсоводами и рассказывать всё, что знали сами. Однако преподобный старец во время поклонения святыням предпочитал ни на что не отвлекаться. Однажды, когда ему настойчиво предлагали что-то рассказать, он даже так ответил: «Не надо, пожалуйста, ничего рассказывать. Евангельские события известны, мы о них читаем в Священном Писании. В этих священных местах нужны не экскурсии, а немного тишины и немного времени, чтобы вспомнить происходившие здесь божественные события и их пережить».

А когда преподобный поклонялся месту Божественного Преображения Спасителя на Святой Горе Фавор, с ним, по его собственному признанию, «произошло одно событие». Когда приехали на гору Елеонскую, он попросил своих спутников ненадолго оставить его одного. Опустившись на колени перед камнем, который орошал пот Господа Иисуса Христа, он обнял его и долго молился. Плечи его тряслись от рыданий. В Гефсиманском храме он пришёл в сильное умиление перед Иерусалимской иконой Пресвятой Богородицы, снова почувствовав Её живое присутствие, как тогда, в недавнем видении. Он упал на колени от горячей любви к Ней и долго прикладывался к иконе с таким чувством, словно находится перед Самой Пречистой Девой.

Заехали они и в Патриаршую школу Святого Сиона, где в те годы было около двадцати воспитанников. Шёл урок иконописания, и дети прямо с кисточками в руках побежали брать благословение у старца. «Ну что, иконы пишете? — с любовью спросил их преподобный. — Молодцы какие! Только повнимательнее будьте. Если иконописцы невнимательны, если они не находятся в хорошем духовном состоянии, то на иконах получаются не лики святых, а лица иконописцев». Преподаватели попросили сказать детям что-нибудь ещё, и преподобный добавил: «Подвизайтесь сейчас, пока вы в юном возрасте и силы у вас есть. А когда состаритесь и захотите подвизаться — уже не сможете».

Преподобный старец был рад, видя во многих священнослужителях, монахах и мирянах, несших послушание на Святой Земле, дух жертвенности. «Чтобы в этих святых местах жить, — говорил он, — надо быть большим молодцом и иметь много терпения. Отцы, которые держат в своих руках здешние святые места и монастыри, — это самые настоящие герои, потому что они вынуждены отвлекаться на множество людей, да и опасности их подстерегают на каждом шагу. Однако Бог подаёт им силу».

Благодатно изменённый паломничеством в Иерусалим, преподобный отправился на Синай. Там он собирался прожить не меньше чем полгода. В монастыре святой Екатерины его уже не знали как и дождаться: старые знакомые с нетерпением хотели снова его увидеть, а те, кто его лично не знал, но слышал о нём от других, ожидали увидеть перед собой необыкновенно строгого аскета. Но вместо сурового и неприступного отшельника приехал очень простой, доброжелательный и открытый монах.

Немного отдохнув после утомительного путешествия, преподобный начал искать уединённую келью, чтобы там поселиться. В келью святой Епистимии идти было нельзя — там жил в то время другой брат. Поднимаясь на свои любимые скалы, входя в милые сердцу пещеры, отец Паисий с волнением повторял: «Да здесь же вся земля святая! Здесь святые вокруг, куда ни ступи!» Однако чем больше преподобный обходил всё вокруг, тем тревожнее ему становилось, потому что он видел, как многочисленные туристы привнесли и сюда, в пустыню, мирской дух. Однажды он даже сказал сопровождавшему его монаху: «Вам надо быть предельно внимательными, чтобы не допустить осквернения этого святого места».

Расстроился преподобный и увидев, как всё изменилось в аскетерии[1] святой Епистимии. Там в те годы жил один иеромонах, который был знаком со старцем. Увидев отца Паисия, он радостно сказал: «Пойдём, покажу, как я тут всё устроил!» А устроил он и правда много: сделал к келье пристройки, насадил большой сад и огород, который обнёс каменной стенкой с разными узорами.

— Ну как, нравится? Правда, здорово? — весело спрашивал иеромонах.

Но преподобный лишь молчал и огорчённо покачивал головой. В конце концов он ответил:

— Отче, это место для молитвы и поста, а не для сада-огорода. Тебе невмоготу без сада было? Ну и поселился бы на метохе Святых сорока мучеников, где сад до тебя насадили, — а уходя, с душевной болью сказал: — Нанести бесчестье святому месту, да ещё и считать это чем-то выдающимся!..

---

[1] *Аскетерий* — жилище аскета, отшельника.

Достаточно быстро преподобный понял, что состояние его здоровья не даст ему прожить на Синае сколь-нибудь продолжительное время. Поэтому он решил оставить поиски кельи и вернуться на Святую Афонскую Гору. Не исключено, что он получил и какое-то Божественное извещение о том, где ему быть, потому что, вернувшись, обмолвился: «Вижу сейчас, что Бог хочет, чтобы я помогал людям не только молитвой, но и лично. Поэтому и удаляться от них мне нельзя».

Боль и молитва о вере и Отечестве

Когда, возвращаясь с Синая, отец Паисий ожидал рейс на Салоники в Афинском аэропорту, вокруг него собралась целая толпа народу. Каждый хотел взять у старца благословение и хоть немного с ним поговорить. Один человек спросил:

— Отче, что с нами всеми будет? Мы, греки, катимся от плохого к худшему. Почти уж на дне оказались.

— Нет, это не дно ещё, — ответил преподобный, — есть куда тонуть. А вот как дна действительно достигнем, от него оттолкнёмся — и всё начнёт потихоньку налаживаться.

Преподобный переживал, слыша о территориальных притязаниях враждебных государств на греческие территории. «Эллада, — говорил он, — это прекрасная принцесса, и все хотят силой взять её в жёны: и хромые, и косые, и убогие… Все притаились, только и ждут удобного момента. Слава Богу, что Христос всем управляет, а то бы нам несдобровать».

Ещё в 1977 году, во время поездки в Австралию, преподобный столкнулся там с враждебной пропагандой о том, что Македония — это якобы не греческая земля[1]. Поэтому, когда в 1983 году вышла книга Николáоса Мáртиса «Фальсификация македонской истории»[2], преподобный очень обрадовался

---

[1] Речь идёт о так называемом «македонском вопросе» — споре, касающемся территории, населения и исторического наследия (включая право на имя) древней области Македония. В споре затронуты интересы Греции, Бывшей Югославской Республики Македонии и Болгарии. Наибольшей обострённости споры достигли в 1991 году после распада Югославии.

[2] *Мáртис Николáос* — греческий политик и историк, специализировавшийся на македонском вопросе.

и прославил Бога. Он купил много экземпляров книги и раздавал их людям в благословение. На одном форзаце он даже так написал: «Твоё солнышко, Мартис[1], пролило свет на истину. Твоё тёплое солнышко, Мартис, согревает Элладу. Твоё горячее солнце, Мартис, сжигает славянскую ложь псевдомакедонцев...» С негодованием преподобный говорил и о тех славянских националистах, которые ставили свои страны выше Православия, уничижая при этом и Грецию. Однако он пророчески предсказал, что ничего плохого Греции они сделать не смогут, потому что «вступят в действие духовные законы»[2].

Об опасности войны с Турцией преподобный часто говорил так: «Сгустилось много туч. Если сможем, надо попробовать их разогнать...» И ведь он действительно «разгонял» эти тучи своими огненными молитвами. А один раз Бог прямо предупредил его о грядущей опасности. В мае 1983 года преподобный Паисий получил Божественное извещение о том, что через пять месяцев, 16 октября (29 октября по новому стилю), в воскресенье, турки нападут на Грецию. Тогда он начал, как сам говорил, «бесшумную мобилизацию на молитву». Помимо собственных горячих молитв он начал просить многих монахов молиться о том, чтобы Бог смилостивился над греками и войны не было. 1 октября, в день Покрова Пресвятой Богородицы[3], преподобный собрал знакомых отцов и они отслужили всенощное бдение, на котором молились о мире. И, слава Богу, в октябре восемьдесят третьего никаких боевых столкновений не было. А через несколько дней один монах стоял на пристани Нового скита и вдруг увидел, как недалеко от берега всплыла подводная лодка ВМФ Греции, несколько офицеров сошли на берег и по секрету рассказали брату, что греческие армия и флот находятся в состоянии

---

[1] Имя *Мáртис* (греч. Μάρτης) переводится как «март».
[2] См. *Старец Паисий Святогорец.* Афонский старец Хаджи-Георгий. С. 65–71.
[3] На Афоне, находящемся в юрисдикции Константинопольского Патриархата, не менялась дата празднования Покрова Пресвятой Богородицы — 1 (14) октября. См. также сноску 2 на стр. 399.

полной боевой готовности и следят за перемещениями турецких кораблей.

— Неужели всё так серьёзно? — спросил брат.

— Куда уж серьёзней! — ответили подводники. — Несколько дней назад все только и ждали, что вот-вот грянет. Лишь каким-то чудом война не началась.

Они сказали брату и конкретное число, когда чуть не началась война. А монах этот, зная о «мобилизации на молитву», которую объявил старец Паисий, на следующий день поспешил в Панагуду и рассказал всё преподобному. Тогда старец возблагодарил Пресвятую Богородицу, которая в день воспоминания чуда Её святого Покрова ещё раз покрыла Элладу Своей милостию.

Но тревожнее всего преподобному старцу было видеть, как греки «катятся под сладкий откос греха» и этим сами лишают себя права на Божественную помощь. "Только подумай! — говорил он. — Самого Бога греки умудрились поставить в сложное положение! Что Ему с нами делать? Позволить чужеземцам наказать нас войной? А дети как же? Ведь грешат-то взрослые, но вместе с ними погибнет и много детей. Не позволить? Но тогда родители сами так и будут дальше убивать собственных детей!" Преподобный имел в виду злодеяния абортов, которые были легализованы в Греции в 1984 году.

В том же 1984 году, во вторник Светлой седмицы, преподобному Паисию было ужасное видение. Около полуночи он зажёг две свечи: одну за живых, другую за усопших — и начал молиться. Вдруг перед ним открылась картина: два поля, разгороженные невысоким каменным забором. Сам он стоял возле забора и ставил на его верх свечи, зажигая одну за другой. Справа от него простиралось огромное поле, засеянное пшеницей, которая только начинала колоситься, а слева простиралась пустыня с дикими скалами и ужасными пропастями. Вся она дрожала и сотрясалась от тысяч раздирающих душу криков. Крики эти были столь страшны, столь исполнены боли, что могли бы пробить жестокость даже самого окаменелого сердца. Преподобный изнемогал, будучи не в силах слышать эти вопли, но и не мог понять, что всё это значит. И тут он услышал голос: «Засеянное пшеницей поле с недозрелыми колосьями — это усыпальница душ умерших, которые ожидают воскресения. А в пустыне, трясущейся от душераздирающих криков, находятся души детей, которых убили абортами». После этого страшного видения преподобный очень долго не мог прийти в себя. Душа его разрывалась от страшной боли, которую он испытал за души убитых неродившихся детей.

Потом старец собственной рукой описал это видение, отправил его для публикации в альманах «Многодетная семья» и сам рассказывал об этом видении многим и многим. Он пытался донести до людей, что аборты — страшный грех, потому что сами родители убивают своих невинных детей и при этом лишают их возможности принять благодать Святого Крещения. О принятом законе, согласно которому аборт больше не считался в Греции преступлением, он говорил так: «Когда один человек преступает заповедь Божию, он один и несёт за это ответственность. Однако когда что-то, противоречащее заповедям Евангелия, становится государственным законом, то гнев Божий приходит на весь народ, чтобы его воспитать». Негодование преподобного старца на беззаконный закон было столь велико, что когда подписавший этот законопроект президент Греции[1] приехал на Афон, преподобный просил святогорские монастыри закрыть перед ним ворота в знак протеста.

Старцу Паисию было обидно и больно видеть, что в Греции нет правителей, подобных ветхозаветным Маккаве́ям[2], — людей с идеалами, не рвущихся к власти из жажды денег, смелых, готовых пойти на жертву ради народа. Эта боль главным образом и побудила его 1 августа того же 1984 года, в день памяти семи святых мучеников Маккавеев, написать

---

[1] Это был Константи́н Караманли́с.
[2] *Маккаве́и* — дети священника Маттафии (Иуда, Иоанн, Симон, Елеазар, Ионафан), вставшие на защиту истинной веры и отечества во время жесточайшего гонения на иудеев от сирийского царя Антиоха Епифана (167 г. до Р. Х.). Они восстановили богослужение, возвратили своему народу свободу и самостоятельность и наконец сделались правителями иудеев, сосредоточив в своих руках гражданскую и духовную власть.

текст, посвящённый национальному герою, генералу Макриа́ннису[1].

Незадолго до этого была напечатана книжка Макриянниса «Видения и чудеса»[2], после которой одни начали называть Макриянниса святым, другие — религиозным фанатиком, третьи — прельщённым. В своём небольшом сочинении отец Паисий выражал глубокую печаль из-за того, что в столь тяжёлые времена некоторые «кидали грязь в чистые одежды Макриянниса» вместо того, чтобы попытаться получить пользу от слов этого национального героя, «который подвизался больше кого бы то ни было ради освобождения нашей Родины от варварского турецкого ига, а потом с божественной ревностью отдавал все свои силы, чтобы удержать греков от духовного порабощения латинянам».

О некоторых несущественных слабостях великого национального героя преподобный старец писал так: «Добрый и щедрый Макриеннис привозит нам подарок и благословение: представим, что это тонна прекрасных, вкусных, питательных грецких орехов. И вот представим дальше: на эту тонну наберётся килограмм орехов пустых. Ну и что? Ведь нам, людям, недостижимо Божественное совершенство. Мы можем достичь лишь совершенства человеческого, и притом каждый — в свою собственную меру. Стало быть, зачем, забыв о целой тонне первоклассных орехов, ковыряться в одном килограмме пустых, да ещё и комментировать их пустоту? Даже в совершенстве человека всегда есть какие-то человеческие несовершенства».

Относительно видений Макриянниса просвещённый даром рассуждения преподобный Паисий сказал так: «Естественно, мы не можем утверждать, что все видения Макриянниса были от Бога. Многие из них были порождением его великих страданий и потрясений. Однако такого рода

---

[1] *Макрия́ннис Иоа́ннис* (1797–1864) — герой Освободительной войны Греции 1821–1829 годов, военачальник и политик, известный также своими мемуарами.

[2] *Στρατηγού Μακρυγιάννη*. Οράματα και Θάματα. Αθήνα, Α. Ν. Παπακώστας, 1983.

видения должны трогать нас даже сильнее, чем видения Божественные, поскольку в них видны великие переживания этого чистого и целомудренного героя, который не смыкал глаз и видел всё описанное им в состоянии между сном и бодрствованием… Не без воли Благого Бога перед его очами возникали образы Христа, Матери Божией и многих святых — для того, чтобы мы, последующие поколения, поняли, какой великой опасности подвергался наш народ, чтобы мы поняли великую заботу о нас Христа, Пресвятой Богородицы и святых, которые словно все вместе встали на нашу защиту, чтобы нас не „олатинили" европейцы». А завершил свой труд преподобный такими словами: «Генерал Макрияннис, истинное чадо нашей Церкви, с детства был воспитан и взращён Ею, весь он был пропитан запахом церковного ладана. А потом уже как истиный отец народа он, пропитанный дымом сражений и весь израненный, с болью проливал пред Богом слёзы и кровь ради нашей свободы. И если мы хотим узнать его подлинную величину, нам надо очистить своё сердце от копоти нечистых помыслов».

И сам преподобный отец Паисий, как «истинное чадо Церкви, обладающее православной чуткостью и святоотеческой бескомпромиссностью», считал, что самая великая опасность для православных греков — это их духовное порабощение. Он очень беспокоился, видя всё большее влияние мирского, западноевропейского духа даже на людей Церкви. Ему было больно из-за разнообразных экуменических движений, которые он называл «лоскутными одеялами диавола». С болью он молился о том, чтобы Бог просветил церковных иерархов и их духовное зрение было ясным и чётким, чтобы они не ослеплялись ложным, идущим с Запада светом и не попадались в эту большую диавольскую ловушку. В одном из писем он говорил об этом так: «К несчастью, западный рационализм заразил и восточных православных владык, и поэтому они находятся в Восточной Православной Церкви Христовой только телом, всей же своей душой они уже на Западе. Они смотрят и видят, что Запад царствует в мирском смысле, но если бы они взглянули на него духовным зрением, Светом с Востока, Светом Христовым, то увидели бы его духовный закат. Запад постепенно теряет Свет Умного Солнца — Христа и погружается в глубокую тьму. А они всё собираются и собираются на всякие съезды, конференции, где без конца обсуждают вещи, которые и обсуждать-то незачем, которые и святым отцам две тысячи лет в голову не приходило обсуждать! Все эти поползновения — от лукавого, который хочет таким образом запутать и соблазнить верующих людей: одних подтолкнуть в ересь, других — в расколы, а сам — завоевать себе новые плацдармы».

Небесное благоухание и ангельское пение

В понедельник Светлой седмицы 1983 года отец Паисий был у себя в келье и творил молитву Иисусову. Вдруг он почувствовал сильное благоухание. Он удивился и заглянул в церковку, но источник благоухания был не там. Тогда он вышел во двор и почувствовал, что благоухание стало сильнее. Вдруг он услышал, как издалека доносится звук била: примерно в километре от Панагуды проходил в это время крестный ход с чудотворной иконой Пресвятой Богородицы «Достойно есть». Преподобный почувствовал, что Пресвятая Дева посылает ему с крестного хода Своё благословение.

Божественное благоухание наполнило его келью и годом позже, 26 марта 1984 года. Преподобный молился, стоя перед иконами у себя в келье, и вдруг увидел, как Христос и Пресвятая Богородица ожили и стали двигаться. Преподобный пал на колени и с благоговением поклонился им, повторяя: «Христе мой, благослови меня! Пресвятая Богородица, благослови меня!» Одновременно его келья наполнилась столь сильным благоуханием, что начал благоухать даже пыльный коврик перед его кроватью. Преподобного «обуяло божественное сумасшествие», и он долго стоял на коленях, целуя этот коврик. Это благоухание не исчезало несколько дней.

Спустя полгода, утром 2 ноября, преподобный старец, находясь в исихастирии святого Иоанна Богослова в Сурóти, вдруг услышал очень красивое пение. Подумав, что это поют сёстры, он выглянул из своей каливки, но никого не увидел. Пение продолжалось, и преподобный понял, что поют ангелы. Он слышал, как они с невыразимой сладостью поют припевы «Вели́чит душа́ Моя́ Го́спода…» и «Честне́йшую Херуви́м…». Закончив все стихи, ангелы начали петь ирмо́с «Всяк земноро́дный…». Сначала они спели это песнопение по-обиходному, а затем начали петь его особым медленным распевом, какого старец раньше никогда не слышал. Около двух часов пели ангелы, пока потихоньку их пение не начало становиться всё тише и тише, а потом и совсем умолкло.

Панагия Элефероти́я

Наступил Великий пост 1985 года. 21 февраля преподобного посетила Пресвятая Богородица. Был вечер, около половины одиннадцатого. От изнеможения преподобный чувствовал себя очень плохо, у него дрожали и подкашивались ноги. Он решил выпить немного вина — как лекарство, для укрепления сил. Выйдя из каливы, он пошёл вниз, под галерею, где в кладовке у него с незапамятных времён лежали две бутылки. Спускаясь к кладовке и окаявая себя за то, что решил выпить вина, он вдруг увидел на поляне в трёх-четырёх метрах от галереи Пречистую Божию Матерь — как на иконе «Элефероти́я»[1]. Это была исполненная великого благородства Матерь, настоящая «Царица-Мать». Она была одета в белоснежные ризы и сияла столь ярко, что всё вокруг сияло, хотя на дворе была тёмная ночь. Пресвятая Дева посмотрела на отца Паисия исполненным нежности и заботы взглядом и направилась к нему.

Она шла по тропинке, на которой когда-то давно — лет, может, пятьдесят назад — стояла уборная. И вот, видя, что Матерь Божия подходит к этому месту, преподобный с благоговением закричал:

---

[1] «Элефероти́я» (греч. Ἐλευθερώτρια — Освободительница) — образ Божией Матери, близкий по иконографии к «Знамению». Наиболее известная икона «Элефероти́я» находится Иерусалиме, в Воскресенском приделе храма Гроба Господня.

— Нет, Панагия моя, нет! Не надо туда наступать! Благослови меня оттуда, где стоишь, потому что и место это нечистое, и сам я нечист.

Тогда Пресвятая Богородица благословила его и стала невидимой. «Тут уж и сердце моё разбилось, и бутылки с вином „разбились"», — рассказывал потом преподобный. Сердце его разбилось от радости, а до бутылок с вином он даже дойти не успел — они теперь ему были не нужны. Он опьянел от небесного вина и не чувствовал ни слабости, ни истощения.

После этого божественного события преподобный старец иногда спрашивал: «Знаешь, какое вино пьют в раю? Ни разу не пробовал?» А рассказывая одному человеку об этом явлении, добавил: «Хорошо небесное опьянение, но чтобы никогда от него не трезветь, надо постоянно быть там, наверху, у неупиваемой чаши с небесным вином».

Хаджефенди и старец Хаджи-Георгий

Живя в Панагуде, отец Паисий продолжал работу над житиями святогорских отцов, которую начал в келье Честного Креста. Если выпадало свободное время, он начисто переписывал свои заметки, дополняя их новыми сведениями. В одном из писем он рассказывал об этой работе так: «Конечно, над этими житиями ещё работать и работать. Надо отсеять всё лишнее, сделать необходимые дополнения, а самое главное — получить подтверждение написанному от Бога, так, чтобы открывался подлинный смысл собранных свидетельств, а не человеческие выводы тех, кто их собирал, или — что хуже — умозаключения того, кто их записывал». Ближе других отцов старцу Паисию был преподобный подвижник XIX века, старец Хаджи-Георгий, о котором отец Паисий говорил: «Хаджи-Георгий был один такой в свою эпоху. Возможно, что подобного ему в те годы вообще не было». Он даже написал о Хаджи-Георгии отдельную книгу, которая была издана в январе 1986 года[1].

---

[1] *Γέροντος Παϊσίου.* Ὁ Γέρων Χατζη-Γεώργης ὁ Ἀθωνίτης.

В том же году Великим постом отец Паисий сподобился видения, которое имело отношение к старцу Хаджи-Георгию и к святому Арсению Каппадокийскому. Находясь в своей каливе, он вдруг духом перенёсся в исихастирий. Там он наблюдал, как две красивых птички летали вокруг дерева и очень сладко пели. «Дай-ка я тебя поймаю», — сказал преподобный одной птичке и действительно поймал её. Попробовал поймать и другую, но та, не даваясь в руки, продолжала щебетать и летать вокруг дерева. А через пять дней после этого видения, 11 февраля 1986 года, Вселенская Патриархия официально причислила иеромонаха Арсения (Хаджефенди) к лику святых Православной Церкви. О видении преподобный потом рассказывал, что птичка, которую он поймал, символизировала святого Арсения, а другая — старца Хаджи-Георгия. «Хаджи-Георгий тоже будет причислен к лику святых, — говорил отец Паисий, — но меня тогда уже не будет в живых. Но так или иначе, они сейчас вместе».

В следующем, 1987 году, в Неделю Фомину, в исихастирии торжественно праздновали причисление отца Арсения к лику святых. Отец Паисий предпочёл не приезжать на эти торжества, чтобы лишним шумом, связанным с его присутствием, не отвлекать людей от празднования памяти своего любимого святого.

Преподобный благословил сестёр построить в честь новопрославленного святого храм[1]. Сам он внимательно наблюдал за строительством: и вблизи, приезжая в Суроти, и издалека, находясь на Святой Горе. Он советовал, чтобы храм был именно монастырским: удобным для монашеских молитв, построенным добротно и не соблазняющим людей вычурностью и роскошью. Он говорил сёстрам, чтобы они не переживали и не тревожились из-за задержек в строительстве. «Как построится, так и построится», — говорил он. Каждый год

---

[1] Храм был построен в 1974 году и именовался храмом святого Арсения Каппадокийского, но великое освящение этого храма состоялось только в 2015 году, когда он был освящён в честь двух святых: преподобного Арсения и преподобного Паисия Святогорца.

Храм преподобных Арсения Каппадокийского и Паисия Святогорца

9 ноября он приезжал в исихастирий и молился с сёстрами на всенощном бдении накануне памяти святого Арсения[1].

«Наша душа больше всего нуждается в терпении»

Последние несколько лет старец страдал от грыжи. Его состояние становилось всё хуже и хуже, а в 1986 году ему стало так плохо, что он еле мог терпеть боль. Ни ходить, ни сидеть, ни стоять преподобный не мог — только когда ложился на бок, становилось чуточку легче. Преподобный отец с особой силой полюбил боль физической болезни — так же, как и труды подвижничества. В прошлом, 1985-м году, в одном из писем он писал: «Скорее всего, наша душа больше, чем в жёстких телесных подвигах, нуждается в терпении и славословии при боли. Если у монаха стальное, крепкое тело и он сильно подвизается, то, и сам не заметив как, он может

---

[1] Память преподобного Арсения Каппадокийского совершается 28 октября (10 ноября).

потщеславиться, подумав, что рай можно завоевать лихой кавалерийской атакой. Но давай забудем о моих прежних годах и станем говорить только о годе прошедшем: первые несколько месяцев я так мучился от грыжи межпозвоночного диска, что не только поклоны не мог делать, как раньше, но даже себя обслуживать не мог — а надо ведь было и людям помогать, которые приходили со своей болью. А потом вылезла ещё одна болячка, причём довольно чувствительная, — возможно, это паховая грыжа. Она мне мешает и болит, но я ношу её как знак отличия. Ведь Христос знает и о ней, и о том, что пойдёт мне на пользу, поэтому Он меня от этой немощи и не освобождает».

С каждым днём грыжа становилась больше и больше. Потом она уже стала размером с небольшую дыню. Однако преподобный отец, неустанно служивший людям, продолжал им помогать и не прекращал свои аскетические подвиги как безукоризненный подвижник. На Афоне выпадал снег, и он расчищал дорожку от кельи до забора, одной рукой держа лопату, другой — грыжу. В те месяцы многие удивлялись мертвенно-бледному цвету его лица и тому, что почти всегда он был покрыт мелким бисером пота. Это было оттого, что он терпел сильные боли, но изо всех сил пытался их скрыть. Иногда преподобный, беседуя с людьми, вдруг ложился на пару досок или прямо на землю. Однако когда перед ним оказывался страдающий человек, старец забывал о своей собственной боли. «Не то чтобы мне становится легче, — пояснял он, — и чуда никакого Бог тут не делает. Здесь чудо другое — чудо соучастия в чужой боли. У святых мучеников нечто подобное было: их любовь ко Христу была сильнее страданий и побеждала боль».

Преподобный забывал о своей боли, видя, как больно не только людям, но даже животным. Однажды недалеко от Панагуды лесорубы грузили на мулов древесину. На одно животное нагрузили слишком много, и оно под невыносимой тяжестью начало опускаться на колени. Преподобный старец резво, словно юноша, подбежал к мулу и стал сгружать с него лишние брёвна.

— Аккуратней, геронда, аккуратней! — засуетился монах, ставший свидетелем этой сцены. — Не бегите, геронда! Не забудьте, что у Вас грыжа!

Старец аккуратно сгрузил с мула тяжёлые брёвна, вытер со лба пот, превозмогая боль, улыбнулся и сказал монаху:

— У тебя-то нет грыжи. Что же не побежал и не помог?

— А я боялся, что он лягнёт, геронда… — ответил монах.

— Эх, брат ты мой… — вздохнул старец. — Животное, когда ему больно, ждёт от человека помощи. Даже волк, попав в капкан, просит, несчастный, чтобы его кто-нибудь освободил.

Рассказывая потом одному человеку об этом случае, преподобный добавил: «Если человек думает только о себе, то он даже не человек. Зачем она тогда нужна, такая жизнь? Лучше уж тысячу раз умереть».

К врачу он обращаться не хотел — говорил так: «Пойти к врачу — это самое лёгкое решение. Но я уж лучше постараюсь хоть какую-то малость на этой грыже заработать». Однако когда один врач посоветовал ему носить особый бандаж, отец Паисий заинтересовался. «А привези мне такой поясок, попробовать, — попросил он. — Вдруг и правда не будет мешать?» Врач привёз противогрыжевой бандаж, старец сразу надел его и тут же начал делать поклоны. «Ты гляди, совсем не мешает! — как ребёнок, радовался он. — Огромное спасибо тебе! Оставляю!..»

С этого дня старец начал и сам придумывать и изготавливать разные, как он их называл, «бандажики». В дело шло всё: старые куски ткани, резинки, носки… Как настоящий подвижник, изобретая разные способы, преподобный искал и находил возможность выполнить своё монашеское правило. Даже земные поклоны он старался делать, пытаясь «перехитрить» боль: ставил перед собой ящик и опирался при поклоне не на пол, а на него. «Если б ты знал, как меня всё это измучило, — поделился он как-то с одним юношей. — Даже поклонов делать не могу. Однако если тебе больно, а ты всё равно делаешь поклоны, то получаешь за эти духовные вклады „прибавку к пенсии". Так что зарабатывай себе эти „прибавки", пока молодой. Когда состаришься, никаких духовных вкладов делать не сможешь, и духовная пенсия твоя будет маленькой».

До болезни келейным правилом преподобного Паисия были сорок восемь чёток-трёхсотниц с поясными поклонами, и это правило он исполнял еженощно. После болезни правило не изменилось, только совершать он его стал немножко по-другому: триста молитв по чёткам с малыми поклонами, а затем два раза по триста — без поклонов, стоя на ногах и опираясь на стасидию. В таком порядке и ритме он молился, пока не выполнял своё правило полностью.

Псалтирь он продолжал читать стоя, как на костыли опираясь на две рогатины, которые сам сделал из сучьев. Часто одной рукой он держал грыжу, а в другой была Псалтирь. По щекам от невыносимой боли текли слёзы. «Как за пулемётом стоишь, — по секрету рассказывал он одному близкому человеку, — только стреляешь по диаволу: днём — Псалтирью, ночью — молитвой Иисусовой. Вот он и взбесился. Моя грыжа — его ответный залп. Но Бог попустил это, чтобы посмотреть, как я себя поведу. Великое дело! Глаза уже от боли вытекли, но это и есть то состояние, в котором Бог даёт человеку самое сильное утешение».

Поездка в помакские деревни во Фракии

В 1987 архиепископ Синайский настойчиво приглашал преподобного ещё раз приехать на Синай. Отец Паисий воодушевился этой идеей и стал готовиться к отъезду. Помолившись перед поездкой, он получил духовный сигнал о том, что «из-за грыжи в моторе машина может сломаться по дороге», и отменил эту поездку. А в июне того же года старец посетил помáкские сёла во Фракии[1]. Отца Паисия заботил вопрос мусульманских меньшинств во Фракии. Перед поездкой он

---

[1] *Фрáкия* — обширная область на востоке Балкан, после Первой мировой войны разделённая между Болгарией, Грецией и Турцией. Исторически эту область населяют *помáки* — болгароязычная этнорелигиозная группа смешанного происхождения, исповедующая ислам.

попросил у одного своего знакомого карту, чтобы заранее подробно изучить местность.

На карте он увидел одно помакское село под названием Монахи. Он попросил своих спутников обязательно отвезти его в это место. Когда преподобный прибыл в село, его окружила группа дружелюбно настроенных крестьян. Отец Паисий спросил, как появилось такое название у села, и один пожилой помак ответил: «В древности в деревню пришла эпидемия чумы. Много людей умерло. Когда в деревню пришли семь монахов с иконой, беда отступила. Никто больше не заболел. С тех пор село и стало называться Монахи». Услышав рассказ старика, местный ходжа — глава общины и учитель — отругал крестьянина, а затем повернулся к преподобному и крикнул: «Проваливай отсюда!»

Уезжая из помакских сёл, преподобный со спутниками заехал в монастырь Панагия́ Фанеромéни[1] близ города Комотини́. В обители собралось много народа, все они ждали отца Паисия. Увидев толпу, преподобный хотел уклониться от визита, но один его знакомый помак, принявший православную веру, попросил его не уезжать, пока не привезут парализованную мусульманку. Пока отец Паисий ждал болящую, вокруг него собрались люди, многие из них были мусульманами. Видя, что некоторые христиане смотрят на это с удивлением, преподобный сказал им: «Люби́те этих людей, потому что они нам не чужие. Будьте им примером. Ваша доброта должна дать им понять, что́ такое Православие и что среди христиан действительно живёт Христос».

Тем временем кто-то установил микрофон, и люди стали просить преподобного произнести проповедь, но он отказывался. Крестьяне дружно настаивали, и тогда отец Паисий сказал своему знакомому помаку: «Передай им, что речей говорить я не умею и не буду. Если хотят, могу просто поговорить с ними о жизни». Микрофон выключили, и пре-

---

[1] *Монастырь Панаги́я Фанеромéни Ватирья́кос* (греч. Φανερωμένης Βαθυρρύακος — букв. «Явленная из глубин») — женская обитель в честь Пресвятой Богородицы, основанная в XII веке на месте чудесного явления Её иконы, обретённой из земли по откровению свыше.

подобный около часа беседовал с людьми, отвечая на вопросы. Один из них спросил об антихристе. «Не бойтесь, — ответил отец Паисий, — Христос сократит годы диктатуры антихриста ради любви верующих. Его власть продлится три с половиной года. Подобно тому, как Бог помог верующим во времена Юлиана Отступника, научив их делать ко́ливо[1], так Он поможет и нам и нас защитит. Так что не бойтесь».

«Знамения времён»

В те годы в Греции на государственном уровне предпринимались попытки замены удостоверений личности на новые, с числом 666. Этот вопрос вызвал бурные обсуждения в греческом обществе. Не было единого церковного мнения по этому вопросу, люди не знали, как поступать. Преподобный Паисий написал краткий текст, который озаглавил «Знамения времён». В этом тексте он выразил свою позицию по поводу удостоверения личности с числом 666, а также о печати антихриста. Его мнение было бескомпромиссным: верующие не должны это принимать.

Помимо прочего он писал: «За мирским духом нынешней „свободы", за отсутствием уважения к Церкви Христовой, к старшим, к родителям и учителям, которые имеют страх Божий, кроется духовное рабство, депрессия и анархия, которые заводят людей в тупик, приводят их к душевной и телесной катастрофе. Подобно этому и за „универсальной электронной карточкой", компьютерной безопасностью тоже кроется всемирный тоталитарный режим, иго антихриста... Знамения эти видны невооружёнными глазом: „зверь" в Брюсселе с числом 666 почти поглотил все государства в

---

[1] Ко́ливо (кутья́, со́чиво) — варёная пшеница с мёдом. Желая осквернить христианский пост, император Юлиан Отступник (361–363 гг.) приказал ежедневно в течение первой недели Великого поста тайно кропить кровью идольских жертв съестные припасы, продаваемые на рынках. Святой великомученик Феодор Тирон в ночном видении явился Константинопольскому архиепископу Евдо́ксию и велел ему объявить христианам, чтобы они не покупали на рынках осквернённые припасы, а употребляли в пищу коливо.

своё компьютерное чрево. Карта, удостоверение личности, введение печати — о чём они говорят?.. Итак, после карты и удостоверения личности произойдёт массовый сбор данных для того, чтобы они могли лукаво идти дальше и ставить печать. По телевизору будут постоянно пугать, что очередной мошенник украл карту и перевёл деньги с чужого счёта на свой. И одновременно они разрекламируют „совершенную" систему — печать на руку или на лоб, которую будут наносить лазерными лучами. Эта печать, незаметная для невооружённого глаза, будет содержать число 666, имя антихриста. Вдобавок к тому, что я перечислил, приходится слышать целую кучу глупостей от ума некоторых современных умников. Один говорит: „Я приму удостоверение личности с числом 666 и приклею на него крестик". Другой поддакивает: „А я приму на лоб печать 666 и осеню себя крестным знамением…" И ещё много подобных глупостей, когда люди считают, что освятятся подобным образом. Но это всё заблуждение…»

Преподобный, предвидя, что этот текст может понадобиться и в будущем, написал его от руки и поставил свою подпись, чтобы никто не смог изменить его. Ведь это было не просто мнение отца Паисия, а плод молитвы и Божественного извещения[1].

Преподобный много молился, прося Бога просветить его относительно числа антихриста и его печати. После многих молитв он, как сам говорил, «получил от Бога духовную телеграмму» и узнал конкретный способ, как именно Бог поможет тем, кто откажется принять печать. Подробности отец Паисий не открыл, только сказал : «Тем, кто не примет печать антихриста, будет легче, чем другим, потому что Христос им поможет. Это дело серьёзное!.. Бог знает, как им помочь»[2].

---

[1] С богопросвещённой позицией преподобного Паисия единогласно согласился Священный Синод Элладской Православной Церкви, когда в 1998 году этот вопрос опять возник на повестке дня. Священный Синод принял соответствующее обращение (№ 2641 от 9 февраля 1998 г.), которое было прочитано во всех храмах Элладской Церкви. — *Прим. греч. изд.*

[2] См. *Паисий Святогорец, прп.* Слова. Т. 2. Духовное пробуждение. Ч. III, гл. 1.

Операция по поводу грыжи

В ноябре 1987 года преподобный собирался на день памяти святого Арсения ехать со Святой Горы в исихастирий. Отец Паисий помолился и попросил святого Арсения просветить его по поводу грыжи. Тогда он увидел себя со стороны лежащим на операционном столе. Получив Божественное извещение, он решился лечь на операцию. Хирург тревожился перед операцией, но преподобный его успокоил: «Не волнуйся, я видел операцию. Всё пройдёт хорошо». Так и произошло, и через семь дней отец Паисий возвратился в исихастирий.

На следующий же день после возвращения преподобный начал принимать людей, хотя ещё не мог подняться с кровати. Одна пожилая женщина родом из Малой Азии, как и отец Паисий, увидела, как сияет лицо старца. Но преподобный тоже что-то увидел. Он с трудом приподнялся на кровати, взял старушку за руки и поцеловал их.

Другая женщина увидела, что преподобный сияет, как солнце, и вся его келья освещается ровным ярким светом. Была зима, около семи часов вечера, и удивлённая женщина воскликнула:

— Ой, геронда, смотрите, солнышко выглянуло!

— Где же ты видишь солнце, благословенная душа?! — возразил отец Паисий, и тут же перевёл разговор на другую тему, расспрашивая паломницу о детях. Он назвал их по именам, хотя не встречался с ними.

Тогда женщина рассказала преподобному, что сын её попал в серьёзную аварию.

— Не переживай, — ответил отец Паисий, — Бог с ним сочтётся. Не деньгами сочтётся, но тем сочетанием, о котором говорится при крещении: «Сочетава́ешися Христу́». Знаешь, что такое «сочетава́тися»?[1] Пойди, у дочки своей спроси, она тебе объяснит.

---

[1] *Сочетава́тися* (церковнослав.) — соединяться какой-нибудь связью (например, браком), объединяться в гармоничное целое. *Сочетава́тися Христу́* — вступать в завет, духовный союз со Христом.

А дочь этой женщины закончила филологический факультет и, действительно, могла объяснить. Женщина снова удивилась, ведь она не говорила преподобному, где училась её дочь.

Когда паломница вышла на улицу, то глазам её стало больно от резкого перехода — она вышла из яркого света в темноту зимнего вечера. Женщина уехала из монастыря, прославляя Бога за то, что ей довелось своими глазами увидеть святого.

Вечером 29 ноября, накануне дня памяти святого апостола Андрея Первозванного, отец Паисий лежал в кровати и молился: «Господи Иисусе Христе, помилуй меня, скота! Пресвятая Богородица, спаси меня, скота!» Вся стена напротив кровати была в иконах, и вдруг преподобный видит, как из этих икон выходит Жена в чёрных одеждах, проходит над его кроватью и исчезает в стене напротив. Преподобный не видел её лица, но ощутил такое божественное радование, что понял — это сама Пресвятая Богородица прошла через его келью.

Вторая поездка на Синай

В начале января 1988 года, едва оправившись после операции, отец Паисий решил отправиться на Синай с намерением пробыть там как можно дольше. Уезжая, преподобный был очень слаб и с трудом ходил, но сердце его, *я́ко еле́нь на исто́чники водны́е*[1], неудержимо влекло его к пустыне. В этот приезд отец Паисий уже не мог подниматься на скалы и в другие труднодоступные места для духовного подвига и жил в монастыре. Он посетил лишь два места: аскетерий святого Георгия Арселаи́та[2] и Фара́нский женский монастырь[3].

---

[1] Пс. 41:2.
[2] *Преподобный Георгий Арселаи́т* — родной брат преподобного Иоанна Лествичника, был отшельником на Синае, а после ухода прп. Иоанна на безмолвие — игуменом горы Синайской. Почил в возрасте 70 лет. Память в греческом месяцеслове — 10 (23) марта.
[3] *Фара́нский монастырь* — небольшая женская обитель в оазисе Фаран Южного Синая, примерно в 50 км от монастыря св. Екатерины. Согласно одному из преданий, это место — древний Рефиди́м, где пророк Моисей

Архиепископ Синайский попросил отца Паисия пожить в этом монастыре несколько дней, чтобы помочь монахиням. Преподобный старец им советовал: «Имейте любовь и смирение, возделывайте добрые помыслы и непрестанно славословьте Бога». Однажды, когда все сёстры собрались возле храма, отец Паисий подозвал к себе одну монахиню, которая отличалась тяжёлым характером. «Иди сюда, кривая дубинушка, — позвал её преподобный, — я тебе что-то скажу, — и продолжил: — Ты похожа на дерево, которое растёт, постоянно обуреваемое сильными ветрами. Такие деревья вырастают кривыми, но если попадут в руки к хорошему столяру, из них выходит самая лучшая мебель — у их древесины красивый узор и необыкновенная прочность». После этих слов и сама сестра задумалась, и остальные монахини поняли, что не надо судить о человеке поверхностно.

В те дни в монастыре гостили две девушки из Афин, родные сёстры. Однажды в полдень они сидели под финиковой пальмой, и младшая сказала старшей:

— Как бы я хотела сидеть на этом дереве и воспевать Бога!

— А я, — ответила старшая, — ещё молодая, чтобы об этом думать.

Вечером того же дня преподобный встретил их и сказал младшей:

— Привет, пальмолазка! Значит, на пальме хочешь сидеть? А эту с собой не бери, она ещё маленькая, — улыбнулся отец Паисий, кивнув в сторону старшей сестры.

Девушки очень удивились, ведь они разговаривали наедине, сидя на открытом пространстве, где никто не мог их подслушать. На этом история не закончилась. Через несколько лет в Афинах младшая сестра встретила юношу, который собирался ехать на Святую Гору, чтобы стать монахом. Девушка посоветовала ему разыскать отца Паисия и поступить

извёл воду из камня (см. Исх. 17:1-7). Другие названия Фаранского монастыря: пророка Моисея, Семи сестёр, Дир Заир. Этот монастырь не следует путать с Фаранской лаврой — мужским монастырём близ Иерусалима.

так, как тот скажет. Юноша так и сделал. Заканчивая беседу, преподобный спросил юношу:

— Как там Пальмолазка поживает?

— Отец Паисий, — ответил юноша, — простите, но я никого не знаю с таким именем.

— Как же не знаешь, благословенная душа? Она же тебя до автобуса провожала и посоветовала обязательно меня найти, — напомнил преподобный.

И в этот приезд отец Паисий не смог прожить на Синае больше месяца. Он занемог и, не желая никого обременять, собрался в обратный путь. Перед его отъездом архиепископ Дамиан уговорил преподобного выбрать уединённое место, в котором он согласился бы поселиться в свой следующий приезд. Тогда отец Паисий, который не хотел расставаться с надеждой провести сладчайшие дни в пустыне, выбрал доступное место под названием Та́рфа[1], расположенннное между монастырём святой Екатерины и монастырём Фаран. В Тарфе были погребены останки святых, которые там подвизались и претерпели мученическую смерть за Христа. В конце января 1988 года отец Паисий попрощался с Синайской пустыней и вернулся на Афон. К сожалению, это была его последняя поездка на Синай.

Протест против богохульного кинофильма

В ноябре того же года старец выехал со Святой Горы не только ради всенощного бдения в честь преподобного Арсения Каппадокийского, но и для участия в демонстрации протеста против богохульного фильма, которая должна была пройти в Салониках. Этот фильм был хулой на Самого Христа[2]. Старец получил Божественное извещение о необходимости принять участие в этой демонстрации, призывал и других

---

[1] Та́рфа — аскетерий в 25 км от монастыря св. Екатерины, с храмом в честь Собора Синайских святых.

[2] Речь идёт о фильме Ма́ртина Скорсе́зе «Последнее искушение Христа», снятом в 1988 году по роману Ни́коса Казандза́киса «Последнее искушение».

святогорских отцов присоединиться к нему. Преподобный был настроен очень решительно и буквально кипел от священного негодования, когда ему говорили, что этот фильм — просто «чистое искусство». Его позиция расшевелила и тех, кто решил, что лучшей реакцией на фильм будет обойти его молчанием. Преподобный говорил: «Присутствие на этой демонстрации для христиан — это уже исповедание веры. Действительно, кто-то может больше помочь своей молитвой, но люди скажут: „Такой-то и такой-то не протестовали — значит, они заодно с теми, кто снял и показывает этот фильм". От этого произойдёт великое зло».

Демонстрация прошла в воскресенье, 6 ноября, перед храмом хранителя и покровителя града Солуни святого великомученика Димитрия. На возвышении перед входом в храм стояли выступающие, архиереи и монахи Священной Эпистаси́и[1] Святой Афонской Горы, в глубине стоял и отец Паисий, хотя прот Святой Горы тянул его в первый ряд. Лицо преподобного освещалось юношеской силой и духовной живостью. Сильная молитва преподобного соединялась со священным энтузиазмом, который охватывал его, когда он слушал речи выступавших и видел море людей, пришедших на митинг. Массовые протесты, тёплое соучастие верующих и молитвы сделали своё дело — греческое правительство запретило показ богохульного фильма.

Вторая поездка в помакские деревни

В мае 1989 года отец Паисий совершил вторую поездку в помакские деревни во Фракии. На этот раз поездка была более продолжительной. Один знакомый старцу молодой человек вызвался отвезти его на своей машине. Когда они приехали во

---

[1] *Священная Эпистаси́я* (греч. Ἱερὰ Ἐπιστασία — Священный Надзор) — орган, которому принадлежит исполнительная власть на Святой Горе, состоит из четырёх эписта́тов — представителей афонских монастырей. Первенствующий в Священной Эпистасии именуется про́том или протоэписта́том.

Фракию, то взяли с собой и двух помаков, которые приняли православную веру и часто посещали преподобного старца.

Взяв благословение у местного архиерея, преподобный со своими спутниками начал путешествие. Доброта отца Паисия без слов говорила в сердцах бесхитростных помаков. Услышав, что крёстный отца Паисия был святым, что у себя на родине в Фарасах он сотворил много чудес не только для христиан, но и для мусульман, все помаки хотели встретиться с отцом Паисием и приглашали его в свои дома. Жители дальних деревень просили преподобного приехать и к ним. В какой бы дом ни приходил преподобный старец, там собирались соседи со всей округи — где тридцать, где пятьдесят человек (все мусульмане), желая услышать что-то из уст отца Паисия.

Преподобный старец говорил им примерно следующее: «Бог любит нас всех. Вы тоже — Его дети. Мусульманину, принявшему Святое Крещение в сознательном возрасте, может быть, легче спастись, чем христианину, которого крестили в детстве. Ведь сознательно крестившийся мусульманин, почти ничего не знавший о православной вере, приобретая спасительные знания с нуля, быстро растёт духовно. Если вы будете исповедовать Христа, то окажетесь на лучшем месте, чем мы, потому что мы всё знаем, но, к несчастью, ничего не выполняем».

Когда преподобный шёл по узким улочкам помакских деревень, вокруг него собирались люди. Старец глядел на них с любовью, раздавал детям конфеты и со всеми беседовал.

Одна мусульманка решила принять Святое Крещение. Подойдя к преподобному, она спросила его:

— Я совсем ничего не знаю. Что мне говорить при молитве?

— Ну хоть что-то знаешь? — спросил преподобный.

— Разве что «Господи, помилуй»… — ответила женщина.

— Вот и говори «Господи, помилуй» постоянно, — посоветовал ей преподобный.

Ещё был такой случай. Старец со спутниками подошёл к дому одной бесноватой мусульманки. Та ждала у калитки, и как только увидела преподобного, подбежала к нему и яростно выкрикнула:

— Во мне шайтан!

— Ну ничего, ничего... — успокаивающе приговаривал преподобный, проходя за ней в дом.

За старцем последовал и один из сопровождавших его помаков. В доме преподобный спросил несчастную:

— Хочешь исцелиться?

— Хочу! — так же резко ответила женщина.

Тогда преподобный старец достал свой деревянный крест и, шепча молитву, попытался приложить его ко лбу бесноватой. Та резко подалась назад и с силой оттолкнула старца.

— Гляди-ка — не просто тангалашка, а целый тангалашище! — сказал старец своему спутнику. — Подержи-ка её.

Помак сгрёб бесноватую в охапку, а отец Паисий дважды осенил её лоб деревянным крестом. После этого женщина повалилась на пол, начала кататься и кричать:

— Уходите! Вон отсюда!

Изо рта у неё текла пена и исходил невыносимый смрад. Спутник старца испугался, но преподобный его успокоил:

— Выходит, выходит, не бойся!.. Скажи ей, чтобы сама прогнала его.

И как только несчастная произнесла слова: «Уйди, шайтан!» — преподобный в третий раз коснулся крестом её лба. Тут же все они увидели убегающего беса — в виде чёрного пса. Женщина лежала без чувств. Придя в себя и поднявшись, она сказала:

— Тяжесть эта мрачная изнутри ушла, но горю́, просто сил нет. Огонь из меня вышел и всю меня сжёг.

Потом женщина повернулась к сопровождавшему старца помаку и на своём языке спросила его:

— Сколько мне денег-то батюшке заплатить? К колдунам и ходжам ходила, они по пятьсот тысяч драхм просили. Но у меня так много нет, всего сто пятьдесят тысяч есть. Спроси батюшку: этого хватит?

Догадавшись, о чём она говорит, отец Паисий сказал помаку:

— Скажи ей, что хватит и малой молитовки за монаха — чтобы Бог принял его в какой-нибудь уголок рая.

— Не нужны ему деньги, — перевёл помак женщине слова преподобного. — Рая ему пожелай — и всё.

Когда они вышли во двор, все изумились, видя, насколько изменилась женщина. Её лицо уже не было искажено исступлённой яростью, по нему разливался мир и покой. С благодарностью поглядев на отца Паисия, она спросила его:

— Что мне теперь делать? Что мне делать?

— Евангелие читать, — ответил преподобный. — И прекрати гадать на кофейной гуще и судьбу предсказывать. Начни трудиться, как все люди, и чем больше ты себя нагрузишь работой, тем лучше будет для тебя. Будешь трудиться — освободишься от всей этой бесовщины. Не будешь и вернёшься к старому — опять станешь бесноватой.

А спутникам этой женщины преподобный сказал:

— Если она не примет Святое Крещение, то так никогда и не выздоровеет.

В тот же день около полудня старец со своими спутниками приехали в другую деревню. Там они пришли в дом одной парализованной женщины, которая постоянно лежала в тёмной комнате и не выходила на улицу. В её доме собралось очень много народу. Люди тянули старца в разные стороны и кричали: «Я тоже болею!..», «Исцели и меня!..»

Повернувшись к одной женщине, бывшей мусульманке, недавно принявшей Крещение, преподобный сказал:

— Слушай, что же это такое творится? Чего хотят все эти люди? Чтобы им чудеса творили? А спасение души им что, совсем безразлично?!

— Геронда, — ответила женщина, — все только и говорят о том, что во Фракию приехал старец Паисий, который чудеса творит. Все ждут, что ты им что-то удивительное покажешь.

— Что я им покажу? — вздохнул преподобный. — Что там может показать негодный червяк?..[1] Правильно я говорю? Да не попустит Бог ничего подобного! Если начнутся чудеса, то ими воспользуется диавол. Он начнёт свои козни и всем нам навредит.

После этого преподобный начал собираться в дальнейший путь.

---

[1] См. Пс. 21:6.

Поскольку время было обеденное, одна женщина начала накрывать старцу и его спутникам стол. Увидев это, отец Паисий сказал: «Не годится у детей еду отнимать»[1]. Они поблагодарили женщину и уехали. Но за деревней остановились, чтобы перекусить тем, что у них было с собой. Там к ним подошла одна мусульманка с дочкой лет десяти. Девочка была очень худая и изможденная.

— Вот, дочка у меня совсем больная... — сказала мусульманка. — Врачи говорят, что умрёт.

— Любишь Бога? — спросил старец девочку.

— Люблю, — ответила та.

Отец Паисий трижды задал ей этот вопрос, и девочка трижды ответила утвердительно. Тогда преподобный сказал ей:

— Не бойся. Выздоровеешь, вырастешь, замуж выйдешь и деток родишь.

Так всё со временем и произошло.

К вечеру они приехали в монастырь Пресвятой Богородицы Фанеромени, где запланировали остаться на ночлег. Там преподобного ожидало много народу. Целая толпа: и христиане, и мусульмане — обступили старца, желая взять его благословение. «Да я же не священник, — говорил преподобный. — А как монах молитвенно желаю, чтобы вас благословил Христос и Матерь Божия». Тем временем непрерывным потоком в монастырь входили всё новые и новые мусульмане. Они несли с собой больных, чтобы старец Паисий их исцелил. Каждый хотел ухватиться за рясу преподобного и поцеловать её. Люди падали перед ним на колени, целовали его руки, ботинки, хотя старец всячески пытался удержать их от этого.

Потом в монастырь приехали несколько важных людей — политиков и военных. Они сели в архондарике, туда же пришёл старец Паисий, который, углубившись в свои мысли, смотрел в окно на мусульман и творил молитву Иисусову.

— Действительно, старец Паисий — Божий человек, он просто святой! — сказал один из гостей.

---

[1] Ср. Мк. 7:27.

— Вот-вот, — подтвердил другой и продолжил: — А Святая Гора — маяк для православных всего мира.

Преподобный никак не реагировал на эти речи.

В какой-то момент в архондарик заглянул генерал и попросил старца уделить ему время для разговора наедине.

— Поговорим, поговорим, — ответил преподобный, — но тебе ведь уезжать скоро.

— Но, геронда, — удивлённо воскликнул военный, — я ведь специально приехал, чтобы поговорить с Вами!

— Ты уедешь, сынок, не останешься, — повторил преподобный.

Вскоре командир получил известие, что произошло чрезвычайное происшествие, в котором пострадали солдаты. Он повернулся, посмотрел на преподобного и сказал:

— Геронда, я вынужден срочно уехать, но мы ещё поговорим.

Вместе с генералом собрался уходить и военный врач. Он дал преподобному конвертик, в который его супруга положила деньги и записку с просьбой помолиться об удачном поступлении сына в университет. Старец сильно сжал руку врача и сказал:

— Забери из конверта деньги.

— Какие деньги? — удивился военный. — Это, наверное, жена моя положила.

— Адам послушался Еву, — ответил старец. — Не говори, что Ева виновата[1]. Забери их скорей, а записку оставь.

Пристыженный врач открыл перед всеми конверт и забрал деньги. Старец взял записку и попрощался с военными.

Когда стемнело, христиане собрались в храме. Один юноша сказал старцу: «Религия, отче, нас сковывает». А одна женщина добавила, что дети, мол, жалуются и не хотят жить благочестиво «из-под палки». Тогда преподобный ответил следующим примером: «Младенец до рождения растёт в утробе матери, и она его ограничивает. Новорождённого ребёнка укладывают в детскую кровать, окружённую перильцами. Родители словно помещают его за тюремный забор, но делают

---

[1] См. Быт. 3:12.

это для его же блага. Когда ребёнок делает первые шаги, его держат за руку, чтобы он не падал. А когда человек вырастает, то его ограничивают законы государства, которые он обязан выполнять. То есть человека необходимо связывать и ограничивать, потому что своеволие и неподчинение приводят к катастрофе. Так и заповеди Божии предохраняют людей, чтобы они не падали. Бог по любви дал нам Свои заповеди, чтобы помочь исправиться. Не Бог нуждается в том, чтобы мы исполняли Его волю, нет. Мы сами нуждаемся в исполнении Его воли и должны почувствовать необходимость этого».

На следующий день они продолжили путешествие. Преподобный был доволен общением с помаками, а они его искренне полюбили и даже спрашивали: «Ты останешься здесь с нами навсегда?» А знакомые помаки предлагали преподобному: «Давай мы тебе построим простенькую каливку здесь, возле Комотини, чтобы ты там встречался с мусульманами и им помогал. Если ты им поможешь, все они примут Крещение и станут христианами». Преподобный ответил: «На вас тоже лежит вина за этих мусульман. Мусульманин, который живёт в глубине Турции и не слышит звона колоколов, имеет оправдание. Однако тот несчастный мусульманин, который слышит и звон церковных колоколов, и крики ходжи, даст ответ Богу за свой выбор. А вы тоже несёте за это ответственность: вы должны быть миссионерами, подходить к этим людям и с ними разговаривать. По-хорошему, все эти помаки должны были быть крещёными. Нет, не нахожу я вам никаких оправданий».

Перед тем как покинуть Фракию, они сделали остановку в Ксанти. Там, в офицерском клубе, их ждали те самые люди, которым пришлось спешно уехать из-за вышеупомянутого чрезвычайного происшествия. Они рассказали об этой аварии, а затем стали обсуждать с преподобным международное положение и существовавший тогда «Восточный блок»[1].

— И Эллада, православная страна, тоже сбилась с пути, — сказал военный врач.

---

[1] *«Восточным блоком»* именовались СССР и социалистические страны Центральной и Восточной Европы.

— Дерево может казаться засохшим, но корень его ещё крепок и может дать много новых сильных побегов, — с оптимизмом сказал преподобный.

Старца спросили и о тогдашнем премьер-министре Греции[1], и преподобный, невзирая на то что находился в клубе офицеров, сказал:

— Да этот может самому дьяволу уроки давать.

Услышав эти слова, офицеры испугались и сменили тему разговора. На прощание старец дал им всем в благословение крестики и уехал.

На обратном пути спутник спросил старца:

— Геронда, а почему помаки, которые всю жизнь живут в Греции, не становятся христианами?

— Это мы виноваты в том, что они не становятся христианами, — ответил преподобный, горестно покачивая головой. — Первые христиане стали закваской для всего мира. А мы, нынешние, вообще ничего не можем сделать — так, болтушка на воде.

Старец разговаривал со своим спутником о радости жертвы и о смерти.

— Все мы в какой-то день умрём, — сказал преподобный. — Вопрос в том, чтобы умереть как следует.

— А что значит «умереть как следует»? — спросил юноша.

— Значит принести пользу своей смертью, чтобы из неё вышло что-то доброе, — ответил преподобный и вскоре прибавил: — Стать мучениками… Тогда мы будем иметь и мзду от Бога.

Посещение Навпакта

Через месяц после поездки во Фракию, в июле 1989 года, отец Паисий — не знаем, каким образом, *áще в тéле, áще ли кромé*

---

[1] *Андрéас Папандрéу*, основатель партии ПАСОК (Всегреческое социалистическое движение), был премьер-министром Греции в 1981–1989 и 1993–1996 годах.

те́ла[1], — посетил горную область недалеко от Навпакта, где во время войны он служил радистом в «буйной» разведроте[2]. Единственным свидетелем его посещения был тогдашний епископ Навпактский Александр[3]. По свидетельству владыки, однажды в полдень зазвонил колокольчик епископской резиденции. Епископ открыл дверь и увидел неизвестного старца приблизительно шестидесяти пяти лет, очень скромного и тихого. Епископ провёл его внутрь и усадил за стол, чтобы накормить. Старец долго отказывался от трапезы, но в конце концов уступил настойчивости епископа. Он рассказал, что зовут его Паисий и приехал он из Салоник, чтобы посетить монастырь Панагии Амбелакиоти́ссы[4].

— Туда автобусы не ходят, а дорога длинная. Не надо в такой час ехать. Оставайся ночевать, а утром я тебя на своей машине отвезу, — предложил епископ Александр.

— Благодарю, владыка. Спать мне не хочется, да и прилечь тут особо негде, так что я просто на стуле посижу, — ответил преподобный.

Однако епископ положил старца спать на свою кровать, а сам переночевал в другом месте. На следующий день он повёз старца в монастырь.

— Почему ты так интересуешься этим монастырём? — спросил епископ.

— Когда я был молодым, я провёл трудные часы в этих местах. Я был солдатом Национальной гвардии, и мы воевали с ополченцами.

Старец один вошёл в храм и провёл там более двух часов. Он казался взволнованным, когда вышел. Поев немного хлеба с маслинами, они поехали обратно.

---

[1] 2 Кор. 12:2.
[2] См. стр. 74.
[3] Владыка Александр (Пападо́пулос) был епископом Навпактским с 1984 по 1995 год, с 1995 года — митрополит Мандинийский и Кинурийский. — *Прим. греч. изд.*
[4] *Монастырь Панагии Амбелакиоти́ссы* построен на месте явления иконы Пресвятой Богородицы, которая перенеслась туда чудесным образом из митрополичьего храма города Амбела́кии в Фессалии после разорения его турками в середине XV века.

В какой-то момент, не доезжая до деревни Анохо́ра, преподобный попросил: «Сверни-ка на эту дорогу». Они выехали на плато, окружённое елями, с церковкой посередине. Это была церковь Честного Предтечи на окраине деревни Макривалто, где сорок лет назад стояла лагерем рота, в которой служил старец. «Давай войдём внутрь», — пригласил владыку старец. Он попросил епископа забрать из храма иконы и даже один маленький колокол, который висел возле церкви, и перевезти всё это в митрополию[1]. А когда иконы и колокол погрузили в машину, преподобный попросил: «Дай мне здесь немного погулять одному». Около получаса он бродил вокруг, вглядываясь в окружающую местность, трогал деревья, внимательно осматривал каждый бугорок. «Я всё тут помню, каждую тропинку, поэтому хотел побыть здесь один», — сказал старец. Потом они возвратились в Навпакт.

Там старец засобирался в дорогу, но епископ уговорил его остаться ещё на ночь. На следующее утро он отвёз преподобного на автовокзал, чтобы посадить на автобус до Салоник. Они ждали автобуса минут двадцать, тихо беседуя. Некоторые слова старца коснулись очень личных аспектов жизни епископа и неожиданно для владыки явили особые дарования преподобного: прозрения и прорчества. До этого епископ ничего не слышал об отце Паисии. Впоследствии он узнал, что это святой человек, известный всему миру. По всей вероятности, это было одно из «сверхъестественных путешествий» преподобного, поскольку о выезде старца с Афона никто не знал и о поездке стало известно только намного позже от владыки Александра.

Духовный радар[2]

Преподобный говорил: «Газету я читал один раз в жизни — для того чтобы узнать, когда меня призовут в армию. Если в

---

[1] Иконы и колокол до сего дня хранятся в митрополии Навпакта. — *Прим. греч. изд.*

[2] В этой главке даты гражданских событий даются по новому стилю.

мире происходит что-то важное, то я узнаю́ об этом либо от людей, либо посредством молитвы». А о некоторых глобальных геополитических событиях конца восьмидесятых годов отец Паисий не только узнал посредством молитвы, но и увидел их с помощью «духовного телевизора» задолго до того, как они произошли.

О падении коммунизма в России и других социалистических странах он пророчествовал за десять лет до того, как это случилось. В 1979 году он сказал: «Коммунизм падёт. Советский Союз распадётся на много маленьких государств. В Албании будут открыты церкви и наступит расцвет Православия». Преподобный повторял эти пророчества несколько раз.

В 1988 году он сказал в беседе с паломниками: «В Ветхом Завете говорится о том, что ради грехов народа Бог попустил трём поколениям находиться в вавилонским рабстве, а потом устроил так, что они освободились. Каждое поколение — это двадцать пять лет. Три умножить на двадцать пять — сколько будет? Семьдесят пять. В 1917 году в России произошла революция. А семнадцать плюс семьдесят пять сколько будет? Девяносто два». После этого он сменил тему. Как мы знаем, все тоталитарные режимы Восточной Европы после 1992 года пали.

В мае 1989 года в офицерском клубе в Ксанти преподобный спросил одного военного врача:

— Ты понимаешь что-нибудь в рыболовном промысле? Что будет, если поймать в гнилые сети много рыбы и тут же попасть в шторм?

— Сети порвутся, и рыба уплывёт, — ответил врач.

— Вот и Советский Союз похож на сейнер, который забросил свои сети и набрал очень много рыбы. Но сети гнилые и вот-вот порвутся. А Чаушеску[1] убьют, и весь мир это увидит. Через полгода все эти народы освободятся, — пророчески сказал преподобный.

А в июле 1989 года отец Паисий говорил паломникам: «Как вы знаете, Христос был по профессии плотником. В руке

---

[1] *Чауше́ску Никола́е* (1918–1989) — президент Румынии.

у него — огромная отвёртка. Он винтики то ослабляет, то затягивает потуже. Сейчас Россию начнёт ослаблять, развинчивать потихоньку, раскручивать…» События, которые последовали, подтвердили, что старец видел «будущее, как настоящее», и «находящееся вдалеке, как находящееся вблизи»[1]. В августе 1989 года в Советском Союзе произошли события, которые привели к его распаду[2]. Через четыре месяца, в декабре, революция в Румынии свергла коммунистический режим. А накануне дня памяти святителя Спиридона[3] два монаха шли в келью святого Спиридона на престольный праздник. По дороге они зашли в Панагуду. Тогда выпало очень много снега, но на тропинке не было ни одного следа: старца никто не посещал. Преподобный вышел к калитке с раскрасневшимся лицом, на котором читалось сильное волнение и беспокойство. Он тяжело дышал. «Вы в келью святого Спиридона, на панигир? — спросил он. — Попросите там отцов, чтобы усердно молились. В Румынии началась страшная резня, настоящая гражданская война». Когда монахи пришли в келью святого Спиридона, оказалось, что никто из братии ничего о событиях в Румынии не слышал. Вскоре пришли известия о кровопролитных столкновениях, которые в те дни происходили в Румынии, а 25 декабря был казнён Чаушеску, и весь мир увидел это по телевизору.

В октябре 1989 года «духовный радар» старца Паисия «засёк» разрушение моста в Америке. В тот день, разговаривая с паломником у себя в Панагуде, он вдруг начал осенять себя крестом и восклицать: «Матерь Божья! Землетрясение!..» А потом начал бить себя руками по коленям и восклицать:

---

[1] См.: Минея, 6 декабря. Память святителя Николая Чудотворца. Великая вечерня, седьмая стихира на «Господи воззвах»: «…и́же дале́че су́щая прови́дяща, и отстоя́щая я́ко близ су́ща проро́чествующа нело́жно».

[2] Здесь имеется в виду мирная акция «Балтийский путь», в рамках которой почти четверть населения Литвы, Латвии и Эстонии выстроилась в живую цепь 23 августа 1989 года, в 50-ю годовщину подписания акта Молотова — Риббентропа, демонстрируя таким образом желание отделиться от СССР. Через 6 месяцев после этой акции Литва первой объявила о выходе из состава СССР.

[3] Память святителя Спиридона празднуется 12 (25) декабря.

«Боже мой, конец мосту! Боже мой, спаси этих людей!» Паломник с изумлением смотрел на преподобного. Потом старец успокоился и продолжил беседу. Паломник ушёл из кельи озадаченным, а на следующий день прочитал в газете о землетрясении в Сан-Франциско, о разрушении мостов и многих жертвах[1].

В августе следующего, 1990 года начал разгораться военный конфликт в районе Персидского залива[2]. Как и следовало ожидать, это вызвало большую тревогу во всём мире. Отец Паисий горячо молился, чтобы было найдено мирное решение, но получил известие от Бога, что войны не избежать. Преподобный сказал паломникам: «Никому не рассказывайте об этом, но когда я молился, то почувствовал, что война будет: зло не остановится. Такая будет война, что даже море будет полыхать от нефти». Так всё и произошло.

«Духовный радар» преподобного фиксировал ход военных действий. В ноябре он был в Суроти. Он сказал сёстрам: «Сегодня американцы должны были нанести удар в районе Персидского залива, но они отложили наступление. Молитесь, чтобы война не распространилась на другие арабские страны». А в конце декабря старец написал: «Пока пожар войны под контролем. Давайте молиться, чтобы огонь не перекинулся дальше, ведь если это произойдёт, только Бог знает, к чему это может привести».

17 января 1991 года около половины третьего утра старец закончил своё келейное всенощное бдение и собирался прилечь. Вдруг его объял невыразимый ужас. Он услышал громкий гул самолётов и взрывы бомб. Преподобного била сильная дрожь, он с чётками в руках вышел во двор кельи и стал молиться. Отец Паисий во весь голос произносил

---

[1] 17 октября 1989 года произошло сильное землетрясение (силой 7 баллов) около Сан-Франциско, было разрушено более 18 000 домов и 80 мостов, погибли 62 человека.

[2] 2 августа 1990 года иракские войска вторглись в Кувейт и оккупировали его. В ответ на это Совет Безопасности ООН наложил на Ирак ряд санкций, и Ирак оказался в международной изоляции. Сразу же началось формирование многонациональной военной коалиции на территории Саудовской Аравии и других близлежащих стран.

молитву Иисусову, а перед ним проносились «кадры» авианалёта и бомбардировки[1]. Утром к нему пришёл посетитель, и старец спросил его:

— Слышал, что сегодня ночью было в Ираке?

— Нет, геронда, — ответил тот.

— Была сильная бомбёжка. Если бы ты видел, как плакали маленькие дети, как бились в рыданиях матери! Была великая скорбь…

— А Вы откуда об этом узнали? — удивился собеседник.

— Я всё это видел у себя перед глазами, как по телевизору, — ответил старец.

Все дни, пока продолжались военные действия, преподобный не прекращал молиться. Однажды пришедшие в Панагуду монахи спросили преподобного, не перекинется ли эта война на другие страны.

— Идите по своим кельям и молитесь! — строго сказал отец Паисий. — Вы что, не видите, как убивают невинных маленьких детей? Ещё чуть-чуть, и произойдёт страшная беда.

И действительно, через неделю при новой бомбардировке было убито много детей.

Когда преподобный в следующий раз приехал в исихастирий, он говорил с сёстрами в том числе и о войне в Персидском заливе:

— Европейцы и американцы со своей так называемой свободой доходят до сатанизма, а их противник Саддам Хусейн, видно, Магометом себя возомнил. Бог уберёг, и зло не распространилось. Но так или иначе, то, что там происходит, похоже на сумасшедший дом. Разве может прийти мир, когда люди не примиряются с Богом? Ведь в Священном Писании как сказано? Когда все будут говорить о мире, придут волнения[2].

Одна сестра при этом сказала:

---

[1] 17 января 1991 года начались массированные авиационные удары по всей территории Ирака, преимущественно в тёмное время суток, и не прекращались до 23 февраля. Было совершено более 100 000 вылетов и сброшено более 88 000 тонн бомб.

[2] См. 1 Фес. 5:3.

— А Вы знаете, геронда, до чего сейчас техника дошла? Появились такие системы, что всё происходящее на войне можно в ту же минуту в любой точке мира по телевизору увидеть…

— Весь мир люди видят, а самих себя не видят, — ответил преподобный. — Не Бог людей разрушает — сами люди себя разрушают с помощью своего ума. Надо много молиться. Необходимо Божественное вмешательство.

Помощь монахам

Отец Паисий остро чувствовал необходимость того, чтобы монахи всецело посвящали себя своему служению — молитве. Поэтому он огорчался, наблюдая, как мирской дух создаёт помехи и «приводит в негодность монашеские рации». С душевной болью преподобный видел, что монахи трудятся в те дни, когда по церковному уставу этого делать нельзя, что их не столько вдохновляет монашеское правило, сколько современные технологии, что они стремятся к мирским удобствам, роскоши и общению с сильными мира сего. Иногда он расстраивался так сильно, что становился словно «лев огнедышащий»[1]. Со священным негодованием он кричал: «Обмирщение — величайший враг монаха, враг больший, чем даже сам дьявол!»

Старец открыто разговаривал со всеми: и с простыми монахами, и с игуменами, и с властями предержащими. Как-то раз старца посетил один министр и сказал ему:

— Геронда, если Вам что-то нужно, Вы только скажите — мы всё для Вас сделаем.

— Да, мне позарез нужна асфальтовая дорога от Кариес до Панагуды, — ответил отец Паисий.

Министр не почувствовал подвоха и тут же согласился.

— А что же ты не спросил, для чего мне дорога? Я вот надумал моторолллер купить — буду кататься в Кариес и обратно.

---

[1] См. *Иоанн Златоуст, свт.* Творения, т. III, кн. 1. Слово 2-е об Акиле и Прискилле. СПб.: СПбДА, 1897. С. 197.

Все, кто это услышал, засмеялись. А старец стал серьёзным и добавил:

— Вы приезжаете сюда, чтобы помогать монастырям, но привозите сюда мирской дух. Человек, который приезжает на Святую Гору, чтобы стать монахом, должен испытать лишения. Например, если монах поел не досыта, то он будет лучше молиться. А если монах имеет все удобства, это не идёт ему на пользу.

В августе 1989 года старца посетил недавно назначенный губернатор Святой Афонской Горы, довольно молодой человек[1]. Он хотел перенести свой офис из Кариес и занять для своей администрации комплекс зданий Свято-Андреевского скита, который тогда был в запустении. Он не рассказал о своей идее старцу, но отец Паисий сам начал разговор: «Погляди, сынок, здесь, на Святой Горе, куда тебя назначили, в плане „поруководить" не развернёшься. У тебя, скажем так, есть большой трактор — это твои способности, а тебе дают возделывать маленький огородик, который сам размером с этот трактор. Ты в нём даже не умещаешься, не можешь ни проехать, ни развернуться. Вот и Святая Гора с точки зрения административного управления — маленький огородик, тогда как для нас, монахов, это бесконечное духовное поле. Мы его пашем-пашем, а оно всё не кончается». Услышав эти слова, губернатор изменил своё намерение и не стал переносить офис.

У преподобного Паисия не было послушников, которые бы жили с ним. Наоборот, сам он стал «послушником всех и каждого». Однако многие монахи обращались к нему как к старцу за советом: кто-то регулярно, кто-то от случая к случаю. Некоторых монахов посылали к отцу Паисию их духовники для того, чтобы преподобный помог им преодолеть то или иное искушение. Зачастую это происходило в тех случаях, когда инок уже был почти готов оставить монашескую жизнь и уйти в мир — но после беседы со старцем он возвращался в свою обитель, готовый снова начать борьбу.

---

[1] *Губернатор Афона* — представитель Греческого государства, блюститель общественного порядка на Святой Горе. В его ведении — полиция, отдел регистрации иностранных граждан и таможня.

Преподобный помогал монахам «включать в работу» добрый помысел о других и задаваться правильными вопросами о себе самих. С его помощью они вновь начинали свою борьбу с доверием к своему старцу и с верою в Бога. Отец Паисий подчёркивал, что доверие к старцу похоже на центральный, ключевой камень свода. Если этот камень вынуть, весь свод рухнет. Однако преподобный особо подчёркивал, что над всем стоит Бог, Который осязаемым образом помогает тем, кто с самоотвержением посвящает себя Ему, даже если в поисках духовного отца и руководителя «вместо капитана они попадают на простого матроса».

Однажды к старцу пришёл новоначальный монах, который собирался уходить из монастыря, потому что его терзали помыслы против игумена. Его привёл в Панагуду один из соборных старцев обители, который до этого приложил немало стараний, чтобы исправить помыслы брата, но безрезультатно. Однако после беседы с преподобным юноша настолько переменился, что соборный старец изумлялся: «Старец Паисий что, мозги ему заменил?» Они вернулись в монастырь, и, хотя в обители ничего не изменилось, монах, избавленный от ядовитых помыслов, не только там остался, но и приносил родной обители немалую пользу.

Некоторым монахам-келиотам, которые регулярно советовались со старцем, он не давал какого-то конкретного устава. Преподобный рекомендовал им иметь духовный распорядок дня и жить, руководствуясь свободой и любочестием. Также он советовал им не заводить много знакомств и жить тихо и просто, без лишних материальных благ. «Относитесь к вашей монашеской жизни как к духовному пиру, — говорил он. — Пусть ваша келья будет простой и аскетичной — как пещера, чистой и умилительной — как маленькая церковь. Современные технологии могут помогать в наших ежедневных нуждах, но за одной нуждой приходит другая, и мы не можем вовремя остановиться. Ограничьте свои потребности и отложите житейское попечение».

Старец, конечно, радовался, когда видел, что некоторые братья выделяются своим подвижническим духом, но старался уберечь их от опасности считать себя лучше других монахов. Однажды два монаха, которые часто приходили к нему за советом, пришли в Панагуду и привели с собой ослика. Преподобный почувствовал, что в них зреет гордыня, оттого что они, в отличие от многих монахов-келиотов, купили не машину, а ослика. Отец Паисий сказал: «Не сравнивайте себя с теми, у кого есть машины. Сравните себя с теми прежними старцами, которым приходилось ходить пешком и носить все грузы на спине. Тогда вы поймёте, что до аскетов вам очень далеко».

Некоторые монахи были духовными чадами преподобного и давали ему права как отцу. Старец иногда их сильно ругал, доходило даже до крика. А если он видел, что братья, несмотря на доброе расположение, были к себе невнимательны, он становился ещё строже. Как он сам говорил, «режу до самых костей». Однажды он объяснил это так: «Например, у тебя есть маленький прыщик и глубокая рана. Тебя пугает рана, а на прыщик ты не обращаешь никакого внимания. Но я вижу, что рана скоро затянется, а вот прыщик может перерасти во что-то злокачественное. А вы как реагируете? У вас такие помыслы в голове: „Что же он так прицепился ко мне и орёт из-за мелочи?" Да, сейчас это, может быть, и мелочь, но я вижу, к чему она может привести. Потому и кричу».

Особенно старец подчёркивал значение духа жертвенности и духовного благородства. Некоторым монахам-келиотам, которые собирались переселиться в другую келью, он советовал так: «Сделайте в келье уборку, оставьте чистые простыни, одеяло, чтобы монах, который придёт, смог в первую же ночь в новой келье лечь спать. Оставьте кружки, миски, кастрюльку, чтобы, придя в келью, брат мог приготовить себе еду. Денег за келью не просите — сколько даст, столько и хорошо[1]. Если даст мало, не беда. Пусть помолится за ваших родителей».

---

[1] До начала XX века на Афоне встречалась практика денежных взаиморасчётов между монахами за право проживания в той или иной отдельно стоящей келье. Постепенно эта практика сходила на нет, ныне такие расчёты являются редким исключением.

Помощь монахам

Как-то раз один монах, раздираемый многими помыслами, пришёл к преподобному и стал ждать его у ворот кельи. Вскоре старец вышел из леса. Он выглядел уставшим, но лицо его светилось невещественным светом. Отец Паисий, не проронив ни звука, даже не сказав «благословите», провёл гостя в мастерскую и, взяв в руки длинный напильник, стал шлифовать заготовки для иконок, повторяя: «Мы должны приносить себя в жертву, должны уставать, должны терпеть…» И снова: «Мы должны приносить себя в жертву, должны уставать, должны терпеть…» Так он работал, приговаривая одни и те же слова, минут десять, после чего сказал посетителю: «А теперь всё. Иди». Монах взял у него благословение и ушёл с огромным облегчением на душе.

В другой раз к старцу пришёл один монах, очень огорчённый тем, что про него в монастыре распускали слухи. Едва увидев его, преподобный деликатно выпроводил всех посетителей, сказав: «Давайте, ребята, идите пока. У меня есть небольшое дельце». Когда они остались вдвоём, старец, не давая монаху рассказать свою историю, сказал: «Как же тебе не стыдно, сынок? Ведёшь себя, как будто ты не монах. Про меня вот говорят, что я — колдун. И что мне теперь, расстраиваться из-за этого? Ну называют и называют. Бог даёт нам благоприятную возможность заработать, а мы от этой возможности отбрыкиваемся своим расстройством. Давай-ка, за ум возьмись!»

К старцу приходили и монахи, которые по человеческой немощи уклонялись от монашеского чина. Старец, сам будучи строгим аскетом, вёл себя с ними с любовью, терпеливо увещевал их, поддерживал, желая пробудить в них любочестие, но одновременно предупреждал: «Смотри, если так будешь жить, то получишь от Бога крепкую оплеуху».

Один несчастный монах был порабощён страстью пьянства. Отец Паисий часто звал его к себе пилить дрова и обращался с ним с большой любовью, поскольку этот монах в молодости не получил ни от кого никакой духовной пользы и был несправедливо обижен. Однажды какой-то журналист брал у этого монаха интервью. Он спросил его:

— А здесь, на Святой Горе, святые-то есть?

Монах ответил:

— Сам я точно не святой, но одного святого знаю — это старец Паисий.

— А почему он святой? Он что, чудо сотворил? — спросил журналист.

— Чудес не видел, врать не буду. И насчёт постов его, бдений и молитв тоже ничего не знаю. Но кое-что рассказать могу. Я, как вы видите, частенько выпиваю. Выпью и хожу по кельям, по монастырям, и меня отовсюду, понятное дело, гонят — а как вы хотели? Но вот старец Паисий каждый год меня зовёт дрова пилить. Что, думаете, ему дров напилить некому? Да сколько угодно! И хорошие, и добродетельные, и с бензопилой. Но он зовёт кого? Меня. А почему? Да потому, что у меня нет другого способа заработать себе на хлеб. Вот прихожу я к нему в Панагуду, а он мне и говорит: «Сколько возьмёшь, брат?» — «Ну сколько?.. — думаю я. — Четыре тысячи драхм, геронда!» А он в ответ: «Я тебе заплачу шесть тысяч драхм, потому что ты человек бедный и хороший». Но и это не всё. Когда у других дрова пилю, они меня одного оставляют, а старец Паисий не такой. Приходит ко мне, помогает. «Сядь, — говорит, — отец, отдохни». Но это тоже не всё. Он к моему приходу запасает консервы хорошие, вина бутылочку — заботится, понимаешь, чтобы я поел как следует. А когда я работаю, а к нему посетители приходят, он меня нахваливает при людях, громко ещё так. И говорит им: «А ну-ка, возьмите благословение у геронды!» Я так думаю: раз он такие вещи делает, значит, он точно святой.

Впоследствии этот брат исправился и жил по-монашески.

Отец Паисий не позволял мирянам осуждать монахов. Как-то раз один юноша рассказал старцу, что видел в Кариес в кофейне знакомого монаха.

— Смотри, сынок, — ответил преподобный, — этот человек оставил свою семью, своё имущество, приехал на Святую Гору и подвизается здесь ради своего спасения. У него осталась дурная привычка, с которой он борется. Если хочешь, можем с тобой заключить такой договор. Ты тоже оставишь всё, как и он, придёшь на Афон, станешь монахом, а я тебе разрешу раз в неделю ходить в Кариес — посидеть в кофейне.

Юноша, устыдившись, опустил голову и сказал:

— Не могу, геронда.

Великим послушанием отца Паисия было исправление помыслов о монахах у мирян.

«Всё равно что дезертировать с передовой»

Преподобный был охвачен желанием удалиться от людей и жить в полном уединении, ещё раз «прожить хотя бы один синайский день». Но время шло, и он явственно понимал, что это невозможно. В 1988 году он сказал: «Сейчас, когда мой распорядок дня определяют люди, мне тяжело скрыться от мира, и я чувствую, что надо было это сделать раньше, а теперь мои руки связаны. Надо было ехать на Святую Землю одному, без рясы, в лохмотьях, в шапочке. Я был бы записан в монахоло́гий[1] не какой-то земной обители, а самого Бога, и монашеская жизнь была бы для меня праздником. Незнакомец среди незнакомых, я жил бы с Одним Богом, и никто из людей не знал бы, кто я такой».

У отца Паисия было много знакомых в Австралии и в Америке. Время от времени они предлагали построить для него исихастирий, чтобы он мог уединиться. Однако у кого бы из отцов он ни спрашивал совета, все его отговаривали. Один старец ему даже так сказал: «У тебя, отец Паисий, „епитимья" такая: принимать людей и их утешать».

В конце 1989 года преподобный получил и Божественное извещение о том, что ему следует остаться в Панагуде и утешать людей. Оказывая послушание воле Божией, он прекратил уходить в лес и стал меньше уединяться в своей келье. Если он не успевал читать Псалтирь, то молился по чёткам, читая только «обстоятельства» псалмов[2]. Кто-то из братии, заметив, что у преподобного изменился распорядок дня, сказал: «Вижу, геронда, Вы в лес уже не ходите». На это отец Паисий ответил словами пророка Исайи: *«Утешайте,*

---

[1] *Монахоло́гий* — список монахов, принадлежащих к братству определённой обители.

[2] См. сноску 1 на стр. 412.

утеша́йте лю́ди Моя́, глаго́лет Бог» [1], давая понять, что такую заповедь он получил от Бога.

В мае 1989 года преподобный сказал: «С военной службы в запас увольняют после войны. А сейчас идёт война, духовная война… Если б вы знали, сколько народу буквально рвёт меня на части! Однако я чувствую внутреннее утешение. Если я уйду, то буду считать, что бросаю оружие в военное время — всё равно что дезертирую с передовой, всё равно что отступаю. Буду считать это предательством».

Поучения во дворе Панагуды

Преподобный Паисий всего себя отдал Богу, а Бог подарил его людям той эпохи. Отец Паисий был великим утешителем, горячим проповедником покаяния, несгибаемым борцом за веру и Отечество. К каждому человеку он относился с христоподражательной простотой и *для всех становился всем, дабы спасти хотя бы некоторых*[2]. В Панагуде он прожил около пятнадцати лет. За это время он принял тысячи людей: разного возраста, образованных и неграмотных, бедных и богатых, школьников и студентов, политиков и военных, верующих и неверующих, любопытных и равнодушных, инославных и иноверцев, прельщённых и бесноватых. К кому-то он обращал всего пару слов, с другими разговаривал несколько минут, а с некоторыми беседовал по несколько часов. Встреча с преподобным изменила жизнь многих людей. Немало было таких, кто, спускаясь по тропинке в Панагуду, брёл, сгибаясь под грузом проблем, а уходил от старца с надеждой, расправив плечи.

Однако кто смог бы описать, что именно тот или иной человек пережил рядом с преподобным отцом? «Мне пятьдесят пять, а чувствую я себя так, словно прожил всего полчаса. Да-да, те самые полчаса, которые я находился рядом с живым святым — с отцом Паисием, те полчаса, которые я видел его своими глазами, а он — видел меня», — рассказывал один

---

[1] Ис. 40:1.
[2] См. 1 Кор. 9:22.

Преподобный Паисий во дворе Панагуды

человек. Другой вспоминал, что день, когда он встретился со старцем, был самым «духовно солнечным» днём за всю его жизнь. Кто-то ещё уверял, что старец Паисий повёл себя с ним так, словно приложил к его ране духовный пластырь, и она затянулась. Кто-то не мог забыть любовь преподобного, ту любовь, которая не делала никаких исключений, а кто-то рассказывал о том, насколько деликатно отец Паисий снизошёл до его проблемы — так, словно эта проблема была его собственной, как старец сострадал ему и плакал вместе с ним, стараясь найти выход из тупика.

Слова преподобного были очень простыми, но при этом наполненными глубочайшими смыслами. Как-то раз один человек, столкнувшись с проблемой, спросил его совета, и старец ответил:

— Терпение и молитва.

— А ещё что, геронда? — спросил его собеседник.

— А тебе что-то ещё нужно? — ответил старец. — Говорю же: терпение и молитва. По-твоему, этого мало?

— Но мы-то приехали сюда, чтобы ты с нами поговорил, — расстроился этот человек. — Чтобы ты нам, что ли, проповедь какую прочитал...

— Годы мои не те уже, — улыбнулся преподобный. — Будь я помоложе, конечно, забрался бы на крышу и проповедовал бы тебе оттуда.

Обычно преподобный начинал разговаривать с паломниками не сразу. Часто народ в архондарике под открытым небом ждал, когда он начнёт беседу, а старец молча сидел с опущенной головой, ожидая благоприятного повода или хорошего вопроса для начала беседы. Но если вопрос задавался с фальшивым интересом, то истинный человек Божий не отвечал, либо начинал юродствовать, открывая таким образом истинные интересы своих собеседников. Так, например, на вопрос: «Геронда, как нам духовно преуспеть?» — преподобный отец мог ответить: «А какой на сегодня курс английского фунта?» или: «А сколько стоит новая модель „Мерседеса"?»

Когда отца Паисия просили: «Скажи нам что-то духовное», он расстраивался, потому что видел, что за этими словами нет «доброй обеспокоенности», нет более глубокого духовного поиска. «Когда вы идёте к бакалейщику, — отвечал он таким людям, — вы ведь не говорите ему: „Дай нам товаров"? И провизору в аптеке не говорите: „Дай нам лекарства"? Если так им говорить, то какие товары и лекарства они вам дадут? Чтобы получить пользу, надо иметь настоящий интерес к чему-то. Надо говорить так: „Мне не хватает того-то и того-то, мне необходимо узнать то-то и то-то, чтобы получить помощь в моей борьбе"».

А иногда сам преподобный отец находил повод, чтобы о чём-то поговорить. Один юноша подарил ему огромную ракушку моллюска — пи́нны[1]. Её внутренняя поверхность, как это обычно бывает у моллюсков такого рода, была необыкновенно красивой, гладкой, нежно переливалась всеми цветами радуги, а снаружи ракушка выглядела грубой и некрасивой. Отец Паисий, взяв ракушку в руки, с любопытством разглядывал её, а потом, обращаясь ко всем, сказал: «Вот и святые люди похожи на такую ракушку. Снаружи они все в шрамах, грубые, корявые, потому что на внешнее они внимания не обращали. А внутри — гладкие, переливаются прекрасными цветами, тончайшими духовными оттенками, потому что занимались тонкой внутренней работой над собой. Мы же сегодня наоборот: снаружи кажемся красивыми, тогда как изнутри корявы и некрасивы — словно моллюск, у которого внутренняя и внешняя сторона раковины поменялись местами».

В другой раз преподобному послужил поводом для начала беседы маленький магнитофончик, который достал один из паломников со словами: «Геронда, можно я буду беседу записывать?» — «Нет, — ответил старец и, обращаясь ко всем, продолжил: — Глядите, ребята, упростите свою жизнь. Пройдёт год, и вместо такого магнитофончика появится другой, где кассета будет сама выскакивать. Потом придумают другой — с кнопкой, одним нажатием которой можно будет заменять батарейки. По сути, между тремя этими магнитофонами разницы никакой не будет, однако люди будут стремиться

---

[1] *Пи́нны* — род двустворчатых моллюсков с клиновидной раковиной длиной до 90 см.

покупать более „прогрессивный". Поэтому живите просто и не попадайтесь в сети бесконечного мирского „прогресса"».

Иногда поводом для разговора становилось место рождения или профессия приходивших.

— Откуда родом? — спросил он как-то группу паломников.

— С Крита, — ответили те.

— А, у вас там на Крите водку хорошую делают... Вот скажите мне: если налить водки в стакан и оставить её на несколько дней, она выдохнется или нет? Конечно, выдохнется: спирт испарится, а та жидкость, что останется в стакане, окажется ни на что не годной — ни микробов она не убьёт, ни гореть не будет, ни жажду не утолит. Что с ней делать? Только вылить. Так же и человек духовный: если он оставляет себя без внимания, то вскоре «выдыхается», «испаряется» его подвижнический дух — и он становится ни на что не годным.

Помолчав немного, старец спросил:

— А работаете где?

— В телефонной сети, — ответили паломники.

— Если кабель заржавеет, то ведь хорошего контакта не будет? — ответил на это старец. — Придётся счищать с проводов ржавчину. Так вот и человек, если он покрыт ржавчиной грехов, то её надо счистить покаянием и исповедью, для того чтобы у него был «контакт» с Богом.

Когда старца посетила группа предпринимателей из США, он спросил их:

— Что вас там, в Америке, радует больше всего?

— Увеличение прибыли, — ответили американцы.

— А я, — ответил старец, — радуюсь, если помогу чьей-нибудь душе — тогда увеличивается и моя прибыль.

Часто ещё до того, как начиналась беседа, либо когда беседа подходила к самому важному моменту, происходило что-то, отвлекающее внимание паломников. Старец Паисий заметил, что иногда это «что-то» происходило по бесовскому действию. Мешая беседе, диавол хотел, чтобы слушатели старца не получили пользы. Понимая это, отец Паисий не расслаблялся. Однажды не успели паломники рассесться на пеньки — появился целый рой больших слепней, которые с грозным жужжанием стали летать у людей над головами. «Понимаете, что происходит? — спросил старец. — Это нападение того врага, который не заслуживает, чтобы мы произносили его имя. Он сделал это для того, чтобы мы не поговорили и не получили пользы. Но только мы ему такой радости не доставим. Обождите-ка». Выйдя за калитку, преподобный сорвал несколько веток с земляничного дерева. Оборвав почти все листья с этих веток, он оставил по три листика на верхушке каждой и раздал паломникам со словами: «Возьмите по веточке и ударьте ею себе по голове, по правому и левому плечу — в знамение креста». Как только люди сделали так, слепни исчезли.

Однажды, когда старец разговаривал с людьми, сидя под масличным деревом, из ветвей послышалось сильное чириканье дрозда. Дрозд чирикал так громко, что посетители даже удивились:

— Неужели от какой-то птички может быть столько шума?

В какой-то момент старец поднял глаза на крону дерева и сказал:

— Я ведь тебя просил: когда мы разговариваем, не мешай нам.

На несколько секунд дрозд умолк, но как только старец продолжил беседу, зачирикал ещё сильнее.

— Ну что я тебе сказал? — снова попросил старец. — Прошу тебя, улетай отсюда.

Дрозд опять ненадолго замолчал, но потом снова продолжил своё щебетание.

— Что ж, понятно, — сказал тогда старец. — Вижу, что договориться с тобой невозможно. А если сладенького?

Он попросил одного из паломников принести лукум, положил кусочек на ладонь, посмотрел в гущу ветвей и сказал:

— Давай: быстро бери лукум и улетай!

Тут же из веток выскочил дрозд и уселся на плечо преподобному.

— Сам, сам, — сказал ему отец Паисий. — Что мне, руку ради тебя выворачивать?

Тогда птичка важно прошагала по руке преподобного, остановилась на краю ладони и начала клевать сладость.

— Ну уж нет!.. — сказал старец. — Здесь ты чревоугодничать не будешь. Забирай лукум и улетай!

После этих слов дрозд взял в клюв кусочек лукума и улетел с ним подальше. А паломники, сидя во дворе афонской кельи, в восхищении наблюдали эту райскую сцену.

Отец Паисий со вниманием относился к тому, чтобы его дружба с птицами и животными не стала предметом любопытства. Он расстраивался, когда слышал разные слухи на этот счёт. Как-то раз к нему пришёл один мужчина с двумя детьми. Войдя во двор Панагуды, он сказал старцу:

— Геронда, я слышал, что у вас тут живут какие-то необыкновенные ящерки, какие-то чудесные змейки!.. Я вот и детишек с собой привёз!.. Покажите их нам, пожалуйста!..

— Цирк уехал, — сказал старец и устало улыбнулся.

А в другой раз паломники начали просить:

— Геронда, мы так много о Вас слышали! Не могли бы Вы сотворить для нас какое-нибудь чудо?

Старец поднялся, взял возле поленницы большой топор, вернулся к паломникам и сказал:

— Вы вот что, ребята: рассядьтесь-ка лучше пореже...

— А зачем, геронда? — спросили те.

— Да затем, — ответил старец, — что я вам сейчас головы рубить буду. А потом — на место их клеить. Да не бойтесь, просто пореже рассядьтесь, чтобы я потом не перепутал, где чья голова. А то, знаете, как оно бывает: чудо чудом, а потом — раз, и с чужой головой домой поехал.

Посетители очень испугались и тут же убежали.

Преподобный огорчался, когда люди его просили сотворить чудо, говоря, что от этого они уверуют в Бога. «Нелюбочестная вера, — говорил он, — ищет чудес. А в Бога надо веровать любочестно, а не искать чудес для поддержания веры. Когда я вижу взрослых людей, просящих меня сотворить чудо ради того, чтобы они уверовали, знаешь, как меня это расстраивает? Ладно, если бы они были дети малые: у тех хоть есть оправдание в силу возраста. А эти? Сами ради Христа палец о палец не ударили и говорят: „Вот увидим чудо, тогда и уверуем". Какая дешёвка!.. Что, думаешь, уверуют они, если действительно увидят чудо? Как бы не так! Скажут, что это колдовство, или придумают для своего оправдания какое-нибудь ещё объяснение».

А однажды во дворе Панагуды был и вот какой случай. Один университетский профессор в разговоре со старцем стоял на своём:

— Помилуйте, геронда, но я-то ведь человек образованный!.. Поверить в то, что есть Бог? Увольте — не могу!

— Ну и ну, благословенная душа... — сказал наконец старец. — Да даже ящерица, если её спросить, скажет нам, что Бог есть. Так что ты у нас глупее ящерицы. Хочешь, докажу?

Посмотрев по сторонам и увидев среди камней ящерицу, преподобный позвал её: «А ну-ка! Да — ты, ты! Иди сюда!» Ящерица, как разумная, тут же подбежала к старцу. «Скажи-ка нам, Бог есть?» — спросил ее отец Паисий. Ящерица вытянула шейку и стала делать головкой движения, похожие на утвердительные кивки. Профессор смотрел на всё это, окаменев, а потом вдруг начал плакать.

— Видишь теперь, что ты глупей, чем пресмыкающееся? — сказал старец. — Ящерица — и то знает, что есть Бог, а ты — учёная твоя голова! — ещё этого не понял?

А на следующий день в архондарике под открытым небом тоже шла беседа о вере. Один парень кипятился:

— Я вот, отец Паисий, ни в Бога не верю, ни в чудеса. Всё это такие глупости!

— Постой-ка, — прервал его старец. — Клади голову вот сюда, на пенёк. Вот сюда, сюда... Та-а-ак, это у нас будет плаха. Сейчас я её тебе сначала отрублю, а потом приделаю на место.

Молодой человек с готовностью встал перед пеньком на колени и положил на него голову. Отец Паисий принёс топор и занёс его у парня над головой, делая вид, что сейчас ударит. Все свидетели этой сцены смеялись. Наконец, отец Паисий прекратил пугать молодого человека, отложил топор и сказал ему:

— Да у тебя, брат ты мой, вера крепче, чем у меня! Веришь, что я сотворю чудо, — вот и разлёгся на пеньке под топором. Вставай давай!.. — И потом добавил: — Если бы Бог хотел силком заставить всех людей уверовать, то сделать это Ему было бы легче лёгкого. Но если бы Он это сделал, то этим лишил бы людей свободного произволения: они уверовали бы в Него по необходимости, под давлением Его сверхъестественной силы.

Преподобный старец обычно не любил углубляться в вопросы догматики. Если его спрашивали о чём-то подобном, он отвечал очень внимательно. Ответы его были плодом молитвы. Обычно он использовал простые примеры. Некоторые спрашивали его о догмате Святой Троицы, и он хотел найти и пересадить в Панагуду такой кипарис, у которого было бы три вершины. Он долго искал такой кипарис в лесу, но отыскать не мог. И вот однажды старец увидел, как возле забора Панагуды сам вырос крохотный кипарисик, ствол которого разделялся на три части. Отец Паисий очень обрадовался, обложил его камнями и заботился о том, чтобы деревце не засохло. Теперь, когда кто-нибудь спрашивал его: «Но как Один Бог может быть в трёх Лицах?» — преподобный посылал его посмотреть на «триединый» кипарисик со словами:

— Ну-ка, сходи вниз, к забору и посмотри — сколько там растёт кипарисов — во-о-он там, где три вершинки виднеются и камушками огорожено?

— Там один кипарис, — говорил паломник, возвращаясь в келью.

— Что же, выходит, мы с тобой друг друга поняли? — отвечал на это старец.

Как-то раз один человек спросил преподобного:

— Геронда, а что происходит с теми, кто не познал Православия? Ведь такие люди могут быть хорошими.

— В Синайском монастыре, — ответил отец Паисий, — живут как братия обители, так и бедуины. Игумен поручает дела как одним, так и другим. Но вот как ты думаешь, если игумену надо будет отъехать куда-нибудь из монастыря, кому он оставит ключи?

— Братьям-монахам, — ответил паломник.

— Так вот и Бог, — ответил на это старец. — Все люди на земле — Его дети, однако благодать Свою Он даёт только православным.

А в другой раз, когда обсуждали Православие, старец сказал:

— Давайте и я вам теперь вопрос задам. Как вы думаете, кто самый страшный враг Православия?

«Триединый» кипарис возле Панагуды

— Папа Римский! — закричал кто-то.
— Нет-нет, масоны!
— Иеговисты! Иеговисты! — наперебой говорили другие.

Подождав, пока все выскажутся, преподобный сказал:

— А вам никогда не приходило в голову, что самые страшные враги Православия — это мы сами? Ведь если бы каждый из нас был правильным и совершенным православным христианином, то сейчас на земле не было бы ни одного неправославного человека.

Всю свою жизнь преподобный отец наш Паисий возделывал покаяние. Теперь его делом было приводить людей к покаянию и исповеди. Часто, как только очередная компания паломников входила во двор Панагуды и рассаживалась на пеньках в архондарике, старец подходил к каждому и спрашивал, есть ли у него духовник. Как-то раз все ответили «да», кроме одного паренька.

— А ты откуда сам, парень? — спросил его старец.
— С Патиси́ьи[1], — ответил молодой человек.

---

[1] *Пати́сья* — район в центре Афин.

— С Патисьи? Тогда найди духовника, чтобы спастися, — ответил старец в рифму.

В другой раз один юноша сказал преподобному:

— Я, отец Паисий, веду духовную жизнь, хожу в церковь и причащаюсь.

Старец слушал его молча, склонив голову. Потом, поглядев на юношу, спросил:

— А духовник у тебя есть? Ты исповедуешься?

— Духовника нет, — ответил юноша. — Когда я хочу причаститься, то исповедуюсь перед иконами.

На это преподобный Паисий ответил:

— Эх, сынок, дорогой… Разве ты сможешь увидеть своё лицо без зеркала? Разве сможешь увидеть свои грехи, не исповедуясь духовнику? Разве сможешь получить отпущение грехов без того, чтобы священник накрыл твою голову епитрахилью и прочитал над тобой разрешительную молитву?

Некоторых из посетителей преподобный сразу посылал на исповедь, чтобы, как он говорил, «рассеялся туман и прояснился горизонт». Он отправлял их с такими словами:

— Поисповедуетесь — и тогда приходите, чтобы мы с вами могли прийти ко взаимному пониманию.

Некоторые возражали:

— Геронда, но если Вы понимаете, что мне делать, скажите мне об этом сейчас, без исповеди.

— Даже если я и понимаю, что тебе делать, — отвечал старец, — то ты сейчас этого не поймёшь, даже если я буду тебе долго разъяснять. Поэтому пойди сперва поисповедуйся, а потом приходи — и поговорим.

А однажды преподобный старец даже сложил руки рупором и крикнул вслед юноше, который уже отошёл от Панагуды на значительное расстояние: «Э-э-эй, Фома-а-а! Послушай, Фома-а-а! Исповедь не только спасает человека! Она его ещё и о-свя-ща-ет!»

Часто разговор в архондарике под открытым небом шёл о детях, их воспитании и образовании. Один человек спросил старца:

— Геронда, как нам вырастить своих детей нормальными людьми?

— Задача родителей — дать понять детям, что нельзя жить вдалеке от Христа, — ответил преподобный. — Христос — это единственный Путь, другого пути нет. Если родители передадут эту истину своим детям, то ничего другого и не понадобится — в этом будет всё их воспитание.

Другой отец сетовал старцу:

— Геронда, мы не знаем, как вести себя с детьми.

Преподобный на это дал такой совет:

— Когда ты едешь по городу на машине и перед тобой на светофоре загорается красный, ты ногу с газа убираешь, притормаживаешь и останавливаешься. Когда загорается зелёный — снова спокойненько выжимаешь газ. Вот и с детьми себя так ведите: не давите на них слишком сильно, но и распускаться им не давайте.

А по поводу «бунтов» детей в подростковом возрасте старец говорил так: «Здесь нужны две вещи: ослиное терпение и безбрежная любовь».

Паломники часто с беспокойством говорили старцу о нравственной расхлябанности молодёжи, о господстве духа вседозволенности. Сам отец Паисий тоже был обеспокоен: «Тёмные силы, — говорил он, — хотят всё разрушить, и прежде всего — школу. В прежние времена школа и церковь стояли бок о бок: и учитель был готов, что дети пропустят урок ради церковной службы, и дети были как ягнятки. А теперь дети — как стадо баранов. Они набрасываются на родителей, на учителей, организуют митинги, захватывают школы, отказываются ходить на уроки. Те, кто находятся у власти и несут ответственность за этот разгул вседозволенности, возьмутся за голову только тогда, когда обезумевшие детки им самим начнут вспарывать животы».

Однако отец Паисий говорил, что Бог будет судить детей со снисходительностью, потому что Он видит, кто им даёт подсказки — «вражеский суфлёр». «Надо молиться, — говорил преподобный, — потому что в наше время души многих детей окажутся искалеченными. Однако Благий Бог будет судить не по закону, а по справедливости, в соответствии с тем, в каком состоянии находились бы эти дети, если бы не подставил им ножку этот мерзкий режим, который ввёл грех в моду».

Гневом подвигнутый праведнейшим[1], старец говорил о членах правительства и депутатах греческого парламента, которые принимали законы, подталкивающие молодёжь к безнравственности. Этих людей он имел в виду, когда со священным негодованием читал следующие слова 93 псалма: *Бог отмще́ний Госпо́дь, Бог отмще́ний не обину́лся есть… Доко́ле гре́шницы Го́споди, доко́ле гре́шницы восхва́лятся?*[2] — а также слова из 82 псалма: *Бо́же, кто уподо́бится Тебе́? Не премолчи́ ниже́ укроти́, Бо́же; я́ко се врази́ твои́ возшуме́ша и ненави́дящии Тя воздвиго́ша главу́. На лю́ди Твоя́ лука́вноваша во́лею и совеща́ша на святы́я Твоя́… испо́лни ли́ца их безче́стия и взы́щут и́мени Твоего́, Го́споди*[3]. Одновременно преподобный просил Бога, чтобы Тот явил правильных людей, новых Маккавеев. Всё своё упование преподобный возлагал на Него.

Многим, кто беспокоился о будущем Эллады, он с уверенностью говорил: «Не переживайте, Эллада не погибнет, потому что она — форпост Православия. Если бы наша Родина была в руках политиков, она бы уже погибла. К счастью, она находится в руках Бога, Который её защищает. Каждый раз, когда она находится в опасности, Бог в последнюю секунду её спасает. Нас вскоре ждут большие искушения. Дьявол пашет вовсю, но не беспокойтесь, в конечном итоге сеять и жать будет Христос. Благий Бог не попускает происходить чему-то плохому, если после этого не должно случиться что-то доброе. Мы пройдём через крепкую встряску, но за ней последует слава Эллады и сияние Православия».

Конечно, преподобный имел в виду подъём Эллады не в мирском смысле, а в духовном. Он хотел, чтобы греки жили *во вся́ком благоче́стии и чистоте́*[4], так, чтобы они имели право на помощь Бога, Который *воздвиза́ет от земли́ ни́ща, и от*

---

[1] См.: Минея, 16 июля. Память святых отцов шести Вселенских Соборов. Третья стихира на хвалитех.
[2] Пс. 93:1,3.
[3] Пс. 82:2-4,17.
[4] 1 Тим. 2:2.

гно́ища возвыша́ет убо́га: посади́ти его́ с кня́зи, с кня́зи люде́й свои́х[1].

О кипрском вопросе[2] он говорил так: «Кипру необходимы не военные базы, которые хотят там построить ведущие мировые державы. „Духовные базы", то есть вера и покаяние, спасут Кипр».

А одному юноше, который расстроился из-за повестки в армию, старец сказал так: «Если бы мы, греки, верили в Бога и пали бы на колени перед Христом и Пресвятой Богородицей, прося у Них защиты, тогда мы бы видели чудеса и тогда, действительно, мы бы не нуждались в армии. Но сейчас она нам нужна, сынок».

Старец хотел, чтобы греки жили как достойные потомки своих героических предков и как чистые чада Православия. Он хотел уверить их, что, сражаясь под знамёнами Христа, они не должны ничего бояться. Желая укрепить их в этой вере, преподобный даже пророчески говорил насчёт врагов и «друзей», которые всегда угрожали Греции: «Наши враги хотят нас порвать, а наши „друзья" хотят какой-нибудь кусок от нас оторвать, но ничего страшного: у людей свои планы, а у Бога — Свои».

В 1992 году к преподобному пришли профессора и рассказали, что 12 государств ЕЭС[3] планируют создать единое государство с мощным правительством, единой внешней политикой и крепкой экономикой. Выслушав их внимательно, преподобный сказал: «Если взять двенадцать разных ковров и сшить их между собой, они не превратятся в один большой. За последние сто лет крупнейшие европейские державы несколько раз залили мир кровью и, ослеплённые своим эгоизмом, даже не попросили за это прощения. Так возможно ли, чтобы сейчас они создали государство с общими

---

[1] См. Пс. 112:7-8.
[2] В 1974 году Турция вторглась на территорию Кипра и оккупировала около 35% острова. Эта проблема до сих пор не урегулирована.
[3] ЕЭС (Европейское экономическое сообщество) — объединение из 12 государств, созданное в 1957 году с целью дальнейшей экономической интеграции, включая создание Общего рынка. В 1993 году на основе ЕЭС был создан Евросоюз (ЕС).

интересами? Европейское сообщество распадётся по причине эгоизма крупных держав». Спустя некоторое время преподобного посетил член Европарламента. После его визита отец Паисий показал подаренную парламентарием коробку шоколадок одному иеромонаху и сказал: «Видишь эти разноцветные шоколадки? Это как двенадцать государств: цвет-то разный, а внутри у всех один и тот же шоколад. Как только станет жарко, они вмиг растают».

Преподобный часто говорил о том, что Константинополь снова будет принадлежать Греции. Это казалось невероятным, и многие люди приезжали к старцу только для того, чтобы собственными ушами услышать это пророчество. Как-то раз, когда все молча сидели в архондарике под открытым небом, преподобный сказал:

— Знаю, о чём вы хотите меня спросить... О Константинополе, так? Будет ли он опять нашим? Будет. Бог устроит так, что это будет в интересах ведущих мировых держав — отдать нам Константинополь. Существуют духовные законы, вот они-то и заработают.

На это один из паломников сказал:

— Геронда, ну даже если нам и вернут Константинополь, что мы с ним будем делать?

Старец на это ответил:

— Да-а, брат ты мой, уж с тобой я бы на одном корабле даже до Иериссоса[1] не поплыл!..

Многие спрашивали преподобного:

— Геронда, ведь у нас, греков, столько грехов! Разве Бог может отдать нам Константинополь?

— Действительно, — отвечал старец, — наши грехи препятствуют наступлению этих событий. Но и турки натворили столько зла! Столько страшных несправедливостей они наделали, и с каким варварством! Они очень виноваты перед греками, и поэтому в силу вступят духовные законы.

Все эти слова преподобного отца были не только результатом личного опытного понимания духовных законов, но

---

[1] *Иериссо́с* — небольшой городок и порт возле границы Афона, куда приплывают корабли, курсирующие вдоль северного его побережья.

и результатом Божественного откровения, как сам старец по секрету сказал одному близкому человеку. Однако некоторым, настойчиво спрашивавшим: «Геронда, а мы займём Константинополь? Геронда, а когда мы войдём в Константинополь?», он так отвечал:

— Ты лучше вот что скажи: Христос вошёл в твоё сердце? Вот об этом лучше позаботься, а не о том, когда мы в Константинополь войдём.

О взятии Константинополя и на другие патриотические темы отец Паисий часто беседовал с посещавшими его военными. Он с великой любовью относился к защитникам Отечества, особенно если видел в них веру, бескорыстие, идеалы. Преподобный радовался, слыша от них о готовности воевать, о готовности с радостью принести себя в жертву. «Эти любочестные души, — говорил старец, — всё равно что угощают меня самым сладким угощением, забирают у меня всю горечь, всю мою боль».

Однако были и такие, кто — либо по собственной инициативе, либо по заданию врагов Греции и Православия — приходил в Панагуду, чтобы следить за старцем или чтобы мешать его беседам с людьми и смущать умы паломников. Иногда такие люди прямо угрожали преподобному или даже пытались причинить ему зло. Однажды, когда во дворе Панагуды на пеньках расположились несколько паломников, пришёл крупный мужчина и сел поодаль. В это время отец Паисий говорил:

— Да, братья, годитесь вы только для парадов, а не для битв. Христос принёс себя в жертву! У нас есть Православие! Ещё и святые себя в жертву принесли, и они нам помогают. Если бы святые не принесли себя в жертву за Христа, то кто знает, чем бы мы были. И сейчас нужно мужество, нужно, чтобы вы не боялись быть убитыми, не боялись пойти на жертву. Если вы будете бояться, ничего хорошего не будет.

Крупный мужчина сидел молча, не вступая в разговор. Старец чувствовал, как от него веет холодом. Когда посетители разошлись и они с отцом Паисием остались вдвоём, мужчина набросился на старца, схватил его за горло и прорычал:

— Ну, ты! Достал уже со своими богами!

Преподобный, возмущённый таким богохульством, отшвырнул незнакомца:

— С какими такими «богами»?! Я Богу Единому в Троице поклоняюсь! А ну, пошёл отсюда вон!

Мужчина упал на спину, тут же вскочил и поспешно ретировался.

В другой раз в Панагуду заявился крепко сбитый парень и угрожающе сказал:

— Слышь, старый, чтоб ноги твоей больше во Фракии не было! Если ещё раз там появишься, пеняй на себя!

— Да что ты такое говоришь, негодяй! — ответил отец Паисий. — Ты в Германии вырос, здоровенная дубина, образование там получил, потом в Мекку поехал, тебя там мусульманином сделали. Турки тебя наняли, чтобы ты на Крит поехал и пастухом прикинулся, а сам за военными базами следил. Иди прочь отсюда!

Не успел преподобный закончить тираду, а парня уже и след простыл.

«Я радуюсь тому, — говорил старец, — что многие угрожают со мной расправиться. Ведь это потому, что я не молчу. Я разрушаю их планы. И марксисты, и сионисты, и масоны, и сатанисты!.. Но раз уж мы ничего другого не делаем, если Бог удостоит нас мученичества, разве это будет плохо?» Преподобный с нетерпением ожидал вожделенного мученичества: когда ночью он слышал, что кто-то лезет через забор, его сердце начинало сладостно биться.

Отца Паисия посещали и еретики, которые хотели уловить преподобного в свои сети, но рассудительный старец всегда мог их раскусить и вёл себя с ними соответственно. Однажды к нему пришли два католика. Один из них был журналистом, а второй — секретарём в Ватикане.

— Давайте, отец Паисий, вместе помолимся, прочитаем «Отче наш», — попросили они.

— Чтобы мы вместе прочитали «Отче наш», между нами не должно быть разногласий в вероучении, но между нами и вами — *великая пропасть*[1].

---

[1] Лк. 16:26.

— Ладно, — сказал журналист, — а что, разве только православные спасутся? Бог ведь со всеми людьми.

— Да, Бог со всеми людьми, — ответил преподобный, — но ты можешь мне сказать, сколько людей с Богом? Грех нынче вошёл в моду.

— Давайте, отче, проявим любовь… — сказали католики.

— Сегодня все говорят о любви, мире и согласии, но пребывают в разладе с самими собой и с окружающими, поэтому изобретают всё более мощные бомбы, — ответил старец.

Однако когда преподобный видел, что инославные пришли с добрым расположением, он вёл себя с ними с особой любовью и пониманием. Старец не принуждал их стать православными, но пробуждал в них добрую обеспокоенность тем, что они находятся в прелести, и вызывал интерес к Православию. Он распахивал перед ними свою сокровищницу и показывал те богатства, которые ему самому подарила православная вера и жизнь. Благий Бог устроил так, что многие инославные с помощью отца Паисия пришли к истинной вере и приняли Православие.

Иногда преподобный даром «огненных языков» общался с инославными, которые не знали греческого языка. Однажды он оставил на ночь у себя в каливе одного профессора из Франции. На следующий день этот профессор сказал братьям из монастыря Кутлумуш, что он беседовал с отцом Паисием и тот разрешил его недоумения. Братья удивились, но француз настаивал на том, что старец разговаривал с ним по-французски. Тогда один монах пошёл в Панагуду и спросил:

— Геронда, Вы что, по-французски знаете?

— А как же, — ответил отец Паисий.

— Ну, скажите что-нибудь, — попросил монах.

И богопросвещённый старец сказал по-древнегречески: «Фэ́нги и у?»[1], что слышалось как английское «Thank you»[2]. Отец Паисий имел ввиду Сияние, Свет Святого Духа. И действительно, той ночью старец и французский профессор на собственном опыте пережили событие Святой

---

[1] «Φέγγει ἢ οὔ;» дословно означает «Сияет или нет?»

[2] «Спасибо».

Пятидесятницы. Преподобный говорил по-гречески, а профессор — по-французски, но, благодатью Духа Святого, каждый слышал свой родной язык.

А в другой раз среди посетителей архондарика под открытым небом оказался один итальянский студент из Академии изящных искусств. Старец, поговорив с остальными, участливо повернулся к нему и сначала сказал несколько итальянских слов, которые помнил со времён итальянской оккупации. Потом, перейдя на греческий, дал юноше много духовно драгоценных советов. Один из паломников удивился:

— Геронда, он же не знает по-гречески, что он поймёт?

— То, что ему надо понять, дойдёт как радиосигнал до его приёмника, — ответил преподобный, имея в виду Божественное просвещение.

Общение с детьми

«Если в человеке живёт Любовь (Христос), — писал старец в одном из писем, — то будь он даже немым, он сможет прийти ко взаимному пониманию с миллиардами людей разных национальностей и разного возраста. Ведь каждое поколение людей разговаривает на своём собственном языке».

И сам преподобный мог прийти ко взаимному пониманию с людьми любого возраста. Маленькие дети вели себя с ним очень естественно, не чувствуя, что перед ними пожилой человек. Но и сам старец чувствовал себя рядом с ними ребёнком, потому что видел в этих детях маленьких ангелов.

Однажды утром, беседуя с кем-то во дворе своей каливы, старец вдруг просветлел лицом и сказал:

— Сейчас ангелок один придёт.

Вскоре послышался звонкий детский голосок, и старец снова сказал:

— Слышишь? Ангел на подходе.

Вскоре пришла компания паломников, среди которых был маленький мальчик.

В другой раз в Панагуду приехал грек из Германии со своим десятилетним сыном. Увидев старца, мальчуган сказал:

— А я хочу монахом стать!

— Я тоже хотел бы, чтобы рядом со мной жил такой монах, которого звали бы... — и преподобный назвал имя мальчика.

— Так это я! — обрадовался мальчик.

— Ты, ты... — ответил старец. — Но у меня есть пара условий. Чтобы стать монахом, ты должен закончить университет и знать два иностранных языка.

Немного подумав, ребёнок ответил:

— Университет я не закончил, а два языка знаю: греческий и немецкий.

— Греческий не считается, — ответил старец.

— А ты знаешь какой-нибудь иностранный язык? — спросил старца мальчик.

— Меня, — ответил отец Паисий, — интересует только один язык. Называется он «огненный».

— А что это за язык? — спросил мальчик.

— Язык Святой Пятидесятницы, — ответил преподобный.

Один родитель спросил как-то раз преподобного:

— Геронда, как сделать, чтобы маленькие дети понимали нас, родителей?

Старец внимательно посмотрел в лицо этому человеку и спросил в ответ:

— Ты когда-нибудь смотрел на мир глазами своего ребёнка? Становился ребёнком сам? Если нет, то как же ты хочешь, чтобы твои дети тебя понимали?

Сам же преподобный Паисий умел смотреть на мир глазами ребёнка и по-своему, «по-святому» относился к детским упрямствам. Как-то раз в Панагуду пришёл священник со своим племянником, у которого на шее висел амулет из слоновой кости. Священник много раз советовал юноше снять с шеи амулет и носить нательный крест, но парень отказывался. И вот, когда священник с племянником в числе многих других паломников сидели в архондарике под открытым небом во дворе Панагуды, отец Паисий вдруг начал крутиться и смотреть вокруг, словно что-то потерял.

— Что Вам нужно, геронда? — начали спрашивать люди.

— Столько лет, — начал бормотать старец, — столько лет я искал эту вещь... А тут нашёл — и на тебе!..

— Какую вещь, геронда? Что Вам нужно? — стали спрашивать люди.

— Какую вещь, какую вещь, — продолжал бормотать старец, и наконец, показывая на шею этого мальчика, сказал: — Вот такую вещь!

— Геронда, я Вам его отдам, — сказал паренёк и начал снимать амулет с шеи.

— Нет, ну как же я его возьму? — притворно стал отказываться старец. — Он же, небось, так дорог для тебя…

— Нет, возьмите, — твёрдо сказал паренёк, снял с шеи амулет из слоновой кости и отдал старцу.

Старец взял его, улыбнулся и сказал:

— А знаешь, зачем он мне? Тут много кабанов ходит. Так вот один из них — щербатый. Это для него.

Паренёк рассмеялся и, вернувшись домой, начал снова носить на шее крестик.

Был ещё и вот какой случай. Два брата много смотрели телевизор, и мама их часто за это ругала. Как-то раз отец решил поехать с обоими сыновьями на Афон, к старцу Паисию. Когда они собирали вещи, мать в соседней комнате начала вздыхать:

— Ах, отец Паисий, сейчас они к тебе собираются, ты уж скажи им про этот телевизор — сколько от него зла!

Братья засмеялись и стали подзуживать мать:

— Ты, мам, погромче, погромче, а то отец Паисий на Афоне тебя не услышит!

И вот приехали они на Афон, пришли в Панагуду и в числе многих расселись на пеньках во дворе. Старец вышел из кельи, оглядел всех и начал говорить:

— Вот что, парни, не знаете, сколько зла от этого телевизора?

Отец Паисий рассказывал паломникам о вредном излучении от телевизора, о душевредных телевизионных картинках, которые пачкают душу человека… А потом добавил:

— И ещё о компьютерах вам два слова скажу. Один мой знакомый, профессор, рассказывал мне, что компьютеры вырабатывают излучение, которое портит и глаза, и мозг подростков.

А два этих брата незадолго до того купили себе персональные компьютеры и по многу часов просиживали перед ними. Они ушли из Панагуды, получив огромную пользу и веря, что, разговаривая со всеми, отец Паисий обращался исключительно к ним.

На Светлой седмице 1988 года сорок учеников средних классов в сопровождении своего учителя приехали на Афон и пришли в Панагуду. Возле забора они увидели около пятидесяти паломников, которые ждали старца. Как только школьники подошли к Панагуде, старец вышел из кельи, открыл калитку и сказал:

— Пропустите детей, пусть дети войдут.

Поприветствовав каждого школьника с радостью, отец Паисий сказал им:

— Берите каждый по пеньку и садитесь в кружок.

А учителю сказал:

— Пойдём принесём угощенье и угостим молодёжь.

Они принесли большую коробку с лукумом и лукошко с пасхальными яйцами.

— Чтобы всё съели! — сказал старец. — Обратно ничего не понесу.

Потом он пошёл за водой, а дети побежали за ним. Некоторые школьники фотографировали старца, и он не запрещал им этого, что было для него очень нетипично. Он шутил с детьми, играл с ними, брызгал на них водой из шланга… Дети смеялись и одновременно находились под сильным впечатлением от облика преподобного. Потом старец около двух часов сидел с ними. Он говорил им и том, как надо вести себя с родителями и учителями. Школьники пожаловались старцу, что часто они испытывают давление. Старец объяснял, что родители ограничивают детей не без причины, а ради того, чтобы они развивались правильно. Он приводил им пример, что молодые деревца насильно привязывают к столбикам и подпоркам, зато потом они вырастают большими и плодоносными. Во время обсуждения почти каждый из детей что-то сказал, потому что рядом со старцем, от которого исходили великие любовь и простота, каждый ребёнок чувствовал себя свободно. В конце старец сказал:

— Знаете что, давайте-ка я вас до Кариес провожу!

Выходя из калитки, он сказал ожидавшим его людям:

— Сегодня Матерь Божия прислала мне деток. Больше никого я принять не могу. Извините меня, пойду ребятишек провожу.

Он поднялся со школьниками до Кариес, попрощался с каждым из них в отдельности, посадил их в автобус и вернулся в Панагуду, чтобы принимать людей, которые его ещё ждали.

Общение с воспитанниками Афониады[1]

Но вот самыми частыми посетителями отца Паисия были воспитанники Афониады. В выходные дни, когда не было уроков, они небольшими группками спускались от Кариес к Панагуде. «Добро пожаловать, царевичи Панагии!» — приветствовал их старец. Каждого воспитанника Афониады он знал по имени. Он давал им «царские» благословения — самое ценное, что приносили ему другие, он берёг для этих ребят. Он помогал им во всех их нуждах, давал им простые советы. Часто преподобный беседовал с ними о святом Космé Этолийском[2], который учился в Афониаде. «Ведь у вас, ребята, — говорил отец Паисий, — такой святой в однокашниках. Читайте его поучения, и пусть он будет для вас примером». Старец рассказывал подросткам истории из жизни старых святогорских отцов и подчёркивал то великое благословение, которого они удостоились тем, что находятся в Саду Пресвятой Богородицы. Старец советовал им уважать преподавателей, вести себя благоговейно и с трепетом относиться к святыне. «Без

---

[1] *Афониáда* (Афонская церковная академия) — расположенное в Кариес закрытое учебное заведение для мальчиков. Основана в 1753 г. Помимо предметов, входящих в программу средней школы, воспитанники Афониады изучают богословские и церковно-прикладные дисциплины (Священное Писание, жития святых, литургику, древнегреческий язык, византийское церковное пение, иконопись и др.).

[2] *Равноапóстольный Космá Этолúйский* (1714–1779) — греческий святой, пламенный проповедник, просветитель, увенчавший своё служение мученическим венцом.

благословения ничего не делайте, — советовал он, а в шутку добавлял: — Глядите у меня! Начнёте хулиганить — я вас отсюда из рогатки обстреляю!»

Нередко преподобный Паисий издалека слышал разговоры детей. Однажды днём компания учеников Афониады спускалась к Панагуде, и один паренёк спросил товарищей:

— А вот если я попрошу у отца Паисия шерстяных ниток для чёток, он мне даст?

— Если найдётся у него, то, конечно, даст, — ответили другие.

Они пришли в Панагуду, поговорили со старцем, но паренёк, который хотел ниток, ничего об этом не сказал. Ребята уже поднялись, стали прощаться со старцем и брать его благословение, как вдруг отец Паисий говорит тому пареньку:

— Постой-ка, ты ведь шерсть просил... Сейчас принесу.

В другой раз, когда старец пошёл за угощениями, один ученик Афониады сказал своим одноклассникам:

— А вот если я попрошу у отца Паисия, чтобы он взял меня в послушники, он меня примет?

Не успел никто ничего ответить, как появился старец с угощениями, и разговор прервался. А когда дети собрались уходить, старец удержал за рукав того самого паренька:

— Стой, куда же ты? Передумал у меня в послушниках остаться?

Некоторым воспитанникам Афониады, просившим, чтобы старец взял их в послушники, преподобный, желая умерить их детский пыл, выставлял следующие условия: «Для того чтобы я вас взял в послушники, вы должны закончить Афониаду, поступить в университет, выучить два иностранных языка, а своему собственному языку воли не давать».

Многим воспитанникам Афониады старец помог найти жизненный путь. Один ученик, родом с Крита, окончив в Афониаде предвыпускной класс, в самом начале лета возвратился к себе на родину и объявил родителям, что хочет уйти в монастырь. Родителям его это решение показалось незрелым, но переубедить его они не могли. Наконец мать в расстроенных чувствах сказала: «В монастырь так в монастырь, сынок, что я тебе скажу?.. Сделай так, как тебя Матерь Божия просветит». Вернувшись на Святую Гору, паренёк пришёл к старцу Паисию и сказал:

— Родители разрешили мне стать монахом. Если Вы мне тоже даёте на это благословение, я иду в такой-то монастырь проситься в послушники.

Прозорливый старец, понимая, что путь паренька — не монастырь, ответил:

— Ну хорошо… Возвращайся на Крит, переночуй там одну ночь, и если вернёшься обратно, станешь монахом.

— Да будет благословенно, — ответил юноша и вернулся на Крит.

В первый же день на Крите ему сосватали девушку и сразу их обручили. В сентябре он вернулся в Афониаду, чтобы закончить выпускной класс. Когда он пришёл к отцу Паисию, тот встретил его, улыбаясь: «Чего-то ты там подзадержался…» И сразу, не успел ещё юноша ничего поведать, как преподобный сам сказал ему об обручении. Потом старец назвал ему имя невесты, рассказал немного о её жизни и дал такой совет: «Она — девочка очень ранимая, сам понимаешь — сирота. Ты её береги и не расстраивай».

Помощь молодым

К отцу Паисию приезжало много молодых людей. Среди них были и психически нездоровые юноши, и зависимые от алкоголя и наркотиков, и студенты на грани отчисления, и многие другие… Одни называли себя анархистами, другие носили серьги и длинные волосы… Ради этих ребят старец, который, по его собственным словам, «готов был стать перегноем, лишь бы вырос и принёс плод новый человек», с величайшей готовностью приносил себя в жертву. Как-то раз один из паломников, придя в Панагуду, застал старца беседующим с компанией молодых людей, которые разговаривали с ним весьма дерзко и нагло. У паломника закипела кровь от негодования, он подошёл к старцу и, показывая на ребят, сказал: «Геронда, как Вы их ещё терпите? Прогоните их отсюда!» Старец не обратил на его слова никакого внимания. Но когда паломник подошёл к нему с теми же самыми сло-

Преподобный с учениками Афинской духовной семинарии

вами во второй раз, отец Паисий взглянул на него с болью и сказал: «А тебя самого Бог как терпит? Ты об этом никогда не задумывался?»

Старец Паисий считал подобных ребят жертвами несправедливости, пострадавшими либо по вине своих родителей, либо из-за мирского духа современной эпохи. Поэтому он верил, что они имеют право на Божественную помощь. Один такой юноша, изменив свою жизнь и воцерковившись, стал переживать настоящие чудеса. Однажды он спросил старца:

— Геронда, почему все эти чудеса произошли именно со мной?

Преподобный ответил:

— Потому что с детского возраста ты не только не получил помощи, но тебя ещё и подталкивали в сторону зла. Поэтому ты имел право на Божественную помощь, и Благий Бог дал тебе её всю сразу, «оптом».

Ещё преподобный старец говорил так: «Если молодые люди однажды вкусят благодать Божию, этого хватит. Их потом из Церкви даже тягачом не вытащишь».

Преподобный Паисий, видя не внешнее, а глубины сердец молодых людей, вёл себя с каждым из них наиболее подходящим образом: с одними он обходился по-доброму и разговаривал с ними нежно, как с маленькими детьми, с другими шутил и развлекал их, третьих мог даже подстричь. «А ну-ка, парень, — говорил он, — иди-ка, я тебя подстригу, а то с такими патлами ты похож на солдата почётного караула на площади Конституции[1]. Подстригаю я очень красиво, так что не бойся». Старец заводил ребят за церковь и очень аккуратно подстригал им волосы. Некоторым из них он мог дать и подзатыльник, но поскольку преподобный всё делал по любви Христовой, это принималось как должное.

Как-то раз в Панагуду пришёл один молодой человек, отличавшийся необыкновенным эгоизмом. Он никого не хотел слушать.

— Ну что, брат ты мой, как дела? — спросил старец и отвесил ему подзатыльник.

Не успел молодой человек и рта раскрыть, как старец отвесил ему ещё один со словами:

— Ну что же ты молчишь? Как поживаешь, сынок?

И тут же добавил:

— Всё ли у тебя хорошо, ненаглядный ты мой? — и угостил юношу ещё тремя звонкими затрещинами.

— Э, геронда, может, хватит уже?! — возмутился молодой человек.

— Ничего, — ответил старец. — Пусть у тебя в голове маленечко позвенит. Может, хоть от этого проснёшься.

Но после этого старец вёл себя с юношей с необыкновенной любовью и нежностью.

Один юноша забросил учёбу в университете и стал работать электриком в мастерской своего отца. И вот его друзья решили поехать на Афон и позвали его с собой. Перед отъездом он заехал к бабушке, которая серьёзно болела. Видя длинные волосы своего внука, бабушка спросила его: «Ну хоть когда я умру, подстрижёшься?» — «Не знаю, бабуль,

---

[1] В Афинах перед дворцом Греческого парламента, на площади Конституции, несут почётный караул эвзо́ны — солдаты элитного подразделения пехоты греческой армии. В их форму входит фаре́он — ярко-красная шапочка с длинной (до пояса) чёрной шёлковой кистью.

там видно будет», — ответил молодой человек. И вот через несколько дней он с друзьями стоял за забором Панагуды и ждал старца. Наконец отец Паисий вышел из кельи, подошёл к калитке, но открывать не стал. Облокотившись на забор, он начал спрашивать у ребят, как их зовут и чем они занимаются. Юноша, о котором идёт речь, назвал своё имя и сказал:

— Я студент физического факультета Афинского университета.

Про то, что вместо учёбы он работает электриком, юноша умолчал.

— У тебя, наверное, «хвостов» много, — сказал ему старец.

— Целая куча, — ответил юноша.

— Хочешь все их сдать?

— Хочу.

— Тогда сдай мне сначала этот «хвост», — сказал старец, указывая на длинные волосы парня и вынимая из кармана небольшие ножницы.

Юноша рассмеялся и смущённо опустил голову. Старец поглядел на него с улыбкой и, сказав: «Соглашайся. Я тебе ещё и чётки в подарок дам!» — вынул из другого кармана небольшие чётки. Юноша утвердительно кивнул головой, и тогда преподобный открыл калитку и впустил всю компанию во двор. Отведя юношу за церковь, он начал подстригать ему волосы. При этом старец говорил ему так: «Люби свою работу. Если будешь любить свою работу, то уставать будет только твоё тело, но не душа». А молодой человек так и не сказал старцу о том, что трудится электриком. Старец отпустил его, много раз повторив, что всё у молодого человека будет хорошо.

Когда старец закончил и они вышли из-за угла церкви, вся компания увидела своего друга подстриженным. Ребята начали смеяться, и один из них огрел «новопостриженного» ладонью по оголившейся шее. Старец улыбнулся и сказал: «Дай-ка и я к нему тоже разок „приложусь"». Юноша, ожидая подзатыльника, наклонил голову, но преподобный, взяв её в свои освящённые руки, трижды поцеловал его в лоб. Когда парень вернулся в Афины, все родственники, увидев, как изменился его облик, очень обрадовались. Юноша вернулся в университет, без труда сдал экзамены и получил диплом.

Часто отец Паисий приглядывался к ушам молодых людей, рассматривая, есть ли там дырки для серёжек.

— Неужели вам не больно уши свои дырявить? — спрашивал он.

— Не больно, — смеялись в ответ ребята.

В ответ на это старец иногда брал толстое шило, с помощью которого плёл чётки, хватал за ухо какого-нибудь парня и говорил:

— Что ж, тогда и я тебе сейчас дырку проделаю.

Ребята вырывались из рук старца, а он качал головой и мягко укорял их:

— Если бы в Евангелии было написано, что каждый христианин должен обязательно сделать у себя в ухе дырку, то вы нашли бы тысячу оправданий, чтобы эту дырку не делать. А сейчас, когда это предписывает мода, готовы сделать не одну, а десять.

У многих ребят старец вынимал серьги: у кого из ушей, у кого из носа. «Давай, парень, вынем из твоего носа это кольцо, чтобы тебя дьявол за него не тянул», — говорил он. А однажды он убедил одного юношу снять с шеи толстую золотую цепь. «Сынок, — с добротой говорил преподобный, — тебе это не нужно. Продай это золото и помоги какому-нибудь бедняку. Сейчас это золото приносит тебе вред».

Видя у молодых людей зажигалки и пачки сигарет, преподобный забирал их и выбрасывал через забор в лес. Один парень сказал ему:

— Вы, геронда, этими пачками и зажигалками только лес загрязняете.

Старец, который часто чистил лес вокруг Панагуды от мусора, ответил на это:

— Тебя что больше заботит: бездушный лес или твоя бессмертная душа и тело — храм Святаго Духа[1], который ты разрушаешь курением?

Однажды к преподобному пришли четыре молодых наркомана.

---

[1] Ср. 1 Кор. 3:16-17 и 6:19.

— Ребятки мои, — с болью сказал им преподобный, — зачем же вы это делаете? Зачем вы так разрушаете себя?

— Геронда, — ответили наркоманы, — мы думали сначала черноты замутить, а потом с тобой побеседовать, но...

— Вы и без того уж намутили достаточно... Погодите-ка, сейчас зеркало принесу, — сказал старец. — Кроме чёрной мути ничего там и не увидите.

Ребята улыбнулись шутке старца и, словно согретые солнечными лучами любви преподобного, почувствовали себя уютно, как дома. Они обсудили с преподобным свои проблемы и ушли от него в решимости исправить свою жизнь.

Ребят, пристрастившихся к наркотикам и алкоголю, преподобный заражал радостью и оптимизмом. Таким образом он давал им почувствовать значение духовной жизни. Он говорил: «Те, кто принимает наркотики, могут их бросить, если обретут более сильную зависимость — от Христа». Ещё преподобный советовал наркоманам есть побольше моркови. И действительно, многим ребятам, которые ели морковь, было легче перебороть ломку, когда они возвращались к нормальной жизни. «Конечно, дело было главным образом не в моркови, а в его молитвах, — вспоминали эти люди спустя годы. — Может быть, за морковью эти молитвы просто скрывались».

Также преподобный старец советовал молодым работать как можно больше. Он говорил, что работа поможет им отстать от грехов и «завести свой заржавелый двигатель». Иногда он даже помогал некоторым безработным молодым людям найти работу. Но главное — он старался возделать в них любочестие, отвагу, страх Божий. «Мы, греки, — говорил он, — имеем страх Божий, а у европейцев есть обходительность, полная эгоизма. И если мы, греки, потеряем страх Божий, то, не отличаясь обходительностью, останемся ни с чем».

Будучи уже пожилым человеком, преподобный отец отличался юношеской живостью. Он так советовал молодым: «Будьте молодцами. Подвизайтесь и ничего не бойтесь. Человек, у которого есть страх Божий, имеет право на Божественную помощь». Старец с силой выделял слова «имеет право», потому что знал это из собственного опыта. Он приводил и наглядные примеры из своей жизни, вспоминая те жертвы, на которые шёл в армии: «На войне я о себе не думал, меня не останавливали ни холод, ни слякоть — даже мысли не возникало о том, что я могу заболеть или обморозиться. В атаку на всякую трудность я бежал первым. Некоторые лентяи и трусы прятались за спины других, но радостными они не были ни разу. А вот я чувствовал радость — радость жертвы».

Многие из этих ребят, чувствуя любовь и заботу старца, говорили, что хотят стать монахами. Однако старец, иногда строго, иногда в шуточной форме давал им понять, что «быть монахом не значит бить баклуши». «Ты ведь лодырь, — мог сказать он какому-нибудь юноше. — Ну сам подумай, какой из тебя выйдет монах?» И тем не менее некоторые из молодых людей, приходивших в те годы к старцу Паисию, стали монахами и даже преуспели. Старец с болью говорил о современной ему эпохе так: «Нынешняя молодёжь сама не знает, чего она хочет. Они хотят иметь всё, что душе угодно, — и чтобы кто-нибудь другой принёс им это всё на блюдечке с голубой каёмочкой. На одной воде замешаны!.. В обычную армию идти боятся — и говорят: „Мы в монахи пойдём", даже не думая о том, что монашество — это не рядовая пехота, а „спецназ" Матери-Церкви. Пальцем их не тронь, давить на них нельзя... Если на послушании на них маленько надавить, они тут же „бросают оружие". Прямо как дети малые: сплошные „не могу", при первой же трудности хотят сменить занятие. А потом они разочаровываются в монашестве и говорят: „Да, в монастыре тяжело..." А хотят при этом чего? Радости, конечно! Но ведь для того чтобы человек почувствовал радость, он должен принести себя в жертву. Настоящая радость происходит от любочестия. Поэтому человек любочестный в любом случае преуспеет — какой бы путь он ни избрал».

Помощь матерям

Когда старец выезжал с Афона, благоприятная возможность встретиться с ним появлялась и у женщин. Обычно женщины встречались с преподобным либо в исихастирии святого Иоанна Богослова в Сурoти, либо в исихастирии Честного

Иоанна Предтечи в селении Метамо́рфоси на полуострове Халкидики, куда он тоже регулярно приезжал.

Однажды старец беседовал одновременно со многими женщинами в исихастирии святого Иоанна Богослова. Одна паломница спросила его о воспитании детей и, помимо прочего, преподобный сказал так: «Глядя на детей, я понимаю, в каком состоянии находятся их матери. В прежние времена младенец освящался в материнском чреве, потому что хорошая мать молилась. А нынче большинство матерей совсем не молятся, занимаясь вместо этого всякими глупостями. А потом говорят: „Нет, я устала, молиться не успеваю". Если они не читают даже „Святый Боже…", то как освятятся и они сами, и их дети?» И ещё сказал так: «Не думайте, что вы воспитаете хороших детей из-под палки. Дети не должны ходить в церковь из-под палки. Нет, они должны полюбить Церковь, почувствовать то, что им самим надо туда ходить. Если дети ведут себя хорошо по принуждению, то это неправильно. Правильно будет, если они почувствуют, что вести себя хорошо нужно им самим».

Преподобный советовал матерям не делать детям (особенно тем, что постарше) много замечаний. «Не перегружайте детей всеми этими „нельзя", — говорил он, — потому что дети привыкнут к этим „нельзя" и потом вообще перестанут обращать на запреты внимание. Обо всём, что вам не нравится в детях, говорите не им, а Божией Матери. Нет благословения повторять детям одно и тоже». Этими советами преподобный старец старался помочь матерям, чтобы они имели в себе мир, чтобы научились молиться Богу с верой и доверием. «Суетное беспокойство о детях, — говорил он, — это зонтик, который не даёт лучам благодати Божией их осенить».

С особой любовью преподобный старец принимал матерей, дети которых имели отклонения умственного или физического развития. Маме одного мальчика с синдромом Дауна он сказал: «Когда Георга́кис переселится на небо, Христос скажет ему: „Выбирай, в каком домике хочешь жить". А он Ему ответит: „Боженька, хочу, чтобы моя мамочка со мной в одном домике жила!" Так вот Христос вас обоих в рай и возьмёт».

Приходили и иссохшие от горя матери, потерявшие детей. Одна такая несчастная мать всё причитала:

— Ну за что, отче, Бог забрал у меня ребёнка, за что?

— У вас ведь возле дома есть сад? — спросил старец.

Несчастная кивнула.

— А когда вы срезаете в саду розы, чтобы поставить их в вазу, то вы разве режете только раскрывшиеся? Разве не выбираете иногда и бутоны? И если вы для украшения своего дома выбираете то, что вам нравится, то почему Бог не может выбрать то, что Ему нравится — для Своего?

Другая несчастная мать, тоже потерявшая сына, сказала преподобному:

— Геронда, когда я вижу одежду моего умершего ребёнка, у меня всё внутри переворачивается от горя.

— Если б ты знала, какие сияющие одежды носит сейчас в раю твоё дитя, — ответил старец, — то ты бы совсем не расстраивалась. Та одежда, которую он носил здесь, — жалкие тряпки по сравнению с той.

А многим женщинам, страдающим бесплодием, преподобный — своими молитвами и молитвами преподобного Арсения Каппадокийского — помог стать матерями. Преподобный Арсений в Фарасах обычно осенял крестным знамением верёвочку и давал её бесплодной женщине вместо пояса. А преподобный Паисий прикладывал к честной главе святого Арсения ленты, тоже осенял их крестным знамением и раздавал в благословение женщинам, которым не удавалось забеременеть. После этого благословения и благодаря молитвам старца многие из них стали матерями.

Дар прозорливости

Преподобный Паисий помог многим людям и своим редким дарованием прозорливости, которое он получил от Бога. Одним-единственным прозорливым словом он мог помочь душе, укрепить в ней веру и привести её к покаянию. Можно даже уподобить его прозорливое слово неожиданной молнии, которой Бог освещает дорогу заблудившемуся путнику.

Однажды зимой, когда горы вокруг Кариес завалило снегом, в Панагуду пришёл мужчина лет сорока с двустволкой.

— Это ты, что ли, Паисий? — спросил он старца.

— Это я, — ответил преподобный.

— Что за невезуха у меня? — сказал мужчина. — Все монастыри обошёл. Прошу их купить у меня немного гриба-трутовика[1], а они все отказываются. Так что хочешь не хочешь, придётся тебе покупать.

Старец принёс пятьсот драхм и сказал:

— Вот, дай мне, пожалуйста, трутовика на пятьсот драхм.

После этого, посетитель сказал:

— Ну а чем ты меня теперь угостишь?

— Лукумом и водой, — ответил старец.

— А будто бы у тебя и коньячку нет? — сказал посетитель.

— Сейчас схожу в кладовую, посмотрю, — сказал старец. — Мне ведь приносят столько всего... Может, там и коньяк окажется.

И отец Паисий принёс из кладовки небольшую бутылку коньяка. Выпив коньяк, мужчина развалился на стуле и начал рассуждать:

— Ну вот, скажи на милость: что ты за монах? Если б ты был монах, ты бы жил где-нибудь в пустынных Катунаках, где-нибудь на страшной Каруле... Туда идут настоящие монахи.

— Жил я и там, дружище, — ответил преподобный.

— Ха!.. Жил, да сплыл? — сказал мужчина. — Вывод: сюда ты пришёл за лёгкой жизнью.

— Я тебе скажу, зачем я сюда пришёл, — спокойно ответил старец, — только после того как ты мне расскажешь вот что: для чего ты уезжал в Германию и там работал?

Услышав эти слова, человек мгновенно протрезвел, сел прямо и сменил тон на заискивающий:

— Это в Германию-то, геронда?.. Ну как зачем, геронда... Там ведь, в Германии, как говорится, лучше платят, геронда...

---

[1] *Трутови́к, или иноно́тус* (лат. Inonotus), — род грибов-паразитов, растущих на стволах деревьев. Некоторые виды трутовика (например, чага) обладают лечебными свойствами, другие использовались для изготовления тру́та (материала для розжига огня) и фитилей для лампад.

— Ну вот и я, — ответил старец. — пришёл сюда по той же самой причине. Мой Хозяин мне возле Кариес платит лучше. Так что пришёл я сюда, как говорится, за хорошей зарплатой.

Когда этот человек уходил из Панагуды, он был совсем другим — даже внешне словно преобразился.

А в другой раз в Панагуду пришли два молодых человека, которые только что вышли из тюрьмы. Там они познали Христа и услышали об отце Паисие. Преподобный спросил, читали ли они Новый Завет, и вынес каждому по экземпляру. Парней этих он раньше не знал, но, подписывая каждому книгу, спросил:

— Я́нис?

— Да, — ответил первый.

— Григорий? — спросил старец, подписывая вторую книгу.

— Да, — ответил второй.

На каждом экземпляре под их именами преподобный написал: «С любовью Христовой, монах Паисий».

А в другой раз, разговаривая с паломниками, старец вдруг замолчал и подошёл к одному молодому человеку, стоявшему поодаль. После того, как старец поговорил с ним несколько минут, молодой человек ушёл. Возвратясь к паломникам, отец Паисий сказал им, что ушедший юноша до недавнего времени был сектантом. Паломники начали спрашивать:

— Геронда, как Вы это поняли?

— Я увидел, что на нём нет печати Духа Святаго, — ответил преподобный. — Эту печать человек получает в таинствах Святого Крещения и Миропомазания. Однако, отказавшись от православной веры, человек теряет эту печать. Я сказал ему, что креститься второй раз нельзя, но в первом же монастыре, куда он придёт, ему надо попроситься поисповедоваться, и потом его должны помазать святым миром[1].

Однажды к преподобному пришёл мужчина средних лет, который вёл себя очень важно и заносчиво.

---

[1] В отличие от греческой традиции, в современной практике Русской Православной Церкви христиан, получивших помазание святым миром, повторно не миропомазывают. См. также: *Паисий Святогорец, прп.* Слова. Том 3. Духовная борьба. М.: Орфограф, 2016. С. 278.

— Так, молись обо мне, — сказал он приказным тоном отцу Паисию. — Меня уже больше года страшные головные боли мучают, а врачи не могут диагноз поставить.

Преподобный, видя прошлое этого человека, понял, что им овладел нечистый дух.

— Ты бесом одержим, — сказал он ему. — А произошло это потому, что ты сам дал дьяволу права над собой.

— С какой стати? Я ничего такого не делал.

— «Ничего такого не делал»? — строго переспросил преподобный. — А как ту девушку обманом обесчестил, уже не помнишь? Так вот, она пошла к колдунам и навела на тебя порчу. Сейчас тебе надо найти её, испросить у неё прощения, потом поисповедоваться. И ещё: чтобы ты стал здоров, над тобой должны прочитать заклинательные молитвы. Но если ты не покаешься, то даже если все духовники на свете станут за тебя молиться, бес из тебя не выйдет.

Один многодетный отец стоял перед выбором: купить на свои накопления дом или пожертвовать их в благотворительный фонд. Не зная, как ему поступить, он приехал за советом к старцу Паисию. Едва увидев этого человека, преподобный подозвал его к себе, погладил по голове и сам спросил:

— Константин, скажи мне, пожалуйста, у птиц есть гнёзда?

— Да, геронда.

— Значит, мы с тобой друг друга поняли?

— Однозначно, геронда! — улыбнулся многодетный отец и ушёл от старца успокоенным и одновременно растроганным до глубины души.

А в другой раз преподобный старец подозвал одного из паломников:

— Лампа́кис, а Лампакис!.. Подойди-ка сюда!

Человек этот (его звали Ла́мпис) растерялся от неожиданности, потому что «Лампакисом»[1] его называла только мама. Когда он подошёл к отцу Паисию, тот усадил его рядом с собой, принёс ему угощение и погладил его по голове. От такого повышенного внимания святого старца Лампис почувствовал себя не в своей тарелке и срывающимся голосом сказал:

---

[1] Лампа́кис — уменьшительно-ласкательная форма от имени Лампис.

— Геронда, ты до меня лучше не дотрагивайся, я же весь воняю от грехов. Знаешь, какая я скотина?

— Да, знаю... — ответил преподобный. — А ещё знаю, что, когда разбился твой знакомый, ты стал содержать его семью и дал образование его детям. А ещё было дело, ты перелёт частным самолётом оплатил человеку — тому, с сердечным приступом... А помнишь, как ты поднялся на гору Святой Параскевы и увидел в храме овец? Ты их тогда ещё выгнал и дал пастухам денег, чтобы они на эту гору отары больше не пригоняли... Да ещё и церковку эту потом отреставрировал... Помнишь, нет? Думаешь, всего этого мало?

— Всё это — ерунда, ничего не стоит, — смиренно ответил Лампис.

— Мы считаем по-своему, а Бог — по-Своему, — сказал на это преподобный отец.

— У меня много грехов, геронда, — сказал Лампис.

— Да, много, — ответил старец. — Но если положить на другую чашу весов твои добрые дела, то они перевесят, потому что значение имеет человеческое произволение.

Преподобный сварил Лампису кофе, даже сфотографировался с ним (что делал крайне редко) и проводил его с огромной любовью. И этот человек ушёл из Панагуды с решимостью исправить то, что отягощало его совесть.

Однажды весной один монах убеждал юношу-паломника поисповедоваться, но тот ни в какую не соглашался. Тогда монах сказал:

— Тут рядом старец Паисий живёт. Хочешь, сходим к нему, послушаем, что он нам скажет?

Они поднялись в Панагуду и увидели, что старец копает огород.

— Как дела Ваши, геронда? — спросили они, поздоровавшись.

— Да какие мои дела?.. — ответил старец. — Вот, огород исповедую.

— Да ладно Вам, геронда, — засмеялся юноша. — Неужто огород тоже в исповеди нуждается?

— Безусловно, нуждается, — ответил старец. — Я в этом на опыте убедился. Как поисповедую огород — то есть выкину из земли камни, колючки, корни сорняков, всякий мусор, — так овощи вырастают просто загляденье. А как не поисповедую — вырастает пара сморщенных, жёлтеньких помидорчиков — и всё.

Часто, беседуя одновременно со многими паломниками во дворе Панагуды, преподобный старец приводил им в пример конкретную проблему одного из слушающих, показывая при этом и путь её разрешения. Так, общаясь однажды с группой паломников с Крита, старец взял палочку и, чертя ею на земле, начал говорить так: «Вот предположим, что у тебя такой участок, а вот здесь, допустим, участок твоего соседа… И вот сосед потихоньку у тебя землю-то себе отрезает и отрезает, отрезает и отрезает… Ну и оставь его в покое, не надо на него ни в какой суд подавать… Придёт время — сам раскается». Эта «вымышленная» история в точности описывала ситуацию, с которой столкнулся один из паломников, слушавших этот рассказ. Так он, не спросив старца о проблеме, получил ответ о том, как её преодолеть. А когда он вернулся на Крит, к нему подошёл сосед и сказал: «Вот что: давай-ка участки наши уже размежуем» — и вернул захваченную землю.

Стоит рассказать и вот о каком случае. Как-то среди паломников оказался учитель физики. На выпускных экзаменах, результаты которых были основой для поступления в университеты, он задал ученикам сложные задачи, в результате чего большинство учеников написало на 8 и 9 баллов при проходном балле 10[1]. Учитель оказался в сложном положении и не знал, что ему делать. Наконец тем, кто написал на 9, он поставил 10, а тех, кто написал на 8, оставил неаттестованными, и им пришлось пересдавать экзамены осенью. Однако его замучила совесть, и он приехал посоветоваться с отцом Паисием. И вот, сидя за спинами других, он в какой-то момент услышал слова старца: «Хочу сказать вам несколько слов о рассуждении. Например, у школьного учителя дети на выпускных экзаменах написали его предмет на восьмёрки и на девятки. Как вы думаете, что ему надо делать?» Люди не знали, что ответить, а учитель словно язык проглотил от

---

[1] По 20-балльной шкале.

волнения и неожиданности. «Итак, давайте объясню, в чём состоит рассуждение, — продолжил старец. — Если он завысит оценки им всем и поставит всем проходной балл, то при своей показной любви умножит количество лодырей. Значит, тем, кто написал на восьмёрку, повышение балла до проходного на пользу не пойдёт. И поэтому рассуждение говорит, что тем, кто написал экзамен на 9 и чуть-чуть недотянул до проходного балла, повысить оценку можно. А тех, кто написал ниже девятки, надо оставить на осень — пусть летом читают учебники. Так что рассуждение — непростая штука, для него необходимо Божественное просвещение. Поэтому просите у Бога, чтобы Он вам Своё просвещение подавал».

В другой раз, когда во дворе Панагуды, как обычно, было много паломников, старец спросил:

— Как там дела в миру?

— Нормально, — ответили люди.

— Вовсе не нормально, — сказал преподобный. — Такая нужда в молитве за мир, что я даже огородик свой забросить собираюсь — времени на него не хватает. Верующие хуже неверных стали!.. Мыслимое ли дело: менять на тканях бирки, чтобы дешёвые продавать как дорогие? А у сотрудника жене рожать — так нет же: даже в отпуск человека не отпустить, даже зарплату ему не повысить?..

Один из паломников, слыша эти слова, покраснел как рак. А когда старец вскоре отошёл за угощением, этот человек вскочил и громко сказал: «Он святой! Это он про меня рассказал — это я так поступаю...»

В другой раз в Панагуду пришла группа студентов богословского факультета со священником. Они сели в архондарике под открытым небом, и старец начал с ними беседовать. А двое студентов отстали от группы и пришли, когда беседа уже была в разгаре. Увидев их, старец прервался и вдруг сказал: «Хорошенькое дело — по пятницам жареную рыбу трескать! Взять бы да и выкинуть её в окно, вместе со сковородкой!..» Студенты удивились этим словам. Опоздавшие взяли благословение у старца, сели вместе со всеми, и преподобный продолжил беседу. На обратном пути из Панагуды двое опоздавших подошли к священнику и сказали:

— Батюшка, зачем Вы нас на посмешище выставили? Обязательно было это старцу рассказывать?

— Что рассказывать? — удивился священник.

— То, что позавчера, в пятницу, мы в Ураноополе рыбы поели!

Священник и знать не знал, что они в тот день ели, но ребята не могли в это поверить. Им и в голову не приходило, что узнать об этом старец мог каким-то иным способом.

В исключительных случаях преподобный мог открыть чью-то подноготную прилюдно. Однажды во дворе Панагуды зашёл разговор об исламе, и один юноша сказал:

— Да что Вы такое говорите, отче? Ведь Бог один — и у христиан, и у мусульман.

Отец Паисий резко вскочил и, схватив парня за ворот, сказал:

— Тебе, парень, я вижу, нравится Магомет, потому что он разрешает многожёнство.

Юноша опустил глаза и замолчал.

Преподобный становился жёстким и нетерпимым по отношению к колдунам, прельщённым и сектантам, которые увлекали людей в свои заблуждения. Как-то раз один колдун привёз группу своих последователей на Святую Гору Афон. Он оставил их недалеко от мостика возле Панагуды, а сам отправился поговорить с отцом Паисием, с которым, как он утверждал, у него была «духовная связь». Как только преподобный увидел колдуна, он сразу погнал его от своей калитки и гнал до самого мостика, где на виду у людей дал ему хорошую взбучку, чтобы заблудшие поняли, что он в прелести. Позже отец Паисий даже попросил одного знакомого иеромонаха съездить в город, где промышлял этот колдун, чтобы рассказать о нём людям правду.

В другой раз, когда преподобный разговаривал с людьми, к нему подошёл за благословением учитель йоги. Отец Паисий гневно остановил его взглядом, и мужчина, густо покраснев, отошёл в сторону. Он стал слушать старца, который завёл разговор об индуизме и йоге. Отец Паисий сказал, что те люди, которые занимаются йогой, дают дьяволу права над собой и себя разрушают. Преподобный сказал так: «Да, конечно, от йоги ум не рассеивается, но дьявол словно отправляет ваш ум на батут, помогает распрыгаться, а потом выстреливает вашим „я"»[1]. Около четверти часа говорил отец Паисий с людьми. Когда разговор был окончен, все подошли за благословением, только учитель йоги не дерзнул ещё раз подойти к преподобному.

Некоторые миряне пытались объяснить логически дар прозорливости, которым Бог наградил отца Паисия. Они пытались понять, какие методы старец использовал, чтобы получить информацию о своих посетителях. Но даже эти их помыслы человек Божий иногда «ловил». Однажды к нему приехал юноша, котрый закончил факультет радиоэлектроники. Узнав о чудесном даре отца Паисия, он решил, что преподобный оснастил свою каливу от крыши до забора антеннами, микрофонами, звукозаписывающими устройствами и передатчиками, чтобы подслушивать беседы паломников и представать перед ними прозорливцем. Юноша решил лично найти подтверждение своим догадкам. Подойдя к калитке, у которой уже собралось человек двадцать, он встал с краешку. Преподобный вышел из кельи и, подойдя к калитке, позвал юношу:

— Эй, парень! Да-да, я к тебе обращаюсь. Пойдём-ка со мной!

Преподобный открыл калитку и, взяв парня за руку, повёл за дом.

— Ну, Стилиа́н, располагайся, — сказал старец, указывая ему на пенёк. Это была первая «оплеуха», которую получил «здравый смысл» юноши: старец назвал его по имени.

Преподобный сел рядом с ним и спросил, указывая на крышу:

---

[1] Йога представляет собой комплекс психофизических упражнений, направленных на устранение напряжённости тела, чувств и мыслей. Возникающая при этом открытость человека воздействию со стороны мира невидимого и присущее йогину стремление самому стать Абсолютом с лёгкостью делает человека игрушкой в руках падших ангелов. Возникающие при йоге ощущения покоя, мира, света, благоухания и прочих «высоких» состояний приводят к духовному пленению, которое в аскетической литературе называется прелестью и гордостью сатанинской.

— Ну как, видишь там что-нибудь интересное?

— Нет, — сказал юноша, разглядывая кровлю.

— Жаль, а ведь там антенна спрятана, — сказал преподобный и, не давая ему опомниться, продолжил: — А вон там — видишь, что-то торчит из кустов?

— Не вижу, — ответил юноша.

— Эх, а ведь там у меня специальная машинка. Она подслушивает то, что люди говорят, и сразу мне докладывает. А я потом надуваю людей — мол, я чудеса творю. Но ты-то от меня чего хочешь? Зачем приехал?

Молодой человек вдруг начал плакать.

— Не расстраивайся, Стилиан!.. — начал утешать его старец. — Времена лукавы, ты правильно делаешь, что сомневаешься. Ты к вере через сомнения придёшь. Это твой путь. А сейчас пойди и раздай людям лукум и воду — это тебе вместо епитимьи. И приезжай в другой раз, поговорим.

Как-то раз три паломника, незнакомых друг с другом, шли в Панагуду, и один из них сказал: «Об этом Паисии столько всего говорят! А я вот сейчас приду и скажу, что я врач. Вообще-то я адвокат. Я его точно запутаю — посмотрим, что он будет делать». Они пришли в Панагуду, и преподобный, открыв им калитку, строго сказал этому человеку: «Ты вот что, адвокат: лапшу на уши будешь судье вешать!..»

Строго обошёлся преподобный и ещё с одним человеком, который всю дорогу до Панагуды без умолку осуждал монахов и монашескую жизнь. Как только отец Паисий его увидел, он прогнал его взмахом руки, как отгоняют назойливых мух, а его спутнику дал благословение.

— Почему Вы ему не дали благословение? — спросили преподобного монахи, сидевшие в архондарике под открытым небом.

— Какое уж тут благословение, когда у человека ни одного доброго помысла нет? Он всё равно продолжил бы то же самое говорить, — ответил старец. — А так я его прогнал, может, это его встряхнёт, и он усовестится.

Преподобный говорил: «Одни называют меня святым, другие — колдуном. А я ни тот, ни другой. Я обычный грешный человек». Находясь в толпе людей, преподобный был в состоянии глубокого покаяния. Чем больше его чтили, тем глубже он смирялся. «Мне тошно от похвал, — говорил он. — Похвалы вызывают у меня духовную тошноту». Слыша рассказы о своих чудесах, отец Паисий становился строгим. Однако ещё больше его расстраивало, когда перевирали его слова. Он переживал не за себя лично, а огорчался, что такие небылицы смущают людей. «Я говорю одно, а они это переиначивают. Меня это очень расстраивает, — говорил отец Паисий. — Вот пришёл сюда один, я ему водички налил. Он попил, да и пошёл восвояси. Пришёл в Кариес и начал болтать — мол, отец Паисий пророчит, что скоро война будет. Вот и разговаривай с людьми после этого!..»

Отца Паисия расстраивали и попытки некоторых людей записать его слова на магнитофон. Однажды осенью он сидел во дворе с большой группой паломников. Все молчали, был слышен лишь шелест листьев, которые старец потихоньку ворошил палочкой. Один паломник нарушил тишину такими словами:

— Геронда, Вы везде прославились своей великой миссией! И не только на Родине, но и во всём мире!

Старец поднял голову и сказал:

— Слушай, оставь ты пожалуйста, эту миссию-ремиссию... А ещё лучше — оставь свою идею с магнитофоном, который у тебя в кармане: всё равно он ничего не запишет.

И покрасневший посетитель, к изумлению собравшихся, полез в карман и выключил магнитофон.

Однажды паломник решил тайно записать разговор со старцем. Отец Паисий это заметил, отобрал магнитофон и, три раза перекрестив, отдал обратно. Когда паломник открыл его, то увидел, что плёнка оплавилась.

— Как Вы это сделали? — в изумлении спросил посетитель.

— Это не я сделал, это святые сделали, — ответил преподобный.

«Не горюйте!.. Мы не для мира сего»

Своим даром прозорливости преподобный отец наш Паисий утешил многих людей, находившихся в глубочайшей скорби.

Как-то раз приехала группа паломников с Крита, один из них был одет в чёрную рубаху.

— Ты что, из Сфа́кии?[1] — спросил его старец.

— Нет, святой отец, — ответил мужчина. — Я сына в аварии потерял.

— А кто это тебе сказал, что ты потерял Я́ниса? — ответил преподобный. — Нет, у Яниса всё очень хорошо!.. А вот ты ещё молодой мужчина, у тебя есть семья и обязанности перед ней — вот их и выполняй, а насчёт Яниса горевать не надо.

Эти слова дали силы страдающему отцу и изменили его жизнь.

Преподобный Паисий старался помочь находившимся в скорби людям постичь глубочайший смысл жизни, который состоит в том, что во время жизни земной мы готовимся к переселению на нашу подлинную Родину — на Небо. Он часто говорил: «Ну и зачем горевать? Разве мы для мира сего? Задача наша не в том, чтобы хорошо прожить на земле, но в том, чтобы приготовить себя к жизни с Богом. Если человек не поймёт эту истину, то и радоваться он будет по-мирски, и скорбеть — тоже по-мирски. Так всю жизнь и промучается без толку».

Людям тяжело больным и их родственникам преподобный говорил о духовной пользе болезни. Одному тяжело больному пареньку сказал так:

— Брат ты мой, да ведь эта болезнь тебя прямо в рай приведёт! Ты в своей жизни добрые дела делал?

Подумав немного, юноша ответил:

— Нет, наверное.

— Э, вот об этом как раз и речь, — сказал преподобный. — Поскольку ты лентяй, Бог дал тебе эту болезнь, чтобы ты вошёл в рай. А как бы ты иначе в него вошёл? Разве ты не видишь, что все святые претерпели какие-то страдания? Одним голову отсекли, другим уши отрезали, третьим глаза выкололи... А что ты возьмёшь с собой на небо? Или, может быть, тебе в рай не хочется?

---

[1] *Сфа́кия* — небольшая область на южном побережье Крита. Традиционно мужчины-сфакийцы одеваются во всё чёрное.

— Хочется, геронда! Ещё как хочется! — от сердца ответил юноша и ушёл от старца в радостном расположении духа.

Один слепнущий паломник просил старца помолиться о том, чтобы он совершенно не потерял зрение. «Ты хоть знаешь, чего ты просишь? — вздохнул на эту просьбу отец Паисий. — Если бы знал, не просил бы. Задача в том, чтобы увидеть свет не здесь, а там». И показал на небо.

А в другой раз старец встретился с юношей, поражённым тетраплеги́ей — параличом всех конечностей.

— Ух ты, красота-то какая! — воскликнул преподобный. — И здесь у нас венцы, и тут венцы!.. Да ты, брат, прямо со всех сторон венцами украшен!

Потом он обнял и поцеловал ноги парализованного со словами:

— Ножки вы, ножки, прямо в рай придёте по дорожке.

Юноша стал спрашивать старца, стоит ли ему ехать в Америку на операцию, на что преподобный ответил:

— Не надо тебе ехать ни в какую Америку. Они там из тебя подопытного кролика сделают. — Потом спросил: — Хочешь, помолимся, чтобы ты выздоровел?

— Если исцеление будет во благо моей души, помолитесь, — ответил юноша. — А если не будет душе во благо, то ничего страшного — пусть останусь парализованным.

— Так и надо, — ответил преподобный. — Тебя этот крест и спасёт, и освятит. А чтобы ты понял, что для Бога нет ничего сложного, дай мне свою руку.

Преподобный взял юношу за руку. Тот поднялся с инвалидной коляски и самостоятельно сделал четыре шага.

— Видишь теперь, что можешь ходить? — сказал отец Паисий. — Но Бог хочет, чтобы ты сидел в инвалидной коляске, потому что так ты поможешь и другим людям.

Всё случилось по слову старца — парализованный юноша, с терпением неся свой крест, духовно помог многим людям.

Исцеление душ и телес

Обычно, если люди просили преподобного Паисия помолиться об исцелении от болезни, он спрашивал, были ли они у врача и что сказал врач. Он советовал болящим делать всё возможное по-человечески, а остальное возлагать на Бога. Старец старался помочь людям приобрести душевное здравие посредством покаяния, исповеди и участия в таинствах Церкви. Он побуждал и самих людей молиться о своём здравии и об исцелении своих близких, побуждал их к какой-нибудь любочестной жертве, необходимой для того, чтобы молитвы были услышаны Богом. Многим родителям, просившим об исцелении больных детей, старец советовал прекратить работать по воскресным дням и большим церковным праздникам, советовал бросить курить.

Как-то раз один отец попросил отца Паисия помолиться о своём больном ребёнке.

— Помолюсь, — ответил старец. — Но сам ты тоже должен что-то сделать для его исцеления.

— Что сделать? — не понял отец.

— Ну вот вспомни какой-нибудь из своих недостатков и избавься от него.

— Я курю, — сказал мужчина. — Если брошу, хватит этого?

— Хватит, — ответил преподобный.

Человек этот бросил курить, и его ребёнок выздоровел. Однако прошло немного времени, он опять закурил, а к его ребёнку вернулась болезнь. Тогда этот человек снова поехал в Панагуду, чтобы попросить старца Паисия о помощи. Едва увидев его подходящим к калитке, отец Паисий издалека закричал: «Ну и зачем приехал? Знаешь ведь рецепт!..»

Безвестными останутся те подвиги до крови, которые брал на себя преподобный отец наш Паисий ради того, чтобы Бог даровал душевное и телесное здравие тем или иным конкретным людям. Горячо упрашивая Бога совершить Своё чудо, преподобный отец одновременно просил Его о том, чтобы Божественное вмешательство было осязаемым, чтобы исцеляемые поняли, Кто именно им помог, и прославляли Его с благодарностью. «В противном случае, Боже мой, — говорил преподобный старец, — не надо им помогать, чтобы они не умножали свой долг пред Тобою».

Старец расстраивался, когда кто-то из больных, просивших его помолиться, не извещал его о своём выздоровлении.

«Я не напрашиваюсь на „спасибо", — объяснял он. — Но неужели им трудно сказать о своём исцелении тем, кто о них молился? Мы бы и Бога вместе поблагодарили, и молитву свою отдали тем, кому она сейчас нужнее».

Благодаря молитвам преподобного Паисия многие больные стали здоровы. Как-то раз один отец попросил старца помолиться о своём сыне. Ребёнку было уже шесть лет, но он ещё не разговаривал, только издавал нечленораздельные звуки. «Буду молиться, — сказал преподобный. — Только уж и вы молитесь, чтобы Бог нас услышал». Отец ребёнка пробыл на Афоне несколько дней и молился очень горячо. А дома его супруга вставала перед иконами вместе с их четырьмя детьми и говорила: «Давайте, дети, встанем на колени и помолимся, чтобы нас услышала Матерь Божия. Ваш папа поехал на Афон, к старцу Паисию, попросить его нам помочь — чтобы Андрей начал говорить». И вот, когда отец, вернувшись с Афона, вошёл домой, шестилетний Андрей первым выбежал ему навстречу и закричал: «Папа! Папа! А что Матерь Божия для меня сделала?» Ребёнок заговорил сразу так, как нормально для его возраста.

А другой отец пришёл в Панагуду вместе со своим десятилетним сыном, который с восьмимесячного возраста страдал от бронхоэктатической болезни. Когда они подходили к калитке, на тропинке толпилось много людей. Как только преподобный открыл калитку, отец больного ребёнка бросился к нему напролом, чтобы первым обратиться к старцу. Но отец Паисий сам сразу спросил:

— Что с ребёнком?

Мужчина рассказал отцу Паисию о тяжёлом состоянии мальчика, и старец спросил:

— А врачи что говорят?

— Говорят: «Пройдём этот курс лечения», потом: «Пройдём тот курс лечения»... А я говорю: «Как Богу будет угодно», — с верой ответил отец мальчика.

Тогда преподобный повернулся к толпе паломников и позвал мальчика по имени:

— Александр! Иди сюда!

А отцу сказал:

— А ты здесь подожди.

Старец зашёл с маленьким Александром в церковь. Спустя четверть часа они вышли, старец передал мальчика отцу и сказал:

— Поезжайте с Богом. А я буду здесь о вас молиться. Переживать не нужно. Всё у мальчика будет хорошо. Вырастет здоровый парень, женится, гордиться ещё им будете… Только про одну вещь не забывайте: регулярно его причащать. Святое Причастие — это самое лучшее лекарство.

Отец Александра пообещал выполнять все советы преподобного, и они ушли. А через пару дней мальчику надо было делать плановую бронхоскопи́ю[1]. Предыдущую делали незадолго до поездки на Афон, врачам еле удалось её провести, мальчик чуть не задохнулся. А на этот раз бронхоскопия прошла легко. Врачи с изумлением увидели, что лёгкие ребёнка здоровы и находятся в прекрасном состоянии, словно у мальчика никогда не было бронхоэктазии[2].

Однажды в Панагуду пришла группа паломников, среди которых был четырнадцатилетний мальчик.

— А с нами, геро́нда, и Христо́с приехал, — сказали паломники, беря у старца благословение.

Преподобный с любовью обнял мальчика и, обращаясь ко всем, сказал:

— Знайте, что сироты получают от Бога двойную помощь.

Все удивились, потому что никто не успел сказать старцу о том, что мальчик — сирота. Всё время, пока паломники были в Панагуде, отец Паисий разговаривал только с Христо́сом. Мальчик попросил отца Паисия помолиться — у него был гайморит, и через десять дней ему должны были делать прокол. Преподобный на это ничего не ответил — только постоянно гладил Христоса по голове и осенял её крестным знамением.

---

[1] *Бронхоскопи́я* — метод осмотра бронхов при помощи аппарата, вводимого в дыхательные пути через нос или рот, может сопровождаться осложнениями.
[2] Этот случай, превосходящий научные знания, был описан как редкий медицинский факт. Его дважды обсуждали на Европейском медицинском конгрессе. — *Прим. греч. изд.*

Уже уходя из Панагуды, мальчик почувствовал себя лучше, а на следующий день стал совершенно здоров. Все симптомы гайморита исчезли, однако в назначенный день он всё равно пришёл в больницу, где врачи, сделав рентгеновский снимок, убедились, что воспаление совершенно исчезло.

Два друга договорились поехать к старцу Паисию, но у одного из них вдруг очень сильно стала болеть шея. Обследование показало, что у него повреждение одного из позвонков. Врачи советовали ложиться на операцию. Однако супруга этого человека посоветовала ему съездить на Афон. «Поезжай-поезжай! — говорила она. — Может, старец Паисий тебя только перекрестит, и ты раз — и выздоровеешь!..» Еле-еле он доехал до Афона и дошёл до Панагуды. Как только он сел на пенёк во дворе, старец подошёл и сел рядом с ним.

— Я, геронда, муж Хариклии, той самой, которая Вас своими письмами завалила, — сказал больной. — Это она настояла, чтобы я к Вам приехал.

— Помню такую, — ответил старец. — Ну а с тобой самим-то что? Болеешь?

— Не то слово, геронда!.. Шея очень болит, просто сил никаких нет это терпеть.

Тогда преподобный, погладив его по шее и осенив её крестным знамением, сказал:

— Потерпи. Пройдёт. Не прямо сейчас, но пройдёт.

Ночью шея у этого человека ещё болела, а вот утром, проснувшись, он сказал своему другу:

— Вообще не болит. Может, мне это кажется?

Больше никогда в жизни шея у этого человека не болела.

Однажды в Вербное воскресенье один студент, часто приезжавший к старцу Паисию, молча стоял у калитки и не звонил в колокольчик. В какой-то момент старец вышел из калитки. Он явно куда-то спешил.

— Панайотис, ты? — удивился старец. — Скажи мне, чего ты хочешь?

— Геронда, — ответил юноша, — Вы сами знаете, чего я хочу.

А Панайотиса три года уже мучила экзема, но он стеснялся не только идти к дерматологу, но и кому бы то ни было рассказывать о своём недуге. Так что ни одна живая душа, включая старца Паисия, о его болезни не знала. И вот старец Паисий ломает веточку с лаврового деревца, которое росло возле калитки, и легонько хлопает ею Панайотиса по голове. Моросил дождик, листья были мокрые, и всё лицо Панайотиса после этого взмаха оказалось в каплях. «Иди скорей, — сказал старец. — Сейчас гроза начнётся». Потом снял с себя плащ и надел его на юношу. Когда Панайотис вернулся в Салоники, оказалось, что от его экземы не осталось и следа.

В 1985 году, когда старец выехал в исихастирий святого Иоанна Богослова, его посетила больная раком женщина тридцати шести лет, с острова Та́сос. Она находилась в очень плохом состоянии, и врачи говорили, что жить ей осталось считанные дни. Старец перекрестил её своим крестом, немного помолился и сказал: «Не бойся, тебе ещё работать и работать. И не забывай про святого Пантелеимона...» Вместе со своим благословением старец дал женщине и деревянный крест со словами: «Пусть этот крест всегда будет с тобой. И ничего не бойся». Вернувшись на Тасос, женщина поднялась в монастырь святого великомученика Пантелеимона, к которому она испытывала особое благоговение с детства, и стала горячо просить его об исцелении. В ней поселилась уверенность, что раз отец Паисий разговаривал с ней так жизнеутверждающе, то она не умрёт. И действительно, прошёл месяц, и к ней стали постепенно возвращаться силы, ей становилось всё лучше и лучше. Родные этой женщины настоятельно советовали ей съездить в Англию, где её оперировали, чтобы ещё раз провериться. Однако сама она возложила всю свою надежду на Бога и на отца Паисия. Приехав к нему в следующий раз, она спросила:

— Геронда, ехать мне в Англию или нет?

— Знаю — твои родные беспокоятся, — ответил старец. — Ну, если хочешь, съезди, проверься. Но только ничего не бойся. — И видя, что она колеблется, добавил: — Не бойся. Не умрёшь. Ты победишь смерть.

Когда преподобный отец произносил эти слова, женщина увидела, что его лицо сияет, словно его освещал сверху мощный прожектор.

С этого дня она перестала думать о поездке в Англию и больше никаких обследований не делала. Только когда старец выезжал с Афона, она приезжала к нему в исихастирий, чтобы взять его благословение. Во время этих посещений она чувствовала себя так, словно приходит на приём к самому лучшему врачу, и деликатно спрашивала старца:

— Геронда, ну как у меня дела?

А старец всегда говорил ей на это одно и то же:

— Не бойся, хорошо у тебя дела. Не бойся, ничего у тебя нет.

А её лечащий врач из Англии (грек по происхождению), приехав на Тасос и встретив её там, не мог поверить своим глазам и изумлённо спрашивал:

— Как же это ты смогла выздороветь?

— К отцу Паисию съездила, — ответила она. — И святой Пантелеимон помог.

«Вырою-ка я ещё одну могилу»

Постоянно молясь о выздоровлении множества больных — и о каждом в отдельности, и обо всех вместе, — сам преподобный отец всегда болел. После операции по поводу грыжи у него начались кровотечения из прямой кишки, но он никому об этом не рассказывал. Три года спустя, в 1991 году, эти кровотечения стали происходить всё чаще и чаще, однако старец продолжал жить по своему уставу, скрывая от других боль и страдания.

Позаботился он только об одном: Великим постом 1991 года выкопал во дворе Панагуды могилу для себя. «Я уже две могилы выкопал: одну в Стомионе, а другую — в келье Честного Креста, — говорил преподобный. — Но ни там, ни там я не умер. Сейчас думаю, что надо вырыть ещё одну. Когда монах живёт один, он должен иметь решимость умереть ради любви ко Христу. Поэтому он должен вырыть себе могилу. В противном случае, если у него нет решимости умереть, стоит ему немножко заболеть, он начинает думать так: „Вот, ты ведь один живёшь, пожалей себя немножко, чтобы не стать ни для кого обузой". А если он исполнен решимости умереть, и если у него вдобавок и могила вырыта, то он и думать ничего такого не будет!.. Двигаться он будет только вперёд». Вот так, с духовной отвагой преподобный отец наш старец Паисий продолжал свой подвижнический путь.

Когда старец копал могилу, в Панагуду пришёл один паломник и спросил:

— Геронда, а что ты делаешь?

— Ямку под новые посадки, — улыбнулся старец. И добавил: — Строю себе дом навечно. Тот, где я сейчас живу, — только временная хибара.

Измученный постоянными кровотечениями, старец изо всех сил старался исполнить полученную от Бога заповедь: *Утешáйте, утешáйте лю́ди моя́*[1]. Часто, будучи не в силах даже передвигать ноги, он с огромным трудом доходил до забора, стоял там или, точнее сказать, висел на сетке-рабице и говорил несколько слов тем, кто его ожидал. Летом 1991 года он так же подошёл к забору и сказал одной компании паломников: «Парни, идите сюда поближе, я с вами отсюда поговорю». И начал говорить так: «Скажу вам о том, во что превратилось нынешнее общество. Представьте себе человека, который идёт по обледеневшей дороге. Поскользнулся, упал, сломал ногу. Представьте, как ему больно!.. Но он не идёт к врачу, а кое-как поднимается продолжает свой путь. Раз! — и снова упал!.. На этот раз руку сломал. И опять ведь к врачу не идёт — поднимается, ковыляет дальше. Еле идёт, опять падает, ломает другую ногу, пытается дальше двигаться... Естественно, что у такого человека со временем тело будет не похоже на человеческое: руки кривые, ноги — колесом... Таково и нынешнее общество. Большинство людей не знают, что такое Церковь, что такое исповедь, что такое Божественное Причащение... Поэтому и исцелиться от великих грехов, в которые они падают, они не могут. Так что имейте духовника, ходите в церковь, не забывайте о Боге. Тогда вы будете духовно здоровы».

---

[1] Ис. 40:1.

В другой день, в октябре 1991 года, преподобный лежал у себя в келье и слышал, как одновременно настойчивые паломники звонят от одной калитки — в колокольчик, от другой калитки — в било. А у него от истощения не было сил даже подняться. Тогда он взял икону святого Арсения Каппадокийского, положил её себе на грудь и сказал: «Преподобне отче Арсение, как тут быть?» И тут же почувствовал в себе некое радование и Божественную силу. Кровотечение не остановилось, но старец, почувствовав в себе силы, смог выйти к паломникам и принять их.

Время шло. Состояние здоровья становилось всё хуже и хуже. К январю 1993 года усилившееся кровотечение из прямой кишки вынуждало старца выходить в уборную до двадцати раз за ночь. Сам старец говорил, что от обильного кровотечения пол в уборной был «как на бойне». Уборная находилась в двадцати метрах от каливы, и старец, вынужденный ходить туда-сюда и в дождь, и в холод, и в снег, очень мучился. Иногда он терял сознание и падал на землю или в снег. *«Зане́ бых я́ко мех на сла́не»*[1], — говорил старец о своих падениях на холоде. Те, кто знал о его состоянии, боялись, что со старцем может произойти какая-то беда и никто об этом не будет даже знать. Но преподобный был спокоен: «Да ведь столько святых, столько ангелов… Если что, кто-нибудь да поможет».

Во вторую Неделю Великого поста 1993 года в Панагуде совершалась Божественная Литургия. Вдруг стоявший в стасидии старец потерял сознание и стал валиться на пол. Отцы еле успели подхватить его под руки. Глаза старца были широко раскрыты, дыхание было очень тяжёлым, казалось, что из груди выходят предсмертные хрипы. Когда он немного пришёл в себя, отцы стали уговаривать его пойти в келейку и прилечь или хотя бы сесть в стасидию, но преподобный отказывался, потому что Божественная Литургия ещё продолжалась. А как только она закончилась, старец стал пытаться приготовить для отцов угощение. Таков был его устав: не заботиться о себе

---

[1] Пс. 118:83, смысл этого стиха такой: я стал таким же задубевшим и почти испорченным, как кожаный мех (бурдюк), брошенный на иней.

самом, но даже умирая, иметь своей единственной заботой приношение Богу и людям.

С того-то вот дня его состояние уже почти не менялось: постоянные кровотечения, частые обмороки, страшные боли, от которых он не мог даже сидеть, чувствуя себя так, словно тело протыкают гвоздями и иглами. Часто он был настолько истощён и слаб, что не мог даже дойти нескольких шагов от келейки до церковки, чтобы взять антидор. Однако народ принимать он не перестал.

Однажды старец принял группу паломников и вынес им угощение. Он смеялся и был в хорошем расположении духа. Однако вскоре попросил: «Всё, уходите», и быстро зашёл в каливу. Паломники остались на местах, ожидая, что он, возможно, вернётся. И вдруг из кельи послышались очень сильные стоны, настолько ужасные, что паломники даже не подумали, что это стонет отец Паисий. Потом стоны закончились, и старец, вновь выйдя во двор и увидев паломников, сказал: «Так, вы ещё здесь, парни? Уходите же, пожалуйста». Он всем своим видом старался не дать людям ни малейшего повода подумать, насколько сильно он страдает. Страдания свои он скрывал — так же, как скрывал свои добродетели.

Несколько дней спустя два пришедших в Панагуду молодых врача, понимая, что старец очень серьёзно болен, пытались убедить его выехать вместе с ними в Салоники и лечь в больницу. Старец не соглашался, и они попросили своего знакомого, присутствовавшего при разговоре, помочь им уговорить отца Паисия. «Ну что ты их слушаешь? — мягко отнекивался преподобный. — Сейчас выпью пару кружек водички, и организм переработает её в кровь. Так что не волнуйся. Я и так каждый день вплоть до вечера умираю. А на следующее утро опять воскресаю».

У преподобного старца было монашеское, мученическое, героическое мудрование. *Нас почитают умершими, но мы живы*[1] — эти слова святого апостола Павла преподобный отец каждый день переживал на собственном опыте.

Один монах спросил:

---

[1] 2 Кор. 6:9.

— Геронда, почему Вы не едете к врачу, чтобы он поставил Вам диагноз?

— Брат ты мой, — ответил старец, — да я и так знаю, какой у меня диагноз. Рак у меня. И что теперь? Если начать бегать по врачам, то кто здесь будет латать все эти дыры? Сюда приходят люди страдающие, с бедами, мы молимся, и Бог ставит на какую-нибудь дыру «заплатку». Если я начну бегать по врачам и заботиться о собственном здоровье, то кто займётся всеми этими «заплатками»? Бог ведь и так знает, какой у меня диагноз. Значит, Он мне и поможет — если это пойдёт на благо моей душе.

А ещё одному брату, который спросил старца, почему он не обратится к врачу, он ответил так: «Благословенная душа, сюда ведь приезжают люди, которым больно! Сколько у них боли, сколько они предпринимают усилий, на какие траты идут!.. Так я, значит, буду разъезжать по врачам, а они, приехав сюда, окажутся перед запертой дверью? Но дело не только в этом. Как я пойду туда, — старец показал на небо, — не претерпев боли, не пройдя через страдания? — И, похлопав брата по спине, с улыбкой добавил: — Здесь, на земле, надо пострадать. Если не страдаешь, а хорошо время проводишь, то тебе и смерти-то никакой не захочется».

Преподобный старец знал, что у него рак. Он знал, что этот недуг приведёт его в истинную, вечную жизнь. Он сам просил Бога о том, чтобы заболеть этой болезнью. Так, например, мать, видя, как её ребёнка лихорадит, хотела бы забрать его жар себе и облегчить тем самым участь своего любимого чада. Так и преподобный отец наш Паисий, встречаясь со множеством несчастных раковых больных, просил у Бога отдать их страшную болезнь ему. Он хотел облегчить их страдания и терзания их близких. Несмотря на то что рак мучил его и мешал его ежедневному служению, старец терпел боль с радостью, чувствуя, что благодаря этому он может с бо́льшим дерзновением воздевать руки к Небу и просить Бога. Преподобный Паисий говорил: «Если человек от сердца просит, чтобы Бог забрал у кого-то болезнь, Бог его слышит. Однако если он идёт дальше и, прося у Бога забрать у кого-то болезнь, добавляет: „И отдай её мне!..", то это приводит Бога в великое умиление. Он даёт молящемуся то, о чём он просит, даёт ему и великую мзду, хотя понятно, что не ради мзды была эта просьба».

Летом 1993 года стали распространяться слухи о том, что старец Паисий скоро умрёт. От этого поток паломников только увеличился: каждый хотел успеть взять его благословение. Узнав об этих слухах, старец засмеялся: «Что, мне, выходит, и пошутить нельзя?» Под «пошутить» старец имел в виду случай, который произошёл ещё зимой того же года. Один человек сказал ему: «Геронда! Если будешь продолжать так жить, то помрёшь!» — на что получил такой шутливый ответ старца: «Да мне даже в комнате зябко, а ты хочешь, чтобы я в такую холодину в могилу ложился?.. Нет уж, умирать надо летом, в августе, когда земля прогрелась…»

В июле девяносто третьего один посетитель спросил старца, правда ли, что он болен. Старец улыбнулся, погладил спросившего и слабым голосом ответил: «Еле шевелюсь, Никола». Некоторые паломники, приезжавшие в Панагуду Успенским постом, чувствовали исходившее от старца благоухание. Другие видели исходивший от него Свет, словно сам он был его источником. В те дни старец раздавал много сделанных им самим деревянных иконок. А ещё больше иконок он заготовил впрок, чтобы их раздавали после его смерти. Он их красиво и аккуратно сложил и снабдил запиской: «Благословение, чтобы, когда я умру, за меня молились. Если кто-то считает, что он меня чем-то расстроил, то я его прощаю. И сам прошу прощения у всех, кому я причинил вред или расстроил. Монах Паисий».

21 октября 1993 года старец молился на престольном празднике в келье преподобного Христоду́ла[1]. На угощении старец в последний раз говорил о великом вреде, который принесли аскетичной Святой Афонской Горе автомобильные дороги и автомобили. Слова его были исполнены боли и священного

---

[1] *Преподобный Христоду́л Па́тмосский* — основатель целого ряда монастырей, один из которых находится на острове Па́тмос, где и почивают его святые мощи. Преставился около 1111 года, память преставления совершается 16 (29) марта, память перенесения мощей — 21 октября (3 ноября). В честь преподобного Христодула устроена келья близ Кариес.

негодования. Старец подчёркивал ответственность, которую несут сами монахи — перед Святой Горой, перед освятившими её святыми отцами, а также перед последующими поколениями афонских монахов. Он говорил, что если братья будут невнимательными, то оставят тем, кто придёт за ними, только ржавые листы кровельного железа и обмирщённый образ жизни, тогда как афонские святые оставили нам свои святые мощи и аскетическое и исихастское предание.

Потом старец, хотя ему было очень больно, пошёл в монастырь Кутлумуш и поздравил игумена с днём ангела. На следующий день старец собирался выехать с Афона в исихастирий святого Иоанна Богослова. Поэтому он не пошёл ночевать в Панагуду, а остался в одной из келий, ближе к Кариес. Туда пришли и другие отцы, знавшие старца. Преподобный был очень уставшим, измученным, однако очень мирным и благодушным. Он довольно долго беседовал с братьями. Из этой последней беседы с ними отцы особо выделили следующие завещания старца:

«У священника есть благодать священства. Даже если у него нет добродетелей, то эта благодать действует через него и совершает таинства. А вот монах, не подъявший подвигов, — голая пустыня».

«Если мы подвизаемся против какой-то страсти, но она не уходит, это значит, что либо в нас есть тайный эгоизм, либо мы осуждаем других».

«Свидетельством подлинности духовного состояния человека будет его великая строгость к самому себе и снисходительность к другим».

«Сейчас, пока вы молоды, подвизайтесь, потому что потом не сможете. Раньше я много подвизался, а сейчас мне от самого себя тошно».

«Прежние отцы, приходя на Святую Гору для того, чтобы монашествовать из любви ко Христу, полагали перед собой смерть. И смерть их боялась. А сегодня мы бежим к врачу, если у нас из носа немножко крови потечёт… Прямо беда: нынешние молодые люди похожи на новые машины, в которых застыло масло. Они хотят получить благодать, не прилагая для этого усилий».

«Те, кто был перед нами, жили в великой аскезе, с самоотречением, в послушании. Вот в чём тайна монашеского послушания: отсекать свою волю даже перед младшим, оказывать не только внешнее послушание, не исполнять его „по-армейски", но слушаться с радостным внутренним расположением — ради любви к Богу. Послушник должен весь быть ревностным, а старец должен его притормаживать».

На следующий день, 22 октября 1993 года, преподобный Паисий выехал со Святой Горы в исихастирий. В Панагуде он оставил следующее собственноручно написанное духовное завещание: «Я, монах Паисий, исследовав себя, убедился в том, что я преступил все заповеди Господни, совершил все грехи. И не имеет значения, что некоторые из них я совершил в меньшей степени. Ведь у меня нет ни одного смягчающего вину обстоятельства, потому что Господь оказал мне величайшие благодеяния. Молитесь, да помилует меня Христос. Простите меня, и да получат прощение те, кто считает, что меня огорчил. Большое спасибо, и снова — молитесь. Монах Паисий».

Преподобный Паисий в исихастирии (январь 1994 года)

От земли на Небо

ГЛАВА XIII

Итак, начались последние восемь месяцев его земной жизни. Каждый из этих дней был исполнен великих страданий и терпения невыносимых болей. Каждый из этих дней был прожит старцем с мужественнейшим мудрованием. Приехав в исихастирий, отец Паисий первым делом побеседовал с сёстрами, повторив многое из сказанного накануне святогорским отцам. А в конце прибавил: «Люди сегодня измучены. У них нет идеалов, и поэтому у них нет духовной отваги, они не вкушают радость жертвы. Если отваги не будет даже в монашестве, то не жди никакого толку. Самоотречение — вот движущая сила монаха. Самоотречение — с радостью, которую оно подаёт».

С совершенным самоотречением преподобный стал жить по своему уставу в исихастирии. Он принимал страдающих людей, а потом отдавал себя молитве.

Последнее всенощное бдение в честь преподобного Арсения Каппадокийского

9 ноября 1993 года тысячи людей приехали в исихастирий на всенощное бдение в честь преподобного Арсения Каппадокийского, а ещё для того, чтобы взять благословение отца Паисия. С часу дня и до поздней ночи преподобный отец стоял на ногах, принимал людей по одному и раздавал им крестики. Народу было так много, что некоторые перед тем, как попасть к старцу, простояли в очереди шесть часов. В какой-то момент матушка-игуменья спросила:

— Геронда, все эти люди что-то хотели бы Вам сказать, что-то хотели бы от Вас услышать… А времени на это нет. Вас это расстраивает?

Старец ответил:

— Я говорю Богу: «Боже мой, я не могу ничего поделать — помоги им Сам».

Многие просили старца помолиться об их бедах и нуждах, и он утвердительно кивал головой. Кто-то спрашивал совета, и тогда старец шептал несколько слов в ответ. Некоторые хотели положить перед ним земной поклон, а он пытался их от этого удержать. Преподобный отец весь был мокрым от пота — от боли, телесных и душевных усилий. Однако он не помнил о себе, потому что переживал боль всех тех людей, кто много часов простоял в очереди, только чтобы взять его благословение. Несмотря на то что большинство людей проходили перед ним, не останавливаясь, и только целовали его руку, преподобный смотрел на каждого человека с особенным, отдельным вниманием, словно этот человек был единственным, кто пришёл на встречу с ним. Некоторых он видел прозорливым оком и, просвещаемый даром Божественного просвещения, говорил им несколько слов.

Одна женщина, целуя руку преподобного, услышала его шёпот: «Давай с тобой сегодня вечером будем молиться за твоего сына, который далеко от дома». Женщина удивилась, а на следующий день узнала, что этой самой ночью у её сына, жившего в Германии, случился инсульт, но его мозг чудесным образом остался неповреждённым. А другую женщину преподобный назвал по имени и спросил: «Да что с тобой такое, Урани́я? Никак на операцию собралась? Надо же, как у твоего страха глаза велики — ты даже под скальпель лечь готова!..» А женщина эта действительно собиралась ложиться на операцию по поводу полипов в желудке. Однако обследование перед операцией показало, что никаких полипов в желудке нет.

В очереди оказалась и одна девушка, которая несколько месяцев назад чудом осталась в живых, улетев в машине с обрыва. Оказавшись перед старцем, она с величайшим изумлением узнала в нём неизвестного ей ранее монаха, который явился ей в те секунды, когда она падала в пропасть. Девушка начала говорить старцу о том, что после аварии у неё проблемы с шейными позвонками. Преподобный лёгким движением трижды перекрестил её и сказал:

— Не волнуйся, ничего у тебя нет.

— Отче, — спросила тогда девушка, — это ведь Вы были?

Преподобный склонил голову и ничего не ответил.

— Я Вас видела, когда падала в пропасть, — повторила девушка. — Ведь это же Вы были, правда?

И преподобный снова ничего ей на это не ответил, только сказал:

— Да будут с тобой Христос и Матерь Божия.

Отойдя от старца, девушка внезапно почувствовала острую боль в районе шеи. Потом боль исчезла и больше никогда в жизни к ней не возвращалась.

Когда началась Божественная Литургия, преподобный спустился в храм. Когда он вошёл внутрь, на его лице были видны одновременно и боль, и аскетическая живость. Он простоял на ногах до окончания Литургии, а когда на рассвете пошёл к себе в келью, то снова не лёг отдыхать — попросил, чтобы ему принесли записки с именами и письма, которые оставили паломники, и начал молиться.

Диагноз, лучевая терапия и операция

На следующий день его самочувствие резко ухудшилось. Боясь, что ухудшение его состояния обременит окружающих, он согласился поехать к врачу. Кроме того, посещением врача преподобный отец оказал послушание Вселенскому Патриарху, который незадолго до того прислал ему письмо с настоятельной рекомендацией пройти медицинское обследование. Диагноз был поставлен сразу: обширная злокачественная опухоль, перекрывающая толстую кишку. Врач не знал, как объявить о диагнозе, но преподобный опередил его и сказал:

— Ну что — рак? Теперь вам, врачам, предстоит делать свою работу, а дальше — как Бог скажет.

— Да, геронда, — сказал врач. — Сначала проведём курс лучевой терапии, чтобы уменьшить опухоль, а потом будет операция.

— Понятно, — ответил старец. — Сначала отбомбятся бомбардировщики, а потом пойдёт в атаку пехота.

Отец Паисий знал, что у него рак, но обрадовался, что это подтвердили результаты обследования. На следующее утро он сказал, что спал ночью самым сладким сном. Его радовал и помысел о том, что некоторые люди с онкологическими заболеваниями, узнав, что он тоже страдает от рака, получат тем самым утешение. И действительно, преподобный отец *страдал со страдающими*[1], став *жертвою живою*[2].

В последующие дни старец каждый день ездил в больницу «Теагéнио» на лучевую терапию. Вместе с другими раковыми больными он дожидался своей очереди в коридоре и категорически отказывался пройти без очереди. Глядя, как другие пациенты с перекошенными от боли лицами выходят из кабинета лучевой терапии, старец отдавал свой ум и сердце им и их страданиям. «Подумай только! — говорил он. — Эти люди не могут работать, их семьи страдают от бедности, а они терзаются мыслями, не зная, умрут ли они или останутся в живых!»

Несмотря на свои страдания, старец каждый день собирал сестёр и беседовал с ними. Однажды матушка-игуменья сказала:

— Геронда, как-то давно Вы нам сказали, что если бы мы преодолели нашу мелочность и хоть капельку стали великодушными, то Вы разговаривали бы с нами о более высоких духовных вещах.

— Какие там «высокие духовные вещи»? — удивился преподобный. — Я другое вижу: ох как легко сестёр окрадывают эгоизм, человекоугодие и гордость! Поэтому вы еле плетётесь, как последние неумёхи — и на послушаниях, и в духовном делании. С той поддержкой, которая у вас есть, вы могли бы уже по небу летать, как соколы, если бы не это расхищение от страстей.

В самый день Христова Рождества[3] преподобному старцу было очень больно. Он чувствовал себя так, словно его режут ножом. Но он всё равно собрал сестёр на беседу. Когда одна из сестёр сказала, что он сдаёт экзамены на терпение, старец сказал об этом несколько слов, а потом вместе с сёстрами

---

[1] Ср. Рим. 12:15 и 1 Кор. 12:26.
[2] Ср. Рим. 12:1.
[3] 25 декабря по новому стилю.

начал петь «Ве́лие и пресла́вное чу́до соверши́ся днесь…»[1]. В какой-то момент он остановил сестёр и сказал:

— Внимательно распевайте стихиру! Ваш ум должен быть там — в «преславном чуде». Когда ум погружён в божественные смыслы, это даст вам нужный сердечный настрой — сердце начнёт трепетать. Вы не представляете, сколь сладким будет Ваше пение, если вы погру́зитесь в глубочайший смысл стихир!

— Погрузиться бы в Ваш дух, геронда, — сказала матушка-игуменья.

— Это действует, как вино, — ответил старец. — Некоторые музыканты перед тем, как выступать, любят немного выпить, и поют тогда с особым чувством. То есть алкоголь, винный дух становится их движущей силой. А вы упояйтесь Небесным Духом, Божественным Огнём — Духом Святым.

При этих словах божественное изменение преобразило облик преподобного. Немощный, выжатый как лимон старец на глазах наполнился силой — сила его души давала силу его обессиленному телу. Он вновь начал петь, «подпевая» всем телом. Божественная любовь победила в нём телесные боли. Сёстры спросили его, чувствует ли человек телесную боль в состоянии божественного рачения. «Если боль невыносима, — ответил старец, — то она становится сносной, если сильная — становится умеренной, а если слабая — исчезает. — И, вздохнув, добавил: — Ах, не зажгло вас ещё это пламя!..»

Всенощное бдение под первое января[2] старец полностью простоял на ногах. После бдения ему было очень больно. Кроме того, он был вынужден то и дело выходить. «Теперь мой старец — это рак, — говорил преподобный. — Он мной командует. Если тебе просто больно, то ты вспоминаешь святых мучеников и забываешь боль. А вот если тебе надо каждые десять-пятнадцать минут выходить и прерывать своё духовное дело, ломать свой устав, то это — беспокойство.

---

[1] Первая стихира на стиховне вечерни Рождества Христова.
[2] По новому стилю, на праздник Обре́зания Господня и святителя Василия Великого.

Ничего другого мне не надо, только бы пару часов в день, чтобы никуда не выходить».

Первого января, на Новый год, старец сказал:

— Если монах не чувствует сладость, которая рождается от злострадания, то он топчется на месте. Сейчас, когда за мной столько ухода, я чувствую себя вдвойне больным. Эх, было бы у меня хоть немного сил! Хоть пару лет бы ещё пожить по-монашески!..

— Геронда, — спросила одна сестра, — а что именно Вы бы больше всего делали в эти пару лет?

— Вот у нас тут, в Греции, постоянно солнышко светит, — ответил на это старец. — Греки ведь редко работают при искусственном свете. И если грек поедет в какую-нибудь Англию, где почти постоянно облачность, если ему придётся там работать при свете электрических ламп, то это будет его угнетать. А англичанам как с гуся вода — отсутствие солнца их совсем не расстраивает, они его толком-то и не видели. Понятно тебе теперь? Ора́и?

Полушуточное как бы древнегреческое слово «ора́и»[1], созвучное английскому выражению «all right» («всё в порядке») старец употреблял, желая спросить: «Ты видишь духовным зрением? У тебя есть какой-нибудь духовный опыт?»

Другая сестра спросила:

— Это смирение побуждает монаха к строгой жизни?

— Это любовь, — с очень нежной интонацией ответил старец. — Любовь. А смирение необходимо для того, чтобы любовь сохранить.

Когда курс лучевой терапии был закончен, старец засобирался на Святую Гору. Однако, не будучи уверен, он просил Бога просветить его и указать, что ему делать. Когда он ждал ответа, было очевидно, с какой мощью в нём горит любовь Божия. Часто из-за стены его кельи было слышно, как он во весь голос разговаривает со Христом, с Пресвятой Богородицей, со святыми. Обращаясь к Матери Божией, он часто говорил «Любимая моя Матушка!..» Прижимая к груди Её икону, он с горячей любовью лобызал её и повторял: «К ма́тери свое́й

---

[1] Др.-греч. ὁράω — зреть, видеть.

я́коже и́мать кто любо́вь, ко Го́споду те́плыше любле́нием до́лжны есмы́»¹. Часто он погружался в сладкие глубины молитвы Иисусовой. Было очевидно, что он переносился на Небо. А ещё было слышно, как он часто повторял фразу: «Я ведь горел, господин командир, я ведь горел!» Эту фразу повторял один солдат, оправдываясь перед командиром за то, что отложил порученное ему дело и ушёл молиться. Так вот и преподобный отец наш Паисий горел от огня Божественной любви.

В один из дней он по секрету сказал матушке-игуменье:

— Знаешь, я прямо в какой-то кусок любви превратился.

— Да в кусок разве, геронда? — ответила игуменья. — Может, лучше сказать — в источник любви Божественной?

— Точно-точно, как родник всё равно, — сказал старец. — Бьёт и бьёт, а любовь в нём не кончается и не кончается, бьёт и бьёт, а остановиться не может. Любовь человеческая — как пирожное: съел — и не осталось ничего. А духовное общение, божественное общение — великое дело. И конца ему нет.

Операцию назначили на 4 февраля. Начались предоперационные анализы и обследования. 27 января старец был очень радостным. «По всему видно, что я ухожу, что я скоро умру», — с улыбкой говорил он. В тот день к старцу приехал митрополит Кассандри́йский Сине́зий. Он увидел старца сияющим в столпе некоего сверхъестественного света. Уезжая, владыка сказал: «Святость не скроешь. Он же сияет весь!» А вскоре приехал ещё один архиерей: архиепископ Синайский Дамиан, который сказал старцу, что безмолвническая синайская каливка в Тарфе отремонтирована и ждёт, когда старец в неё поселится. Отец Паисий тут же загорелся этой идеей, и стоило архиепископу уехать, как с огромной радостью стал говорить: «Ну всё, открылась мне, наконец, дорога на Синай!.. Что же мне теперь, сидеть и ждать здесь, пока помру, как старый пёс в винограднике? Нет уж — поеду на Синай: хоть поживу по-монашески и умру на передовой!»

---

¹ Степенна четвёртого гласа, третий антифон, второй тропарь. По-русски: «Как всякий любит свою матерь, так Господа мы должны любить ещё горячее».

Преподобный Паисий перед операцией (3 февраля 1994 года)

Все следующие дни он то и дело спрашивал: «Ну, какие там новости? Какие у вас новости?» — и сам же отвечал: «Понятно... Никаких новостей у вас нет». Наконец 1 февраля пришли неутешительные результаты анализов: рак дал метастазы в лёгкие и в печень. Когда игуменья рассказала старцу об этом, он вложил ей в руку свой носовой платок и с необыкновенной радостью в голосе и воодушевлением воскликнул: «А давай-ка с тобой, матушка, станцуем[1]!» Старца настолько переполняла радость, что он буквально светился от счастья. У игуменьи потекли слёзы, а старец её утешал: «Что же ты плачешь, глупенькая? Семьдесят лет пожил — это, по-твоему, мало?» Старец хотел уже отменить и операцию, но врачи сказали, что несмотря на метастазы, опухоль удалять надо — иначе он умрёт от непроходимости кишечника. Тогда старец решил оказать врачам послушание.

Операция прошла 4 февраля. Была удалена опухоль, выведена специальная трубка, проведена местная химиотерапия печени. Сразу после операции отца Паисия поместили в реанимационное отделение. Придя в себя от наркоза, он был очень спокоен и мирен. Врач, подбирая дозу обезболивающего, спрашивал его: «Сильно у Вас болит, геронда?» — на что старец отвечал: «Да вообще ничего не болит!..» Врач растерялся и не знал, что делать, пока сёстры не объяснили ему, что на языке старца Паисия «вообще не болит» значит «болит средне», а «немного побаливает» означает «боль невыносима». Впрочем, выражение «немного побаливает» старец почти никогда не употреблял.

Когда старца перевели из реанимации в обычную палату, многие начали приходить в больницу, чтобы навестить его и взять его благословение. Администрация больницы в связи с этим даже была вынуждена принять дополнительные меры предосторожности, однако остановить поток направлявшихся к старцу людей было делом трудновыполнимым. Многие ждали часами напролёт в надежде, что сквозь

---

[1] Атрибутом некоторых праздничных греческих танцев является платок, иногда его держит один из танцующих, иногда пара одновременно — за разные концы.

приоткрывшуюся дверь палаты они хотя бы на мгновение увидят облик преподобного старца.

Одна женщина со своим супругом приехала в больницу к половине пятого утра, будучи уверена, что так рано никого там не будет. Однако в холле для посетителей она застала около тридцати молодых людей, которые тоже хотели увидеть старца. Женщина подошла к палате отца Паисия и, увидев, что дверь чуть приоткрыта, заглянула внутрь. Старец не спал: повернувшись и увидев её, он сделал ей знак рукой и, когда она подошла, дал ей своё благословение. Как только она вышла в коридор, ожидавшие старца молодые люди обступили её, желая как бы через неё получить благословение старца.

«Все, кто заходил в нашу палату, — вспоминал человек, лежавший на соседней со старцем койке, — радовались так, словно вытянули счастливый лотерейный билет, словно им что-то драгоценное подарили». Да ведь и правда: что может быть драгоценнее, чем святые молитвы и благословения святых людей?

Входя в палату, посетитель видел лежащего на койке смертельно больного старика, который, страдая, как немощный человек, терпел эти страдания, как святой мученик. Не обращая никакого внимания на собственную боль, не разговаривая ни с кем о собственном здоровье, старец с величайшим интересом расспрашивал других, разбрызгивая радость Божественной благодати на тех, кто получил милость оказаться рядом.

Один юноша спросил его:
— Тяжело болеть тебе, геронда?
— Если не поболеешь, то так никогда и не выздоровеешь, — ответил старец.

А ещё один посетитель спросил, боится ли старец смерти.
— Всю жизнь я бился за то, чтобы оказаться рядом со Христом. — ответил преподобный. — Что же, струшу сейчас? Если мне скажут, что жить мне осталось всего несколько мгновений, я буду эти мгновения — до последнего — танцевать от радости, потому что я пойду ко Христу.

Иногда, благодатью Божией, преподобный «заочно знакомился» с людьми, которые ожидали встречи с ним в больничном коридоре. Врач из Афин со своим тестем приехал в Салоники ночным поездом. Когда они пришли в больницу к старцу Паисию, им сказали, что ему очень плохо. Тогда, не желая беспокоить его, они попросили дежурившую у старца монахиню взять у него благословение «для них». Монахиня вошла в палату старца, а выйдя в коридор, с улыбкой спросила: «Так вы ведь зять с тестем? Благословляет вас старец!» Преподобный отец увидел и то, какая родственная связь между этими людьми, и то, какой труд они предприняли ради встречи с ним, и то, какое они проявили любочестие, не желая его тревожить.

Один священник очень добивался того, чтобы войти в палату к старцу. А как только вошёл, с радостью и слезами на глазах сказал старцу:

— Геронда, я столько раз собирался приехать на Афон, но всё время что-то мешало. Не обижайся, что я и плачу и смеюсь одновременно, — я рядом с тобой как дитя малое.

— Да уж, отец Фотий, — ответил старец. — А я-то вижу, что ты ко мне не едешь, вот и решил: «Дай-ка я сам поселюсь у отца Фотия по соседству».

Священник застыл от изумления: старец не только назвал его по имени, но и знал, что он живёт недалеко от больницы.

Были случаи, когда преподобный старец приглашал в свою палату людей, которые не собирались с ним встретиться. Однажды он попросил медсестру пригласить к нему в палату больного, который лежал на другом этаже. «Откуда он меня знает? И зачем я ему?» — удивился этот больной. Когда он вошёл в палату к отцу Паисию, тот сказал: «Не волнуйся, родится у твоего сына ребёнок. Правда, будет это уже после твоей кончины». Человек этот вернулся в свою палату растроганным до слёз, потому что он давно просил у Бога внука, говоря: «Пусть даже я этого внука и не увижу».

А в другой раз преподобный, идя по больничному коридору, попросил подойти к нему одну девушку. Та пришла в больницу навестить свою знакомую, у которой тоже был рак. «Зачем же ты, дочка, этой йогой занимаешься? — по-доброму спросил её старец. — Не хватает тебе, что ли, нашей православной веры? Ведь это у нас — Истина, это у нас —

Живой Бог». Девушка удивилась, что незнакомый монах разговаривает с ней так, словно хорошо её знает. Потом она подошла к старцу вместе со своей больной знакомой, которой преподобный тоже дал своё благословение, сказав, что будет молиться о том, чтобы она выздоровела. Через несколько дней при повторном обследовании опухоли у этой женщины обнаружено не было.

Естественно, в палату к отцу Паисию заходило много врачей и медицинского персонала больницы. Рядом со старцем эти люди оказывались в иной — духовной атмосфере. О состоянии своего здоровья старец врачей не спрашивал. Он выполнял всё, что они ему говорили, и, желая, чтобы они поменьше занимались его болезнью, развлекал их шутками. «Вы, доктора, — самые смиренные люди, — говорил он. — Работаете вы в ЭСИ́[1] — значит, эгоизм вам чужд. А пенсию вы будете получать в ЦАИ́[2] — значит, вы настоящие подвижники. Даже есть вам не обязательно: чайку попили — и хватит с вас».

Часто врачи спрашивали старца о том, как им вести себя с раковыми больными. «Не скрывайте от них их состояние, — советовал старец. — Побуждайте их исповедоваться и причащаться. Божественное Причащение — это самое сильное лекарство». Медсёстрам старец давал много крестиков, чтобы они раздавали их больным. А одна медсестра иронично комментировала то, что её коллеги ходили к старцу за крестиками. И вот однажды она тоже пришла в палату к старцу, просто желая удовлетворить своё любопытство. А преподобный, увидев её, сказал: «Вон там, на тумбочке, шоколадку возьмите, пожалуйста. Это для Вас шоколадка, она давно Вас тут дожидается». А крестиков ей не дал совсем, и это заставило женщину задуматься.

Один медбрат, видя, как много людей часами напролёт ожидают, желая увидеть обычного монаха, говорил: «И что

---

[1] ЭСИ (ΕΣΥ) — аббревиатура Национальной системы здравоохранения (Εθνικό Σύστημα Υγείας), и одновременно — местоимение «ты» (εσύ).

[2] ЦАИ (ΤΣΑΥ) — аббревиатура Пенсионно-страхового фонда медицинских работников (Ταμείο Συντάξεως καί Αυτασφαλίσεως Υγειονομικών), омофонично с τσάι — чай.

они нашли в этом Паисии, раз народ целыми толпами идёт и ему поклоняется?» И вот однажды, постучавшись в дверь палаты преподобного, медбрат этот сказал дежурившей монахине: «Здравствуйте! Я пришёл вашему старцу помочь». А преподобный, услышав его голос, громко сказал: «К жене своей иди!» Медбрат понял, что имел в виду старец, потому что какое-то время назад, оставив жену, он ушёл к другой женщине. То, что старец знал обстоятельства его жизни, потрясло этого человека. Он потом даже так говорил: «Не знаю, конечно, что они нашли в этом Паисии, но что-то в нём такое есть…»

За два дня до выписки из больницы отец Паисий надел рясу, взял свою монашескую сумку и обошёл все палаты своего этажа, раздавая больным крестики. В одной палате он сказал: «Все вы выздоровеете. Кроме меня».

А в другой палате один больной сказал старцу:

— Ах, дедушка, как же я хочу выздороветь и жить!

— Если б я знал секрет, как это сделать, — с улыбкой ответил старец, — то и для самого себя что-нибудь да сделал бы.

Преподобный ожидал, что люди, узнав о том, что у него рак, «испортят» свой добрый помысел о нём. Он хотел, чтобы люди говорили: «Раз он себя исцелить не может, какой помощи мы можем от него ждать?» Только вот произошло обратное: людей притягивало к нему всё сильнее и сильнее. В день выписки старец в сопровождении лечащего врача вышел из палаты в коридор. Уже через несколько мгновений его обступила толпа народа: больные, врачи, медсёстры, посетители… Один больной, с катетерами в венах, попытался поцеловать отцу Паисию руку, но тот, быстро нагнувшись, сам поцеловал руку больного. Перед тем как войти в лифт, преподобный высоко поднял руку и попрощался со всеми. Но многие побежали по лестнице на первый этаж, желая опередить лифт и последний раз увидеть преподобного. Через переполненный людьми холл старец и его лечащий врач прошли быстрым шагом к выходу, ни с кем не разговаривая.

Когда вышли на улицу, шёл снег. Люди теснили старца, окружили машину, которая за ним приехала. Одна медсестра стала громко просить людей расступиться, и старец наконец смог пройти к машине. Когда он уже был внутри, люди прикасались к стёклам автомобиля, прощаясь с ним. У некоторых в глазах стояли слёзы. Да и сам преподобный старец был очень растроган тем, как сильно любили его люди. Когда сопровождавший его врач захлопнул дверцу, старец повернулся к нему и сказал:

— Пожить бы немножко ещё…

От многой любви к людям преподобный хотел пожить ещё — чтобы сострадать им, а также с болью и усилиями молиться о них. Его любочестие было столь велико, что он предпочитал мучиться на земле вместо того, чтобы радоваться в раю, «иде́же несть боле́знь, ни печа́ль, ни воздыха́ние, но жизнь бесконе́чная»[1]. Двадцатью годами раньше преподобный так написал в одном из писем: «Несмотря на то что истинные монахи понимают, что та радость, которой они наслаждаются в сей жизни, — это лишь часть райской радости, а в раю радость будет сильнее; несмотря на всё это, от великой любви к ближним они хотят пожить на земле, чтобы помогать людям молитвой, чтобы в жизнь людей вмешивался Бог и они получали помощь»[2].

18 февраля, через трое суток после возвращения из больницы в исихастирий, преподобного в его келье посетил святой великомученик и целитель Пантелеимон. Преподобный увидел святого великомученика прямо перед собой, живого, в образе молодого врача, в белом врачебном халате — как он ему являлся пятнадцать лет назад. Старцу было очень больно, но чудесное явление святого принесло ему огромное облегчение и божественную радость.

Уступая настоянию докторов, преподобный старец, немного придя в себя после операции, начал первый курс системной химиотерапии. Химиотерапия приносила старцу огромные страдания. Но он терпел, веря в то, что эти страдания от Бога, что они пойдут ему во благо. «Видно, Бог чего-то хочет, попуская эти страдания, — говорил старец. — Он совершает надо мной духовную работу — высшую любой

---

[1] Из заупокойного кондака.
[2] См. *Старец Паисий Святогорец*. Письма. С. 52.

другой из тех, что я сам совершал над собой за свою жизнь».
А в другой день старец так сказал: «Представляете, когда раньше я слышал слово „химиотерапия", то думал, что это „химотерапия"[1], лечение соками!.. На полном серьёзе думал, будто раковым больным дают специальные соки, натуральные продукты... А вот сейчас-то я понял, какая это мука!.. Раньше я говорил онкологическим больным: „Пусть будет сделано всё, что можно сделать по-человечески. А о том, что по-человечески сделать нельзя, будем молиться Богу — чтобы помог Он". Но где мне тогда знать, сколько страданий причиняет это „всё, что можно сделать по-человечески"?.. Чтобы понять это, надо было самому пройти через все эти муки. А сейчас — да, сейчас у меня большой опыт. Я понял: „то, что можно сделать по-человечески", — это не ерунда какая-нибудь. Человек проходит через мучения и выходит из них весь в заплатках. А вот если его совсем немного погладит по руке Христос — всё проходит, всё исцеляется. Не нужны потом лекарства. А если Христос погладит его не по руке, а по лицу — то ещё лучше. Если же Христос его обнимет — то даже сердце больного станет мягким. Поэтому давайте молиться, чтобы Христос помогал людям. Не будем успокаивать себя мыслью о том, что „больной попал в руки хороших врачей"».

В конце концов курс химиотерапии был прерван — врачи быстро поняли, что организм старца не выдержит такой нагрузки.

Как только старец почувствовал себя лучше, он снова начал принимать народ. Однажды ему принесли трёхмесячного младенца, который лежал в больнице с серьёзным заболеванием почек. Преподобный спросил, что говорят врачи и причащался ли младенец. А когда ему ответили, что только через неделю собираются его крестить, ответил: «Чего же вы ждёте? Почему не крестите своих деток сразу? Меня вот преподобный Арсений Каппадокийский крестил, когда мне тринадцать дней от роду было. Так что идите, окрестите ребёнка, причастите его. И всё будет хорошо». Родители младенца

---

[1] Χυμοθεραπεία (от греч. χυμός — сок) — лечение соками.

забрали его из больницы, окрестили, и через несколько дней врачи подтвердили, что малыш абсолютно здоров.

А в другой день сёстры попросили отца Паисия помолиться об одном молодом инженере, который, сорвавшись во время работы с большой высоты и разбившись, находился в критическом состоянии. Преподобный попросил принести ему три больших свечи и оставить его одного. На следующий день инженеру, который находился в реанимации, сказали, что отец Паисий за него молится. «А я знаю, — неожиданно ответил молодой человек. — Он ведь только что здесь был. Ещё по плечу меня так погладил и говорит: „А ну-ка, не расстраиваться! Покалечился ты, конечно, крепко, но поправишься. Всё будет хорошо"». Хотя последствия этого несчастного случая остались для молодого человека на всю жизнь, однако он женился, продолжает работать и славословит Бога за то, через это испытание постиг глубочайший смысл жизни.

Мученичество от страданий

В апреле 1994 года старца вновь положили в больницу. Врачи собирались восстановить отцу Паисию деятельность кишечника, наложив колостóму[1], но старец не согласился. Он хотел как можно быстрее выписаться из больницы, и по этой причине решил отказаться от помощи врачей. Одному священнику, посетившему его в больнице, он сказал: «До сего дня я оказывал послушание Патриарху и слушался врачей. Теперь оставляю всё на Бога».

Но выписавшись из больницы, преподобный отец прошёл через страшное мученичество и невыносимые боли. Множественные метастазы распространялись в его печени, резко увеличив её в объёме и порождая непрекращающиеся невыносимые боли. Метастазы в лёгких не давали ему дышать. Кроме этого, обычная работа «обожжённого» радиооблучением и не зажившего после операции кишечника причиняла старцу острейшую, жгучую боль. Боль эта была настолько

---

[1] *Колостóма* — вывод части ободочной кишки наружу через переднюю брюшную стенку.

сильной, что часто всё тело преподобного отца охватывала дрожь, он весь покрывался по́том, а из глаз его катились слёзы.

Однажды он прошептал:

— Эти слёзы — ведь и не слёзы покаяния, но и не слёзы радости. К какой, интересно, категории слёз они относятся?

— Может, к слезам мученичества, геронда? — предположила одна сестра.

— Ну да, к каким же ещё, — ответил старец, и тут же, осёкшись, добавил: — За грехи мои расплачиваюсь. Мне так помучиться ещё лет двадцать нужно, чтобы за все мои грехи расплатиться.

И правда: эти боли, которые преподобный отец терпел с мученическим мудрованием и славословием Бога, были крещением мученичества. Целые ночи напролёт он, превозмогая боль, пел церковные гимны, говоря, что они уменьшают страдания. Часто с божественной теплотой он начинал петь тропарь святым сорока мученикам Севастийским: «Боле́зньми святы́х, и́миже о Тебе́ пострада́ша, умоле́н бу́ди, Го́споди», но на этом останавливался и не пел заключительную часть тропаря: «и вся на́ша боле́зни изцели́, Человеколю́бче, мо́лимся». Он и сам был похож на тех святых страдальцев, которые спешили на мученичество за Христа, с радостью воспевая божественные гимны, и считали великим несчастьем освобождение от этих страданий. А преподобный отец спешил на мученичество ради любви к ближнему. И, страдая, говорил себе так: «Разве это не ты просил: „Боже, дай мне болезнь, а потом — сколько бы я ни плакал, сколько бы ни рыдал — не слушай меня, будь глух к моим стенаниям"? И сейчас, после всех таких молитв, что же мне, просить: „Боженька, ну вылечи меня, пожалуйста"?»

Обезболивающие старец не принимал. Только когда боль «заходила в тупик», ему делали укол. Однажды он показал сёстрам сложенную бумажку и сказал: «Вот, я сегодняшнее обезболивающее уже принял». Взяв бумажку и развернув её, сёстры увидели, что там ничего не написано. «А вы прочитайте, что на ней снаружи!» — сказал старец. Перевернув листок, сёстры увидели надпись: «Сорок Мучеников». А старец им объяснил: «Представляете, как было больно святым сорока мученикам стоять голыми в ледяном озере? А я?.. В кровати разлёгся, у меня тут и подушки, и лекарства, и врачи, и полный сервис…»

В то самое время одна из сестёр очень мучилась от боли, оставшейся после опоясывающего лишая[1]. Однажды она попросила старца помолиться, чтобы хоть на Великий пост «боли дали ей передохнуть». «Благословенная душа! — ответил ей старец. — Кто хочет жить без болей — болен головой. Ну и придумала же ты попросить: „передохнуть от боли" в Великий пост, „чтобы его лучше почувствовать"!.. Да мы, монахи, наоборот, должны просить о том, чтобы нам было больно, должны просить о том, чтобы Бог отдавал нам боль людей мирских, а им — подавал утешение». Но вот одному мирянину преподобный прямо запретил: «Не проси!.. Не проси! Ты не сможешь эту боль вынести, она — страшная». Человек этот изумился, потому что он действительно просил у Бога «отдать ему немного болезни старца Паисия».

Преподобный старец не просто с мужеством и славословием терпел невыносимые боли. Он ещё и старался развеселить сестёр, которые начинали раскисать, видя его страдания. Однажды, когда боль его была невыносимой, а метастазы в лёгких совсем не давали ему дышать, он вдруг сказал: «Слушайте, а у вас тут губной гармошки нет нигде? Врач говорит, что надо побольше на губной гармошке играть, для того чтобы лёгкие раскрылись. „Играй, — говорит, — на губной гармошке, и до ста лет проживёшь"». Съездили в город, купили губную гармонику и принесли старцу. «Как же вам не стыдно!.. — в шутку воскликнул он. — Столько времени такое счастье от меня прятали. Теперь всё: как только начну задыхаться, сразу буду на губной гармошке играть». С любопытством покрутив инструмент в руках, старец поднёс его к губам и вдруг заиграл мелодию «Испове́дайтеся Го́сподеви»[2]. Потом

---

[1] После излечения опоясывающего лишая по причине поражения нервных клеток в течение продолжительного времени могут возникать боли в поражённых участках кожи.

[2] Пс. 135, который поют на полиелее.

отложил инструмент в сторону и сказал: «Я на губной гармонике выучился играть, когда мне десять лет было. Сейчас поиграл немножко и — надо же — сразу всё вспомнил. Как будто снова в детство вернулся!»

Преподобный играл со своей болью, он играл со своими страданиями, играл даже со смертью, которую ожидал с радостью. «Как это мило — моя могила», — играл он со словами. А однажды, обыгрывая названия христианских братств, которые были у всех на слуху, так сказал: «Выхожу из „Жизни" и отправляюсь ко „Спасу"»[1]. Преподобный был и правда настолько соединён со Христом Спасителем, что земная жизнь и временный мир сей не вмещали его. Даже то, попадёт ли он в рай, старца не занимало. Он ведь и так жил в раю — уже в этой жизни, и был бы благодарен Богу, куда бы Он его ни определил. «Сколько людей, не имевших ни капли радости даже в сей жизни, после смерти пойдут в адскую муку, — говорил он. — А я пережил в сей жизни столько духовных радостей, что желать ещё и в раю оказаться будет совсем нескромно».

Так он терпел до конца. Помыслы его были любочестны и смиренны, сердце было наполнено радостью и упованием на Бога. Преподобный и богоносный отец наш Паисий показал нам, как уходит на Небо человек, который любит Бога, а по жизни земной идёт как по мостику в Жизнь истинную и вечную. Этот подлинный смысл жизни он понял, будучи ещё восьмилетним ребёнком. А чуть позже его научил этому подлинному смыслу Сам Христос, когда Он явился юному Арсению, держа в руках Святое Евангелие, раскрытое на словах: *Я есмь Воскресение и Жизнь; верующий в Меня, если и умрёт, оживёт*[2]. Этот смысл жизни был перед ним в годы войны, когда он предпочитал быть убитым самому, лишь бы спасти кого-то другого. Он опытно переживал этот смысл

---

[1] «Жизнь» («Η Ζωή») и «Спас» («Ο Σωτήρ») — христианские «братства богословов», возникшие в Греции с целью обновления церковной жизни. Братство «Жизнь» было основано в 1907 году, в результате его раскола в 1960 году образовалось братство «Спас».

[2] Ин. 11:25-26.

всю свою монашескую жизнь, радостно умирая в духовных и телесных подвигах. В последние годы он проповедовал этот смысл жизни в Панагуде, говоря страдающим людям: «Почему вы скорбите? Разве мы предназначены для этой жизни?» Молясь за этих людей Богу и прося Его: «Забери боль у Своего создания и отдай её мне», старец тоже переживал на опыте этот смысл. Но ярче всего, «громогласней» всего преподобный проповедовал этот смысл жизни в свои последние месяцы и дни, сияя с одра смертельной болезни светом радости Христова Воскресения.

Золотые монеты утешения

Возле кельи преподобного старца в исихастирии люди ждали в очереди встречи с ним. Входя в келью, они видели перед собой мирного, светлого старца, «весе́лыми нога́ми»[1] приближающегося к смерти. С каждым днём старец всё сильней и сильней угасал, и одновременно с каждым днём он сиял всё сильнее и сильнее. Иногда казалось, что из его глаз блещут искры ликования. Он был необыкновенно радостен, вокруг него разливались тишина и простота. Однажды, когда ему было очень больно, он в виде исключения принял семью с Крита. Стоя на коленях на кровати, старец от сердца говорил им так: «Я вас, критян, очень люблю. Ведь вы там на Крите „с сумасшедшей жилкой" — в хорошем смысле этого слова». Критяне торопились, не желая утомлять старца, но он не отпускал их, расспрашивая о том, как поживают их общие знакомые. Своей живостью он нисколько не напоминал человека, которому вскоре предстоит покинуть земную жизнь. И он бы долго ещё разговаривал с этими людьми, если бы они в какой-то момент не прервали его: «Геронда, дайте нам благословение, и мы поедем. А то мы Вас совсем замучили». Тогда старец попрощался с ними и сказал: «В раю увидимся».

А в другой день к нему пришли несколько маленьких детей с букетами полевых цветов. Старец не мог встать, и

---

[1] См. канон Святой Пасхи, песнь пятая, первый тропарь.

они положили цветы на подушку и на кровать рядом с ним. «Видите, дети какой народ? Смотрят в будущее», — сказал на это преподобный со светлой улыбкой, намекая на то, что именно так кладут цветы в гроб к усопшему.

Когда его спрашивали, больно ли ему, он отвечал: «Чтобы сдать экзамены, надо что-нибудь потерпеть».

Многие посетители говорили ему, что будут молиться о его здравии. И сам старец просил их молиться, «чтобы хоть на „троечку" сдать предстоящие тяжёлые экзамены». Другие желали старцу выздоровления, на что он отвечал: «Не хочу я выздоравливать. Для меня смерть — самый настоящий праздник. Если бы я знал, что умру сегодня ночью, то уже пел бы песню: „Будь здоров, народ несчастный…"[1], да ещё и танцевал бы при этом».

Однажды, желая взять у старца благословение, пришли две помакские семьи, принявшие Православие.

— Помолись, чтобы я помер, — попросил старец у одной из женщин.

— Геро́нда, — ответила та, — если Вы помрёте, то нам-то что потом делать? Мы ведь без Вас сиротами останемся.

— Не останетесь, — ответил преподобный. — Ты что, в Воскресение Христово не веруешь? Вместе будем: я одновременно и там вас буду поджидать, и здесь далеко от вас отходить не буду.

Одного епископа, приехавшего к преподобному, старец спросил:

— Привёз письма? — под письмами имея в виду молитвенные просьбы, которые он, скоро отойдя к Богу, мог бы Ему передать.

— Какие письма, геро́нда? — не понял епископ.

---

[1] Сулиотская народная песня под названием «Танец Зало́нго», написанная в честь 60 женщин, которые предпочли смерть позорному плену. Поднявшись на скалу, они начали хороводный танец и при каждом круге по очереди бросались в ущелье. Основная тема песни — прощание с родными местами, и в ней есть такие слова: «Рыба не живёт на суше, а цветы — в песках; сулиотки не живут без свободы, в кандалах».

— Неужели не написал? — вздохнул старец. — Что ж, плати тогда ещё и за марки. — И добавил: — Если обрету дерзновение у Бога, буду рядом с вами.

И это были слова мужа святого, слова не пустые, но обеспеченные целой жизнью аскетических трудов в глубоких духовных рудниках, подтверждённые страданиями и мученической болью.

К старцу часто приходили хирург, который его оперировал, а также женщина-онколог, его лечащий врач. Желая рассеять их скорбь, старец много шутил, но при этом, насколько было возможно, показывал, как он им благодарен. Он расстраивался из-за того, что сёстры всё никак не могли закончить иконы, которые старец собирался дать этим врачам в благословение. «Если вы встречаете любочестного человека, — сказал старец сёстрам, — то уважайте его любочестие и думайте, чем вы ему можете воздать. Если я кому-то чем-то обязан, то даже уснуть не могу, пока не воздам ему должное. В противном случае чем человек отличается от неблагодарного скота?»

Однажды старец беседовал с женщиной-онкологом о святых Адриа́не и Наталии[1]. «Святая Наталия, — говорил он, — присутствовала при мучениях святого Адриана и укрепляла его. А одновременно она побуждала палачей причинять святому Адриану бо́льшие мучения, дабы он восприял больший мученический венец. А в конце сама она тоже причислилась к мученикам. В ту эпоху многие женщины приходили на место мучений, чтобы укрепить святых мучеников, и им за это доставалось от палачей. Вот и вы, врачи, — продолжил старец, — удлиняете мучения больных, но это не страшно — тем бо́льшую мзду от Бога они получат. Но вы не просто удлиняете их страдания, вы им при этом и сострадаете — то есть страдаете вместе с ними. Хорошо хоть, вам за это от палачей не достаётся».

---

[1] *Святые мученики Адриа́н и Наталия* — молодые супруги, пострадавшие при императоре Максимиане (305–311). День памяти 26 августа (8 сентября).

А в другой её приход он даже «заплатил» ей за труды «золотой монетой». Это была обычная современная мелкая монетка, завёрнутая в бумажку, на которой старец написал: «Золотая монета». Такие же «золотые монеты» преподобный раздавал и сёстрам, которые за ним ухаживали. «Сейчас, — говорил он, — я живу на всём готовеньком. Видите, как выручает монаха в старости вовремя сделанный запас золотых монет?» Такой забавой старец хотел научить сестёр простой истине: человек, духовно работающий с юности, к старости оказывается богатым. Его духовная сокровищница полна добродетелей и благодатных дарований.

Подвижник даже до последнего издыхания

Несмотря на болезнь и страдания, преподобный отец продолжал духовно трудиться и подвизаться. Он обслуживал себя сам и в том, что касалось его личной гигиены. Приближаясь к кончине и теряя силы, старец постоянно придумывал способы, позволявшие ему не прибегать к посторонней помощи в отношении заботы о себе и монашеского подвига. Он просил принести ему то скамеечку, то ещё одну подушку, то напольную вешалку, чтобы поставить её возле кровати и вешать необходимое. До июня, когда до кончины его оставался всего лишь месяц, преподобный отец продолжал делать земные поклоны — правда, опираясь руками не на пол, а на скамеечку. Ещё он попросил принести ему щит из досок, положил его на кровать и вставал на колени прямо на кровати.

Каждый день он поминал все имена из записок и прочитывал все пришедшие ему письма. Пока не заканчивал всё до самой последней записки, до самого последнего письма — не засыпал. «Я на следующий день дел не оставляю», — говорил он. Однажды вечером сестра, ухаживавшая за преподобным, не желая его мучить, не передала ему в руки записки, оставленные паломниками, а аккуратно подсунула их старцу под подушку. Сестра подумала, что Бог все равно поможет этим людям. Когда преподобный обнаружил у себя под подушкой эти записки, он сказал сестре: «Нет, такой „магией" людям не поможешь».

Через несколько дней, вечером, другая сестра постучалась в дверь его кельи и, не услышав «аминь», тихонько открыла дверь. Старец стоял к ней спиной перед иконами и, держа в руках ворох записок, шёпотом, с умоляющей интонацией произносил имена. Он весь был погружён в боль, в моление, и ничего не слышал. Сестра тут же тихонько прикрыла дверь и снова постучала — уже сильнее. Старец ответил «Аминь» и, увидев сестру, вдруг начал юродствовать: мычать какие-то нечленораздельные слова, смеяться, хлопать в ладоши. Даже одного этого случая было бы достаточно, чтобы «признать» старца Паисия — подвижника, преисполненного мужеством и изо всех сил стремившегося скрыть от посторонних глаз свою аскезу.

Как бы старцу ни было больно, на Божественной Литургии он никогда не садился. От начала до конца стоял на ногах, едва-едва облокачиваясь о стасидию. До того, как заканчивали читать благодарственные молитвы по Святом Причащении, из храма не выходил. Считал, что уйти после Причастия, не послушав благодарственные молитвы, — признак страшного пренебрежения и неблагодарности. Также старец не хотел, чтобы ради него сокращали церковные службы. Он во всём стремился к акривии и благородству.

Старец надеялся, что в конце жизни у него ещё будут силы и возможность поехать в Синайскую пустыню, чтобы с аскетическим мужеством и отвагой подниматься на новые духовные вершины. Даже за два месяца до кончины он говорил: «Если бы не эта болезнь, кто знает, где бы я сейчас был? Наверняка бы где-нибудь „сумасбродил". А сейчас болезнь меня связывает. Хотя надежду „посумасбродничать" я всё равно не теряю».

Рука Благого Бога возносила преподобного старца на духовные вершины по-другому: смирением от телесной немощи и терпением боли. И преподобный не просто оказывал послушание Божественному Промыслу, но принимал его с радостью и благодарностью, веря, что так полезней. Старец дошёл до того, что однажды сказал: «Мученические боли моего недуга принесли мне пользы больше, чем аскетические старания всей предыдущей жизни». И ещё сказал: «Болезнь помогла мне так, как ни одно из аскетических деланий. Я смирился, возгнушался собой».

Операции, облучение и химиотерапия, курсы лечения, назначаемое врачами питание, уход (пусть и в малой мере) — всё это сильно смиряло столь строгого и бескомпромиссного аскета, каким был преподобный Паисий. Однако сам он много лет назад написал так: «Анализируя свой духовный путь, свои малые аскетические труды, иногда совершённые с рассуждением, иногда без оного, однако всегда происходившие от божественной ревности, вот к какому выводу прихожу: самый короткий, надёжный и лёгкий путь в Горний Иерусалим — это смирение. У меня его, правда, нет, но именно в этом направлении я стараюсь работать. И Бог мне в помощь».

Подготовка к желанному исходу

13 мая, в день памяти святой Глике́рии, преподобный собрал всех сестёр. Во время беседы он, если можно так выразиться, внезапно «отключился», словно погрузился во что-то. Лицо его осветилось Божественной благодатью, его сияющие глаза были обращены в сторону иконы Пресвятой Богородицы, только вот глядел он не прямо на икону. Пробыв в этом состоянии около трёх-четырёх минут, он пришёл в себя и спросил: «Слышали, как ангелы поют?» В подобном состоянии сёстры видели его и несколькими днями ранее, но тогда преподобный ничего не сказал после выхода из необычного состояния.

Ангельское пение он услышал и однажды вечером, в то время, когда в храме преподобного Арсения совершалась вечерня, а старец был у себя в келье. В начале он подумал, что пение доносится из храма, однако когда петь начали громче, старец различил медленное пение «Свят, Свят, Свят Госпо́дь Савао́ф…», а на вечерне это петь никак не могли. Ангелы пели не останавливаясь, пение их было очень сладким. Преподобный слушал их, пребывая, как сам он рассказал, «вне себя», ощущая при этом «сладкое погружение и небесное блаженство». Ему даже подумалось, что пришёл час его исхода из земной жизни. С того дня он начал просить сестёр петь «Свят,

Свят, Свят…», и даже сам учил их, что начинать надо мягко, а затем постепенно петь сильнее — как он услышал это от ангелов. Преподобный настаивал, чтобы сёстры пропевали «завитки» сладко, а окончания песнопений «гасили» нежно, красиво. Он хотел, чтобы монахини пели с силой, но одновременно с нежностью, и требовал от них большой точности. Даже крохотная ошибка становилась препятствием в его сердечной молитве, словно ноты были начертаны прямо у него в сердце. А когда преподобный пел сам, слышно было не пение, но нечто небесное: из сердца, которое превратилось в Небо, преизливалось славословие.

В конце мая преподобный решил вернуться на Святую Гору. Когда он объявил об этом врачам, те ответили, что везти его можно только на специальном автомобиле для перевозки тяжелобольных, поскольку путь до Панагуды занял бы около семи часов, а ему каждые два часа надо было надевать кислородную маску. Однако на реанимобиле преподобный ехать на Афон не хотел. «Даже тело моё после кончины на машине на Афон везти не разрешайте, — говорил он врачам. — Я всеми силами старался не допустить автомобилей на Святую Гору. А сейчас, увидев, как меня везут на реанимобиле, кое-кто может найти себе оправдание, накупить микроавтобусов и разрушать Сад Пресвятой Богородицы».

Старец определил день отъезда на Афон, но к тому времени состояние его ухудшилось. Боли усилились, дышать становилось всё тяжелее и тяжелее. Надевать кислородную маску надо было всё чаще и чаще, сил оставалось меньше и меньше. Старец осознавал, что по-человечески возвращение на Святую Гору уже невозможно. Кроме того, он понимал, что может умереть в пути, а это неизбежно повлечёт за собой ненужный шум и суету вокруг его имени. Он ведь жил скромно, и умереть и быть погребённым тоже хотел скромно. Поэтому он решил попросить через матушку-игуменью у местного архиерея благословение — без шума быть погребённым в исихастирии. Епископ дал на это благословение и сказал: «Жил без шума, правильно будет, если без шума и уйдёт». Так, смиренно и со страхом Божиим, преподобный «урегулировал» и этот вопрос.

После того как старец принял решение не возвращаться на Афон, в ночь на 10 июня у него был приступ невыносимых болей и тахикардии. Решив, что пришёл его последний час, он, собрав последние силы, начал петь. Пел «Святы́й Бо́же», «Досто́йно есть», «Свят, Свят, Свят Госпо́дь Савао́ф», «О Тебе́ ра́дуется»[1] и «Ра́дуйся, Цари́це»[2]. Через два дня, 12 июня, в день памяти преподобного Ону́фрия, преподобный старец попросил принести ему Минею и торжественно, от всего сердца прочёл и́кос из службы святому Онуфрию, обращённый ко Святому Духу: «О Любы́, Све́те Пресия́ющий! О вся́ческих доброде́телей Главо́! При́сно Небе́сныя чи́ны весе́лия исполня́я и благода́ти, Все́льшийся во святы́я патриа́рси, проро́цы и апосто́лы, и́хже моли́твами и в ны всели́ся, да с те́ми пое́м Бо́гу: Аллилу́ия»[3].

Прошло ещё два или три дня. Преподобный увидел Пресвятую Деву, проходящую через его келью, как это уже было несколькими годами раньше. Матерь Божия вышла из иконостаса, прошла над его койкой и скрылась в стене напротив, оставив преподобного отца в неизреченной радости и небесном веселии.

С середины июня старец уже почти никого не принимал. Однажды, сделав исключение нескольким людям, он принял и своего врача. Видя старца опечаленным, врач сказал: «Геронда, почему Вы расстраиваетесь? Мы ведь знаем, как сильно Вы всех людей любите. Почему Вы так опечалены?» Отец Паисий улыбнулся, превозмогая сковывавшую его лицо боль, еле-еле покачал головой и чуть слышно ответил: «Любовь, любовь, любовь… О, если б не эта любовь!.. Кто знает, по каким бы пещерам я бы тогда бродяжничал!..» Небесный житель и великий подвижник хотел жить как «бродяга Христов»: незнаемый людьми, знаемый лишь Богом Единым, вписанный лишь в монашеские списки Его обителей. Только

---

[1] Задостойник на Литургии святителя Василия Великого.
[2] Задостойник праздника Святой Пятидесятницы.
[3] В славянской Минее другой текст службы преподобному Онуфрию. Память его совершается 12 (25) июня.

вот любовь к страдающим людям всё не давала ему от них уйти.

15 июня старец обсудил с матушкой-игуменьей свою будущую могилу — где и как её вырыть. По примеру своего старца, батюшки Тихона, попросил, чтобы его останки никогда из неё не доставали. Ещё он попросил связаться с Афоном и привезти его схиму и куколь. Когда отцы на Афоне пришли в Панагуду, они нашли всё необходимое для погребения аккуратно сложенным и с такой запиской: «Это на мои похороны. Но буду рад, если вы заберёте эту новую рясу себе, а меня похороните в каких-нибудь старых грязных тряпках. Потому что и сам я — старая грязная тряпка. Вашими молитвами да помилует меня Бог, молитесь. Монах Паисий».

Итак, предусмотрев всё, 21 июня старец решил прекратить принимать лекарства.

— Сейчас оставьте меня в покое, мне пора уходить, — объявил он врачам.

— Но почему, геронда? — спросил хирург.

— Потому, что уже ни одного земного поклона сделать не могу. Попробовал сегодня опуститься на колени, и всё — не смог. Стало быть, пора уходить.

Врачи пытались убедить его не оставлять лекарства, онколог чуть ли не со слезами умоляла, чтобы он хотя бы кортизон принимал. «Геронда, кортизон не продлевает жизнь!.. — уговаривала она. — Он просто помогает больному самому обслуживать себя до кончины!» Но старец даже слушать ничего не хотел. Он уже хотел прекратить принимать не только лекарства, но даже и свои крохотные порции пищи.

На следующий день, 24 июня, в день Рождества Честного Иоанна Предтечи, старец с невероятным трудом пришёл в храм на Литургию. Причастившись, он тут же пошёл в келью, потому что от боли и полного истощения сил не мог стоять на ногах. В келье попросил сестёр позвонить онкологу и попросить у неё прощения за своё упорство накануне. После этого опять начал принимать кортизон.

В тот же самый день он написал небольшое стихотворение и попросил выгравировать его на небольшой мраморной плите, а потом положить её ему на могилу.

Здесь жизни прервалось земной
Последнее дыханье.
И Бога молит Ангел мой
Души во оправданье.

А рядом мой святой одет
В небесные одежды
Душе вымаливает Свет
Спасительной надежды.

Где Светлая Мария,
Святая Панагия.

После этого преподобный прекратил принимать твёрдую пищу и только пил воду и какие-нибудь бульоны. Так за несколько дней до кончины стал делать его старец, батюшка Тихон. Как и следовало ожидать, силы начали его покидать. Вечером 28 июня он сказал:

— В какую же я развалину превратился... Поглядим — смогу завтра до церкви дойти, чтобы причаститься?

Одна сестра на это ответила:

— Давайте, геронда, сперва хоть до рассвета доживём.

Услышав эти слова, старец, словно получив сильный импульс, воскликнул:

— Правда, думаешь, не доживу? Ух!.. Если б мне только не дожить, если б мне только не дожить: что за великий день тогда начнётся! Рассветёт день без конца, наступит день без заката! Солнце тогда можете забрать себе!..

Тут другая сестра вспомнила одно стихотворение и прочла его старцу[1]:

Багровое солнце коснулось скалистой гряды,
И вот уж долину окутали вечного мрака следы.
А может, сие не закат, а восход невечернего дня,
В котором уж тьма никогда не коснётся меня?

---

[1] Это фрагмент стихотворения Георгия Дросиниса «Τί λοιπόν» («Так что же?») из сборника «Φωτερὰ Σκοτάδια» («Светлые тени»). — *Прим. греч. изд.*

Откуда нам знать, не пропитана ли кривдою быль,
А истина — в смерти, стряхнувшей миражную пыль,
И то, что смеётся и скачет, — давно умерло,
А мёртво бездвижное — жизни превечной полно?

Эти стихи так понравились преподобному, что он захлопал в ладоши и попросил сестру прочесть их ещё раз.

На следующий день, когда совершалась память святых апостолов Петра и Павла, преподобный Паисий последний раз был на Божественной Литургии. Вечером того же дня состоялась последняя его беседа со всем сестричеством. Его заключительные слова на этой беседе были такие: «Молитесь, да обрящу я то, чего желаю. А если я обрету дерзновение к Богу, буду молиться, чтобы и вы получили всё, что по Богу просите».

Оставшиеся тринадцать дней преподобный отец терпел невыносимую боль. Он был очень молчалив. Лежал, повернувшись лицом к стоявшей у него в изголовье иконе Пресвятой Богородицы, и, очевидно, молился. Иногда шептал: «Иисусе мой!.. Пресвятая моя Богородице!» А иногда протягивал к иконе свои ослабевшие руки и говорил: «Сладкая моя Богородица!» Письма, которые ему присылали, он уже не читал. Просил только класть перед ним записки с именами и пробегал по ним взглядом. Однажды сказал: «Когда я вижу у себя в руках записку, где напротив чьего-нибудь имени написано „болеет раком", то дальше читать не могу уже. Как же мне за этих несчастных становится больно!..»

Старец причащался Святых Христовых Таин уже не в церкви, а в келье. Перед причащением он надевал рясу. Он был совсем без сил, однако излучал мир и тишину. Он был уже готов к желанному исходу.

4 июля все насельницы монастыря по очереди заходили к нему в келью, чтобы попрощаться и принять его благословение. Некоторым сёстрам — тем, которых раньше ругал, — он, давая благословение, смиренно, просящим, угасающим голосом шептал: «Прости меня». Так вот прозвучала последняя его «проповедь» — её темой были покаяние и смирение.

«Вчера́ спогребо́хся Тебе, Христе́...»

11 июля, в день памяти святой великомученицы Евфимии, преподобный причастился в последний раз. Когда в келью к нему вошёл священник со Святыми Дарами, старец с огромным трудом сумел встать на кровати на колени, осенить себя крестом и дрожащими губами произнести: «Помяни́ мя, Го́споди, егда́ прии́деши во Ца́рствии Твое́м»[1]. Потом сёстры принесли ему икону святой Евфимии и подносец с ко́ливом в её честь. Кончиками перстов преподобный взял в благословение два малюсеньких зёрнышка пшеницы и поцеловал святой образ. Заметив, что икона не украшена, сказал: «Даже цветочка для святой Евфимии пожалели?»

Около обеда приехал архиепископ Синайский Дамиан. Старец попросил, чтобы владыка прочёл над ним молитву на исход души, да и потом не забывал поминать его: «Поминай уж меня!.. Многие ведь меня оставят и даже поминать не будут. Будут думать, что якобы я в молитвах не нуждаюсь».

Наконец наступила ночь — последняя, мученическая. Даже самые сильные болеутоляющие уже не помогали. «Больно, очень больно», — тихо повторял старец, не отводя взгляда от иконы Пресвятой Богородицы. Правая рука его время от времени изображала крестное знамение, пальцы левой делали такие движения, словно перебирали чётки. Иногда, молясь, он пытался протянуть руки к иконе или воздеть их вверх. Вдруг чуть слышно произнёс: «Это му́ка». Матушка-игуменья, которая была рядом, не расслышав, переспросила. «Это мука, мука, мука...» — повторил старец. Так, задыхаясь, обливаясь по́том и слезами, он бежал последнее в своей жизни поприще; до финиша и победного венца было уже подать рукой. «А́нгельски на земли́ поживы́й»[2] духовный атлет словно брал последний разбег, чтобы оттолкнуться от земли и навсегда взлететь к небесным обителям.

---

[1] См. Лк. 23:42.
[2] См. кондак преподобному Паисию, стр. 4 настоящего издания.

Рассвело. Около половины десятого утра все сёстры опять по очереди заходили к нему в келью — брать последнее благословение. Глаза старца были устремлены к иконе Пресвятой Богородицы, он ничего никому не говорил. По лицу его было видно, какую страшную он терпит боль. Дышал он еле-еле, давление падало на глазах. Было очевидно, что наступает конец: богатырь духа перешагивает через невидимый порог, за которым простирается Вечность. Наконец он сделал три глубоких вдоха и угас, как гаснет лампадка, когда в ней закончилось масло. Голова его неслышно склонилась на сторону. Освящённая душа улетела в истинное Отечество — на Небо. Было одиннадцать часов утра 12 июля 1994 года.

Сёстры облачили его в схиму, рясу и куколь — остальное он сделал заранее сам. Тело положили на простые носилки и перенесли в домовый храм Святых архангелов в сестринском корпусе. Вокруг тела преподобного отца положили только немного веточек базилика и роз. Руки преподобного, словно живые, с благоговением держали крест. Весь вид его был мирным, светлым, преподобническим. Вокруг разливались тишина и благодать.

Перед вечерней ворота монастыря открыли для паломников[1]. Ни одной живой душе о кончине старца сёстры не сказали — так велел он сам. Матушка-игуменья тем временем пригласила монастырского священника, отца Николая, и объявила ему, что последним желанием старца Паисия было то, чтобы отпевал его он один. Священник принял эту новость со страхом и радостью. Со страхом — потому, что считал себя недостойным отпевать святого старца, а с радостью — потому, что отпевать святого старца было великим благословением от Бога.

В одиннадцать вечера в приделе Святых архангелов началось заупокойное всенощное бдение. Отпевание начали после Божественной Литургии. Сёстры пели заупокойные тропари и стихиры, ощущая, что старец всё ещё рядом. За месяц до

---

[1] Исихастирий святого Иоанна Богослова, как и многие обители в Греции, открыт для посещения паломниками не каждый день и только в определённые часы.

Священное тело преподобного Паисия

кончины он в шутку так им сказал: «Ну, а когда меня отпевать будем, я уж и сам что-нибудь спеть не премину». И ведь правда «не преминул» — когда его отпевали, он пел вместе с сёстрами, стоя *в церкви преподобных*[1]. Он словно говорил: «Вчера́ спогребо́хся Тебе́, Христе́, совосста́ю днесь, воскре́сшу Тебе́; сраспина́хся Тебе́ вчера́, Сам мя спросла́ви, Спа́се, во Ца́рствии Твое́м»[2]. Вся боль предыдущей ночи уступила место воскресной радости. Маленький придел, скудный свет, пропитано всё благоуханием Христова Креста и Воскресения... Понятно было, что происходит скорбное прощание, но скорбь не оставалась скорбью, а превращалась в радость, потому что ощущалась уверенность в том, что отныне преподобный и богоносный отец наш Паисий будет рядом с каждым просящим его молитв.

К могиле тело несли в кромешной темноте. Только впереди погребальной процессии монахиня несла фонарик, да ещё две

---

[1] Пс. 149:1.
[2] Канон Святой Пасхи, песнь третья, второй тропарь. По-русски: «Вчера я погребался с Тобою, Христе, с Тобою воскресшим в сей день восстаю; распинался я с Тобою вчера, Сам прославь меня с Собой, Спаситель, в Царстве Твоём!»

свечки несли рядом с телом старца. Он сам просил, чтобы его погребали именно так. Он ведь всю жизнь любил прятаться — умение скрываться от других всегда было его драгоценным навыком. Вот и теперь: решил спрятаться в последний раз, попросив, чтобы о его кончине объявили только спустя три дня.

Посреди тёмной ночи, стараясь, чтобы их никто не увидел, сёстры в благоговейной простоте несли бездыханное и бездвижное тело старца, чтобы предать его земле. Посреди Дня, сияющего Светом Незаходимого Солнца, лики праведных встречали живого и движимого Духом преподобного отца, входящего во врата Небесного Иерусалима.

Наконец подошли к могиле. Она была вырыта за алтарём храма святого Арсения Каппадокийского. Через двадцать лет, в 2015 году этот храм стал также и храмом преподобного Паисия[1]. При свете огарка прочли то, что обычно читают возле могилы, потом игуменья вслух прочитала по чёткам сто молитв «Господи Иисусе Христе, покой душу раба Твоего» — как и положено при монашеском погребении. Наступившую тишину осветил голос священника: «Христос Воскресе!»

Сейчас преподобному и богоносному отцу нашему Паисию не больно. Он не страдает, не растрачивает себя для того, чтобы помочь и утешить тех, кто в этом нуждается. Любочестное и благородное сердце его не разрывается теперь надвое — его не раздирают в разные стороны непреодолимая любовь к пустыне и необходимость быть рядом со страдающими людьми. Сейчас преподобный Паисий Святогорец «легко, словно ангел, летает из одного конца земли в другой», — как сам он писал о преподобном Арсении Каппадокийском[2]. Для преподобного отца нет теперь расстояний, он легко может оказаться в любом месте земли, близ каждого человека, призывающего его с верою и благоговением.

---

[1] Главный храм исихастирия был построен в 1974 году и именовался храмом святого Арсения Каппадокийского, но великое освящение этого храма состоялось только в 2015 году, когда он был освящён в честь двух святых: преподобного Арсения и преподобного Паисия Святогорца.

[2] См. *Старец Паисий Святогорец*. Святой Арсений Каппадокийский. С. 115.

Живя на земле, преподобный Паисий был одновременно смиренным и великим, нищим и богачом, малограмотным простецом и одновременно мудрецом, исполненным Духа Святаго. Какие координаты его жизненного «маршрута» ни возьми — будь то десятилетний «монашек» в Конице или солдат в страшные годы войны, ревностный молодой монах в Эсфигмене и Филофее или неустанный «калугер» в Стомионе, невещественный аскет в синайской пустыне или богопросвещённый, принимавший тысячи людей старец на Капсале и в Панагуде, — везде и всегда он горел одним и тем же огнём: всецело, любочестным подвигом отдавать себя Богу и благородной любовью приносить себя в жертву сочеловеку. Преподобный действительно прожил жизнь в согласии с Евангелием, которое призывает: *Возлюби Господа Бога твоего и ближнего твоего, как самого себя*[1]. Он прославил Бога своей святой жизнью, просияв благими делами[2], а Бог прославил его, совершая через него великие чудеса[3].

«Написавшие жития святых сделали явными их телесные подвиги: нестяжание, пост и бдение, воздержание и терпение. Однако духовное делание святых чрез описание сих телесных подвигов стало явным лишь в малой мере, и видимым *якоже зерцалом в гадании*[4]», — говорит святой Симеон Новый Богослов[5]. Так и духовное делание преподобного отца нашего Паисия для читателей сего «Жития» стало явным лишь в весьма и весьма малую меру. Никто из людей не сможет с точностью сказать, насколько глубоко погружался преподобный отец в духовные рудники и на какие он поднимался духовные высоты. Однако если бы стояла задача всего лишь одним словом ответить на вопрос: «Что делал старец Паисий для того, чтобы стать тем, кем он стал?» — можно было бы просто и бесконечно повторять за преподобным одно-единственное слово: «Любовь, любовь, любовь».

---

[1] См. Мф. 22:37-39.
[2] См. Мф. 5:16.
[3] См. 1 Цар. 2:30.
[4] См. 1 Кор. 13:12.
[5] Слово огласительное шестое, на русский язык целиком не переведено.

«Любовь есть подательница пророчества; любовь — виновница чудотворений; любовь — бездна осияния… Любовь — последняя степень божественных восхождений по добродетелям. Ибо Любовь есть Бог, Ему же подобает слава, пение, честь и поклонение во веки веков. Аминь»[1].

---

[1] См. *Иоанн Лествичник, прп.* Лествица. Слово 30, п. 35.

Могила преподобного Паисия в исихастирии святого Иоанна Богослова

Именной указатель

А

Августин Филофейский, старец   388

Августин, иеромонах из селения Склавена   420–421

Августин, старец Введенской кельи   152, 263

Агафангел, иеромонах   284

Агафия Сицилийская, мц.   48

Адриан, мч.   548

Александр Македонский, царь   208

Александр, епископ Навпактский   455–456

Анастасий, погонщик мулов в Конице   194

Андрей Первозванный, апостол   341, 444

Андрей, шестилетний мальчик   514

Анна (Хадзи), тайная монахиня   182–183

Анна, св. прав., матерь Пресвятой Богородицы   35, 102, 256, 393

Антиох IV Епифан, сирийский царь   429

Анфим Филофейский, духовник   160, 171–172

Аполлон, прп.   121

Арсений Великий, прп.   130

Арсений (Дзекос), монах   *см. также* Дзекос Пантелис, радист

Арсений Каппадокийский, прп.   31–32, 34–36, 38–39, 43, 74, 77, 86–87, 155, 180–182, 228, 243, 318–323, 326–327, 329, 334–336, 339, 341, 344, 347, 349, 360, 393, 398, 412, 435–436, 443, 446, 448, 500, 520

Аспиотис Аристос, профессор   375

Афанасий Ставроникитский, монах   *см. также* Склирис Евфимий, послушник, 313–314, 324–328, 332

Афанасий, плотник   107

Б

Браимис, майор   82

В

Варахисий Персидский, прмч.   321

Варвара, вмц.   47, 61, 72, 283

Варлаам Виглалавриот, старец   171
Варфоломей, Патриарх Константинопольский   19, 529, 542
Варфоломей, послушник старца Филарета Капсальского   313, 331, 343
Василий Великий, свт.   123, 531
Василий (Гондикакис), послушник прп. Паисия, впоследствии игумен Ставроникиты   277–278, 299, 320, 328–329, 356–362
Василий, мальчик из Коницы   212
Венедикт (Петракис), архимандрит   90
Вениамин Нитрийский, прп.   419, 421
Викентий, афонский монах   406
Власий Склавенский, сщмч.   419–421
Власий, еп. Севастийский, сщмч.   420

Г

Гавриил Карульский, старец   291
Галактион, мч.   235
Георгакис, мальчик с синдромом Дауна   499
Георгакис, юноша   345–349
Георгий Арселаит, прп.   444
Георгий отшельник, Христа ради юродивый   123
Георгий, вмч.   153
Георгий, старец кельи вмч. Георгия «Парисеон»   152–153
Герман Эсфигменский, монах   123
Гликерия Гераклейская, мц.   551
Григорий Богослов, свт.   25, 376
Григорий иеромонах, послушник прп. Паисия   299, 320
Григорий Палама, свт.   129
Григорий, паломник   502
губернатор Афона   462

Д

Дамиан (Самардзис), иеродиакон в монастыре св. Екатерины, впоследствии архиеп. Синайский   227–228, 231, 233–234, 245–246, 423, 439, 445–446, 533, 557
Даниил Катунакский, старец   287
Даниил, монах из братства Данилеев   290–291

Именной указатель

Даниил-румын, старец в Керасье 291
Дарвин Чарлз 55
Декий, римский император 48
Дзекос Пантелис, радист *см. также* Арсений (Дзекос), монах, 86–89, 180–182
Дигенис Акрит, легендарный воин 32
Димитрий Солунский, вмч. 398, 447
Диоклетиан, римский император 337
Дионисий, старец каливы вмч. Димитрия 113
Дионисий, товарищ прп. Паисия 64
доктор из Вены 258–259
Дометий Филофейский, юродивый старец 161
Дорофей Газский, прп. 143, 206
Дорофей Эсфигменский, монах-больничник 125, 140
Дукас Димитрий, житель Коницы 176, 184

Е

Евдоким Филофейский, старец 154, 157
Евдоксий, архиеп. Константинопольский 441
Евфимиу Анастасий, краевед 218
Евфимия Всехвальная, вмц. 337–341, 364, 393, 557
Екатерина, вмц. 232, 343
Елевферий, житель Салоник 327
Елисей, юродивый старец из Вознесенской кельи 161
епископ Коницкий 175, 199, 201–202, 219, 225, 228, 285
Епистимия, мц. 235
Ефрем «Окаянный», старец на Катунаках 289
Ефрем Сирин, прп. 377

З

Зервас Наполеон, военачальник 63–64
Зоя, сестра прп. Паисия 35, 45

И

Иаков (Валодимос), старец 60
Иерофей, еп. Милитопольский 112
Илий, ветхозаветный первосвященник 17
Иоаким (Специерис), архимандрит 52, 336
Иоаким, св. прав., отец Пресвятой Богородицы 256, 393
Иоаким, старец кельи Вознесения Господня в Кариес 393

Иоанн XI Векк, Патриарх Константинопольский 422
Иоанн Богослов, ап. 337, 376
Иоанн Лествичник, прп. 444
Иоанн Предтеча 78, 83, 160, 554
Иоанн Скиадаресис, священник 417
Иона Персидский, прмч. 321
Иосиф Обручник, св. прав. 42
Исаак Сирин, прп. 145–146, 157, 169, 185, 273, 284, 350, 376–377
Исидор Эсфигменский, монах-столяр 134–136, 139–141

Й
Йоргос, подмастерье прп. Паисия 215–216

К
Казандзакис Никос, писатель 446
Каллиник, игумен Эсфигмена 117, 120, 122, 127–128, 131, 133, 139–141, 144
Канарис Константин, премьер-министр Греции 177
Караманлис Константин, президент Греции 429
Карп, апостол от 70-ти 363
Кирилл (Мантос), старец келии Буразери 60
Кирилл, игумен Кутлумуша 388
Кирилл, иеромонах в Кутлумушском скиту 74, 148–151, 155, 172
Кицос Василий, зять прп. Паисия 190–191, 228
Климент Александрийский 121
Колокотронис Феодор, греческий полководец 46
Константин, многодетный паломник 503
Корциноглу Продром, певчий 43, 323
Косма Прот, прмч. 422
Косма Этолийский, сщмч. 490
Косма-виноградарь Пантократорский, старец 313
Костас, сосед Эзнепидисов 55–56
Кратет, философ 129

Л
Лампис, паломник 503–504
Лукиллиан Византийский, мч. 395–396

М
Магомет 460, 507

Маккавеи, иудейские вожди   429, 480
Маккавеи, мчч.   429
Макракис Апостолос, еретический проповедник   196
Макрияннис Иоаннис, герой Освободительной войны   430–431
Максимиан, римский император   548
Мария Египетская, прп.   53
Мартис Николаос, греческий политик и историк   426
Метаксас Иоаннис, премьер-министр Греции   399
Мина Капсальский, иеромонах   313
митрополит Фессалоникийский   281, 284
Моисей, пророк   65, 242, 445
Муссолини Бенито, премьер-министр Италии   399
мэр Коницы   172, 180, 202, 218, 225

Н

Насер Гамаль Абдель, президент Египта   233
Наталия, мц.   548
Нектарий Эгинский, свт.   333
Неофит, старец каливы вмч. Димитрия   113
Никодим Святогорец, прп.   102
Никодим, монах из скита святой Анны   100, 102
Николай, священник исихастирия св. Иоанна Богослова   558
Никос, учитель   373–374
Никос, юноша   372–373

П

Павел (Зисакис), игумен Великой Лавры   60, 110, 117, 177
Павел Эвергетидский, прп.   127
Павел, апостол   17, 521, 556
Павел, младенец, крестник прп. Паисия   56
Павел, Патриарх Сербский   165
Паисий II, еп. Кесарии Каппадокийской   31, 323
Панайотис, боец ЭЛАС   65
Панайотис, подмастерье прп. Паисия   216
Панайотис, студент, паломник   516
Пантелеимон, вмч. и целитель   396, 517–518, 540

Папандреу Андреас, премьер-министр Греции 454
Патера Кети (Эррикети), жительница Коницы 154, 201, 318
Пахомий, старец из каливы Святых апостолов 269
Пётр Афонский, прп. 17, 170
Пётр Катунакский, старец 162, 170–171, 388
Пётр, апостол 556
Поликарп, архимандрит, настоятель храма в Салониках 277–278, 284
Порфирий III, архиепископ Синайский 231, 235, 242, 244–245
Продром, плотник 109

Р
Русси Екатерина, жительница Коницы 172, 176

С
Савва Филофейский, старец 155, 171, 276
Савва Эсфигменский, иеромонах 137, 148, 388
Саддам Хусейн, президент Ирака 460
Симеон Новый Богослов, прп. 234, 376, 561

Симеон Филофейский, иеромонах 74, 97–98, 149, 151, 154–155, 159–160, 163
Синезий, митрополит Кассандрийский 284, 533
Склирис Евфимий, послушник *см. также* Афанасий Ставроникитский, монах, 247, 313
Скорсезе Мартин, кинорежиссёр 446
сорок мучеников Севастийских 249, 543–544
Спилеотис Дионисий, австралиец 360
Спиридон Тримифунтский, свт. 334, 458
Спиридон Филофейский, монах-келарь 151–152, 155, 157, 163–164, 167
Ставрос, плотник 106–108
Стилиан, архиепископ Австралийский 356–357, 360, 362
Стилиан, паломник 508–509
Сулейман, бедуинский мальчик 250–251

Т

Телемах, товарищ прп. Паисия 64
Тихон (Голенков), иеросхимонах *см.* Тихон Русский, старец
Тихон Русский, старец 137–138, 148, 263–264, 273, 280, 291–292, 300, 304, 323–324, 354, 363, 388, 554–555
Трембелас Панайотис, профессор 233
Трифон Капсальский, старец 313

У

Урания, паломница 528

Ф

Феодор Стратилат, вмч. 105
Феодор Студит, прп. 127
Феодор Тирон, вмч. 105, 441
Феодор, бакалейщик в Ксанти 371
Феодора, прав. царица 334
Феодосий Великий, прп. 274
Феодосиу Деспина, тётя прп. Паисия 33
Феодосиу Лука, дед прп. Паисия 33
Феодосиу Продром *см.* Эзнепидис Продром, отец прп. Паисия
Феодосиу (Хаджидигенис) Феодосий, прадед прп. Паисия 33
Феодосиу Хаджи-Христина, бабушка прп. Паисия 33–35, 42, 51
Феолипт Филадельфийский, свт. 118, 190, 255, 310
Филарет Капсальский, старец 313, 331, 343
Филарет, игумен Констамонита 159
Филофея, игумения исихастирия св. Иоанна Богослова 26, 315, 527, 530–531, 533, 535, 552, 554, 557–558, 560
Фотий, священник из Салоник 537
Фотиния пустынница, прп. 52
Франгу Евлогия *см.* Эзнепидис Евлогия, мать прп. Паисия
Франгу Хри́стос, дед прп. Паисия 34, 36

Х

Хаджефенди *см.* Арсений Каппадокийский, прп.
Хаджи-Георгий, старец 404, 434–435
Харалампий (Василопулос), архимандрит 60, 90

Хризостом Самиос, старец 100–103, 110–112
Христодул Патомосский, прп. 523
Христодул, игумен Кутлумуша 524
Хри́стос, студент в Афинах 326

Ч
Чаушеску Николае, президент Румынии 457–458

Ш
шейх синайских бедуинов 250–251

Э
Эвриклия, вдова в Конице 204
Эзнепидис Евлогия, мать прп. Паисия 33–36, 42–47, 51–52, 56, 62, 64–66, 128, 137, 201, 228, 256
Эзнепидис Лука, брат прп. Паисия 41, 43, 273, 320
Эзнепидис Продром, отец прп. Паисия 33–45, 50, 58, 66, 98, 188
Эзнепидис Христина, сестра прп. Паисия 41, 43, 65, 103, 108, 110, 154, 198, 201, 226

Ю
Юлиан Отступник, византийский император 441

Я
Янис, афинский юноша 410
Янис, лесоруб на Афоне 351
Янис, паломник 502

Указатель географических названий

Римские цифры в указателе отсылают к картам на стр. 588–591.

А

Австралия 356–362, 426, 467

Агиа Параскеви, село близ Салоник 285, I:Б2

Агиос Георгиос, деревня в Греции 318

Агринион, город в Греции 74, 84–86, 89–90, 92–93, I:Б3, III:Б1

Адана, город в Турции 33–34, I:И4

Аделаида, город в Австралии 356, 361

Албания 39, 67, 92, 457, I:А1-Б3, II:А1-В2

Александрия, город в Египте 231

Амарантос, село в Греции 109–110, II:В1

Америка 458, 467, 472

Англия 517–518, 532

Андреевский скит 462

Андрея св., келья на Капсале 313

Анкара, столица Турции 328, I:Ж3

Анны св., Малый скит 290

Анны св., скит 98–99, 110–112, 161, V:В3

Анохора, деревня в Греции 456, IV:Б1

Аос, река в Греции 49, 175, 212, II:В1-Г2

Апостолов святых, калива в Иверском скиту 269

Арахова, город в Греции 80, IV:Б1

Арматы, село в Греции 107–108, II:Г1

Арсения Каппадокийского и Паисия Святогорца, прпп., храм в исихастирии св. Иоанна Богослова 560

Архангелов свв., домовый храм в исихастирии св. Иоанна Богослова 558

Архангелов свв., калива в Иверском скиту 263–270

Архангелов свв., келья на Каруле 291

Асимохори, село в Греции 200
Афины 39, 145, 214, 218, 231, 233, 264, 323–326, 410, 426, 445, 494, 537, I:В4
Афон, Святая Гора 49, 74, 87, 93, 97–103, 106, 108–173, 234, 263–277, 285–292, 295–324, 327–328, 330–332, 336–339, 341–356, 362–398, 400–432, 436–439, 532, 537, 552, 554, I:В2, V:Б1-Г3
Африка 227

Б
Белое ущелье, местечко в Греции 179, 186
Бессребреников св., келья на Синае 242
Болгария 426, 439, I:Б1-Д2, VI:Б1-Г1
Буразанский мост 63, II:В1
Буразери, келья в честь свт. Николая 60
Бывшая Югославская Республика Македония 426, I:А1-Б2

В
Варвары вмц., храм в Конице 47, 52, 55, 60–61, 154, 335, 357
Ватикан 484
Ватопед, монастырь 148, 422, V:В2
Введения во храм Пресвятой Богородицы, келья монастыря Филофей 152
Введения во храм Пресвятой Богородицы, монастырь в Склавенах 421
Великая Лавра прп. Афанасия 60, 171, V:Г3
Велос, село в Греции 332
Вена, столица Австрии 258
Вигла, местность на Афоне 171, V:Г3
Вознесения Господня, келья в Кариес 393
Воскресения Христова, келья на Капсале 421
Вулевтирия, местность на Афоне 112

Г
Галактиона и Епистимии свв., храм 235
Гамила, гора в Греции 225, II:В1
Георгия Арселаита прп., аскетерий 444
Георгия вмч., келья *см.* Парисеон
Георгия вмч., храм в Каллифее 105
Георгия св., монастырь в Австралии 358
Георгия св., храм в Фарасах 329

Германия 484, 486, 501, 528
Гефсимания, местность в Святой Земле 424
Граммос, гора в Греции 92
Греция I:А2-И5
Григориат, монастырь V:В3
Гроба Господня, храм в Иерусалиме 433

Д
Данилеев келья на Катунаках 287, 290
Дафни, порт Афона 100, 110, 145, 166, 388, 400, 415, V:В3
Димитрия вмч., калива в Новом скиту 113–114, 120
Димитрия Солунского вмч., храм в Салониках 447
Дионисиат, монастырь V:В3
Дохиар, монастырь V:В2
Драма, город в Греции 38, 326, 328, I:В2

Е
Екатерины вмч., монастырь на Синае 232–235, 241, 244–249, 253, 259–260, 425, 446, 476
Екатерины св., гора в Синайской пустыне 240, 335
Екатерины св., храм в Янине 182
Елевферия св., келья на Афоне 112
Елеон, гора в Святой Земле 424
Епистимии св., гора в Синайской пустыне 232, 250
Епистимии св., келья на Синае 235–259, 261, 425

З
Загорохория, область в Греции 60, II:Г1
Закинф, остров 360
Зограф, монастырь 422, V:В2

И
Иверский монастырь 158, 169, 172, 269, 273, 277, 301, 389, 394, 422, V:В2
Иверский скит *см.* Иоанна Предтечи, скит Иверского монастыря
Ивирон *см.* Иверский монастырь
Игуменица, город и порт в Греции 39, I:А3, II:Б3
Иериссос, город в Греции 128, 158, 165–166, V:А1
Иерусалим 33, 42, 51, 249, 336, 423, 433
Илии св. прор., монастырь в Загорохории 60

Илии св. прор., скит   152
Индия   357
Иоанна Богослова св., исихастирий *см. также* Суроти, село близ Салоник, 285, 292–295, 314–320, 331, 334–336, 339–341, 343–344, 364–365, 367–368, 371, 398–400, 432–433, 435–436, 443–444, 498–500, 517, 524–562
Иоанна Лествичника, прп., пещера на Синае   259
Иоанна Предтечи, исихастирий   499
Иоанна Предтечи, монастырь в Флавианах   31, 156
Иоанна Предтечи, скит Иверского монастыря   263–277, 285, 299
Иоанна Предтечи, храм на Макривалто   76, 78, 84, 456, IV:Б1
Ионы и Варахисия прмчч., храм в Фарасах   321, 329
Ипатьевская келья на Катунаках   287–292, 295–297
Ирак   459
Италия   486

К
Кавсокаливия, скит   98, 161, V:Г3

Каир, столица Египта   231, 242
Калаврита, город в Греции   105, I:Б4
Каламата, город в Греции   113, I:Б4
Каллифея, деревня в Греции   104–105, 109, II:В1
Калягра, местность на Афоне   301–302, V:В2
Канберра, столица Австралии   360
Каппадокия, область в Малой Азии   18, I:Ж3-И5
Капсала, местность на Афоне   138, 148, 263, 273, 291, 302, 313, 380, 389, 502, 561
Каракал, монастырь   167, V:Г2
Кариес, административный центр Афона   137, 145, 148, 263, 269, 304, 388, 393–394, 400, 409, 415, 422, 461–462, 466, 490, 510, 523, V:В2
Карпениси, город в Греции   80, I:Б3, III:В1
Каруля, скит   291, 501, V:В3
Кассандрийская митрополия   284
Катания, город на Сицилии   48
Катафили, горное плато в Греции   175, 178, 190

Катерини, город в Греции 196

Катунаки, скит 98, 171–172, 287–292, 295–297, 501, V:В3

Керасорема, река в Греции 82

Керасья, местность на Афоне 161, 291

Керкира, остров 38–39, 86–87, 180–182, 334, I:А3, II:А2-Б3

Кесария Каппадокийская, город в Турции 31, 156, 329, I:И3

Кипр, остров 481, I:Ж5-И5

Китай 345

Комотини, город в Греции 396, 440, 453, I:В2, VI:Г2

Коница, городок в Греции 39–42, 50–51, 58–69, 91–93, 98, 103–104, 106–109, 112, 117, 135, 154–155, 172, 175–180, 182–228, 256, 273, 284, 318, 322–323, 335, 342, 360, 561, I:А2, II:В1

Констамонит, монастырь 159, 421

Константинополь 156, 328–329, 369, 482–483, I:Д2

Коринф, город в Греции 332

Корфу *см.* Керкира, остров

Космы и Дамиана свв. бесср., келья на Синае 242

Красное море 232

Креста Честного, келья на Капсале 299–314, 322, 330, 341–356, 362–393, 401, 518, 561

Криаци, деревня в Греции 82, IV:В1

Крит, остров 374, 396, 472, 484, 491, 505, 511, 546, I:В5-Г5

Ксанти, город в Греции 371, 453, 457, I:В2, VI:А2

Ксенофонт, монастырь 422, V:В2

Ксиропотам, монастырь V:В2

Кувейт 459

Кутлумуш, монастырь 74, 148, 393–394, 411, 422, 485, 524, V:В2

Л

Ламия, город в Греции 93, I:Б3, III:Г1

Лариса, город в Греции 93–94, I:Б3

Латвия 458

Литва 458

М

Македония (Бывшая Югославская Республика Македония) 426, I:А1-Б2

Македония, область в Греции   94
Макракоми, селение в Греции   93, III:В1
Макривалто, горная высота в Греции   76, 78, 84, 456, IV:В1
Мекка   32, 484
Мельбурн, город в Австралии   356, 360
Мерсин, город и порт в Турции   36, I:И4
Месолонги, город в Греции   80, 84, I:Б3, III:Б2
Метаморфоси, селение в Греции   499
Мисти (Конаклы), город в Турции   41
Монахи, село во Фракии   440, VI:Б2
Монодендри, село в Греции   60

Н

Навпакт, город в Греции   75, 85–86, 455–456, I:Б3, III:В2
Навпактские горы в Греции   80, 86, 89, 108, III:Б1–В2, IV:А1–Г1
Неаполи, район Салоник   284
Нектария Эгинского свт., храм в Мельбурне   360
Николая свт., келья   *см.* Буразери
Николая Чудотворца, храм в Арматах   107
Новый скит   112–114, 120, 427, V:В3

О

Омалия, гора в Греции   75, IV:Б1

П

Павла св., монастырь   113, V:В3
Панагии Амбелакиотиссы, монастырь недалеко от Навпакта   455, IV:Б1
Панагия Фанеромени, монастырь близ города Комотини   440, 451, VI:Г2
Панагуда, келья монастыря Кутлумуш   389, 393–398, 400–432, 436–439, 458, 461–525, 546, 552, 554, 561, V:В2
Пантелеимона вмч., монастырь на Афоне   V:В2
Пантелеимона вмч., монастырь на острове Тасос   517
Пантелеимона вмч., скит монастыря Кутлумуш   148, 396, V:В2
Пантократор, монастырь   97, 313
Параскевы Пятницы, мц., храм   504
Париж   281

Парисеон, келья монастыря Филофей в честь вмч. Георгия   152
Патисья, район в Афинах   477
Патмос, остров   523
Патры, город в Греции   105, I:Б3, III:В2
Персидский залив   459
Персия   377
Пинд, горы в Греции   73, 92
Пирей, порт в Греции   38, 275, I:В4
Платарья, селение в Греции   39, II:Б3
Плати, посёлок в Греции   38, 322, I:Б2

Р
Рефидим, оазис в Синайской пустыне   444
Россия   *см. также* СССР, 457–458
Румыния   458

С
Салоники   72, 93–94, 139, 145, 165–166, 277–285, 292, 322, 367, 371, 426, 446–447, 455–456, 521, 537, I:Б2
Самария, гора на Афоне   128
Сан-Франциско   459
Саудовская Аравия   459
Святая Земля   32, 154, 183, 423–424, 467

Сейхан, река в Турции   33
Сербия   165, 399
Сидней, город в Австралии   356, 358, 362
Симонопетра, монастырь   87, V:В3
Синай   173, 227, 232–261, 264, 313, 318, 320, 328, 424–426, 439, 444–446, 533, 550, 561
Синай, гора   *см.* Хорив, гора в Синайской пустыне
Синайская пустыня   145, 467
Сирия   357
Сицилия, остров   48
Склавена, село в Греции   420–421, III:А1
Сорока мучеников Севастийских, метох   248–249, 425
Софии, Премудрости Божией, храм в Константинополе   328–329
Софии, Премудрости Божией, храм в Салониках   277
Спиридона свт., келья на Афоне   458
Спиридона свт., храм в Аделаиде   361
Сретения Господня, калива в скиту святой

Анны   100, 103, 106–107, 111
Сретения Господня, калива на Кавсокаливии   111
СССР   453, 457–458
Ставроникита, монастырь   277, 297–302, 313, 324, 326, 328, 330–331, 352, 356, 363, 366, 388, 394
Стамбул   *см.* Константинополь, I:Д2
Стефана св., пещера на Синае   255
Стомион, монастырь   83, 172, 175–180, 182–228, 234, 285, 318, 342, 518, 561, II:В1
Суроти, село близ Салоник   *см. также* Иоанна Богослова св., исихастирий, 285, 389, 459, I:Б2
Суэц, город в Египте   232
Сфакия, область Греции   511

Т
Тарфа, место на Синае   446, 533
Тасос, остров   517
Тибет   357
Тимфи, горный массив в Греции   175, 225
Тинос, остров   333–334, I:В4
Триполис, город в Греции   71, I:Б4

Турция   427–428, 439, 453, 481, I:Г1-И5

У
Уранополь, город в Греции   166, 400, 507, V:А2
Успения Пресвятой Богородицы, храм в Протате   422

Ф
Фавор, гора в Святой Земле   424
Фаранский монастырь   444–446
Фарасы, город в Турции   31–36, 41–42, 65, 74, 87, 154–155, 165, 320–322, 326, 328–329, 335, 448, 500, I:И4
Феодоров свв., монастырь   105
Фессалия, область в Греции   94
Филиппиада, городок в Греции   318
Филофей, монастырь   74, 97–98, 149–172, 186, 217–218, 263, 269, 561, V:В2
Флавианы, местность в Турции   31, 156
Фракия   439–441, 447–454, 484, VI:А1-Г3
Франция   371, 376, 378, 485

Х

Халкидики, полуостров 166, 499
Халкидон, город, ныне район Стамбула 337
Хиландар, монастырь 166, V:Б2
Хорив, гора в Синайской пустыне 232, 240, 255
Христодула прп., келья 523

Ч

Честного Креста, келья на Капсале V:В2
Честного Предтечи, скит Иверского монастыря V:В2

Ш

Швеция 345

Э

Эгина, остров 333, I:В4
Элатовриси, село в Греции 82, IV:В1
Элату, деревня в Греции 75, 84, IV:В1
Эпир, область в Греции 60, 63–64, 67, 84, 318, 387, II:
Эстония 458
Эсфигмен, монастырь 112, 117–149, 157, 263, 561, V:Б1
Этолия и Акарнания, область в Греции 74–75, 80, 420

Ю

Югославия 426
Южно-Китайское море 372

Я

Янина, город в Греции 50, 57–58, 60, 65, 113, 155, 182–183, 322, I:А3, II:В2

Указатель ссылок на Священное Писание

Ветхий Завет

Бытие
    3:12 452
Исход
    17:1-7 445
Числа
    16:7 16
Второзаконие
    19:21 65
Первая книга Царств
    2:30 . . . . 17, 561
Псалтирь
    17:20 228
    19:5 80
    21:6 450
    41:2 444
    44:3 364
    65:12 . . . . 227, 228
    76:14-15 18
    82:2-4,17 480
    83:6 303
    83:8 243
    87:7 310
    93:1,3 480
    112:7-8 481
    118:83 520
    125:5 309
    135 544
    138:12 302
    142:8 . . . . 112, 225
    144:19 228
    148:10 . . . . 350, 353
    149:1 559
Книга Песни Песней Соломона
    5:2 307
Книга Премудрости Иисуса, сына Сирахова
    2:1 97
Книга пророка Исаии
    40:1 . . . . 468, 519

Новый Завет

Евангелие от Матфея
    5:16 561
    6:11 209
    6:33 238
    13:46 261
    14:14-21 404
    14:20 220
    15:37 350
    16:18 18
    22:37-39 561
    25:14-30 384
Евангелие от Марка
    7:27 451
Евангелие от Луки
    8:8 49
    10:19 269
    10:38-42 190
    12:49 129
    16:26 484

17:21 268
18:13 306
19:12-27 384
23:42 557
24:49 88

Евангелие от Иоанна
8:23 91
11:25 56
11:25-26 545

Деяния святых Апостол
10:38 227

Послание к Римлянам
5:20 17
10:2 100
12:1 530
12:11-12 147
12:15 530

Первое послание
  к Коринфянам
2:13 375
3:16-17 496
6:19 .... 340, 496
9:22 468
10:24 67
12:26 530
13:5 311
13:12 561

Второе послание
  к Коринфянам
6:7 133
6:9 521
12:2 455
12:4 334
12:9 200

Послание к Ефесянам
6:4 44
6:12 18

Послание к Филиппийцам
3:8 221

Послание к Колоссянам
3:3 24
3:12 382

Первое послание
  к Фессалоникийцам
5:3 460

Первое послание
  к Тимофею
2:2 480
6:8 205

Второе послание
  к Тимофею
2:4 98

Послание к Евреям
2:14 17
11:37 240
11:38 ..... 18, 66, 190, 290

Указатель иллюстраций

Преподобный Паисий Святогорец (икона, написанная для Свято-Преображенского скита Данилова монастыря) 5

Преподобный Паисий Святогорец (икона, написанная в исихастирии святого Иоанна Богослова в 2004 году) 15

Преподобный Паисий Святогорец (икона, написанная в исихастирии святого Иоанна Богослова в 2014 году) 21

Преподобный Паисий Святогорец (обложка книги Ἱερομονάχου Χριστοδούλου Ἁγιορείτου «Ὁ Γέρων Παΐσιος». Εκδ. «Ἡ Παναγία, Ἡ φοβερὰ προστασία», Θεσσαλονίκη, 2000) 28

Фарасы 30

Преподобный Арсений Каппадокийский (роспись трапезной исихастирия святого Иоанна Богослова) 37

Церковка святой великомученицы Варвары (фотостудия П. Цингулиса, Коница) 40

Маленькая пещера за церковкой святой великомученицы Варвары (фотостудия П. Цингулиса, Коница) 47

Ущелье, по которому течёт река Аос 54

Коница (фотостудия П. Цингулиса, Коница) 68

Местность между Криаци и Элатовриси 70

Село Элату под горой Омалия (фото Хрисанфы-Василики Боца, Афины) 76

Часовня святого Иоанна Предтечи в Макривалто . . . 79

Скит святой праведной Анны на Святой Афонской Горе (из книги «Ὁ Ἅγιος Νέος Ὁσιομάρτυς Ἱλαρίων», Ἅγιον Ὄρος. Σελ. 97) 96

Указатель иллюстраций

Монастырь Эсфигмен (архив издательства «Милитос»)	116
Монастырь Филофей (архив издательства «Милитос»)	150
Монастырь Стомион	174
Преподобный Паисий во дворе монастыря Стомион	186
«Могила Калугера» (фото Пантелиса Кукесиса)	207
Заливка бетона в монастыре Стомион	221
Храм Пресвятой Богородицы в монастыре Стомион	227
Монастырь святой великомученицы Екатерины на Синае	230
Преподобный Паисий помогает в реставрации икон (личный архив реставратора Ставроса Балтояниса)	237
Преподобный Паисий рядом с церковкой святой Епистимии (фото архиепископа Синайского Дамиана)	239
Преподобный Паисий кормит птиц. Слева — его маленькая келья (фото архиепископа Синайского Дамиана)	251
Выносная икона Пресвятой Богородицы. Монастырь святой великомученицы Екатерины, Синай	257
Сарайчик в Иверском скиту	262
Каливка преподобного Паисия в овраге Иверского скита	270
Соборный храм Иверского скита	274
Ипатьевская келья на Катунаках	286
Преподобный Паисий возле кельи Честного Креста	298
Преподобный Паисий возле резервуара для воды в келье Честного Креста	305
Преподобный Паисий в исихастирии святого Иоанна Богослова в 1974 году	316
Старец Паисий перед честной главой преподобного Арсения Каппадокийского	319

Святая великомученица Евфимия Всехвальная (икона, написанная по указаниям преподобного Паисия)	338
Преподобный Паисий кормит Олета	355
Преподобный Паисий в Австралии	359
Преподобный Исаак Сирин (роспись трапезной исихастирия святого Иоанна Богослова)	379
Келья Панагуда (из книги N. Ζουρνατζόγλου «Ὁ Γέρωντας Παΐσιος ὁ Ἁγιορείτης», Τόμος Ά. Σελ. 486)	392
Панагуда. Вход в келью	395
Преподобный Паисий в лесу	414
Церковка святого Власия в Склавенах	420
Храм преподобных Арсения Каппадокийского и Паисия Святогорца в исихастирии святого Иоанна Богослова	436
Преподобный Паисий во дворе Панагуды	469
«Триединый» кипарис возле Панагуды	477
Преподобный Паисий со студентами Афинской духовной семинарии (из книги Ἀθανασίου Γ. Μελισσάρη «Παΐσιος: Ὀρθοδοξίας ἄνθος εὔοσμον». Ἐκδ. Ἐπέκταση, 2004. Σελ. 89)	493
Преподобный Паисий в исихастирии (январь 1994 года)	526
Преподобный Паисий перед операцией (3 февраля 1994 года)	534
Священное тело преподобного Паисия	559
Могила преподобного Паисия в исихастирии святого Иоанна Богослова	563
Карта Греции и Малой Азии	588
Карта Эпира	590
Карта Центральной и Западной Греции	590
Карта Навпактских гор	590

Указатель иллюстраций 587

Карта Святой Афонской Горы 591
Карта Фракии 591

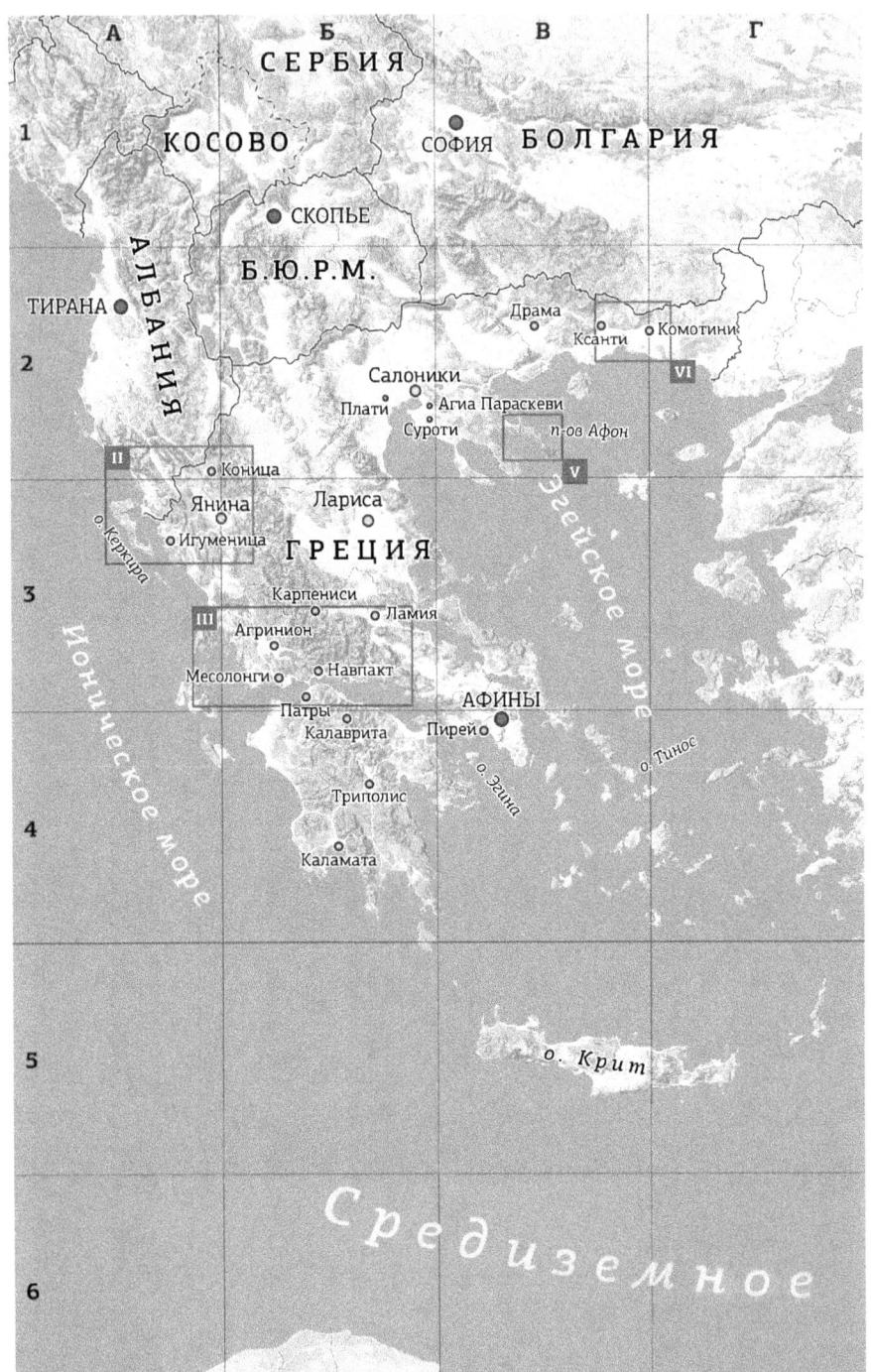

Чёрное море

- Константинополь (Стамбул)
- **ТУРЦИЯ**
- АНКАРА
- Малая Азия
- Каппадокия
- Кесария
- Фарасы
- Мерсин
- Адана
- Никосия
- о. Кипр

море

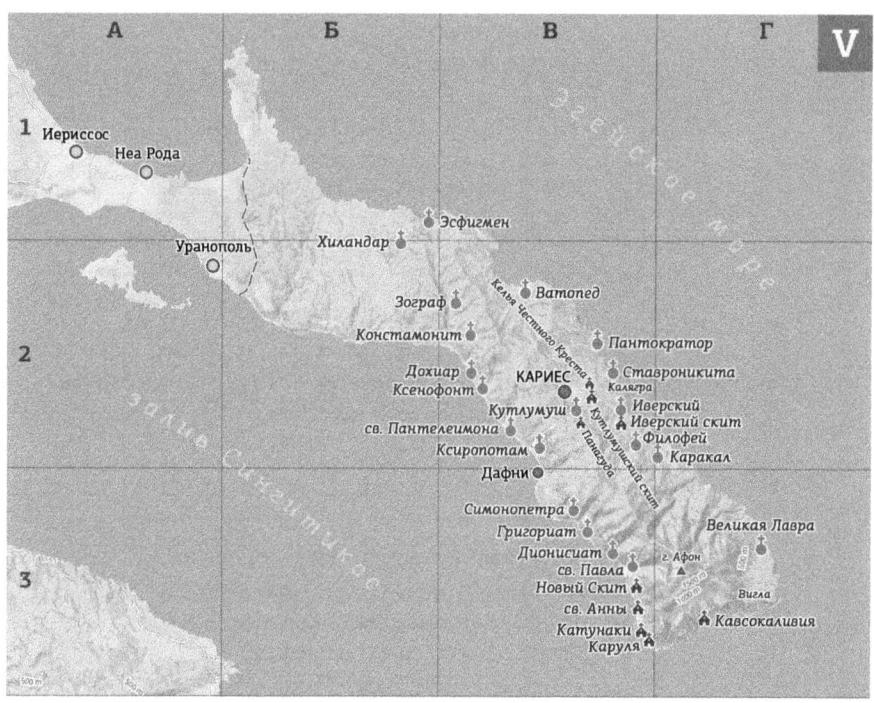

Духовно-просветительское издание
Для читателей старше 12 лет

ЖИТИЕ ПРЕПОДОБНОГО ПАИСИЯ СВЯТОГОРЦА
Перевод с греческого
Третье издание

Ἱερὸν Ἡσυχαστήριον Μοναζουσῶν "Εὐαγγελιστὴς Ἰωάννης ὁ Θεολόγος"
570 06 Βασιλικὰ Θεσσαλονίκης
тел. +30 23960 41320, факс +30 23960 41594

Общество с ограниченной ответственностью
«Электронное Издательство «Орфограф»
109316, Москва, Волгоградский проспект, д. 47
E-mail: orfograf.com@yandex.ru
Телефон +7(495)642·24·54
Сайт издательства: www.orfograf.com

Книги преподобного Паисия Святогорца по ценам издательства:
старецпаисий.рф

Отзывы, замечания и сообщения об опечатках
мы будем рады получить на orfograf.com@yandex.ru

Подписано в печать 15.03.2021. Формат 70×100/16
Печать офсетная. Гарнитура Minion Pro.
Усл. печ. л. 37. Тираж 2 000 экз.
Заказ №

www.ingramcontent.com/pod-product-compliance
Lightning Source LLC
LaVergne TN
LVHW012031070526
838202LV00056B/5462